21世纪工商管理特色教材

公司治理
（第2版）

CORPORATE
GOVERNANCE

刘彦文　张晓红 ⊙ 主编

清华大学出版社
北京

内 容 简 介

本书旨在帮助读者了解公司治理的主要内容,本书体系完备,适合作为工商管理学生的教材,特别适用于作为 MBA 学员的课上教材和课后参考书,也适用于普通高等院校管理类专业、经济类专业学生的公司治理课程需要。

本书全面介绍了公司治理所涉及的几乎所有领域,包括公司内部治理、外部治理和治理模式等,从基本概念到最新理论与实践都有简要而又综合的阐述。本书具有内容全面、实践性强、易于自学等特点,并以案例为引导,在每一章末都有案例以为佐证和参考。

本书封面贴有清华大学出版社防伪标签,无标签者不得销售。
版权所有,侵权必究。举报: 010-62782989,beiqinquan@tup.tsinghua.edu.cn。

图书在版编目(CIP)数据

公司治理 / 刘彦文,张晓红主编. —2 版. —北京:清华大学出版社,2014(2022.7 重印)
(21 世纪工商管理特色教材)
ISBN 978-7-302-36297-5

Ⅰ. ①公… Ⅱ. ①刘… ②张… Ⅲ. ①公司—企业管理—教材 Ⅳ. ①F276.6

中国版本图书馆 CIP 数据核字(2014)第 075332 号

责任编辑:刘志彬
封面设计:汉风唐韵
责任校对:宋玉莲
责任印制:曹婉颖

出版发行:清华大学出版社
网　　址:http://www.tup.com.cn, http://www.wqbook.com
地　　址:北京清华大学学研大厦 A 座　　邮　编:100084
社 总 机:010-83470000　　邮　购:010-62786544
投稿与读者服务:010-62776969, c-service@tup.tsinghua.edu.cn
质量反馈:010-62772015, zhiliang@tup.tsinghua.edu.cn

印 装 者:三河市龙大印装有限公司
经　　销:全国新华书店
开　　本:185mm×260mm　　印　张:22.5　　字　数:516 千字
版　　次:2010 年 6 月第 1 版　　2014 年 5 月第 2 版　　印　次:2022 年 7 月第 12 次印刷
定　　价:55.00 元

产品编号:053939-03

21世纪工商管理特色教材

编辑委员会

名誉主任 王众托

主　　任 苏敬勤

副 主 任 李延喜　李新然

编　　委（按姓氏笔画排列）

　　　　　　王尔大　王延章　王国红　朱方伟
　　　　　　仲秋雁　任曙明　刘凤朝　刘晓冰
　　　　　　安　辉　苏敬勤　李文立　李延喜
　　　　　　李新然　迟国泰　陈艳莹　胡祥培
　　　　　　秦学志　原毅军　党延忠　郭崇慧
　　　　　　逯宇铎　董大海　戴大双

前言

当今世界,企业已经成为了国民经济的细胞,"细胞"发育的好坏与国民经济的发展状况密切相关,其治理水平更是牵动着国民经济的神经。2008年世界金融危机的爆发,引起了世界范围内对公司治理问题的高度重视,并掀起了改善公司治理的国际性浪潮。从实践角度看,公司治理随着社会经济的发展、经济体制的变化、企业改革的深入,逐渐产生并已演化成事关企业生存发展的重大战略问题。从理论角度看,作为现代企业理论的重要组成部分,"公司治理"是一门实践性和艺术性很强的跨学科的综合性新兴学科,是各类公司企业实体在经营活动中不容忽视的一项基本活动。公司治理的核心,实质上是通过一整套包括正式、非正式的、内部、外部的制度或机制来协调公司和所有与公司利益相关者之间的利益关系,以保证公司决策的科学化,从而最终维护公司各方面的利益。目前,国际社会越来越关注公司治理问题,许多国家和组织以不同形式分别制订了公司治理原则及相关的治理机制,取得了良好的效果,并把建立有效的公司治理作为提高经济效率、增强公司市场竞争力的重要手段。

在中国,公司治理问题正受到前所未有的高度重视。随着我国加入WTO,政府宏观上致力于市场经济体系的建立和发展,微观上正努力培育公司的市场竞争力以适应经济国际化的进一步要求。不少有识之士都认为,当前中国资本市场最突出的问题是许多公司的治理机制不合理。公司治理机制不但影响整个资本市场的发展,而且影响上市公司股票的市场价值。经验证明,有效的公司治理机制不仅有利于公司建立良好的制衡关系,更重要的是有利于公司理顺各方面的权责关系,进行科学的决策,保证公司的有效运行。这在客观上就需要加强对公司治理的研究,制订适合我国实际的公司治理机制来指导公司发展。

2010年本书初版发行后,得到了广大读者的认可,也有部分读者来信指出其中的谬误之处,作者对此感激不尽。此为第2版,本书结构有所调整,个别概念提法有所变化,考虑到时效性,还对大部分案例进行了更新,但仍然保持了初版语言平实、内容全面充分的特色。本书编写的逻辑是先提供了一个关于公司治理的概览,接下来回答为什么要治理和如何治理的问题,同时对现存的主要公司治理模式和公司治理评价进行了讨论,对个性化较强的集团公司治理、跨国公司治理、商业银行治理和家族企业治理等问题进行了简要分析。全书共分为五篇。第一篇主要介绍公司治理的基础理论知识;第二篇分别从股东和股东大会、董事及董事会、监事及监事会和高级经理层等方面讨论公司治理结构;第三篇主要讨论公司治理的方法和手段,分别从高层管理人员激励与约束,内部审计、会计与公司治理,企业文化与公司治理,资本市场与公司治理,职业经理人市场与公司治理,利益相关者的监督,信息披露与会计透明度七个方面进行具体阐述;第四篇主要介绍了三种主要的公司治理模式——英美模式、德日模式和东亚家族模式,在比较分析后,提出了治理模式的设计思路;第五篇主要讨论了公司治理评价和公司治理专题,在评价方面主要阐述了评价内容、指标、发展和现状,在专题方面分别分析了企业集团、商业银行和家族企业三种类型企业的公司治理问题。

本书结构清晰,章节次序存在逻辑关系,但每章又都可以自成体系。本书每一章都采用了一些近期的真实的案例来概括地描述问题,以帮助读者更好地理解和运用每章内容。在每章的开头,有"学习目标"、"关键词"、"引导案例",便于读者进行提前学习和对学到的知识进行自检。在每一章的结尾,本书提供了基于该章内容的复习思考题,以加深读者对整个章节内容的理解。

本书由刘彦文博士和张晓红博士编撰,刘彦文编写了前四篇,张晓红编写了第五篇,并由刘彦文统稿。硕士研究生王益兰、濮鲁伉、纪现玲、郝守超等同学在资料搜集、整理、文字排版、PPT制作等方面做了大量辛勤的工作,在此表示深深的感谢。在教材的写作中,编者借鉴了大量的文献资料,特向文献中所列的教材编著者表示衷心的感谢!

限于编者水平有限,书中难免有错误和不足之处,敬请读者批评指正。如果您对本书有任何问题和看法,请指教本书作者 lyanwen@dlut.edu.cn。

第一篇 公司治理基础

第1章 企业及企业制度 …… 3

- 1.1 企业 …… 4
  - 1.1.1 企业的定义 …… 4
  - 1.1.2 公司与企业的联系与区别 …… 4
  - 1.1.3 企业的基本属性 …… 4
  - 1.1.4 企业的类型 …… 6
- 1.2 现代企业制度 …… 9
  - 1.2.1 现代企业制度的基本特征 …… 9
  - 1.2.2 现代企业制度的主要内容 …… 12
  - 1.2.3 现代企业制度的意义 …… 12

第2章 公司治理的主要内容 …… 19

- 2.1 公司治理的基本问题 …… 20
  - 2.1.1 公司治理为什么会成为热点？ …… 20
  - 2.1.2 公司治理的定义 …… 21
- 2.2 内部治理和外部治理 …… 22
  - 2.2.1 内部治理：公司治理的核心 …… 22
  - 2.2.2 外部治理：公司行为的外部约束机制 …… 23
- 2.3 公司治理的主体与客体 …… 24
  - 2.3.1 公司治理主体 …… 24
  - 2.3.2 公司治理客体 …… 26
- 2.4 公司治理的主要内容 …… 27
  - 2.4.1 OECD公司治理原则 …… 27
  - 2.4.2 公司治理和公司管理的联系与区别 …… 29
  - 2.4.3 建立有效公司治理的意义 …… 30

第3章 公司治理的演变及相关理论 …… 34

- 3.1 公司治理的演变 …… 35
  - 3.1.1 公司治理产生的背景 …… 35
  - 3.1.2 公司治理的演变 …… 36

3.2 公司治理理论 ……………………………………………………………… 37
　　3.2.1 委托代理理论 …………………………………………………… 38
　　3.2.2 利益相关者理论 ………………………………………………… 39

第二篇　公司治理结构

第 4 章　公司治理结构框架 …………………………………………………… 49

4.1 公司治理结构的基本概念 …………………………………………………… 50
　　4.1.1 公司所有权(者)治理结构：分权、制衡关系 ………………… 50
　　4.1.2 公司法人治理结构：委托代理关系 …………………………… 51
　　4.1.3 公司经营权(者)治理结构：调节经营者关系 ………………… 52
　　4.1.4 公司制度治理结构："法治"而不是"人治" ………………… 52
4.2 公司治理结构的特征和意义 ………………………………………………… 52
　　4.2.1 公司治理结构的特征 …………………………………………… 52
　　4.2.2 公司治理结构产生的必然性 …………………………………… 53
　　4.2.3 公司治理结构所要解决的根本问题 …………………………… 53

第 5 章　股东及股东(大)会 …………………………………………………… 59

5.1 股东 …………………………………………………………………………… 61
　　5.1.1 股东的定义 ……………………………………………………… 61
　　5.1.2 股东的权利和义务 ……………………………………………… 62
　　5.1.3 股东会议表决制度 ……………………………………………… 63
5.2 股东(大)会 …………………………………………………………………… 66
　　5.2.1 股东(大)会的定义 ……………………………………………… 66
　　5.2.2 股东大会的类型 ………………………………………………… 67
　　5.2.3 股东大会的性质和职权 ………………………………………… 68

第 6 章　董事及董事会 ………………………………………………………… 71

6.1 董事 …………………………………………………………………………… 72
　　6.1.1 董事的定义 ……………………………………………………… 72
　　6.1.2 外部董事的作用 ………………………………………………… 73
　　6.1.3 董事的任职资格 ………………………………………………… 75
　　6.1.4 董事的权利和义务 ……………………………………………… 76
6.2 董事会 ………………………………………………………………………… 78
　　6.2.1 董事会定义 ……………………………………………………… 78
　　6.2.2 董事会的类型 …………………………………………………… 78

		6.2.3 董事会的职权 ·· 79
		6.2.4 董事会的形成 ·· 81
		6.2.5 股东(大)会和董事会的关系 ································ 81

6.3 董事长 ··· 82
    6.3.1 董事长的定义 ·· 82
    6.3.2 董事长的权利 ·· 82
    6.3.3 董事长与首席执行官的关系 ································· 83

6.4 独立董事 ·· 83
    6.4.1 独立董事的定义 ·· 83
    6.4.2 独立董事的特征 ·· 84
    6.4.3 独立董事的作用 ·· 85
    6.4.4 独立董事的特别职权 ··· 86

6.5 专业委员会 ·· 86
    6.5.1 专业委员会的界定 ·· 87
    6.5.2 专业委员会的性质和特征 ····································· 87
    6.5.3 专业委员会的构成及功能 ····································· 88

第 7 章 监事及监事会 ·· 92

7.1 监事 ·· 93
    7.1.1 监事的定义 ··· 93
    7.1.2 监事的主要职责 ·· 94

7.2 监事会 ·· 95
    7.2.1 监事会的定义 ··· 95
    7.2.2 监事会的主要职责 ·· 95
    7.2.3 监事会监督的主要形式 ··· 96

第 8 章 高级经理层 ··· 101

8.1 经理 ··· 102
    8.1.1 经理的定义 ·· 102
    8.1.2 经理的权利和义务 ··· 102
    8.1.3 经理的必备能力和素质 ·· 103

8.2 高层执行主管 ·· 106
    8.2.1 总经理 ·· 106
    8.2.2 首席执行官 ·· 107
    8.2.3 总裁 ·· 108
    8.2.4 首席财务官 ·· 109
    8.2.5 其他高级执行主管 ··· 110

第三篇 公司治理方法与手段

第 9 章 高层管理人员激励与约束 …… 119

9.1 激励机制 …… 120
9.1.1 激励的定义 …… 120
9.1.2 激励机制的主要内容 …… 120
9.1.3 激励的基本原则 …… 122

9.2 约束机制 …… 124
9.2.1 约束机制的具体内容 …… 124
9.2.2 建立激励约束机制的必要性 …… 126

9.3 股票期权:高层管理者激励约束机制的重要实现形式 …… 128
9.3.1 股票期权的定义 …… 128
9.3.2 股票期权的特征 …… 129
9.3.3 股票期权激励的原理 …… 130

9.4 EVA 评价与激励系统:公司治理的新工具 …… 130
9.4.1 什么是 EVA …… 131
9.4.2 EVA 体系的"4M" …… 132
9.4.3 EVA 提升公司治理水平 …… 133

第 10 章 内部审计、会计与公司治理 …… 137

10.1 内部审计与公司治理 …… 138
10.1.1 内部审计对公司治理的意义 …… 138
10.1.2 审计委员会及对公司治理的意义 …… 140
10.1.3 强化公司内部审计的方法 …… 141

10.2 会计与公司治理 …… 142
10.2.1 从公司治理结构角度看会计信息失真 …… 143
10.2.2 公司治理角度下的会计职能 …… 143
10.2.3 会计对公司治理的意义 …… 144

第 11 章 企业文化与公司治理 …… 149

11.1 企业文化 …… 151
11.1.1 企业文化的内涵 …… 151
11.1.2 企业文化与有形治理结构的结合 …… 153

11.2 公司治理文化 …… 153
11.2.1 公司治理文化体系 …… 154
11.2.2 公司治理文化的作用机制 …… 156
11.2.3 我国公司治理文化的建设途径 …… 157

第12章 资本市场与公司治理 ... 163

- 12.1 资本市场 ... 164
  - 12.1.1 资本市场概述 ... 164
  - 12.1.2 资本市场对公司治理的贡献 ... 164
- 12.2 资本结构与公司治理的关系 ... 166
  - 12.2.1 股权结构的治理效应 ... 166
  - 12.2.2 债务的治理效应 ... 169
  - 12.2.3 资本结构对公司治理的综合影响 ... 170
- 12.3 接管与并购 ... 171
  - 12.3.1 接管 ... 171
  - 12.3.2 并购 ... 172
- 12.4 管理层收购 ... 173
  - 12.4.1 管理层收购的动机 ... 173
  - 12.4.2 几种常见的收购方式 ... 175

第13章 职业经理人市场与公司治理 ... 178

- 13.1 职业经理人市场 ... 179
  - 13.1.1 职业经理人市场的界定 ... 179
  - 13.1.2 影响职业经理人市场发展的因素 ... 179
  - 13.1.3 激励机制与职业经理人市场 ... 181
- 13.2 我国职业经理人市场的现状 ... 182
- 13.3 发展我国职业经理人市场的对策 ... 183

第14章 利益相关者的监督 ... 189

- 14.1 利益相关者与公司治理 ... 190
- 14.2 机构投资者 ... 191
  - 14.2.1 机构投资者的行为特征 ... 191
  - 14.2.2 机构投资者介入公司治理的两种基本方式 ... 194
  - 14.2.3 机构投资者参与公司治理的对策 ... 195
- 14.3 社会公众对公司治理的影响 ... 198
  - 14.3.1 社会公众与公司治理 ... 198
  - 14.3.2 社会公众与企业的社会责任 ... 200

第15章 信息披露与会计透明度 ... 204

- 15.1 信息披露概述 ... 206
  - 15.1.1 信息披露的起源 ... 206
  - 15.1.2 信息披露的内容 ... 206

15.1.3　信息披露的基本特征 ······ 207
　　　15.1.4　信息披露的要求 ······ 207
　15.2　信息披露体系 ······ 208
　　　15.2.1　信息披露的法规体系 ······ 208
　　　15.2.2　信息披露体系的影响机制 ······ 209
　　　15.2.3　信息披露体系的完善 ······ 210
　　　15.2.4　信息披露体系的评价 ······ 213
　15.3　会计透明度 ······ 213
　　　15.3.1　会计透明度的提出 ······ 214
　　　15.3.2　会计透明度的质量特征 ······ 215
　　　15.3.3　会计透明度的分析 ······ 215
　　　15.3.4　会计透明度的实现 ······ 216
　15.4　公司治理机制与信息披露 ······ 217
　　　15.4.1　公司治理是会计信息披露质量的有效保障 ······ 217
　　　15.4.2　会计信息披露是公司治理成败的决定性因素 ······ 218

第四篇　公司治理模式

第 16 章　英美公司治理模式 ······ 225

　16.1　英美公司治理模式的起源 ······ 226
　　　16.1.1　形成背景 ······ 226
　　　16.1.2　英美公司治理模式的产生原因 ······ 226
　16.2　英美公司治理模式的特点 ······ 227
　　　16.2.1　英美公司内部治理结构特点 ······ 227
　　　16.2.2　英美公司外部治理结构特点 ······ 229
　16.3　英美公司治理模式的评价 ······ 230
　　　16.3.1　英美公司治理结构模式的优点 ······ 230
　　　16.3.2　英美公司治理模式的缺点 ······ 231

第 17 章　德日公司治理模式 ······ 235

　17.1　德日公司治理模式的起源 ······ 236
　　　17.1.1　形成背景 ······ 236
　　　17.1.2　德日公司治理模式的产生原因 ······ 237
　17.2　德日公司治理模式的特点 ······ 237
　　　17.2.1　德日公司治理模式外部治理的特征 ······ 237
　　　17.2.2　德日公司治理模式内部治理的特征 ······ 237
　17.3　德日公司治理模式评价 ······ 240
　　　17.3.1　德日公司治理结构模式的优点 ······ 240

  17.3.2 德日公司治理结构模式的缺点 …………………………………………… 242

第 18 章　东亚家族治理模式 …………………………………………………… 247

 18.1 东亚家族治理模式的起源与发展 …………………………………………………… 248
  18.1.1 东亚家族治理模式的产生原因 …………………………………………… 249
  18.1.2 东亚家族治理模式的发展历程 …………………………………………… 249
 18.2 东亚家族治理模式的特点 …………………………………………………………… 251
  18.2.1 东亚家族治理模式内部治理的特征 ……………………………………… 251
  18.2.2 东亚家族治理模式外部治理的特征 ……………………………………… 252
 18.3 家族治理模式的评价 ………………………………………………………………… 254
  18.3.1 东亚家族治理模式的优点 ………………………………………………… 254
  18.3.2 东亚家族治理模式的缺点 ………………………………………………… 255
 18.4 公司治理模式的比较 ………………………………………………………………… 257
  18.4.1 国外公司治理模式的异同点比较 ………………………………………… 257
  18.4.2 公司治理模式的发展方向：趋同化 ……………………………………… 259

第 19 章　公司治理模式设计 …………………………………………………… 263

 19.1 利益制衡——公司治理结构设计的重心 …………………………………………… 264
 19.2 董事会的设计 ………………………………………………………………………… 267
  19.2.1 董事会的结构设计 ………………………………………………………… 267
  19.2.2 提升董事会质量的要素 …………………………………………………… 269
 19.3 监事会的设计 ………………………………………………………………………… 270
  19.3.1 监事会组织机构设计 ……………………………………………………… 270
  19.3.2 监事会制度机制设计 ……………………………………………………… 272
  19.3.3 监事会激励约束机制设计 ………………………………………………… 272
 19.4 经理层的设计 ………………………………………………………………………… 273

第五篇　公司治理专题

第 20 章　公司治理评价 …………………………………………………………… 283

 20.1 公司治理评价的内容与原则 ………………………………………………………… 284
  20.1.1 公司治理评价的内容 ……………………………………………………… 284
  20.1.2 公司治理评价的原则 ……………………………………………………… 286
 20.2 公司治理评价指标体系 ……………………………………………………………… 287
  20.2.1 股权结构 …………………………………………………………………… 287
  20.2.2 股东权利 …………………………………………………………………… 287
  20.2.3 治理结构 …………………………………………………………………… 288
  20.2.4 信息披露 …………………………………………………………………… 289

　　　　20.2.5　公司业绩 289
20.3　公司治理评价的实施及现实意义 290
　　　　20.3.1　公司治理评价的实施 290
　　　　20.3.2　公司治理评价的现实意义 291

第 21 章　企业集团公司治理 296

21.1　企业集团概述 297
　　　　21.1.1　企业集团的含义 297
　　　　21.1.2　企业集团的特征 297
　　　　21.1.3　企业集团公司治理的目标 299
　　　　21.1.4　企业集团公司治理和管理的关系 299
21.2　我国企业集团公司治理的现状 301
　　　　21.2.1　内部治理机制方面 301
　　　　21.2.2　中小股东权益保护方面 302
　　　　21.2.3　关联企业协同效应方面 302
21.3　企业集团公司治理的完善 303
　　　　21.3.1　母公司公司治理的完善 303
　　　　21.3.2　子公司公司治理的完善 304

第 22 章　商业银行公司治理 308

22.1　商业银行公司治理内容 309
　　　　22.1.1　商业银行公司治理的含义 309
　　　　22.1.2　商业银行公司治理的目标 309
　　　　22.1.3　商业银行公司治理的一般原则 310
　　　　22.1.4　商业银行公司治理的特殊性 311
22.2　商业银行公司治理的主要模式 313
　　　　22.2.1　英美模式 313
　　　　22.2.2　德日模式 315
22.3　商业银行公司治理结构的完善 317
　　　　22.3.1　产权主体方面 318
　　　　22.3.2　董事会治理方面 318
　　　　22.3.3　监事会治理方面 319
　　　　22.3.4　信息披露方面 319
22.4　国内商业银行公司治理 320
　　　　22.4.1　国内商业银行公司治理现状 320
　　　　22.4.2　国内商业银行公司治理中存在的问题 320

第23章 家族企业公司治理 ·· 325

23.1 家族企业 ·· 326
23.1.1 家族企业的定义 ·· 326
23.1.2 家族企业的发展现状 ··· 327
23.1.3 家族企业可持续发展的路径选择 ·· 328
23.1.4 家族企业文化 ·· 329

23.2 家族企业的治理特点 ··· 330
23.2.1 优劣势共存 ·· 330
23.2.2 亲情治理 ·· 332

23.3 中国家族企业公司治理 ··· 333
23.3.1 中国家族企业公司治理状况 ··· 333
23.3.2 中国家族企业公司治理问题的解决路径 ·· 335

第一篇 公司治理基础

公司治理是伴随着企业的发展而产生的,企业越发展,公司治理的问题就越复杂,公司治理也就显得越加重要。本篇对企业和企业制度进行了分析和概括,这是研究公司治理的概念和演变的基础,通过对公司治理主要内容的总结,可以对公司治理有一个基本的认识。

第 1 章 企业及企业制度

学习目的

通过本章的学习,你应该能够:
1. 掌握企业的类型以及各种类型企业的主要特点,尤其是公司制企业;
2. 理解什么是企业及企业的基本属性;
3. 了解现代企业制度的基本特征、主要内容、建立的途径与重要性。

关键词

企业　公司制企业　现代企业制度

引导案例

有一则笑话是这样的:联合利华引进了一条香皂包装生产线,结果发现这条生产线有个缺陷,即常常会有盒子里没装入香皂。总不能把空盒子卖给顾客吧,联合利华只得请了一个学自动化的博士设计一个方案来分拣空的香皂盒。博士成立了一个由十几人组成的科研攻关小组,综合采用机械、微电子、自动化、X射线探测等技术,花了几十万元,成功地解决了该问题。每当生产线上有空香皂盒通过时,两旁的探测器就会检测到,并且驱动一只机械手把空皂盒推走。

中国南方有个乡镇企业也买了同样的一条生产线,老板发现这个问题后大为生气,找了个小工来说:"你给我把这个搞定,不然你就给我滚蛋。"

小工很快想出了办法:他花了90元钱在生产线旁边放了一台大功率电风扇猛吹,于是空皂盒都被吹走了。

关于这则笑话,你有何看法?

企业是国民经济的"细胞",是企业制度适应经济发展、社会进步和技术创新,不断自我完善的结果。公司治理就是伴随着企业和企业制度的产生而逐步产生、发展和完善的。所以在了解公司治理之前,首先必须要知道企业和企业制度的相关知识。

1.1 企业

1.1.1 企业的定义

社会是由人和组织构成的,组织包括营利性组织和非营利性组织,营利性组织一般指的是企业,它主要从事生产、流通与服务等经济活动。

企业一词中的"企",引申义为盼望,常用的合成词"企图",意为图谋、打算;"业"表示事业。企业一词,顾名思义就是图谋事业,但专用于商业领域,表示企图冒险从事某项获取利润的事业。企业作为组织的一类,是指"应用资本赚取利润的经济组织实体",在英语中表达为"enterprise"。

企业是指把人的要素和物的要素结合起来自主地从事经济活动、具有营利性的经济组织。在我国,长期以来将企业看作为从事产品生产、流通或服务性活动等实行独立核算的经济单位。从法律的角度看,凡是经合法登记注册、拥有固定地址而相对稳定的经营组织,都属于企业。这一定义的基本含义是:企业是一个经济组织;企业是人的要素和物的要素的结合;企业具有经营自主权;企业具有营利性。

对企业概念的基本理解,需要知道以下三点:

① 企业是在社会化生产条件下存在的,是商品生产与商品交换的产物。
② 企业是从事生产、流通与服务等基本经济活动的经济组织。
③ 就企业的本质而言,它属于追求赢利的营利性组织。

1.1.2 公司与企业的联系与区别

根据实践的需要,可以按照属性的不同对企业进行划分。例如:按照企业组织形式的不同,可以分为个人独资企业、合伙企业、公司企业;按照企业法律属性的不同,可以分为法人企业、非法人企业等。

依照我国法律的规定,公司包括有限责任公司和股份有限责任公司,具有企业的所有属性,因此公司就是企业。但是企业与公司又不是同一概念,公司与企业是种属关系,凡公司均为企业,但企业未必都是公司。公司是企业的一种组织形态,而且是最普遍和最常见的形态,是本教材公司治理讨论和研究的对象。

1.1.3 企业的基本属性

科学研究方法[①]的一般规律提示我们,企业研究应该优先关注客观对象,将对象进行精确定位,从感性层次上将"企业的基本属性、企业与周围事物的边界以及相互关系"等问题搞清楚。观察现实中不同类型的企业,可以直观地发现企业至少具有以下四个基本特性。

---

① 科学的企业理论源于坚实的经验基础。所谓经验基础就是对"企业"进行直观判断,以现实的企业为标志,进行企业性质的描述、抽象、归类、定位和判断,由此得到关于企业本质的陈述。接着将饱含经验特征的单一陈述放到更加广泛的对象集合中进行验证、检验和综合,在此基础上给出企业本质的陈述,这是科学研究方法的一般规律。

1. 产出性

企业作为一种社会组织,产出性是其压倒一切的重要属性,也是企业区别于其他社会组织的主要特征之一。所谓产出性是指企业具有"将资源组织起来,依据特定需求转化成具有使用价值的消费品的过程"。人力、物力和资本等生产要素,依靠自身都不具有单独产出产品或者服务的属性。而要产出产品或者服务,必须由一个企业将这些不具产出性的单独要素组织起来从事产出。在这个过程中,企业具有的资源组织性是产出的必要前提,也是企业行为与要素行为的主要区别。这一点在它们参与市场的过程中就已经表达得非常充分——企业卖出的是产品或者服务,而要素所有者卖出的是要素自身。企业卖出产品或者服务之后,企业依然存在。而要素在卖出之后,要素就不复存在。这种区别就可以理解为——要素只有参与产出的职能,而不具有产出产品或者服务的职能。比如一块土地放在那里永远不可能造出任何汽车。只有由企业组织资源、土地、资金和技术等要素才能产出产品。这个产出过程中要素发挥的作用是参与作用,而不是直接的生产作用,产出职能只能由企业来完成。这里强调了要素参与产出过程与企业从事产出之间的细微区别,要素参与产出过程是因为企业对要素功用的选择,被选择的要素参与产出并不是产出本身。

2. 封闭性

作为一种社会组织,企业的自身结构与社会之间具有明确的界限。这个界限表现在三个方面:一是具有人员边界,企业配属的人员数量是明确的;二是具有经济核算边界,企业作为税收对象和经济统计对象,具有法律认定的边界,在这个边界内部可以给出完整的经济核算;三是具有产品边界,作为产品提供者,可以满足社会的一个方面的需求。在需求主导的市场上,消费需求具有量子化①的特性,这种量子化表现在产品形式上就是每个产品都具有相对消费需求而言的完整性。这种完整性往往成为企业投资规模、组织结构、物资供应和管理文化等多个方面的决定因素,由此导致了企业必须是一个要素结构齐备的独立组织。

由于存在上面三个方面的界限,相对于社会背景而言,企业无疑就是一个封闭的孤立体系。除此之外,还可以从企业的内部来定义企业的封闭性。企业是一个资金、资源、装备、管理、技术和市场六要素俱全的独立系统。要素组合不全的系统,或者不具独立性的生产组织,就不是现代市场经济概念下的企业,或者说其不具有企业属性。分析企业构成的六个要素可以发现,资源和市场属于企业的外在系统,分别是企业的输入和输出接口,企业通过这两个接口与外界交换物质与信息。而管理、技术、劳动和资本等要素是企业的内在系统,是一个可以有效管理的稳定结构。在这里还可以引申得出一个结论:企业的封闭属性同时也就是"单个要素不具有生产性"的同义语。

---

① 量子化是物理学上的概念,物理量只能以确定的大小一份一份地进行变化,具体有多大要随体系所处的状态而定,这种物理量只能采取某些分离数值的特征叫作量子化。变化的最小份额称为量子。

3. 客观性

企业的发展战略、劳动组织、技术体系、生产流程和市场营销策略等都是按照客观规律运行的逻辑体系,由这些逻辑体系组织的企业运作系统具有充分的客观属性。企业良好的运行是企业拥有的各类专业人才认识和运用这些客观规律水平和能力的体现。由于企业的经营活动是对已知规律的运用,所以企业的效率就体现在它是一个可以计划和控制的体系。

4. 高效性

通过科学的规划、组织和设计,针对任何一种产品而言,都能够建立具有最佳经济效益的一套生产经营体系。这个体系之所以有效率,就是其对六要素结构进行了符合自然规律的优化。比如,将人的劳动规范化和标准化,使得复杂劳动变为简单重复劳动,并且通过这种方式将人的劳动用机器替代,由此使得生产效率高级化,将人的自然属性对生产效率的限制解除。比如,投资规模可以通过对产品市场、产品技术结构等的要求进行研究给出合适的封闭边界,由此形成合理分工体系,从而获得最高的生产效率和投资收益。

企业是人类社会生产发展进步的结果,企业是为完成特定生产目标,由劳动、资本、技术、管理、资源和市场六个要素结构形成的社会组织。也就是说,企业是由"生产目的""要素结构""社会组织"这样三个关键词组描述的一个系统的客观结构。科斯[①]在其《企业的性质》[②]一文中曾经引述罗宾逊夫人[③]的话说:"任何经济理论必须具有'易处理和现实性'两个特征"。这是评价研究结果的一种方法性的标准。易处理要求理论的描述具有符合一般语言思维的特征,应该是一种贴近事实真相的、鲜明的理性认识,就是理论与现实关系的表述应该清晰、简洁。"现实性"就是成形的理论必须能够科学、有效地描述客观事物。企业的四个属性就是一种对企业特征的系统描述。

1.1.4 企业的类型

企业作为一个生态有机体,有着多种属性与复杂形态。因此,可以按照不同的标准,将企业划分为多种类型,一般常见的是根据企业的财产组织形式分为个人独资企业、合伙企业和公司制企业。

1. 个人独资企业

个人独资企业(sole proprietorship),简称独资企业,是指由一个自然人投资,全部资

---

① 罗纳德·哈里·科斯(Ronald H. Coase):新制度经济学的鼻祖,1991年诺贝尔经济学奖的获得者,提出了著名的科斯定理。

② 科斯1937年发表的论文独辟蹊径地讨论了产业企业存在的原因及其扩展规模的界限问题,在此文中,科斯创造了"交易成本"(transaction costs)这一重要的概念范畴来予以解释该问题。

③ 琼·罗宾逊(Joan Robinson)(琼·罗宾逊夫人)英国著名女经济学家,新剑桥学派的代表人物,琼·罗宾逊夫人是世界级经济学家当中的唯一女性,而且是有史以来最著名的女性经济学家,被西方经济学家认为是应该获得而未能获得诺贝尔经济学奖的少数几个经济学家之一。

产为投资人所有的营利性经济组织。独资企业是一种很古老的企业形式,至今仍广泛应用于商业经营中,其典型特征是个人出资、个人经营、个人自负盈亏和自担风险。

《中华人民共和国个人独资企业法》于1999年8月30日由九届全国人大常委会第十一次会议通过并公布,自2000年1月1日起施行。该法共6章48条。该法第2条规定的"个人独资企业"的概念是:"本法所称个人独资企业,是指依照本法在中国境内设立,由一个自然人投资,财产为投资人个人所有,投资人以其个人财产对企业债务承担无限责任的经营实体。"

个人独资企业具有以下特征:

① 投资主体方面的特征。个人独资企业仅由一个自然人投资设立。这是独资企业在投资主体上与合伙企业和公司的区别所在。我国《合伙企业法》规定的合伙企业的投资人尽管也是自然人,但人数为2人以上;公司的股东通常为2人以上,而且投资人不仅包括自然人还可以包括法人和非法人组织。当然,在一人有限责任公司的场合,出资人也只有1人。

② 企业财产方面的特征。个人独资企业的全部财产为投资人个人所有,投资人(也称业主)是企业财产(包括企业成立时投入的初始出资财产与企业存续期间积累的财产)的唯一所有者。基于此,投资人对企业的经营与管理事务享有绝对的控制与支配权,不受其他人的干预。

③ 责任承担方面的特征。个人独资企业的投资人以其个人财产对企业债务承担无限责任。这是在责任形态方面独资企业与公司(包括一人有限责任公司)的本质区别。所谓投资人以其个人财产对企业债务承担无限责任,包括三层意思:一是企业的债务全部由投资人承担;二是投资人承担企业债务的责任范围不限于出资,其责任财产包括独资企业中的全部财产和其他个人财产;三是投资人对企业的债权人直接负责。换言之,无论是企业经营期间还是企业因各种原因而解散清算时,对经营中所产生的债务如不能以企业财产清偿,则投资人须以其个人所有的其他财产清偿。

④ 主体资格方面的特征。个人独资企业不具有法人资格。尽管个人独资企业有自己的名称或商号,并以企业名义从事经营行为和参加诉讼活动,但它不具有独立的法人地位。首先,独资企业本身不是财产所有权的主体,不享有独立的财产权利;其次,独资企业不承担独立责任,而是由投资人承担无限责任。这一特点与合伙企业相同而区别于公司。独资企业不具有法人资格,但属于独立的法律主体,其性质属于非法人组织,享有相应的权利能力和行为能力,能够以自己的名义从事法律行为。

2. 合伙企业

合伙企业(partnership enterprise)是由2个或2个以上的自然人通过订立合伙协议,共同出资经营、共负盈亏、共担风险的企业组织形式。合伙企业一般无法人资格,不缴纳企业所得税。

合伙企业的特征有以下五个方面。

① 生命有限。合伙企业比较容易设立和解散。合伙人签订了合伙协议,就宣告合伙企业的成立。新合伙人的加入,旧合伙人的退伙、死亡、自愿清算和破产清算等均可造成

原合伙企业的解散以及新合伙企业的成立。

② 责任无限。合伙组织作为一个整体对债权人承担无限责任。按照合伙人对合伙企业的责任,合伙企业可分为普通合伙企业和有限责任合伙企业。普通合伙企业的合伙人均为普通合伙人,对合伙企业的债务承担无限连带责任。例如,甲、乙、丙三人成立的合伙企业破产时,当甲、乙已无个人资产抵偿企业所欠债务时,虽然丙已依约还清应分摊的债务份额,但仍有义务用其个人财产为甲、乙两人付清他们应分摊的合伙债务,当然此时丙对甲、乙拥有财产追索权。有限责任合伙企业由一个或几个普通合伙人和一个或几个责任有限的合伙人组成,即合伙人中至少有一个人要对企业的经营活动承担无限责任,而其他责任有限的合伙人只以其出资额为限对合伙企业债务承担偿债责任,一般不直接参与企业的经营管理活动。

③ 相互代理。合伙企业的经营活动,由合伙人共同决定,合伙人有执行和监督的权利。合伙人可以推举负责人。合伙负责人和其他人员的经营活动,由全体合伙人承担民事责任。换言之,每个合伙人代表合伙企业所发生的经济行为对所有合伙人均有约束力。因此,合伙人之间较易发生纠纷。

④ 财产共有。合伙人投入的财产,由合伙人统一管理和使用,不经其他合伙人同意,任何一位合伙人不得将合伙财产移为他用。只提供劳务,不提供资本的合伙人仅有权按约定分享部分利润,而无权分享合伙财产。

⑤ 利益共享。合伙企业在生产经营活动中所取得、积累的财产,归合伙人共有。如有亏损则亦由合伙人共同承担。损益分配的比例,应在合伙协议中明确规定;未经规定的可按合伙人出资比例分摊,或平均分摊。以劳务抵作资本的合伙人,除另有约定外,一般不分摊损失。

3. 公司制企业

公司制企业(company system enterprises),简称公司,是依照法律规定,由股东出资设立的以营利为目的的社团法人。"法人"相对于自然人而言,是在法律上人格化了的、依法具有民事权利能力和民事行为能力并独立享有民事权利、承担民事义务的社会组织。换句话说,公司是按照一定组织形式组成的、以营利为目的、从事商业经营活动的经济实体。根据现行《中华人民共和国公司法》(2005年)中第2条的规定,将在中国境内设立的公司分为有限责任公司和股份有限公司。两类公司均为法人(民法通则第36条),投资者可受到有限责任保护。股份有限公司区别于有限责任公司的最为重要的特征是将其全部资本划分为等额股份,股东以其所持有的股份对公司承担责任,公司以其全部资本对公司的债务承担责任。

在公司的概念中,一般包括四个要素。

① 依法设立。公司是从事经营活动的法人,法人资格与经营资格的取得都需要得到国家相关行政部门的承认,符合法律规定的条件,履行法律规定的程序,取得国家相关行政部门核发的法人营业执照等证件。

② 以营利为目的。股东出资组建公司的目的在于通过公司的经营活动获取利润,营利性成为公司的重要要素,并以此区别于不以赢利为目的公益法人、以行政管理为目的的

国家机关以及非营利性公司等。有些以从事行政管理为目的和主要活动内容的公司虽然对外宣称为公司,但并不是严格意义上的公司。

③ 以股东投资行为为基础设立

由股东的投资行为设立,股东投资行为所形成的权利是股权。股权是一种独立的特殊权利,不同于经营权等物权,亦不同于债权。股权一般包括投资受益权、表决权、选举权、质询权、知情权、出资转让权、剩余资产分配权、优先认股权和诉权等。

④ 独立的法人

公司须有独立的财产作为其从事经营活动的基础和承担民事责任的前提。我国《公司法》第 3 条规定:"公司是企业法人,有独立的法人财产,享有法人财产权。公司以其全部财产对公司的债务承担责任。"公司作为法人,必须具备我国民法通则第 37 条所规定的条件[①]。

1.2 现代企业制度

在现代社会,经济活动通常以"企业"为单位展开。企业是现代微观经济的主要组织形式。企业出现之初,由于生产力发展水平比较低,商品经济并不发达,当时占主导地位的企业组织形式是个人业主制企业。随着生产力水平的逐步提高及商品经济的逐步发展,单个企业进行生产经营对资本的需求量逐渐增大。为了扩大生产经营的规模,同时也为了分散经营风险,占主导地位的企业组织形式逐步变成了合伙企业。在资本主义制度确立以后,经历了一个从自由竞争的资本主义向垄断的资本主义发展的过程。在这样一个过程中,股份制企业这类企业制度形式起到了对经济的推动作用,而股份制企业本身也在这个过程中得到了发展。各类股份制企业在这以后逐步成为经济生活中占主导地位的企业形式。企业制度是指在一定的历史条件下所形成的企业经济关系,包括企业经济运行和发展中的一些重要规定、规程和行动准则,如果定义现代企业制度为当前世界上市场经济国家所广泛存在的企业制度形式,那么股份公司制就是现代企业制度。

1.2.1 现代企业制度的基本特征

制度之于企业,如同设计之于建筑。现代企业制度是建立在企业所有权和经营权分离基础上的一种企业组织形式,也是企业的一种经营方式。在这种方式下,企业所有者退出了具体生产经营的领域,以委托方式将经营权授予董事会或类似机构及其所属的经理层,而后者是以"专家"身份专门从事经营管理的职业人士。所有者对企业的控制已大大不同于以往所谓的业主经营企业,而经营者能力是一个企业得以兴旺发达的关键因素,其作用和地位日渐提高,相应其受托责任也更为重大。

现代企业制度(modern enterprise system),即以市场经济为基础,以完善的企业法人制度为主体,以有限责任制度为核心,以公司企业为主要形式,以产权清晰、权责明确和管

---

① 《中华人民共和国民法通则》第 37 条规定,法人必须同时具备四个条件,缺一不可,它们分别是:依法成立;有必要的财产或者经费;有自己的名称、组织机构和场所;能够独立承担民事责任。

理科学为条件的新型企业制度,其典型即为股份公司制度,股份公司一般具有以下特征。

1. 所有权与经营权的分离

独资企业、合伙企业以及大多数有限责任公司,由于其规模一般较小,管理相对简单,企业的所有者与经营者通常是合为一体的。所有权与经营权不分,就会导致所有权人对经营者干涉太多,经营者无独立经营权,经营者要么失去自我意志向所有者示好,要么违背所有者意志失去理解和支持,最终导致经营混乱,经营责任不清。而在股份有限公司中,股东的所有权(以股票为载体的股权)与基于公司法人所有权之上的经营权是完全分离的,经营者可以最充分地享有公司法人财产权,股东非依法定程序不得加以干涉。股份有限公司的这一特点在西方国家已日趋明显。生产力的提高、科学技术的进步、管理工作的日趋复杂、公司股权的分散,使其所有权和经营权的分离成为必然,所有者与经营者的分离,也使得公司逐步脱去了个人的色彩,更容易获得局外人的信任和支持。

2. 总经理负责制

总经理是经营团队的领头人,是企业经营的具体责任人,作为企业的总经理,一方面,他必须具备专业性,对行业的发展动态具有敏锐的洞察力和前瞻性;另一方面,他必须具备管理公司和带领团队的基本技能,能把整个团队的人凝成一股绳,充分发挥出每个人的能力和力量,利用有限的资源实现企业利润的最大化。称职的总经理也需要相对自由的发展空间,来发挥他的能动性和能力,董事会不能因为主观上的不信任,处处设关造卡,不给他最基本的履行其职责的权力,限制其能力的发挥。责、权、利统一,辅之以科学的监督,令其充分发挥主观能动性,又在正确的轨道上,就是董事会领导下的总经理负责制。

3. 筹集资本的便利性

股份有限公司之外的其他形式的企业或公司,一般只能通过向金融机构借贷或发行债券来筹集资本,而且所筹资本都是非自有资本,到期须连本带息向债权人偿还。所以,这类企业或公司的发展一般只能依靠自己逐步积累资本来滚动发展。而股份有限公司不仅可以通过借贷或发行债券来筹集资本,更重要的是它可以通过向社会公开发行股票在短时间内筹集自有资本,从而使自己能够实现跳跃式的发展。

4. 股份转移的随意性

股份有限公司的股东投入公司的资产虽然不能收回,但其记载资产凭证的股票可以在证券市场上自由转让。股东所有权的自由转让既保证了公司资本的稳定性,又消除了由于股票的不可兑换性而给股东带来的不便。股份有限公司的这一优点,可以减少股东投资的顾虑,有利于公司吸收更多的资本,促进股份有限公司的高速发展。而合伙企业和一般的多元投资主体的有限责任公司,尽管其合伙人或股东也可以退伙或转让出资,但法律对此有严格的限制,其中合伙企业的合伙人还要对退伙前企业的全部债务承担连带清偿责任。而股份有限公司的股东转让其股权凭证则不存在此问题,不受公司的任何约束。

5. 经营的持久性

股份有限公司的经营期限一般都比较长,从理论上讲,可以认为其具有无限的延续性,只要经营良好、未破产,公司就可以无限期地存在下去,股东的转让出资、死亡、高级管理人员的退出,都不会对公司的生存构成威胁。股份有限公司存续的持久性不仅增强了投资者的兴趣和信心,而且使公司的行为趋于具有长期化的预期。公司会自觉地进行一些诸如培训人员、科学研究等长时间内只有投入而短期难以见到效益的工作,也有能力承担那些工期长于自然人寿命的工程项目,而其他形式的企业或公司则由于寿命较短,很难做出长期的规划和行为。独资企业、合伙企业、一般的有限责任公司在此姑且不论,即使像国有独资企业这类大型有限责任公司也难免会由于国家政策的调整或经营业绩不佳等因素的影响而难以保持其长久的稳定性。西方国家现存的、历史在几十年或上百年的公司大多是股份有限公司,这也说明了股份有限公司能够更好地体现资本集中的市场经济的客观要求。

6. 公司行为的高度规范性

股份有限公司由于设立程序复杂、股东人数众多、公司规模庞大,因此,《公司法》《证券法》等有关法律以及公司的内部章程等都对公司的外部行为和内部行为作出了严密的规范,这正是股份有限公司能够持续、稳定、高效发展的一个关键因素。股份有限公司强调的是依法治理,排斥的是人治因素,不管谁做董事长,谁做总经理,都必须严格按照法律规定和公司章程来管理公司。而其他企业或公司,虽然也有规范其行为的法律和内部规章,但规范程度和制约机制都相对疏松。在独资企业和合伙企业中,其内部管理上主要是依靠个人的意志和契约;在有限责任公司中,人的主观因素也起着非常重要的作用;国有独资公司由于其所有者与经营者是任命与被任命或委托与被委托的关系,其中往往难免会掺杂某些人治的因素。相比较而言,股份有限公司的内外部规范程度要严格和细密得多。

7. 公司管理的科学性

管理的科学性,即要求企业管理的各个方面,如质量管理、生产管理、供应管理、销售管理、研究开发管理和人力资源管理等方面的科学化。

企业建立科学的企业领导体制和组织管理制度,调节所有者、经营者和职工之间的关系,形成激励和约束相结合的经营机制。进行"科学"的"管理",就要学习、创造,引入先进的管理方式,包括国际上先进的管理方式。对于管理是否科学,虽然可以从企业所采取的具体管理方式的"先进性"上来判断,但最终还要从管理的经济效率上,即管理成本和管理收益的比较上做出评判。并且现代企业管理要发挥科学技术的作用,借助数学及统计工具、计算机技术作好定量分析管理,并与定性分析管理相结合,提高决策的准确性,降低决策的风险。

现代企业制度的运作和完善需要有科学的管理制度作保障,加强企业管理是我国企业面临的迫切与长期的重要任务。科学的管理制度重点体现在:

① 建立和完善企业的组织运营系统；
② 建立科学的劳动用工制度和灵活有效的激励机制；
③ 建立现代企业财务会计制度；
④ 坚持以人为本的企业管理，培育优秀的企业文化和团队精神，加强人力资源的开发和管理等。

上述股份有限公司的特征就是现代企业制度的特征。股份有限公司作为现代企业制度，只有百十年的历史，然而，其发展却十分迅速。虽然今天它在西方国家的各种企业形式中的数量只占少数，但其资产额、创造的价值和利润却占有绝对的优势。它所涉及的行业门类都是关系国计民生的重要经济部门和高科技领域，代表了当今社会生产力发展的最高水平。

1.2.2 现代企业制度的主要内容

根据以上分析，在较为具体的层面，现代企业制度一般包括以下内容：

① 企业资产具有明确的实物边界和价值边界，如果是国有企业，则具有确定的政府机构代表国家行使所有者职能，切实承担起相应的出资者责任。

② 企业通常实行公司制度，即有限责任公司和股份有限公司制度，按照《公司法》的要求，形成由股东（大）会、董事会、监事会和高级经理人员组成的既相互依赖又相互制衡的公司治理结构，并能有效运转。

③ 企业以生产经营为主要职能，有明确的赢利目标，各级管理人员和一般职工按经营业绩和劳动贡献获取收益，按收益的一定比例依法缴纳各项保险金和住房公积金，住房分配、养老、医疗及其他福利事业由市场、社会或政府机构承担。

④ 企业具有合理的组织结构，在生产、供销、财务、研究开发、质量控制和劳动人事等方面形成了行之有效的企业内部管理制度和机制。

⑤ 企业有着刚性的预算约束和合理的财务结构，可以通过收购、兼并和联合等方式谋求企业的扩展；在经营不善难以为继时，可通过破产、被兼并等方式寻求资产和其他生产要素的再配置。

1.2.3 现代企业制度的意义

企业失败的原因是多种多样的，而成功的原因则差不多。例如阿里巴巴[①]近几年的成功，它做了一个优秀企业应该做的事情。阿里巴巴成功是因为有长期的战略，与众不同的模式，全新的经营方式，与主流不相同的运营者——马云。把这些因素归结为一点就是，阿里巴巴在某一个特定时期有一个好的带头人。可以说，这是很多企业具有的普遍性特点：一个优秀的企业领导者决定了企业的成功。那么，一个企业怎样才能永远保持成功呢？

---

① 阿里巴巴创建于 1998 年年底，总部设在香港（国际总部）及杭州（中国总部），并在海外设立美国硅谷、伦敦等分支机构。阿里巴巴是目前全球最大的网上贸易市场，已成为全球首家拥有 210 万商人的电子商务网站，被商人们评为"最受欢迎的 B2B 网站"。

如果企业的竞争力仅仅维系在一个领导者身上,这种发展是难以持久的。一个优秀企业要实现永续发展,就要使企业管理者的岗位上永远屹立着优秀的管理者,这就要靠制度。从企业来讲,这个制度就是现代企业制度、现代产权制度,它的核心是资产结构,或者叫产权结构。解决了制度问题,创新精神、经营管理变革等就会随之而来;有了好的制度,企业管理者的岗位上就可以永远屹立着优秀的管理者。

现代企业制度在为组织提供基本规则和框架时,表现出导向功能、激励功能和协调功能。导向功能是指企业制度指导企业经营方向的选择、引导稀缺资源的配置和使用的功能;激励功能是指企业制度诱导各类参与者提供符合企业要求的贡献的功能;协调功能则是指通过制度安排,使各类参与者在企业经营的不同时空,朝着共同的方向努力,使他们提供的不同贡献,最终形成有利于实现企业合力的功能。

企业制度是通过经营权力和利益的分配实现上述功能的。通过经营权力的分配,企业制度决定了不同参与者在企业活动组织中的地位,也影响着企业选择经营方向、内容和规模,协调不同参与者的贡献;通过利益分配方式的确定,企业制度决定了不同参与者在企业活动中的利益实现方式,从而以不同形式诱发这些参与者的行为选择,影响他们的努力程度。在这个意义上,可以把企业制度定义为"规定或调节企业内部不同参与者之间权力关系和利益关系的基本原则或标准的总和"。

要使企业真正建立起以产权结构优化为核心的现代企业制度,既需要改善企业内部环境,也需要改善企业外部环境,应在企业内部形成一个合理的制度,营造一个使企业管理者能够与时俱进、因事而变的内部环境,同时也为企业创造一个靠市场机制选择管理者的外部环境。

本章小结

公司治理是伴随着企业和企业制度的产生而逐步产生、发展和完善的。企业是指从事产品生产、流通或服务性活动等实行独立核算的经济单位,一般可以分为个人独资企业、合伙企业和公司制企业三种。企业具有生产性、封闭性、客观性和高效性四个基本特征。

企业制度是指在一定的历史条件下所形成的企业经济关系,包括企业经济运行和发展中的一些重要规定、规程和行动准则。企业失败的原因是多种多样的,而现代企业制度的建立是企业实现永续发展的一个重要保障。

现代企业制度,即以市场经济为基础,以完善的企业法人制度为主体,以有限责任制度为核心,以公司企业为主要形式,以产权清晰、权责明确和管理科学为条件的新型企业制度,其典型即为股份公司制度。

一则小故事

制度决定成败:轮流分粥的启示

有七个人曾经住在一起,其中每个人都是平凡而且平等的,但每个人又不免自私自利。他们每天要分一大桶粥,要命的是,粥每天都是不够的。

一开始,他们抓阄决定谁来分粥,每天轮一个人分粥。于是乎每周下来,他们只有一天是饱的,就是自己分粥的那一天。这虽然看起来平等了,但是每个人在一周中只有一天吃得饱而且有剩余,其余6天都饥饿难捱。大家认为这种办法造成了资源浪费。

后来他们开始推选出一个道德高尚的人出来分粥。很快大家就发现,这个人为自己分的粥最多。于是又换了另一个人,结果总是主持分粥的人碗里的粥最多且最好,强权就会产生腐败,于是大家开始挖空心思去讨好他,贿赂他,从而搞得整个小团体乌烟瘴气。阿克顿勋爵①说过,权力会导致腐败;绝对的权力会导致绝对的腐败,看来是确实如此啊!

然后,大家开始组成三人的分粥委员会及四人的评选委员会,形成监督和制约。可是由于监督委员会常提出种种议案,分粥委员会又据理力争,等分粥完毕时,粥早已凉了。

最后想出来一个方法:轮流分粥,但分粥的人要等其他人都挑完后再拿剩下的最后一碗。为了不让自己吃到最少的那碗粥,每人都尽量分得平均,而就算不平均,也只能认了。这样,大家快快乐乐,和和气气,日子越过越好。

同样是七个人,不同的分配制度,就会有不同的风气。对此,管理理论是这样表述的:制度至关重要;制度是人选择的,是交易的结果。好的制度浑然天成,清晰而精妙,既简洁又高效,令人为之感叹。

所以一个公司如果有不好的工作习气,一定是机制问题,一定是没有完全公平、公正、公开,没有严格的奖勤罚懒。如何制订这样一个制度,是每个领导需要考虑的基本问题。

案例分析

安然事件

多年以来,安然(ENRON)身上都笼罩着一层层的金色光环:作为世界最大的能源交易商,安然在2000年的总收入高达1010亿美元,名列《财富》杂志美国500强的第七名;掌控着美国20%的电能和天然气交易,是华尔街竞相追捧的宠儿;安然股票是所有的证券评级机构都强力推荐的绩优股,股价高达70多美元并且仍然呈上升之势。直到破产前,公司营运业务覆盖全球40个国家和地区,共雇有2.1万人,资产总额高达620亿美元;安然一直鼓吹自己是"全球领先企业",业务包括能源批发与零售、宽带、能源运输以及金融交易,连续4年获得"美国最具创新精神的公司"称号,并与小布什政府关系密切。

1. 安然轰然倒塌

2001年年初,一家有着良好声誉的短期投资机构老板吉姆·切欧斯公开对安然的赢

---

① 阿克顿勋爵(John Emerich Edward Dalberg-Action,1834—1902),历史学家和政治思想家,19世纪英国知识界和政治生活中最有影响的人物之一,是自由主义运动的重要人物。

利模式表示了怀疑。他指出,虽然安然的业务看起来很辉煌,但实际上赚不到什么钱,也没有人能够说清安然是怎么赚钱的。据他分析,安然的盈利率在2000年为5%,到了2001年初就降到2%以下,对于投资者来说,投资回报率很低。切欧斯还注意到有些文件涉及了安然背后的合伙公司,这些公司和安然有着说不清的幕后交易,作为安然的首席执行官,斯基林一直在抛出手中的安然股票,而他不断宣称安然的股票会从当时的70美元左右升至126美元。而且按照美国法律规定,公司董事会成员如果没有离开董事会,就不能抛出手中持有的公司股票。

也许正是这一点引发了人们对安然的怀疑,并开始真正追究安然的赢利情况和现金流向。到了8月中旬,人们对于安然的疑问越来越多,并最终导致了股价下跌。8月9日,安然股价已经从年初的80美元左右跌到了42美元。10月16日,安然发表2001年第二季度财报,宣布公司亏损总计达到6.18亿美元,即每股亏损1.11美元。同时首次透露因首席财务官安德鲁·法斯托与合伙公司经营不当,公司资产缩水12亿美元。

10月22日,美国证券交易委员会瞄上了安然,要求公司提交某些交易的细节内容,并于10月31日开始对安然及其合伙公司进行正式调查。11月1日,安然抵押了公司部分资产,获得J.P.摩根和所罗门史密斯巴尼的10亿美元信贷额度担保,但美林和标普公司仍然再次调低了对安然的评级。11月8日,安然被迫承认做了假账,虚报数字让人瞠目结舌:自1997年以来,安然虚报赢利共计近6亿美元。11月9日,迪诺基公司宣布准备用80亿美元收购安然,并承担130亿美元的债务。11月28日,标准普尔将安然债务评级调低至"垃圾债券"级。11月30日,安然股价跌至0.26美元,市值由峰值时的800亿美元跌至2亿美元。12月2日,安然向破产法院申请破产保护,破产清单中所列资产高达498亿美元,成为美国历史上最大的破产企业。当天,安然还向法院提出诉讼,声称迪诺基中止对其合并不合规定,要求赔偿。

2. 安然的管理层

首先遭到质疑的是安然公司的管理层,包括董事会、监事会和公司高级管理人员。他们面临的指控包括疏于职守、虚报账目、误导投资人以及牟取私利等。

在10月16日安然公布第二季度财报以前,安然公司的财务报告是所有投资者都乐于见到的。看看安然过去的财务报告:2000年第四季度,"公司天然气业务成长翻升3倍,公司能源服务零售业务翻升5倍";2001年第一季度,"季度营收增长4倍,是连续21个盈余增长的财季"。在安然,衡量业务成长的单位不是百分比,而是倍数,这让所有投资者都笑逐颜开。到了2001年第二季度,公司突然亏损了,而且亏损额还高达6.18亿美元!

然后,一直隐藏在安然背后的合伙公司开始露出水面。经过调查,这些合伙公司大多被安然高管所控制,安然对外的巨额贷款经常被列入这些公司,而不出现在安然的资产负债表上。这样,安然高达130亿美元的巨额债务就不会为投资人所知,而安然的一些高管就从这些合伙公司中牟取私利。

更让投资者气愤的是,显然安然的高管对于公司运营中出现的问题非常了解,但长期以来熟视无睹甚至有意隐瞒。包括首席执行官斯基林在内的许多董事会成员一方面鼓吹股价还将继续上升,一方面却在秘密抛售公司股票。而公司的14名监事会成员有7名与安然关系特殊,要么正在与安然进行交易,要么供职于安然支持的非营利机构,对安然的种种劣迹睁一只眼闭一只眼。

3. 假账问题

安然假账问题也让其审计公司安达信面临着被诉讼的危险。位列世界第五的会计师事务所安达信作为安然公司财务报告的审计者,既没审计出安然虚报利润,也没发现其巨额债务。2001年6月,安达信因审计工作中出现欺诈行为被美国证券交易委员会罚款700万美元。

安然的核心业务就是能源及其相关产品的买卖,但在安然,这种买卖被称作"能源交易"。据介绍,该种生意是构建在信用的基础上,也就是能源供应者及消费者以安然为媒介建立合约,承诺在几个月或几年之后履行合约义务。在这种交易中,安然作为"中间人"可以很短时间内提升业绩。由于这种生意以中间人的信用为基础,一旦安然出现任何丑闻,其信用必将大打折扣,生意马上就有中止的危险。

此外,这种业务模式对于安然的现金流向也有着重大影响。大多数安然的业务是基于"未来市场"的合同,虽然签订的合同收入将计入公司财务报表,但在合同履行之前并不能给安然带来任何现金。合同签订得越多,账面数字和实际现金收入之间的差距就越大。

安然不愿意承认自己是贸易公司,一个重要的理由就是为了抬升股价。作为贸易公司,由于天生面临着交易收入不稳定的风险,很难在股市上得到过高评价。安然鼎盛时期的市值曾达到其赢利的70倍甚至更多。

为了保住其自封的"世界领先公司"地位,安然的业务不断扩张,不仅包括传统的天然气和电力业务,还包括风力、水力、投资、木材、广告,等等。2000年,宽带业务盛极一时,安然又投资了宽带业务。

如此折腾,安然终于在2001年10月在资产负债平衡表上拉出了高达6.18亿美元的大口子。

4. 破产余波难平

在安然破产事件中,损失最惨重的无疑是那些安然股票的普通投资者。按照美国法律,在申请破产保护之后,安然的资产将优先缴纳税款、赔还银行借款、发放员工薪资等,本来就已经不值钱的公司再经这么一折腾,投资人肯定是血本无归了。

投资人为挽回损失只有提起诉讼。按照美国法律,股市投资人可以对安达信在财务审计时未尽职责提起诉讼,如果法庭判定指控成立,安达信将不得不为他们的损失做出赔偿。

在此事件中受到影响的还有安然的交易对象和那些大的金融财团。据统计,在安然破产案中,杜克(Duke)集团损失1亿美元,米伦特公司损失8 000万美元,迪诺基损失7 500万美元。在财团中,损失比较惨重的是J.P.摩根和花旗集团。仅J.P.摩根对安然的无担保贷款就高达5亿美元,据称花旗集团的损失也差不多与此相当。此外,安然的债主还包括德意志银行、日本三家大银行等。

5. 美国的公司治理问题

安然事件发生后,美国社会对企业制度作了反思,意识到公司治理问题,是导致公司舞弊的根本原因。以下制度安排存在的缺陷,才是导致安然事件等发生的深层次原因所在。

股票期权制激励了造假动机。向公司高层管理人员乃至员工发放公司股票期权,被认为是美国公司治理中十分成功的激励机制。但是,安然和环球电信等破产事件使股票期权成为了公司陋习和治理混乱的象征。股票期权使一些公司的管理者在几年内成为亿万富翁,也鼓励一些人不顾一切地炒作股市,把公司变成个人的"摇钱树"。为了从公司股票的升值上获利,一些公司的管理者运用包括财务造假在内各种方法,制造"题材",创造利润,抬高股价,忽视公司的长远发展,损害了投资者的利益。

公司独立董事形同虚设。为了防止公司高级管理层利用股权分散滥用"代理人"职权,侵犯中小股东利益,美国十分注重独立董事制度。但安然公司的独立董事却形同虚设,根本没有履行应尽的职责。该公司17名董事会成员中独立董事达15名,审计委员会7名委员也都是独立董事,而且这些独立董事都是政界、学界、商界的知名人士。即使有这些德高望重的独立董事,也未能为安然公司的股东把好监督关。目前,这些独立董事不仅备受责难,而且遭到了公司投资者的起诉。

审计委员会未发挥应有的作用。虽然,美国纽约证券交易所早在1978年就要求所有上市公司都要设立由独立董事组成的审计委员会,负责监督外部审计师的审计质量。但是,安然事件充分暴露出美国公司的审计委员会没有发挥应有的作用。

企业内部控制机制存在缺陷。上述种种问题表明,美国企业的内部控制也不是完美无缺的,特别是公司高管部门及高管人员有疏于控制的责任问题。

安然事件后,萨班斯法案第404条要求上市公司应当每年对公司的内部控制情况进行评估,萨班斯法案第406条要求公司作为证券发行者应向SEC汇报,披露其是否采用了专门针对高级财务管理人员的道德准则,如果没有,原因是什么。随后,美国审计准则委员会(ASB)发布了独立审计准则(SAS)第99号——财务舞弊审计,SAS第99号反复重申先前准则的主旨,即公司的道德行为是以公司纲领和高层管理部门的价值观为基础的。事实上,美国各方对于内部控制的讨论由来已久,也付出了巨大努力。1992年美国COSO项目委员会组织研究推出了第一份企业内部控制框架报告。提出了由"三个目标"和"五个要素"组成的内部控制框架,成为迄今为止最为权威的内部控制概念。COSO认为,内部控制是由企业董事会、经理当局以及其他员工为达到财务报告的可靠性,经营活动的效率和效果、相关法律与法规的遵循等三个目标而提供合理保证的过程。该报告认为,"诚信必须与道德价值共存,必须由公司的首席执行官和高级管理人员发起,并将其渗透到整个组织中去"。美国公认审计准则(GAAS)要求,审计师在评估虚假和不正当行为风险的过程中,应该考虑公司环境。内部控制系统"离不开负责设计、管理和控制内部控制系统的人员的诚信和道德价值"。

复习思考题

1. 什么是企业和企业制度?
2. 企业存在哪些基本属性?
3. 企业可以分为哪几种类型,分别是什么,它们都有哪些特点?
4. 现代企业制度的基本特征和主要内容是什么?
5. 为什么说现代企业制度是企业永续发展的重要保障?

第 2 章　公司治理的主要内容

学习目的

通过本章学习,你应该能够:
1. 了解公司治理和公司治理结构的概念和内容;
2. 把握公司治理的主体和客体;
3. 了解公司治理的基本原则;
4. 理解公司治理对企业的重要性;
5. 知道公司治理和公司管理之间的区别和联系。

关键词

公司治理　公司治理结构　公司管理　内部治理　外部治理

引导案例

青岛啤酒:"百岁归零"从头开始

青岛啤酒(简称:青啤)不一定是最好喝的啤酒,为什么却是最好的啤酒公司?

2001年青岛啤酒品牌评估价值67亿元,2008年达到666.25亿元,持续高居同行业榜首。在2003年以前,青岛啤酒一直强调百年品牌和历史,这个调子和现在的哈尔滨啤酒非常相似。此后,青岛啤酒突然在百岁之际宣布一个战略概念"百岁归零",从此树立了青岛啤酒的年轻化路径。

也许当初是受了2002年结盟的战略合作伙伴美国NBA的影响,也许是当年国内啤酒业的暗潮使青岛啤酒的总裁金志国猛然警醒,啤酒永远是年轻人的事业,与红酒、蒸馏酒不同,啤酒更多不是用来"品"的,而是用来"玩"的。

这一重大定位转型的成功来自于青岛啤酒董事会做出一系列配套创新:口号创新、渠道创新、营销模式创新和公司治理创新。

青啤2001年以来进行了三次变革,变革脉络与逻辑非常清晰,按金志国的说法,首先是对青啤文化、习惯和意识做全面盘点,在青啤文化中植入变革的基因;其次是根据当时青啤的实际承受能力,做局部性变革;最后完成一次脱胎换骨的大手术。实际上,最终金志国把青岛啤酒从一个啤酒生产商改造成了一家啤酒销售商,销售压倒一切,支配一切。前卫的理念当然与金志国极强的悟性和学习能力有关,其亦不断致力于打造青啤管理团队的学习能力,在国内食品饮料行业董事会中,青啤的博士和MBA所占比例是最高的。

青啤最得意的地方在于,它在很早就引入了现代公司治理理念,构建了相互制衡的较为完善的法人治理结构,这在当时处于全国领先地位。之后,青啤又进一步制定了一整套适合公司的内控运作机制。

结合上述案例,你能够得到哪些有关公司治理的启发?

2.1 公司治理的基本问题

2.1.1 公司治理为什么会成为热点?

一件事情突然变得重要,一定是"有问题出现"甚至是有严重的问题。下面以美国公司为例来说明这个问题。

在美国,公司治理近年来为什么受到重视?主要是一些大企业发生了大问题。所谓"大",是说其影响的程度大、涉及的资金多,动辄几十亿美元,甚至上百亿美元。问题的出现,使公司受到巨大损失,甚至使公司就此不复存在,造成大量员工失业,投资者也遭受巨额损失。

世通公司[①]创办于1983年,20世纪90年代以来,该公司利用兼并、收购等手段疯狂扩张,一次次上演"大鱼吃小鱼"和"快鱼吃慢鱼"的戏法,迅速发展为全美第二大长途电话公司、全球第一大互联网供应商。世通公司拥有非常好的业务,投资者众多,股票涨得也快,让很多人赚了钱,其中也包括公司的CEO埃伯斯。埃伯斯是公司的董事长兼CEO,在公司内部权力很大,他把自己的薪酬定得非常高。但到了90年代末,通信市场的泡沫开始破裂,其他公司的内部治理做得好,遇到问题能理性面对并解决。而世通公司却不是,公司开始做假账,且假账的数目越做越大,最后虚假营收超过了百亿美元。由于埃伯斯权力过大无人制衡,公司治理不容易实现客观、透明。加之没有好的监督机制,问题没有及早被发现,从而使公司最后发展到了不可收拾的地步,只好于2001年7月宣布破产。由此,公司市值损失,投资人没了回报,员工失业。

另一个例子和世通公司不太一样,但却是在美国甚至世界上都产生轰动的实例,这就是泰科国际有限公司(Tyco International Ltd.)。该公司创建于1960年,是全球知名的多元化集团公司,雄踞世界百强前25位,其产品行销全美50个州以及全球100多个国家。公司的董事长兼CEO丹尼斯·科兹洛夫斯基虽然拥有的公司股份微乎其微,但他把企业的钱都当成自己家的钱用,并过着奢侈的生活。据报道,他给爱犬花几千美金买衣

---

① 世通公司(WorldCom)是一家美国的通信公司,于2003年破产。在2006年1月被Verizon以76亿美金收购,重组成为其属下的事业部门。目前公司已更名为MCI有限公司,总部位于维吉尼亚州。

服,女儿婚礼租用私人飞机,等等,统统都是公司出钱,挪用、贪污公款到了无以复加的程度。2002年6月3日,事情被揭露后,科兹洛斯基被公司开除,受到法律的制裁,法院要求归他还所有挪用的巨额公款。轰动一时的"泰科案"终于结束,与"安然案"和"世通案"并称为新世纪初始的"美国三大公司丑闻"。

2.1.2 公司治理的定义

什么是公司治理?对此并没有一个严格的统一定义。一般地,公司治理又名公司管治、企业管治,是指诸多利益相关者的关系,主要包括股东、董事会、监事会和经理层的关系,这些利益关系在一定程度上决定企业的发展方向和业绩。公司治理讨论的基本问题,就是如何使企业的管理者在利用资本供给者提供的资产发挥资产用途的同时,承担起对资本供给者的责任。

在最宽广的层面上,公司治理包含了一系列的规则、关系、制度和程序。恰当的规则包括了当地可适用的法律和公司的内部规则;而关系则包括了所有利益相关者之间的关系,最重要是股东、经理、董事、管理当局、雇员和整个社区等;制度和程序则用来保障监督和管理,以保证这些关系的和谐发展。

在我国,理论界对公司治理具有代表性的定义有吴敬琏、林毅夫、李维安和张维迎等的观点。

吴敬琏(1994)认为,公司治理结构是指由所有者、董事会和高级执行人员即高级经理人员三者组成的一种组织结构。要完善公司治理结构,就要明确划分股东、董事会和高级经理人员各自权力、责任和利益,从而形成三者之间的关系。

林毅夫(1997)是在论述市场环境的重要性时论及这一问题的。他认为,"所谓的公司治理结构,是指所有者对一个企业的经营管理和绩效进行监督和控制的一整套制度安排",并随后引用了米勒①(1995)的定义作为佐证,他还指出,人们通常所关注或定义的公司治理结构,实际指的是公司的直接控制结构或内部治理结构。

李维安和张维迎都认为公司治理(或公司治理结构)有广义和狭义之分。李维安(2000)认为狭义的公司治理,是指所有者(主要是股东)对经营者的一种监督与制衡机制。其主要特点是通过股东大会、董事会、监事会及管理层所构成的公司治理结构的内部治理;广义的公司治理则是通过一套包括正式或非正式的内部或外部的制度或机制来协调公司与所有利益相关者(股东、债权人、供应者、雇员、政府和社区)之间的利益关系。张维迎(1999)的观点是,狭义的公司治理结构是指有关公司董事会的功能与结构、股东的权力等方面的制度安排;广义的公司治理结构是指有关公司控制权和剩余索取权分配的一整套法律、文化和制度性安排,这些安排决定公司的目标,谁在什么状态下实施控制、如何控制,风险和收益如何在不同企业成员之间分配这样一些问题,并认为广义的公司治理结构是企业所有权安排的具体化。

可以看到,公司治理可以从不同的角度来理解,它是一个内涵非常丰富的概念,很难

---

① 默顿·米勒(Merton Miller),因在金融特别是在证券投资方面做出杰出贡献而获1990年诺贝尔经济学奖。

用只言片语就将其阐释清楚。而且,随着对公司治理的进一步深入研究,还可能会对公司治理赋予新的含义。不过在实际中,可以将公司治理分为内部治理和外部治理两个方面进行讨论。

2.2 内部治理和外部治理

依据治理手段的来源不同,公司治理结构分为内部治理和外部治理。如果公司治理的手段来源于公司内部的"三会一层",就称内部治理;如果公司治理的手段来源于外部制度、监管部门和外部市场,就称外部治理,如图2.1所示。

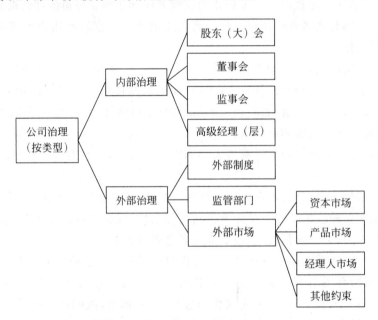

图2.1 公司治理类型

一般来说,公司治理体系是内部治理与外部治理的统合,内部治理与外部治理是相辅相成的。以董事会为核心的内部治理是公司治理的主要体现,但在股权高度分散的情况下,外部各种市场机制的有效性会对内部治理作用的发挥具有重要影响。

2.2.1 内部治理:公司治理的核心

内部治理也称为法人治理结构,通过公司内部的产权制度的安排来实现;外部治理则通过外部的市场竞争体系来实现。公司的内部治理是基于委托—代理理论和产权理论,对代理人实施激励,从而在公司的各个利益主体之间进行剩余控制权与剩余索取权有效配置的一套产权制度安排。

内部治理决定公司内部决策过程和利益相关者参与公司治理的方法。内部治理的主要功能在于协调公司内部不同产权主体之间的经济利益矛盾,克服或减少代理成本。简单来说,内部治理是公司内部存在的一套体系,它能够使公司运营中的各个阶层和权益所有者,包括股东(会)、董事(会)、监事(会)和高级经理(层),以及公司的中层管理人员、普通员工都能够尽职尽责地完成公司的目标,而最重要的目标就是为股东和其他主要利益相关者创造价值。

内部治理是公司治理的核心。因为内部治理既是公司领导体制问题,又是企业产权关系和权利关系安排问题;既是保护所有者合法权益,充分发挥经营管理者积极性的激励问题,又是在信息不完全、非对称和契约不完备的情况下,防范经营管理者的腐败行为和道德风险的约束机制。现代企业制度并非必然产生高效率,而是必须依赖于合理的公司治理,尤其是依赖于有效的内部治理。

内部治理任务就是以恰当的结构与机制组织好董事会以及各专业委员会、监事会的活动,争取股东对公司的积极关注,保证企业的财务报告和审计体系向股东大会、董事会、监事会及外界提供及时准确的信息,监督并激励经营者尽职履行作为经营受托者的义务。具体而言,公司的内部治理主要应包括以下内容:

① 作为公司最高权力机构的股东大会作用的发挥;
② 董事会的形式、规模、结构及活动规则的安排;
③ 有关董事的资格、任免、独立性、战略参与及履职状况的规定;
④ 监事会的设立与运作规则;
⑤ 高级经理层薪酬制度、激励机制及考评;
⑥ 内部审计及信息披露制度等。

这些方面的制度安排是高度相关的,其核心是公司战略的审定和建立对高级经理层的监督与激励机制。

2.2.2 外部治理:公司行为的外部约束机制

公司的外部治理主要是基于市场竞争理论,通过公司外部市场体系提供充分的公司经营信息和对公司经营者行为进行客观的评价,从而形成一种竞争的市场环境和交易成本低廉的优胜劣汰机制,以达到对公司经营者进行有效激励和监督的目的。

外部治理机制是指通过立法和司法及其调整建立起来的关于公司治理的一整套制度。政府监管部门对公司的治理是指证监会、保监会和银监会等监管部门对相关公司的治理。这两方面的治理与自律机制是不同的,属于他律机制。外部制度通过对违规行为施加限制,从而保证公司治理的高效率。

外部治理是对内部治理的补充,其作用在于使企业经营活动接受外界评价的压力,促使经营者行为自律。外部治理主要表现为以下方面。

(1) 资本市场。资本市场的特性使得股东在监督和遏制经营层机会主义行为方面起着重要作用,即股价的下落会对这种机会主义行为发挥惩罚作用。有效的资本市场可以迅速给全体股东提供公司经营状况的信号,从而使经营层的不良行为传导到股票价格上。如果公司的股价低于竞争对手,经营层的无能或失职就会被反映出来。这样,股东就可以选择卖掉该公司的股票或在股东大会上提出质询。在这样的监控机制压力下,董事会和经理人员只能尽职尽责,充分发挥经营才能,以确保股东利益的实现。

(2) 产品市场。公司的产品和服务最终将受到消费者的裁决。在竞争激烈、顾客至上的产业环境中,如果某公司的产品或服务深受顾客的欢迎,那么其市场占有率会上升。倘若公司的产品或服务不能占有一定的市场份额,股东们将会关注公司的经营管理状况。虽然对高层经理人员的任免是由董事会决定的,但股东可以通过各种方式影响董事会,促使董事会对无能的高级经理人员进行处罚。

(3) 经理人市场。有效竞争的经理人市场能使代理人凸显出相应的层次性;经理人市场还能够按照企业绩效对经营者进行分类,并形成报酬的等级;充分竞争的经理人市场,还能够给经理人形成外在的竞争压力。这一切对公司治理都有可能产生重要的影响。

(4) 其他约束。除了以上各种市场机制的作用外,国家的法律法规、监管机构、社会舆论、企业工会、中介机构(如会计事务所、审计事务所、律师事务所和第三方评价机构等)对公司的约束或评判也在不同层面对公司的经营产生重要影响,起着外部治理的作用。

从本质上讲,内部治理的基本特征是以产权为主线的内在制度安排,其治理载体就是公司本身,而外部治理则是以竞争为主线的外在制度安排,其治理载体是市场体系。虽然公司内部治理和外部治理的侧重点各有不同,但两者是相辅相成的,而且是互动的;片面强调任何一个方面,都不能实现有效的公司治理。

2.3 公司治理的主体与客体

2.3.1 公司治理主体

关于公司治理的主体应该包含哪些参与者这一问题,学术界的意见并不一致。按照代理理论,股东是理所当然的主体。股东作为公司的剩余索取权人,承担了相对更大的风险,这也正是多数国家以法律形式赋予股东一定权利的基础所在。从这个意义说,公司存在的目的就是追求股东利益最大化。然而传统的《公司法》是建立在以下假定基础之上:市场没有缺陷、具有完全竞争性,可以充分的发挥优化资源配置的作用。这样,公司在追求股东利益最大化过程中,就会实现整个社会的帕累托最优[1]。然而在现实中市场机制并不是万能的,股东的利益作为一种个体利益在很多场合和社会公众的整体利益是不相容的。另外,支撑现代公司资产概念的不仅仅是货币资本,人力资本也成为不可忽视的因素,而且它同货币资本和实物资本在公司的运行中具有同样的重要性。公司就是人力资本和非人力资本缔结而成的和约。利益相关者理论则倾向于把包括股东、债权人、员工、社区及政府、客户等所有的利益相关者全部包含在公司治理主体之中。在这里,更加倾向于采用后一种理论,原因在于它完整地界定出了因公司行为受益或受害的群体。

1. 股东

在法律意义上,股东是公司的所有者,对公司资产拥有支配、处置、收益等一系列权利。股东们以自己的出资额为限,承担相应的风险,享有相关的收益。在普遍实行所有

---

[1] 帕累托最优(pareto optimality),是指资源分配的一种状态,在不使任何人境况变坏的情况下,不可能再使某些人的处境变好。

权、经营权分离的公司中,多数股东并不直接介入公司的日常运营之中,股东面临的问题是企业的经营决策是否科学,所投入资产是否被恰当使用等代理问题。因此,股东具备最强烈的动机去监督、激励经理层努力工作,这也正是产权理论所强调的。遵循这一理论所订立的法律规定,股东除了拥有剩余索取权之外,还被赋予参与企业重大决策、选举董事会等监督机构的权利。这样的一种制度安排,最终确立了股东在公司治理中的中心地位。

2. 债权人

债权人与企业之间属于一种契约关系,债权人通过出借资金,换取到期回收本金、依约取得利息的权利。按照传统的理解,债权人不应被纳入公司治理体系,因为它仅在借款协议存续期间取得固定收益,与企业经营状况并不直接相关。之所以将债权人看作公司治理的主体之一,是因为它与股东之间存在着利益冲突。这种冲突体现在:债权人总是希望所借出的资金得到尽量多的公司资产保障,而股东则希望用尽量少的资产博得最大的收益。例如,公司资产负债率高低、利息保障倍数大小对于债权人、股东的意义是不同的。低资产负债率、高利息保障倍数意味着债权人的风险较低,但同时意味着股东不能有效利用财务杠杆,可能最终导致公司净资产(即股东权益)收益率偏低。

债权人与股东利益上的不一致,这与他们之间的委托—代理关系是相符的。债权人作为委托人有必要通过监督减少代理成本,保护自身的收益权,因此债权人参与公司治理是合理的。债权人参与公司治理的方式、程度在各国存在较大的差异。在英美国家,债权人的参与相对较少,参与方式为审计、参加破产清算组等;在德国、日本,债权人通过派驻代表进入公司、参与公司重大决策等方式参与公司治理,债权人介入公司经营的程度更高、范围更广。

3. 员工

一个公司拥有的资产既包括有形资产,又包括无形资产。其中,人力资源应被视作重要的无形资产之一。尽管这种资源无法在会计报表中用货币形式进行量化,但却对企业的效率、可持续发展产生着重要影响。在知识经济时代,员工的职业素养、创造力与企业的核心竞争力息息相关。尽管现在劳动力流动速度相比过去有了大幅度的提高,但员工的流动性仍受到一定的软性限制。这是因为员工拥有的技能具有一定的专用性,使其在离开企业时具有退出障碍。这种障碍体现为沉没成本,沉没成本的存在使得员工利益与企业息息相关。员工参与公司治理,对提高员工满意度、忠诚度,从而保证企业、员工的共同利益尤为重要。一些国家为员工参加公司治理提供了法律上的保障,典型的例证是工会制度。工会可代表员工与资方就与员工利益相关的问题进行谈判,有的国家还允许员工代表进入董事会或监事会,直接参与对经理层的监督,参加公司重大问题的决策。

4. 社区及政府

企业的经营活动不仅影响到股东、债权人的利益,也影响到周边社区居民的利益。企业经营状况与其所在地的就业、居民收入水平是联系在一起的,大型企业对社区的影响更加显著。另外,有些企业的行为存在负外部性的特点,企业追求自身利益的同时为社会带来了危害。一个常见的现象是企业为了减少成本,将废水、废气等直接排出,对环境造成污染。按照经济学的原理,负外部性产品的供给数量倾向于越来越多,通过企业的自觉行为是无法减少这种供给的。负外部性的矫正需要通过政府法规或者通过社区居民与企业的谈判来进行,政府可以对企业的污染行为处以罚款,社区居民则可能要求企业做出赔偿。社区及政府所施加的显性或潜在压力,对企业形成了一种约束,最终影响到企业的公司治理状况。

5. 客户

通常,企业的客户并不与公司治理相关,一是因为企业客户通常数量较多,导致监督成本较高;二是因为客户可以"用脚投票",即选择购买替代品来满足需求。不过,对于一些公共产品、准公共产品,消费者的选择余地较小,企业具有较大的垄断力。此时,消费者通过结盟、推举代理人对企业进行监督,参与企业重大决策便成为可能。近几年来,供水、电力、出租车等行业的企业举行了众多的价格听证会,针对上调价格征询消费者意见,即是消费者参与公司治理的例子。

因此公司治理的主体不仅局限于股东,而是包括股东、债权人、雇员、顾客、供应商、政府和社区等在内的广大公司利益相关者。作为所有者,股东处于公司治理主体的核心。债权人,如银行,虽然不一定是公司的资产所有者,但它向公司发放贷款后,出于防范自身风险的考虑,要求对债务人的资本经营进行监督或参与治理,这种权利来自债权。公司雇员通过提供人力资本而拥有了参与公司治理的权利。此外,由于消费者、供应商等其他利益相关者与公司之间存在程度不同的利益关系,这就为他们参与或影响公司治理提供了可能。

公司是社会的公司,社会中公司广泛的利益相关者对公司的生存与发展都会产生不同程度的影响。由于利益相关者的利益与公司息息相关,公司必须体现他们的利益。当前很多公司把本应内化的成本予以外化,转嫁给社会,并造成一系列社会问题。如污染环境、滥用经济优势垄断价格、排挤中小竞争者、欺诈消费者、寻租①和法人犯罪等。从整个世界的发展趋势来看,公司的经济力量越来越强,社会财富越来越向公司集中,公司的经济力量对经济、政治、环境、科学、教育和文艺等领域产生了重要影响。所以,强化公司的社会责任已经成为当务之急。从这个角度来说,公司不仅要追求股东的利益,而且要维护利益相关者的利益。同时,公司既是商事主体也是利益的聚焦点,除了股东利益之外,公司的设立与运营还会编制成一张非股东的利益关系网,这些股东之外的社会主体对于公司的存在具有利益关系。为确保公司的繁荣与发展,股东及其代理人必须与职工、债权人、消费者、客户和社区密切合作。成功的公司既需要对外增强对用户和消费者的凝聚力,也需要对内调动员工的劳动积极性。

2.3.2 公司治理客体

公司治理客体就是指公司治理的对象及其范围。追述公司的产生,其主要根源在于

---

① 寻租(rent seeking),租,即租金,也就是利润、利益或好处,寻租即对经济利益的追求,是指在没有从事生产的情况下,为垄断社会资源、或维持垄断地位,从而得到垄断利润(亦即垄断租金)所从事的一种非生产性寻利活动。

因委托代理而形成的一组契约关系,问题的关键在于这种契约关系具有不完备性与信息的不对称性,因而才产生了公司治理。所以公司治理实质在于股东等治理主体对公司经营者的监督与制衡,以解决因信息的不对称而产生的逆向选择和道德风险问题,在现实中所要具体解决的问题就是决定公司行为是否被恰当的决策与经营管理。

从这个意义上讲,公司治理的对象有两重含义:第一是经营者,对其治理来自董事会,目标在于公司经营管理是否恰当,判断标准是公司的经营业绩;第二是董事会,对其治理来自股东及其他利益相关者,目标在于公司的重大战略决策是否恰当,判断标准是股东及其他利益相关者投资的回报率。

公司治理对象的范围指的是公司治理的边界,即公司权力、责任以及治理活动的范围及程度。之所以提出公司治理的边界,是因为集团化是当今企业形态发展的一个典型特征,或者说,现代企业的发展已进入到集团化的时代,而单一公司的独立存在已不再是普遍的情形。由于企业集团是一个或多个企业法人组成的非法人的经济联合体,因此,如何解决因企业集团的复杂性带来的企业集团的公司治理问题,已经成为理论界和实务界所面临的新课题。

2.4 公司治理的主要内容

2.4.1 OECD 公司治理原则

公司治理的原则包含以下几个要素:诚实、信任、正直、开放、表现导向、责任感及可靠性、互相尊重及对组织有承诺等。由于公司治理涉及世界各国企业经营的健全与金融体系的稳定,许多国际性组织,例如世界银行与 OECD[①]对这个话题都相当重视。OECD 邀请其会员与国际组织的专家学者,于 1998 年开始草拟 OECD 公司治理原则,并于 1999 年 3 月邀集东亚多国,在韩国首都首尔举办了亚洲公司治理会议。OECD 根据多方的意见,于 1999 年底正式公布公司治理原则供会员与非会员国参考。

OECD 公司治理原则是最广为人知、最常被人引用的原则,然而 OECD 并不针对各国法律做出细节描述,其目的是要提供给政策制定者及市场参与者,一个可以检测并发展为公司治理法规与管制的参考架构,而各国公司治理原则仍应反映该国的经济、社会、法律与文化环境。《OECD 公司治理结构原则》分为五部分,分述如下。

1. 保障股东权利

公司治理架构应该保障股东权利。股东的基本权利包括:确保股权登记与过户的安全性、自由移转、及时与定期取得公司相关信息、出席股东大会与投票、选举董事、分享公司的剩余利润等。而股东应有权参与和被充分告知,有关公司重大决策的改变;股东应有

---

① 经济合作与发展组织(Organization for Economic Co-operation and Development,简称经合组织 OECD),是由 30 个市场经济国家组成的政府间国际经济组织,旨在共同应对全球化带来的经济、社会和政府治理等方面的挑战,并把握全球化带来的机遇。

积极参与股东大会及投票,并应被告知议事规则(包括投票程序)。在股东大会期间,应提供给股东向董事会提问的机会,并将其列入议程。另外,也应披露使特定股东取得超过其股权比率的投票权的资本结构与工具。最后,公司控制权市场(market for corporate control)应被准许以有效率、透明的方式运作,公司管理者不能使用反接管的措施使其免受市场监督。

2. 公平对待股东

公司治理架构应该确保能公平地对待所有股东,包括少数股东及国外股东。任何股东的权利被侵犯时,应有机会得到有效赔偿与救济。其方式包括:相同等级的股东均应被同等对待并具有相同的投票权,在买进任何等级的股票前,所有股东均应能取得有关该公司所有等级股东的投票权信息。内幕交易应被禁止,而且应要求董事会与管理者披露任何影响公司重大利益的交易或事件。

3. 公司治理与相关利益者的角色

公司治理架构应该要体现与尊重法律所赋予相关利益者的权利,当相关利益者受法律保障的权益遭侵犯时,其应有权利寻求有效的救济。并且应强化相关利益者参与的机制,并鼓励公司与相关利益者在创造财富、工作机会与维持企业财务健全性等方面积极合作,同时赋予相关利益者取得相关信息的渠道。

4. 信息披露与透明度

公司治理框架应该确保公司的信息能及时且正确地披露,包括公司的财务和业务状况、公司目标、绩效、股权结构、公司治理与风险管理政策等,而这些信息应以高标准的财务会计准则、审计原则与财务报表编制准则来编制、查核与披露。至少年报的审核应由注册会计师执行,且信息的传播渠道应能使投资者公平、及时并低成本地获得。

5. 董事会责任

公司治理架构应该确保董事会有效履行指引公司战略、有效监督管理者的责任,以及对公司和股东应负的责任。

首先,董事会负有注意与忠实的义务,其应履行的主要功能包括:

① 检查与指引公司战略、重大行动计划、风险管理政策、年度预算与业务计划。并且设定绩效目标、监督执行情况与公司绩效,以及监督重大资本支出、收购、合并与撤资。

② 对高层管理者进行遴选、奖酬和监督,必要时予以更换并监督继任者。

③ 审查高层管理者与董事的薪酬,以及确保正式及透明的董事会提名程序。

④ 监督管理者、董事会成员与股东可能的利益冲突,包括在关联交易中,公司的资产被误用、滥用与伤害(侵占公司资产)。

⑤ 确保公司会计与财务报告系统的真实性,包括独立的审计、适当内部控制系统的执行,特别是风险控制管理、财务控制和法律遵循系统。

⑥ 监督公司治理实务运作的有效性,必要时加以修改。

⑦ 监督信息披露及沟通的程序。

其次,董事会应独立于管理层,对公司事务进行客观的判断;董事会应有足够的独立非执行董事,有能力对可能的利益冲突进行独立的判断,例如:财务报告、董事会提名、董事与高层管理者薪酬等重大事项。同时,董事会成员应投入足够的时间履行责任,并确保能及时取得正确与相关的信息。

2.4.2 公司治理和公司管理的联系与区别

公司治理与公司管理虽然从字面上看有些相近,但他们是两个完全不同的概念,有着各自的内涵和外延。为避免在使用上产生混淆,有必要对二者进行简单的辨析。

公司治理的核心即是在公司内外部建立良性的权力配置与制衡机制。公司治理是伴随着公司所有权与经营权的分离而出现的,它不仅包括公司内部治理机制,即公司的股东大会、董事会、监事会和经理层之间的权力配置与制衡的制度安排,还包括公司的外部治理机制,即产品市场、经理人市场和资本市场等外部因素对公司经营管理活动的监督和制约。

而公司管理是与公司这种企业形式同时产生的,是为保证公司能够有序运行,实现公司经营目标,实现绩效最大化而设计的一系列的规章制度和运营机制。公司作为一类组织,管理是必不可少的。

由此可知,公司治理所关注的是公司内部及公司内外部之间的权力配置与制衡,是从宏观视角对公司经营管理进行的制度安排;而公司管理关注更多的是利益相关者利益的满足程度以及公司经营目标的实现,是从微观视角对公司进行的组织、控制和协调。公司治理与管理是两个不同的体系,从一个单体公司的角度去考察,公司治理与公司管理各司其职,二者的差异可用表 2.1 表示。

表 2.1 公司治理与公司管理的异同

项 目	公 司 治 理	公 司 管 理
目的	实现利益相关主体间的制衡	实现公司的经营目标
所涉及主体	股东、债权人、经营者、雇员、顾客	股东、债权人、经营者、雇员、顾客
地位	规定公司基本框架,以确保管理处于正确的轨道	规定公司具体的发展路径及手段
职能	监督、确定责任体系和指导	计划、组织、指挥、控制和协调
层级结构	企业的治理结构	企业内部的组织结构
实施基础	契约关系	行政权威关系
法律地位	法律、法规决定	经营者决定
政府作用	体现债权人、股东的相对地位	政府基本上不直接干预
资本结构	体现各股东的相对地位	反映企业的资本状况以及管理水平

在明确了公司治理与公司管理的区别后,对两者的联系也有必要弄清楚。公司治理

规定了公司运作的基本网络框架,为公司管理绘制了一幅宏伟蓝图,公司治理在宏观层面为公司管理提供指导,保证管理沿着正确目标方向前进,因此,没有好的公司治理机制,即便有很好的公司管理体系,公司也是一座基础不牢的大厦,随时有倒塌的危险;反之,如果只有好的公司治理机制,缺乏规范的公司管理的支撑,公司治理机制也仅是一幅蓝图,因没有有效的载体和组织形式,也不能发挥其应有的功效。

英国牛津大学教授特里克尔(R. I. Tricker)是最早对公司治理与公司管理进行区分的学者,他在《公司治理》一书中对公司治理与公司管理的关系有简要的阐述,他指出:公司管理是运营公司,而公司治理则是确保这种运营处于正确的轨道之上。他的这个论断是对公司治理与公司管理关系的生动概括。

2.4.3 建立有效公司治理的意义

目前,公司治理是微观经济领域最重要的制度建设,建立有效的公司治理的重要意义在于:

(1) 公司治理的有效性关系企业的生存。良好的公司治理可以保障投资者的合法权益,这是所有权与经营权可以分离的制度基础。如果因公司治理的缺陷,投资者的权益得不到保障,机构投资者、外资和个人投资者将"用脚投票[①]"远离公司;而一些股东由于退出的障碍,就会处于两难的地步。

(2) 公司治理水平影响经济增长。国家经济持续稳定增长的一个重要条件,是投资机构和个人资金通过资本市场源源不断地流入企业,转化为生产发展资金,而公司治理在这一转化中处于核心地位,起着关键性的作用。此外,公司治理还与金融体系的安全直接相关。例如,如果上市公司的公司治理结构存在严重缺陷,投资者利益得不到保障,这时投资者就不能投资于公司的基本赢利能力,而只能转向投机炒作,结果市场投机成分增加,泡沫成分增加。泡沫一旦破裂,往往会导致金融危机。1997年的亚洲金融危机本质上是一场公司治理危机[②]。从这个意义上说,公司治理的有效性关系到经济发展的全局,公司治理水平影响经济增长,影响金融安全。

(3) 公司治理是企业竞争力最重要的基础软件。但凡世界上取得成功的大公司几乎都经历了同一个过程:发展——融资——再发展——再融资,能沿着这条道路走下去的基本条件就是取得投资者的信赖。而现在的情况是,有发展前景的企业需要不断充实资本金,获得发展的机会,而那些机构投资和个人投资者则四处寻找良好的投资项目和可以信赖的业主。这两者能否有效结合,一是看资本市场是否健康有序;二是看公司法人治理是否规范有效。可以说,对于一个富有前景的企业来说,有效的公司治理、对股东的诚信是取得投资者信赖的基石,是走向资本市场的通行证,是企业竞争力的基本要素。

[①] "用脚投票"即投资者选择离开,卖掉其所持有的公司股票。
[②] 陈清泰,《有效的公司治理是现代企业制度建设的核心》,《中外企业文化》,2004年2月13日。

本章小结

金融危机的爆发引起了人们对于公司治理的重视,近年来越来越受到人们的关注。公司治理是一套程序、惯例、政策、法律及机构,影响着如何带领、管理及控制公司经营。公司治理还涉及公司内部利益相关人士及公司治理的众多目标之间的关系,主要利益相关人士包括股东、董事和管理人员。如何选择合适的公司治理主体,提高公司治理效率,对于公司的长期发展具有重要影响。公司治理的主体不仅局限于股东,也包括股东、债权人、雇员、顾客、供应商、政府和社区等在内的广大公司利益相关者。作为所有者,股东处于公司治理主体的核心位置。公司治理实质在于股东等治理主体对公司经营者的监督与制衡,以解决因信息不对称而产生的逆向选择和道德风险问题,在现实中所要具体解决的问题就是决定公司是否被恰当的决策与经营管理。OECD公司治理原则已经成为全球政策制定者、投资者、企业和其他利益相关者的一个国际性的基准,为公司治理提供了一套国际化的标准。公司治理所关注的是公司内部及公司内外部之间的权力配置与制衡,是从宏观视角对公司经营管理进行的制度安排;而公司管理关注更多的是利益相关者利益的满足程度,公司经营目标的实现,是从微观视角对公司进行的组织、控制和协调。

一则小故事

运 犯 人

18世纪末期,英国政府决定把犯了罪的英国人统统发配到澳洲去。一些私人船主承包了从英国往澳洲大规模运送犯人的工作。英国政府开始实行的计酬办法是,以上船的犯人数支付船主费用。起初船主为了牟取暴利,尽可能地多装人,使船上条件更加恶劣,因此运送途中死的人很多。

为了改变这种状况,英国政府采取了新的措施。在每一艘船上都派了一名政府官员监督,再派一名医生负责犯人的医疗卫生。同时,对犯人的生活标准做了硬性规定。但是,死亡率不仅没有降下来,有的船上的监督官员和医生竟然也不明不白地死了。原来一些船主为了贪图暴利,贿赂官员,如果官员不与其同流合污,就被扔到大洋里喂鱼了。政府支付了监督费用,却照常死人。后来英国政府又采取了新的办法,把船主召集起来进行教育培训,教育他们要珍惜生命,不能把金钱看得比生命重要。但是,情况依然没有好转,死亡率一直居高不下。

一位英国议员认为,是那些私人船主钻了制度的空子。而制度的缺陷在于,政府给船主的报酬是以上船的人数来计算的。他提出从改变制度入手:政府以到澳洲上岸的人数为准计算报酬,不论在英国上船装了多少人,到了澳洲上岸的时候,再清点人数按此支付报酬。结果,问题迎刃而解。船主主动请医生跟船,在船上准备药品,改善犯人的生活,尽可能地让每一个上船的人,都活着到达目的地。他们十分清楚,多上岸一个人就意味着多一份收入。

案例分析

萨蒂扬之殇与印度公司治理之痛

萨蒂扬（Satyam）事件暴露出印度上市公司治理的一系列阴暗面：家族控制、财务不透明和会计监督不力等。

2009年年初，印度资本市场爆出惊天丑闻：印度IT外包业领军企业萨蒂扬电脑服务公司创始人兼董事长拉马林加·拉贾（B. Ramalinga Raju）于1月7日宣布辞职。拉贾在辞职信中承认，公司过去几年间虚报现金和银行结余超过700亿卢比（约合15亿美元）。这是20世纪90年代以来印度最大的公司丑闻，被称为印度版的"安然事件"。消息爆出以后，当天印度孟买证交所基准指数Sensex下挫7%，萨蒂扬股价暴跌近80%。

印度资本市场自20世纪90年代以来一直以稳健发展著称，其上市公司治理被西方媒体认为是新兴市场经济国家的典范。而萨蒂扬丑闻引发了国际投资人对印度公司的信任危机，也引发人们深入思考印度公司治理存在的深层次问题。

萨蒂扬丑闻的始作俑者拉贾，出身于农民家庭，拉贾与他的兄弟等3人1987年联手创办萨蒂扬。公司于1991年、2001年先后在印度、纽交所上市。在拉贾的领导下，萨蒂扬成为印度销售额第四的软件外包企业，许多跨国公司成为其常年客户，包括联合利华、雀巢、思科等，上述企业都把最关键的数据和电脑系统交给其保管。

爆出造假丑闻前，萨蒂扬对外发布的财务数据可谓"靓丽"：在截至2008年3月31日的财年中，销售额为21亿美元，利润为4亿美元，同比增幅高达48%和35.5%。但令人难以置信的是，财务数据中有94%都是捏造的。据拉贾自述，萨蒂扬的实际利润率为3%，而捏造的数字为24%！

在向萨蒂扬董事会提交的自白信中，拉贾透露了他的造假手法。他称，最初公司的实际营运利润与账面上显示的数据差距并不大，但随着公司规模的扩大和成本的上升，缺口越来越大。拉贾担心，如果公司被发现表现不佳，则可能会引发其他企业的收购，进而导致财务漏洞曝光，因此他便想方设法隐瞒事实。

拉贾称，他用自己和其他支持者所持股票作抵押，在过去两年里为萨蒂扬总共筹集了2.5亿美元贷款。这些贷款并未在萨蒂扬的资产负债表中公布，而是直接注入萨蒂扬的账户，以帮助其弥补收入上的不足。在截至2008年9月30日的财季中，萨蒂扬的实际销售额为4.34亿美元，但公司公布的是5.55亿美元；公布的利润是1.36亿美元，实际利润为1250万美元；公布可用现金为11亿美元，实际是6600万美元。

2009年1月9日，印度警方以欺诈、伪造、妨碍公信等罪名将拉贾及其兄弟、前执行董事拉玛·拉贾逮捕，CFO斯里尼瓦斯也被警方羁押。

为保持萨蒂扬的持续运营，印度政府专门成立了由十人组成的萨蒂扬善后委员会，并重组了萨蒂扬的董事会，直接任命了三名新董事。在印度历史上，由政府解散现任公司董事会并任命新董事会的举措前所未有。2009年2月5日，萨蒂扬宣布任命穆尔蒂为CEO；公司已获得约1.3亿美元的资金支持，这些款项会直接用于资金周转。

萨蒂扬事件在某些方面折射出一些印度上市公司在公司治理上存在的重要问题。

家族控制和家族化管理弊端重重。在孟买Sensex指数成分股中，超过一半公司由强大的家族所有或掌控。大量的家族企业长期以来一直难以摆脱用人唯亲、管理欠佳、董事会低效以及缺乏透明度等顽疾。在顺风顺水的景气时期，家族企业在决策效率、业务开拓方面有独到的优势，但一旦经济环境恶化，家族企业的实际控制人往往罔顾法律、铤而走险。

上市公司信息披露存在严重漏洞。在印度，信息披露关注的焦点主要集中在上市公司自身，而对于上市公司的控股股东和实际控制人则没有太多的强制披露要求。在家族管理模式下，控股股东和上市公司之间存在大量的关联交易，许多关联交易金额巨大，蕴藏着较大的风险，对上市公司业绩乃至证券市场具有至关重要的影响。其中最为普遍的是，控股股东用自身的股份质押以获取流动贷款。在萨蒂扬事件之后，印度证券交易委员会出台新政，要求印度企业的控股股东在以股份质押借款时必须履行信息披露义务，同时每三个月要持续披露股份质押情况。

中介机构参与公司治理不力。先进的公司治理体系，不仅包括股东、高管等内部人，还应涵盖中介机构、债权人、交易对手等"利益相关者"。这些利益相关者从自身利益角度出发，都应履行对上市公司的某种监督责任。尤其是作为财务监督者的会计和审计机构，对萨蒂扬事件的演变和爆发负有不可推卸的责任。担任萨蒂扬财报审计的是名闻天下的普华永道，他们对如此明显的财务造假居然毫无察觉，显然负有失察、失职之责。

结合上述案例，请简要分析一下印度上市公司在公司治理上存在哪些严重的问题？这些经验对于我国的公司治理有何启示和借鉴？

复习思考题

1. 公司治理对于企业为什么如此重要？
2. 公司治理的主体和客体分别是什么？
3. OECD公司治理原则的主要内容有哪些？
4. 你是如何理解公司治理和公司管理的？
5. 建立有效公司治理的意义有哪些？

第3章 公司治理的演变及相关理论

学习目的

通过本章学习,你应该能够:
1. 了解公司治理的演变历史;
2. 了解委托代理理论;
3. 了解利益相关者理论。

关键词

公司治理的演变　委托代理　利益相关者

引导案例

航兴科技公司的僵局

林迎十、孙毅和高斌怀既是同学,也是西安一家国企的同事。2010年,他们停薪留职后,创办了航兴科技公司。其出资分别为25.8万元、17.1万元和17.1万元,即林迎十持股占43%,孙毅和高斌怀共占57%,由林迎十任执行董事兼总经理。依据公司章程,每10万元享有1个表决权,除林迎十享有2个表决权外,其余2人都只有1个表决权。章程还规定,选举执行董事需要2/3以上股份同意。创业之初,大家患难与共,公司亦得到快速的发展。后来,令人意想不到的是,孙毅提出要让林迎十让位,由高斌怀出任执行董事兼总经理,这让林迎十异常气愤。但是,第一次表决形成2∶2的局面,无法形成决议。孙毅又提出转让13.5万股股权给高斌怀,大家均同意。

2011年10月12日,孙毅以办理股权转让为由,借走公司公章,始终未还,让林迎十怀疑他们背后私下行动。心里一直不踏实的林迎十前往工商局,意外地发现他们正在办理法定代表人的变更手续,醒悟的林迎十马上制止了这种行为。经工商局提议,3人再次就执行董事进行表决,此时依据表决权结果虽是2/3,但是依据持股比例谁也达不到2/3,于是形成了重大事项无法形成决议的尴尬局面。此后,大家更是互不信任,各自为政,最终公司关门停业。

航兴科技公司最终失败的原因是什么呢?

3.1 公司治理的演变

3.1.1 公司治理产生的背景

公司治理这一术语在20世纪80年代正式出现在英文文献中。二十多年来，它不仅在理论研究中越来越重要，而且还成为了实务界关注的焦点。无论是学者、企业家，还是监管机构、新闻媒体，都对公司治理表现出了空前高涨的热情。

其实，公司治理中所研究的基本问题早已存在于经济与管理实践中，公司治理也经过几个世纪的演变。应该说，公司治理的每一步发展往往都是针对公司失败或者系统危机做出的反应。例如，最早记载的公司治理失败是1720年英国的南海泡沫[①]，这一事件导致了英国商法的革命性变化。1929年美国的股市大危机[②]又使得美国在其后推出了证券法。1997年的亚洲金融危机使人们对东亚公司治理模式有了清醒的认识，2001年以安然、世通事件为代表的美国会计丑闻又暴露了美国公司治理模式的重大缺陷。这些治理失败的案件往往都因舞弊、欺诈等引起，而这些事件又促进了公司治理的改进。这些持续的演进造就了今天的各种与公司治理有关的法律、管制措施、机构和惯例，甚至还有市场等。

理论界对公司治理的研究至少可以追溯到20世纪30年代贝利和米恩斯的研究。贝利和米恩斯在1932年出版的《现代公司和私人产权》一书中，在对大量的实证材料进行分析的基础上得出了结论——现代公司的所有权与控制权实现了分离，控制权由所有者转移到了管理者手中，而管理者的利益经常偏离股东的利益。20世纪60年代前后，鲍莫尔[③]、马瑞斯和威廉姆森[④]等人分别提出了各自的模型，从不同角度揭示了掌握控制权的管理者与拥有所有权的股东之间的利益差异，从而提出了现代公司制企业应该构建激励约束机制，以使管理者更好地为股东利益服务。

钱德勒[⑤]在1977年出版的《看得见的手》一书中，通过分部门、行业的具体案例分析，进一步描述了现代公司两权分离的历史演进过程。可以说，古典经济学家一直在关注着所有权与控制权的分离，及其产生的"委托人"（投资者、外部人）与"代理人"（管理者、企业家、内部人）之间的代理关系。一般认为，由于管理者与所有者的目标函数不一致，掌握控制权的管理者往往会采取偏离股东利益的行动。例如在不创造价值的项目上耗费更多的资源，只是为了一己之便或一己之利而使企业中人浮于事、忽视内部控制等。他们可能通

---

① 南海泡沫的始作俑者是英国的南海公司，它成立于1711年，人们看好其贸易垄断地位而疯狂购买该股票，导致股价飙升，但公司的经营却并未如愿，赢利甚微，公司股票的市场价格与上市公司实际经营前景完全脱节，最终股价一落千丈，泡沫破灭。

② 1929年10月以纽约股市的崩盘为标志，随后爆发了资本主义历史进程中持续时间最长、财富损失最重、影响程度最深的经济大萧条。

③ 威廉·杰克·鲍莫尔（William Jack Baumol），美国经济学家，普林斯顿大学荣誉退休高级研究员和经济学教授，纽约大学经济学教授。

④ 奥利弗·威廉姆森（Oliver·Williamson）："新制度经济学"的命名者，2009年诺贝尔经济学奖获得者。

⑤ 艾尔弗雷德·D. 钱德勒（Alfred D. Chandler, Jr）：伟大的企业史学家、战略管理领域的奠基者之一。

过构建企业帝国、享受奢侈品等来获得个人利益的满足,甚至可能通过贪污养老金、关联交易等手段来为个人谋取私利。这就是代理问题,为了解决代理问题,委托人需要构建一套机制来保护自己,限制代理人损害委托人的行为。委托人为之付出的成本就是代理成本。所有权与控制权的分离,以及由此产生的委托代理关系,是公司治理问题产生的根源。

3.1.2 公司治理的演变

股份公司的出现,克服了单一业主制、合伙制企业中存在的企业规模扩张与单个资本积累不足之间的矛盾,成为现代市场经济中最重要、最典型的企业组织形式。在这个意义上,单一业主制企业与合伙制企业被归入传统业主制或古典企业一类,股份公司被归入现代企业一类。从历史的、逻辑的角度,古典企业是研究企业制度,尤其是研究企业所有权安排的简单模型,公司治理的演变是以古典企业的产权安排为起点的。

1. 古典企业治理

在古典企业中,企业主是企业的唯一所有者,拥有企业的全部产权,包括剩余收益权、经营决策权和监督其他要素所有者的权力。古典企业的产权安排是单一持有人的集权制,企业所有权的排他性以及剩余收益权与剩余控制权合一的所有权结构,构成古典企业所有权的基本特征,即单个企业主不是代理人而是雇主,其产权安排意味着拥有全部权利,具体表现为企业主在企业中拥有的一组权利或权利束:

① 投入要素支付后遗留的剩余的占有权;

② 在这一权利的激励下,所有者具有强烈的动机监督雇员的绩效,决定生产什么、如何生产等,并行使剩余控制权;

③ 出售这两种权利的权力。以共同商定的价格将产权转让给他人的权利是所有权的基本组成部分。而企业的市场价格,即所有者在企业中产权的市场价格,等于企业在整个运作期间内预期可得到的未来剩余的现值。将未来的预期收益资本化为市场现值的权力是所有权所特有的。

如果将企业视为不同参与者(要素所有者)产权联合的契约性合作组织,按职能分工的不同,所有参与者可分为三类:资本家、经理成员和生产成员。在资本雇用劳动的条件下,古典企业治理的简单模型可概括为所有者——经理:资本家作为企业的所有者,同时也承担企业的经理职能,拥有剩余控制权与剩余收益权。在这个模型中,隐含着这样的假设:经理成员的选择表现为一种"自选择"机制,资本家在拥有财富的同时,也拥有企业家能力,因而同时拥有剩余收益权和剩余控制权。

2. 现代企业治理

股份公司在"有限责任"的法律基础上,成为资源或资本集中的有效手段。每个股东的责任限制于其在企业的投资额度内,股权被划分为很小的份额,股东按股权拥有参与公司董事会、获取剩余收益的权利,也可在市场上自由转让股权而得到利润。相对于古典业主企业的所有者而言,法律并未改变股份公司股东所拥有的一组权利的本质,但个别股东的剩余控制权已经发生变化,这种变化是从股权高度分散化开始的。高昂的交易成本使得股东不可能全部参与公司的决策与管理,剩余控制权在理论上仍然平等分布于股东之中,但实际上更有利于拥有控股权的大股东。尤其是对于典型的家族式股份公司的情形,股权往往为家族所控制,家族不仅享有剩余收益,而且基本上掌握了剩余控制权。

股份公司之所以被称为"现代企业",意味着企业制度的重大历史变化,这种变化的重要性并不仅限于资本要素本身的形态变化,如从债权融资到股权融资的变化,也不限于为了扩大企业规模而采取股份制的筹资方式,而是在于"管理革命[①]"或"经理革命[②]",即管理日益复杂化,并形成将管理经验上升到管理理论知识的需要,由此出现了拥有并依赖这种理论知识的职业经理阶层,从而使管理科学成为现代企业制度的基本特征之一。

"管理革命"的结果是股份公司从股东(可能是个人或家庭)控制转变为经理控制。经理并非一定是资本要素的所有者,但其基于企业家人力资本,在实际中不仅拥有了剩余控制权,而且还参与了剩余收益的分配,这类企业就是所谓的"经理企业"。这一事实在实践中已得到证实:董事会在决定经理人员人选的时候,也需要决定他的报酬。该报酬包括按照事前可评估的努力程度决定的报酬以及按事后产出决定的报酬两部分,前者是契约性收益,即固定工资,后者则是剩余收益的分享。经理企业的出现意味着:资本家在拥有财务资本的同时,不一定拥有管理知识,管理知识作为日益稀缺的人力资本,在要素市场竞争中独立于而不是从属于资本与劳动,成为了企业契约的不可或缺的组成部分,导致了企业所有权与经营权的分离。如果将管理科学定义为现代企业的基本特征之一,在这个意义上,现代企业就是经理企业,股份制公司只是现代企业的表现形式。

经理企业的出现使公司治理结构更加复杂,其核心问题还是剩余收益权与剩余控制权在不同要素所有者之间的分配,在现代企业中表现为众多财务资本产权与管理知识人力资本产权之间及其相互之间的竞争与合作,具体包括财务资本所有者对经理成员的选择、约束、监督与激励,投资者尤其是小股东、债权人的利益保护,董事会成员、经理成员的权利、绩效评价与竞争,以及投资者"搭便车[③]"的问题等。因为控制权的分配在一定程度上取决于资本结构的影响,对经理成员的激励与选择有重要意义。因此,资本结构的选择也被看作是公司治理的一个重要方面。

3.2 公司治理理论

人们从不同的视角对公司治理进行研究,形成了丰富多样的公司治理理论,这里主要介绍两种公司治理理论,即委托代理理论和利益相关者理论。

---

① 由现代信息革命引发的管理观念、组织结构、运作方式的变革,被称为管理革命。
② 随着股份公司的发展、股权的分散以及企业所有权和经营权的分离,主导企业甚至经济社会的权力将逐步由股东转移至经理阶层,这一现象被称为经理革命。
③ "搭便车"理论首先由美国经济学家曼柯·奥尔逊于1965年发表的《集体行动的逻辑:公共利益和团体理论》(*The Logic of Collective Action Public Goods and the Theory of Groups*)一书中提出的。其基本含义是不付成本而坐享他人之利。

3.2.1 委托代理理论

委托代理理论是制度经济学中契约理论的主要内容之一，主要研究的委托——代理关系是指一个或多个行为主体根据一种明示或隐含的契约，指定、雇用其他行为主体为其服务，同时授予后者一定的决策权力，并根据后者提供的服务数量和质量对其支付相应的报酬。授权者就是委托人，被授权者就是代理人。

委托代理关系起源于"专业化"的存在。当存在"专业化"时就可能出现一种关系，在这种关系中，代理人由于相对优势而代表委托人行动。委托代理理论是过去30多年里契约理论最重要的发展之一。它是20世纪60年代末70年代初一些经济学家深入研究企业内部信息不对称和激励问题时发展起来的。现代意义的委托代理的概念最早是由罗斯[1]提出的："如果当事人双方，其中代理人一方代表委托人一方的利益行使某些决策权，则代理关系就随之产生。"委托代理理论的中心任务是研究在利益相冲突和信息不对称的环境下，委托人如何设计最优契约激励代理人。不管是在经济领域还是社会领域，都普遍存在委托代理关系。

委托代理理论认为，委托代理关系是随着生产力大发展和规模化大生产的出现而产生的。其原因一方面是生产力发展使得分工进一步细化，权利的所有者由于知识、能力和精力的原因不能行使所有的权利；另一方面专业化分工产生了一大批具有专业知识的代理人，他们有精力、能力代理行使好被委托的权利。但在委托代理的关系当中，由于委托人与代理人的效用函数不一样，委托人追求的是自己的财富更大，而代理人追求自己的工资津贴收入、奢侈消费和闲暇时间最大化，这必然导致两者的利益冲突。如果没有有效的制度安排，代理人的行为很可能会最终损害委托人的利益。

在现代公司里面，由于股权分散，股东一般不直接从事企业的决策管理，而授权给董事会行使决策权，这就形成第一层次的委托代理关系，股东（大）会为委托人，董事会和董事为代理人。由于专业的分工，董事会将会选择高层管理者进行日常的经营管理，这就形成了第二层次的委托代理关系，董事会为委托人，经理层为代理人。更广义的还有第三层次的委托代理关系，经理层为委托人，员工为代理人。在实践中讨论最多的是股东和经理的委托代理关系。

首先，从"经济人"角度，委托代理双方都追求利益最大化，代理人追求自身利益最大化的行为，经常与股东的利益最大化的目标不相一致。股东期望公司的利润最大化，而经理则期望自己通过在公司的经营得到更多的收入，同时提高自己的声誉从而获得更好的前途。这些行为可能会损害公司的整体利益。

其次，委托人与代理人的风险偏好和风险承担能力不同。大多数委托人偏保守，承担风险能力差，而代理人由于风险投资的收益与其承担的风险不成比例，所以代理人更偏好于冒险。

最后，委托人内部利益不一致，如大股东或机构投资者倾向于长期投资，而一些中小

---

[1] 斯蒂芬·罗斯（Stephen A. Ross），是当今世界上最具影响力的金融学家之一。因其创立了套利定价理论（Arbitrage Pricing Theory，简称APT）而举世闻名。

股东更注重公司股票在股市中的表现,从而进行短期的套利行为,这导致一方面代理人在经营过程中很难平衡;另一方面代理人可以利用委托人之间的利益不一致从而选择对自己最有利的行动。因此,在这种情况下,委托代理关系更加复杂。

委托代理关系的出现会产生两类问题:第一,如何授权使得决策更有效率;第二,如何监督和激励使得代理人利益与公司利益或股东利益一致化并且最大化。委托代理关系的存在并不一定产生代理问题。如果能够清楚地预测到所有可能发生的事情,并清楚地写入委托代理合同中,就可以解决由此产生的代理问题。信息不对称、不确定性以及有限理性和契约不完备性等是产生代理问题的主要原因。

(1) 信息不对称。信息不对称是指交易中一方拥有完全的信息而另一方并不知晓。在代理关系中代理人对自己的品质、能力和努力程度是非常清楚的,而委托人却不能完全了解代理人的全部信息。由于信息的不对称,代理人就可以利用信息优势谋求自己的利益而损害委托人的利益,这里主要有两种行为,即逆向选择和道德风险。逆向选择是事先的行为,在签订合约之前,委托人即股东(雇主)不知道代理人即经理(或者雇员)的能力、可靠程度和努力程度等,而代理人则清楚地知道自己的能力,他会隐瞒对自己不利的信息而签订对自己有利的合约。道德风险是指在签订合约之后,代理人利用自己的信息和地位的优势,采取有利于自己而不是最大化股东利益的行为,如躲避风险、追求在职消费、偷懒等,而这些则会损害公司和股东的利益。

(2) 不确定性和有限理性。由于未来的环境是未知的、不确定的,而人们对事物的认识是有限的,代理人无法准确地预知未来的环境变化进而实施正确的行动,从而一方面会导致计划与实际的偏差;另一方面经营业绩也未必能真实地反映代理人的真实努力情况。

(3) 契约不完备性。在复杂的不可预测的环境中,人们不可能预测到所有未来发生的事情,从而写入到合同中。即使能够做到,也很难用语言文字清楚地描述于合同中。

正是由于信息不对称、不确定性和有限理性以及契约不完备性,使得委托人想设计一个完备的合同是不可能的。代理理论下的公司治理主要是从委托人(股东)出发解决如何降低代理成本,如何使经理层维护股东的利益,保证经理层为股东的利益最大化服务的问题。

3.2.2 利益相关者理论

1. 利益相关者概念和内容

利益相关者(Stakeholder)是一个与股东(Shareholder)相关的概念,通常也叫利害关系者或利害关系持有者,也称相关利益者。企业在经营过程中,着眼点不能仅仅停留在股东身上,还应关注利益相关者的利益。这些利益相关者对企业的经营与营利、生存与发展都起着至关重要的作用,忽视任何一种利益相关者的存在,都可能对企业产生严重的后果。

利益相关者包括企业的股东、债权人、雇员、用户、竞争者、供应商等交易伙伴,也包括政府部门、本地居民、本地社区、媒体、环保主义等的压力集团,甚至包括自然环境、人类后代等受到企业经营活动直接或间接影响的客体。这些利益相关者与企业的生存和发展密切相关，他们有的分担了企业的经营风险，有的为企业的经营活动付出了代价，有的对企业进行监督和制约，企业的经营决策必须要考虑他们的利益或接受他们的约束。在这里主要介绍以下几种。

(1) 经营者与企业员工。经营者也就是高层管理人员，他们实际控制着企业的经营权，能够在董事会的授权下按自己的意志进行经营活动。同时，企业很重视招募与培养高素质的员工，从这一点可以反映出员工素质对企业经营与发展的重要性。管理者与员工在企业中工作，主要关心的是企业未来的前途、提供个人的发展机会及福利、待遇等，企业应尽可能满足他们在这些方面合理的要求，提高企业的凝聚力和向心力。

(2) 用户。在企业的生产经营活动中，用户扮演者极为重要的角色。企业所提供的产品或服务，必须满足用户的需求，离开了用户，企业就失去了存在的意义，更不用说企业的发展了。可以说用户是企业的"衣食父母"。从产品的研究开发至生产销售的整个过程，都要对用户的需求、偏好、购买动机等进行分析。

(3) 供应商。企业作为原材料、设备等的买主，需要与供应商讨价还价。购入的价格较高，会使企业的生产成本上升，影响产品的竞争能力与企业的获利能力。因此，加强同供应商的合作，与供应商建立长期互惠互利的关系不失为一个较好的方案。

(4) 债权人。负债是企业一项重要的资金来源，增强债权人对企业的信心，是获得借款的必要条件。如果企业不能获得债权人的信任或不能通过债权人的风险评估，就难以筹措到所需的资金，至少难以用合理的成本筹措到必要的资金，这必然会增加企业的筹资成本，不利于企业的发展。债权人将资金交给企业，其目的是到期收回本金，并获得约定的利润收入。然而，当企业无法按时归还利息与本金时，债权人有权向法院申请宣告企业破产。这对于希望长期经营的企业来说是一个致命的打击。

(5) 竞争者。竞争者也是企业的一类不容忽视的利益相关者。因为企业在市场上的任何一个动作，都会对竞争对手产生影响，有时影响可能十分巨大。因此企业在经营过程中要考虑竞争对手的反应并做出相应的预测；同样，企业对竞争对手的行动也要有所估计有所反应。在竞争激烈的市场中，一个企业要消灭行业中所有的竞争对手几乎是不可能的。竞争与合作是市场经济条件下的永恒主题。正如有些企业家已经认识到的那样，竞争的终极不在于获得一整块蛋糕，而应在于如何做出更大的蛋糕共同分享。这一方面的典型案例就是可口可乐与百事可乐公司在软饮料上的激烈竞争，公众在关注这一商业热点，希望"坐收渔翁之利"的同时，无意中也被卷了进来；其结果使这一市场不断扩大，两家公司都分得了更大的一杯羹。

(6) 政府。政府的宏观调控政策，对企业的发展也起着至关重要的作用。政府的货币政策、财政政策和税收政策是政府宏观调控的工具，但它却能直接作用于企业。例如提高利率，企业就会发现资本成本有所上升；提高所得税率，企业的税后利润会马上下降。另外，作为游戏规则的制定者，政府制定的各种立法，如经济法、环保法等，都对企业产生约束力，企业必须遵照执行。

(7) 机构投资者。所谓机构投资者是指进行金融意义上投资行为的非个人化的团体或机构。按照美国投资公司协会的定义，机构投资者包括通过各种金融工具所筹资金并进行投资的非个人化机构，也包括用自有资金进行投资的机构。很明显，机构投资者是金融中介机构的一类,它包括银行和储蓄机构、保险公司、共同基金、养老基金、投资公司、私人信托投资公司和捐赠的基金组织等。当然由于有些金融中介并不从事中介性的投资业务,因此,并非所有的金融中介都是机构投资者。

(8) 其他利益相关者。除了以上列举的利益相关者之外,还有包括工会、营销中介、公众与社区、合作院校及科研机构、媒体等在内的其他利益相关者,企业在经营的过程中也不能忽视他们的存在。

利益相关者能够影响组织,他们的意见一定要作为决策时需要考虑的因素。但是,所有利益相关者不可能对所有问题保持一致意见,其中一些群体要比另一些群体的影响力更大,这时如何平衡各方利益成为战略制定者考虑的关键问题。

2. 利益相关者理论的由来

利益相关者理论是指企业的经营管理者为综合平衡各个利益相关者的利益要求而进行的管理活动。与传统的股东至上主义相比较,该理论认为任何一个公司的发展都离不开各利益相关者的投入或参与,企业追求的是利益相关者的整体利益,而不仅仅是某些主体的利益。

将利益相关者理论作为一个明确的理论概念加以提出却是在20世纪60年代,由斯坦福大学研究所(Stanford Research Institute,SRI)完成的。1984年,弗里曼[①](Freeman)出版了《战略管理:利益相关者管理的分析方法》一书,明确提出了利益相关者管理的概念。

利益相关者一词最早出现在1708年的《牛津辞典》中,代表人们在活动中所下的赌注(stake)。"Stakeholder"一词则是由斯坦福大学研究所于1963年首次提出的。斯坦福大学研究所提出,"利益相关者是那些没有其支持,组织就不可能生存的团体"。这一定义使人们认识到,企业并非仅仅为股东服务,在企业周边还存在许多与企业生存和发展密切相关的其他利益群体。但是,这个定义忽视了利益相关者与企业之间的交互影响。针对这一不足,瑞安曼从利益相关者与企业之间交互影响的角度出发,提出利益相关者依赖于企业以实现其个人目标,企业也依赖于利益相关者而得以生存和发展的观点。

上述观点与当时正在兴起的公司社会责任理论不谋而合。公司社会责任的理论研究成果,对利益相关者的研究提供了重要的理论支持。在公司社会责任理论下,经理层需要正确理解利益相关者的范畴,确定公司活动的"界限",在这一"界限"内,最大化股东和利益相关者的利益。

弗里曼将利益相关者定义为:"利益相关者是那些因公司活动受益或受损,其权利也因公司活动而受到尊重或侵犯的人"。这种定义在强调利益相关者与企业交互影响的基础之上,为利益相关者参与企业战略管理提供了理论依据。弗里曼的观点得到了许多经济学家的认同,成为20世纪80年代后期利益相关者研究的一个标准模式。

从企业管理和公司治理角度来研究利益相关者,是近些年来出现的一个非常活跃的领域。这种研究的根本点在于,利益相关者是否可以分享企业的所有权。探讨这一问题

---

① 罗伯特·爱德华·弗里曼(R. Edward Freeman),弗吉尼亚大学教授。

的前提是要明确企业的本质。科斯认为,企业是节约交易成本的一种制度设计,企业是以"权威"来替代市场机制进行资源配置的组织。詹森[1]和麦克林[2]指出,契约关系是企业的本质,不仅对雇员而言是如此,对供应商、客户和债权人等而言也是如此,并进而提出,企业是"一组个人间契约关系的一个联接"。尽管主流企业理论依然坚持只有股东才能拥有企业所有权,但是也为利益相关者参与企业管理提供了条件。

威廉姆森[3]认识到主流企业理论的缺陷,提出公司治理框架应当给那些向公司提供"专用性资产"(specific assets)的人留出位置。布莱尔[4]从人力资本专用性的角度出发,提出利益相关者是向公司投入专用性资产,而使得该资产处于风险之中的人。因此,利益相关者参与公司治理的基础是,他们投入了专用性资产,并承担了公司剩余风险。布莱尔的理论为雇员参与公司治理提供了相应依据,但是依然存在一定欠缺:一是如何衡量专用性人力资本的价值;二是如何实现雇员等利益相关者对公司治理的参与。

20世纪90年代,经济学家普遍认识到,不同类型的利益相关者对于企业决策的影响以及被企业影响的程度是不同的,因此必须从利益相关者与公司之间关系的程度入手,从多个视角对利益相关者进行划分。

根据利益相关者与企业之间是否存在交易性合同关系,可以将利益相关者分为契约型利益相关者(contractual shareholders)和公众型利益相关者(community shareholders)。前者包括股东、雇员、顾客、分销商、供应商和贷款人等;后者包括消费者、监管者、政府、媒体和社区等。根据利益相关者与企业之间联系的紧密程度,还可将利益相关者分为主要的利益相关者和次要的利益相关者。前者是指如果没有这些利益相关者群体的参与,企业就无法生存,如股东、雇员、顾客、供应商;后者是指间接影响企业运作或者受到企业间接影响的群体,如媒体。

利益相关者理论的动态发展,为保护利益相关者的利益、保障利益相关者参与公司治理提供了理论依据。但是,不可否认,利益相关者理论还须进一步完善,如怎样实现利益相关者的参与,如何评价利益相关者参与公司治理的绩效,如何在效率与公平之间进行抉择等。因此,利益相关者理论的研究是一个开放的领域,一个不断延伸的空间。

3. 利益相关者治理模式:共同治理和相机治理

传统的公司治理理论把内部治理结构抽象为股东与经理的委托代理关系,股东依法

---

[1] 迈克尔·詹森(Michael C. Jensen)是横跨经济学和公司财务与治理两大领域的大师级学者,在公司控制理论和资本结构理论方面做了开创性工作,是代理经济学的创始人之一。

[2] 詹森和威廉·麦克林(William Meckling)1976年发表了"企业理论:经理行为、代理成本与所有权结构",文章吸收了代理理论、产权理论和财务理论,提出了"代理成本"概念和企业所有权结构理论。该文也成为企业理论领域中引用度最高的经典论文之一。

[3] 约翰·威廉姆森,英国人,是当今国际经济学界最著名的学者之一,在开放条件下的宏观经济理论、汇率理论、国际资本流动和经济发展等领域有过许多杰出的贡献。

[4] 玛格瑞特·布莱尔(Margaret M·Blair 1995)研究了利益相关者(stakeholder:非股东的公司选民,包括管理者、信用提供者、雇员、顾客、供应商、地方社区)作为股东的问题。认为股东并不是现代企业唯一的剩余索取权者,人力资本投资所产生的价值对企业来说是专用性的,因而人力资本所有者与股东一样承担剩余风险,应该作为剩余索取者享有剩余索取权,以此来激励雇员实现企业利益最大化。

拥有公司的最终控制权,治理结构的效率标准就是股东利益最大化。20世纪90年代后学者们认为共同治理和相机治理的有效结合是有效率的治理结构的内容,其中共同治理体现了利益相关者之间的合作,而相机治理则是在客观对待利益矛盾的基础上,保证这一合作状态的持续稳定。

① 共同治理。弗里曼(Freeman)认为股东的利益不应该被看作居于最高地位,而应该是利益相关者网中的一员,这使得公司治理目标更加注重多边利益主体的利益。随之,越来越多的学者开始将公司理解为一个由物质资本所有者、人力资本所有者以及债权人等利益相关者间的一系列契约的组合。利益相关者治理就是要让所有通过专用性资产的投入为企业的财富创造作过贡献的产权主体参与到公司的治理中。也就是利益相关者共同拥有剩余索取权和剩余控制权,并且对每个利益相关者来说,相应的两种权利都是对应的,这种双边或多边式的合作模式称为"共同治理"。

有些学者认为,不同利益相关者对企业的重要性不同,因此,参与公司治理的权力也不应一样。我国学者王辉认为,应该由关键利益相关者来参与公司治理。他从资源依赖的角度来理解企业的本质,考虑新经济条件下激励的重要性,认为企业权利的根本来源就是为进行联合生产而投入的资源,谁提供了对企业生存发展至关重要的关键性资源,谁就应该掌握企业的控制权。在企业效用最大化的前提下,企业委托权或控制权的分配,是由资源本身的特性所决定的,在生产中边际贡献率越高,黏合性越大的资源提供者,就越应该获得最大的权力,凡提供关键性资源的利益相关者都应该参与企业控制权的配置。江若尘通过实证研究表明不同规模企业以及相同规模企业在追求不同经营目标时利益相关者重要性是有差异的,因此应根据其重要性程度,准确把握对不同利益相关者的关系定位。而在所有的利益相关者中,无论哪一个经营目标的实现,经营者的重要性顺序始终是第一位的,表明中国企业对经营者的激励和约束机制是影响中国企业发展的头等大事。

② 相机治理。共同治理是公司处于正常经营状态下的治理机制,体现了利益相关者之间为了公司利益而合作的思想。但合作并不意味着没有矛盾。当信息不对称的时候,拥有较多有信息一方可能会损人利己,一旦这种"机会主义行为"发生,合作便会消失,结果包括自己在内的各利益相关者的总体利益将会受到损害。明智的方法是采取合作,然而,合作是不稳定的,最终可能会导致经营危机,利益矛盾会浮出水面。现代治理理论认为,可以通过设置一套相机治理机构可防止损人利己行为,即根据具体的利益受损状况采取相应的应急措施,例如当经营者的决策损害股东利益时,股东可以召开股东大会,要求董事会惩罚经营者。

本章小结

公司治理中所研究的基本问题早已存在于经济与管理实践中,公司治理也已经过几个世纪的演变。应该说,公司治理的每一步发展往往都是针对公司失败或者系统危机做出的反应。其中,所有权与控制权的分离,以及由此产生的委托代理关系,是公司治理问题产生的根源。

在历史的、逻辑的角度,古典企业是研究企业制度,尤其是研究企业所有权安排的简单模型,公司治理的演变是以古典企业的产权安排为起点的。经理企业的出现使公司治理的产权结构更加复杂,核心问题还是剩余收益权与剩余控制权在不同要素所有者之间的分配,在现代企业中表现为众多财务资本产权与管理知识人力资本产权之间及其相互之间的竞争与合作,具体包括财务资本所有者对经理成员的选择、约束、监督与激励,投资者尤其是小股东、债权人的利益保护,董事会成员、经理成员的权利、绩效评价与竞争,投资者"搭便车"的问题等。

由于人们从不同的视角对公司治理进行研究,因而形成了丰富多样的公司治理理论,其中委托代理理论和利益相关者理论较为典型。委托代理关系是随着生产力大发展和规模化大生产的出现而产生的。其原因一方面是生产力发展使得分工进一步细化;另一方面是专业化分工产生了一大批具有专业知识的代理人,他们有精力、能力代理行使好被委托的权利。但在委托代理的关系当中,由于委托人与代理人的效用函数不一样,委托人追求的是自己的财富最大化,而代理人追求的是自己的工资津贴收入、奢侈消费和闲暇时间最大化,这必然导致两者的利益冲突。

企业的生存和繁荣离不开利益相关者的支持,但利益相关者可以从多个角度进行细分,不同类型的利益相关者对于企业管理决策的影响以及被企业活动影响的程度是不一样的。企业是一种智力和管理专业化投资的制度安排,企业的生存和发展依赖于企业对各利益相关者利益要求的回报程度,而不仅仅取决于对股东的回报程度。利益相关者理论的出现,分散了企业的经营目标,除了经济上的目标以外,企业也必须承担社会的、政治上的责任。利益相关者理论的动态发展,为利益相关者保护、利益相关者参与公司治理提供了理论依据。

一则小故事

"4+3"不等于"3+4"

有一位耍猴人养了很多只猴子。因为长期相处,猴子能听懂耍猴人的每句话,耍猴人对猴子的生活习性、性格特点和心理状态也完全了解。

由于生意不景气,耍猴人想对猴子的粮食实行限量供应。在连续三天对每只猴子只供应7颗果子之后,他把猴子们召集到一起,说:"生意越来越差了,为了不让你们挨饿,从今天开始,一律按照'朝三暮四'的标准供应果子。"听完这番话,猴子们乱成一团,强烈反对主人的做法。经过一番讨价还价之后,猴子们非常高兴地接受了耍猴人"朝四暮三"的供应方案。

我们说,这群猴子真是一群傻瓜!

也许,我们都会嘲笑猴子当初为了"朝三暮四"而激愤,后来却又为了"朝四暮三"而高兴,我们会笑它们分不清"3+4"和"4+3"都是一样的结果。

耍猴人给猴子安排食物,从现代管理的角度来说,是一个如何科学、合理的对资源进行分配的问题。总量恒定不变,分配方式不同会产生截然不同的两种效果。

在判定谁是傻瓜之前,你是否弄清楚了猴子们为什么反对"朝三暮四"而同意"朝四暮三"?从这个故事中你获得了哪些启示呢?

案例分析

任正非致员工信：华为10年内不上市 家族成员永不接班

2013年4月28日，华为总裁办发电子邮件，称任正非在3月30日的持股员工代表大会上谈及外界关心的接班人以及华为上市传闻时表示，家族成员将永远不会接班，华为10年内一定不会上市。

以下为总裁办电子邮件全文：

在各项决议表决后，任总离题说了三个方面的问题：一、关于公司上市问题的澄清；二、关于接班人问题；三、关于我与媒体的关系。

一、关于公司上市问题的澄清

任何公司的发展是不是只有上市一条路，允不允许一些企业缓慢地积累增长。这些企业是以管理经营为主，而不是以资本经营为主。外界对我公司上市问题议论纷纷，我负责澄清一下。董事会20多年来，从未研究过上市问题，因为我们认为上市不适合我们的发展。最近徐直军向某运营商高层的讲话，是代表了董事会意志的。徐说："未来五至十年内，公司不考虑整体上市，不考虑分拆上市，不考虑通过合并、兼并、收购的方式，进入资本游戏。也不会与外部资本合资一些项目，以免被拖入资本陷阱。未来五到十年内，公司将致力于行政改革，努力将公司从一个中央集权的公司，通过将责任与权力前移，让听得见炮声的人来呼唤炮火。从而推动机关从管控型，向服务、支持型转变，形成一个适应现代需求的现代化管理企业。"我是完全支持这个意见的，因此关于公司要上市的传闻是没有依据的。

二、关于接班人问题

外界关注这个问题已久了，我负责地澄清几点质疑：

（1）公司不是我个人的，因此接班人不是我说了算，而是大家说了算。外界神化了我，其实不是这样。创业之初，我是自视自己能力不行，才选择了任人唯贤，如果不是这样，也许早些年公司就被历史淘汰了。现在公司这么大了，不会再倒回去选择用人唯亲。由于公司是集体领导，许多成功的事，大家不知道帽子该戴在谁的头上，就想到我的头上了。其实我头上戴的是一顶草帽。

（2）今天的轮值CEO运行得很好，不见得明天的轮值董事会主席就运作不好。华为的董事会并不完全代表资本方，也代表着劳动方（目前董事必须是员工）。前面的25年的成功，我们平衡发展得很好，不见得未来20年就找不到更好的发展平衡方案。我们这三至五年将努力推动行政改革，三至五年后，我们会推动治理结构及运作方式的改革。改革太快了，容易撕裂了艰难建立起来的管理，有了沟壑，行进会更加不顺利，欲速而不达。大量的资本流入，会使华为盲目多元化而失速。

（3）我的家人有四人在华为公司上班。我以前讲过，二十多年前，有一个人在兰州用背包带，背着小交换机，坐火车到各县、区推广的是我的亲人；在西乡工厂做过半年包装工,穿着裤衩,光着上身钉包装箱,后来又在四川装机搬运货物,损伤了腰椎的是我的亲人……;临产前两三天还在上班,产后半月就恢复上班的是我的亲人,他们都是凭自己的劳动,在华为努力工作。他们仅是一个职业经理人员,决不会进入接班人的序列。我对大家讲清楚是为了少一些猜疑,以免浪费了你的精力。

华为的接班人,除了以前我们讲过的视野、品格、意志要求之外,还要具备对价值评价的高瞻远瞩和驾驭商业生态环境的能力。

华为的接班人,要具有全球市场格局的视野,交易、服务目标执行的能力;以及对新技术与客户需求的深刻理解,而且具有不故步自封的能力。

华为的接班人,还必须有端到端对公司巨大数量的业务流、物流、资金流……,简化管理的能力……。

这些能力我的家人都不具备,因此,他们永远不会进入接班人序列。

三、我与媒体的关系

对于媒体来说,我几乎是全透明的。二十几年来,我写了多少文章,除了在欧盟的发言,全部都是我思考和执笔的,完全代表我的心声。不一定非得面对面接受采访才算透明,以文会友也是可以的。这些文章,是全开放在公司网上,外部也能透明看到的。我认为文章是全公开的,因此,我也算书面接受了媒体采访。我常在互联网上看大家关注的问题,针对这些问题,实际上我在文章中已经回答了。

二零一三年四月二十八日

从这封信中你得到哪些有关公司治理的启示?

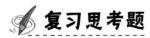

复习思考题

1. 公司治理问题是如何产生的?其根源是什么?
2. 简要概括委托代理理论的主要观点。
3. 简要概括利益相关者理论的主要观点。

第二篇 公司治理结构

公司治理结构是指公司的出资者为保障投资收益,在由出资者、董事会和高级经理层组成的内部结构之间所形成的制度安排,这种制度安排主要包括股权结构、董事会制度、监事会制度等内容。本篇对公司治理框架进行了讨论,并具体分析了现代企业的"三会一层",即股东会、董事会、监事会和高级经理层。

第 4 章 公司治理结构框架

学习目的

通过本章学习,你应该能够:
1. 掌握公司治理结构的构成、特征及其作用;
2. 理解公司治理结构需要解决的问题和涉及的相关关系;
3. 了解有效合理的公司治理结构对于企业的重要意义。

关键词

公司治理结构　制衡机制　四轮驱动

引导案例

赵新先的"三九王国"

1985年,赵新先创办了深圳南方制药厂,广州第一军医大学出资500万元,赵及其创业团队则为其贡献了三大发明:三九胃泰、壮骨关节丸和正天丸,1987年即赢利1 000万元。1991年,该厂转归解放军总后勤部(简称"总后"),总后将其与新兴企业集团在深圳的酒店、贸易公司等资产合并,成立了深圳三九实业总公司,后又变更为三九集团。即便挂靠总后,三九集团也一直在赵新先个人引领之下前行。

1998年年末,在中央"军企脱钩"的大背景下,三九集团转而挂靠国家经贸委,并在2002年最终改由国务院国资委管理。该集团虽为中央直属企业,实则是一个"赵氏企业"。赵新先也公开表示,总后原则上只管他一个人。在集团之内,他更是一手遮天,董事会、监事会只是摆设。财务上完全是他一人说了算,5 000万元以下的资金流向他自己也未必清楚。经过十余年的高歌猛进,他将集团扩张成为拥有400余家子公司和三家上市公司,涉足药业、农业、房地产、食品、汽车、旅游等八大行业的"三九王国",总资产超过200亿元。由于管理失控,他的"个人王国"早已危机四伏。

2005年11月,正是这位一手缔造了三九神话的三九"教父"被深圳检察机关的工作人员以协助调查为名从北京带回了深圳,关押在位于深圳梅林的看守所里。对于赵新先的落马,当时的国资委主任李荣融也觉得非常可惜,感触良多:"这是最好的一个例子,证明法人治理结构不健全会造成毛病。自己决策,自己执行,无人监督,没谁能制约他。"

2007年,赵新先以"国有公司人员滥用职权"被深圳市罗湖区人民法院一审判处有期徒刑一年零十个月。2008年,出狱后的赵新先终于重出江湖,低调加入南京一家药业集团。

上述案例中,赵新先的"三九王国"在公司治理方面存在哪些问题?

4.1 公司治理结构的基本概念

公司治理结构(corporate governance structure),或称公司治理系统(corporate governance system)、公司治理机制(corporate governance mechanism),是一种对公司进行管理和控制的体系,即由所有者、董事会和高级执行人员即高级经理三者组成的一种组织结构。现代企业制度区别于传统企业的根本点在于所有权和经营权的分离,或称所有权与控制权的分离,并在所有者和经营者之间形成一种相互制衡的机制,用以对企业进行管理和控制。现代企业中的公司治理结构正是这样一种协调股东和其他利益相关者关系的机制,它涉及激励与约束等多方面的内容。简单地说,公司治理结构就是处理企业各种契约关系的一种制度。

公司治理结构是公司制的核心。公司治理结构具体表现为公司的组织制度和管理制度。组织制度包括股东(大)会、董事会、监事会和高级经理层各自的分工与职责,建立各负其责、协调运转、有效制衡的运行机制。管理制度包括公司基本管理制度和具体规章,是保证公司法人财产始终处于高效有序运营状态的主要手段;是保证公司内部各负其责、协调运转、有效制衡的基础。公司治理结构不应该仅仅是指公司法人治理结构,即不仅仅是指所有者与经营者关系的治理机制。一般来讲,公司治理结构主要包括下述四个方面:公司所有权(者)治理结构、公司法人治理结构、公司经营权(者)治理结构和公司制度治理结构等。

公司治理结构的实质就是一个权力分配制衡机制,即明确股东、董事、监事、经理和其他利益相关人之间权利和责任的分配,规定公司议事规则和程序,并决定公司目标和组织结构以及实施目标和进行监督的手段。贾永轩[①]把公司治理结构形象地比喻为"四轮驱动"。如果把公司比喻成一辆汽车,那么公司治理结构的四个方面好比汽车的四个轮子。当四个轮子同时驱动、形成合力、达到制衡时,汽车就能高速正常前行;四个轮子中任何一个出现问题,汽车都难以正常行驶,甚至出现翻车现象。

4.1.1 公司所有权(者)治理结构:分权、制衡关系

在公司所有者治理结构中,主要涉及股东治理结构、董事治理结构、监事治理结构以

---

① 贾永轩,企业战略管理顾问、营销管理顾问、投资银行顾问、绩效价值管理顾问,曾任数家实业集团高级经理,现任北京某管理咨询有限公司总经理。

及股东(大)会、董事会、监事会三会间的制衡关系。

股东治理结构主要是指股份、股东、股权三大问题。在股份问题上,我国常常是"一股独大",国有、民营上市公司中有些大股东股份占60%～70%以上,经常出现大股东侵害小股东现象,中小股东的合法权益难以得到有效保护。股东治理结构对中国目前来说是公司治理结构的关键和根源,让股份、股东、股权和股东(大)会充分发挥其治理的根源作用是解决公司治理问题的根本。董事治理结构主要涉及董事的产生、构成、责权和行权等方面。董事的权力主要在董事会内,通过投票表决而行使自己的权利。在监事治理结构方面,监事对公司董事、经理等人员有监督纠错权;监事一般没有代表公司的权限,但有权代表公司委托律师、会计师审核业务和财务。监事的权限均可由每位监事单独行使,也可集体行使。

股东(大)会、董事会、监事会三会之间类似于国家政治中的三权分立:股东大会就是议会,享有立法权;董事会就是政治局,享有行政权;监事会就好像最高法院,享有司法权。三权分立,监督制衡。但是,实际情况是许多公司"三会不分立,三权难制衡"。股东(大)会成为走过程、摆样子的舞台;监事会则成为聋子的耳朵——"摆设",既不听也不问;董事会则成为一股独人的人股东的"一言堂",董事长或总裁成为企业王国的"独裁者"。正因如此,我国个别上市公司董事会、监事会以及股东大会形同虚设,企业由既得利益的集团或个人所操控(内部控制人),黑幕重重,违法乱纪事件时有发生,从"琼民源"[①]到"银广厦"[②]一系列事件无不是公司治理结构之严重缺陷所致。

4.1.2 公司法人治理结构:委托代理关系

公司法人治理结构就是所有者与经营者之间的委托代理关系。所有者就是公司法人财产所有者或所有者代表,他们相当于资本家,他们拥有公司法人财产的所有权,要求实现股东利益最大化。在民营企业中,老板、股东是真正的资本家、所有者。经营者就是公司的职业经理层,他们是企业家,受聘于资本家,在授权范围内代理资本家经营企业法人财产。在两权分离的情况下,他们是公司业务的实际经营者。在国有企业,政府是资本家的代表,企业家是经营者,政府代表国家委托企业家代理经营国有资产。在现代市场经济条件下,所有者直接将自己的资产交给经营者经营已经是少数,大多数都是所有者经过好几个委托代理环节而将资产交给经营者去经营,所有者并不直接和经营者发生关系,而是通过其代表机构和经营者发生关系。因此,在现代市场经济条件下,完善公司治理结构一个很重要的内容是完善委托代理关系。

所有者与经营者之间的总体利益是一致的,都想把企业做强、做久、做大,都有物质财产扩张与精神价值实现的欲望与需求;但在利益分配、承诺兑现方面常常出现不一致的现象,所有者追求的多是长期利益,而经营者追求的则多是短期利益,如期望股票期权尽早

---

① "琼民源"从股市"最大黑马"渐渐现形为"最大骗局",股价在1996年涨幅高达1059%,被指控制造虚假财务会计报告而受到查处,是我国证券市场自建立以来极为严重的一起证券欺诈案件。

② "银广厦"会计造假事件,其子公司天津广夏1999年、2000年获得"暴利"的萃取产品出口,纯属子虚乌有。整个事情从大宗萃取产品出口到银广夏利润猛增到股价离谱上涨是一场彻头彻尾的骗局。

兑现等。在股权比较集中的情况下,特别是在所有者占主导地位的情况下,不论国有企业,还是民营企业,"受伤"的总是经营者。在某些大型公司股份高度分散的情况下,则会出现"重经营者,轻所有者"的现象。

4.1.3 公司经营权(者)治理结构:调节经营者关系

所谓经营者治理结构,就是指经营者实际上是一个体系,各类经营者之间的关系需要界定。界定各类经营者之间关系的方式和方法的总和,就是经营者的治理结构。当谈到经营者的利益和权利与所有者利益和权利的关系时,也就是谈所有者与经营者的关系时,往往把不同经营者之间的利益和权利看成是一致的,但实际上虽然不同经营者之间的根本利益是一致的,然而他们之间存在着很大的利益与权利的矛盾。

在这种情况下,公司治理结构一个很重要的内容,就是调节和界定不同经营者之间的相关关系,即经营者治理结构。经营者治理结构涉及许多方面的问题,其中最主要有三个关系:一是经营者之间的纵向关系,即下一层经营者对上一层经营者负责,上下级是隶属关系;二是横向关系,即同级别经理之间是横向协调配合、竞争向上,或是"窝里斗",互不隶属,平级平行;三是纵横交错关系,在公司内部纵横并不是绝对地泾渭分明,常常会出现纵横交叉的各种业务与感情关系。

4.1.4 公司制度治理结构:"法治"而不是"人治"

公司制度治理结构的实质就是制定公司游戏规则,明确职责、权利关系,用制度来约束大家,靠"法治"而不是"人治"。市场经济就是法制经济、契约经济。我国在进入市场经济后,国家制定了大量的经济法律、法规作为国家经济制度,如《中华人民共和国公司法》《中华人民共和国合同法》和《中华人民共和国破产法》等。企业作为市场经济的运营细胞更应该制定企业自己的"法律、法规",指导内部各单位、各岗位开展经营活动,明确责权利关系,形成"有法必依、违法必究"的管理机制。

建立公司治理结构的目的在于提高整个公司的效率,只要能提高效率的公司治理结构就是合理的。各国、各个地区、各个行业、各个企业的实际情况不同,公司治理结构的内容也就各异。甚至一个企业在不同发展阶段,其公司治理结构也不尽相同。

4.2 公司治理结构的特征和意义

4.2.1 公司治理结构的特征

良好的公司治理结构应该具有以下几个鲜明特征:
(1) 权责分明、各司其职。从公司的内部关系来考察,其领导体制由权力机构、决策机构、监督机构和执行机构组成。各个机构的权利与职责都是确定的、明确的,他们各司其职,相互配合,并相互制约、相互协调。
(2) 委托代理、纵向授权。首先是资产所有者将资产委托企业经营管理人员进行生产,其次是在公司中存在的多层次的委托代理关系,如董事会将公司财产委托经理层经营。从公司的经理层到公司的基本作业层之间,还存在着若干中间层次,这样就形成了由上而下的多层次的委托代理关系。

(3) 激励和约束机制并存。在委托代理关系中,存在着代理人动力不足、委托人信息不对称等问题,所以就有必要对代理者(主要是经理人员)实行激励与约束机制。一方面,通过直接或间接报酬的形式,激励经理人员,促使其采取适当的行为,最大限度地实现委托人所预期达到的目标。另一方面,通过明确企业内部各机构的职责、权限以实现机构、人员之间的相互制约和监督。

4.2.2 公司治理结构产生的必然性

公司治理问题是西方国家《公司法》中两权(即公司所有权与经营权)分离的法律原则的一种异化。在公司制度发展进程中,股份公司的出现和两权分离的实现,都有着不可磨灭的历史功绩。《现代公司与私有财产》[①]一书中,对公司股权结构日益分散后产生的股份公司所有权和经营权相分离的现象作了高度的总结,指出其在公司制度发展中所产生的巨大历史作用。但同时也指出,公司股东在从两权分离中获得巨大益处的同时,又产生了其负面影响和作用,即股东的个人利益绝对服从于有控制权的经理团体,也就是说,所有权和经营权的分离,又给公司的股东带来了另一个问题,即股东在失去了对公司直接控制权和经营权之后,如何能使拥有经营权的管理者们为实现股东的利润最大化而尽职尽责地工作。亦即产生了公司制度上的新问题,即股东应如何在这种情况下动员、制约和监督公司经理层依法、依德经营的问题。

委托代理理论(agency cost theory)认为股东是委托人,管理层是代理人,公司则是股东委托管理者进行营利活动的一种工具,股东实际上把公司实现利润的全部资源,包括资金、人员和机会全部委托给管理者,希望其最大限度地予以使用并为股东创造最大的利润。代理理论的问题在于:第一,代理人即公司管理者,是一个生活在市场经济社会中的活生生的人,其行为与委托人即股东追求的目标可能不完全一致;第二,公司管理者一旦根据委托关系获得了自由配置公司的各种资源的权力,就具有很大的空间去追求与股东不一致的经济利益,其在信息资源方面的优越地位使股东无力与之并驾齐驱。因此,管理者在各种利益诱引下,有条件在股东不知晓的情况下,使公司逐渐成为经理层谋利的工具。所有这一切都给股东带来了一个新问题,即股东如何能在坚持两权分离的情况下,采取一切可以采取的措施来促使管理层为其利益服务,其中包括利用现存和未来的法律制度和其他所能利用的经济激励手段以及社会文化手段等进行综合治理,并为此付出应有的代价,即代理成本。公司治理结构就是在这样的条件下和环境中产生和发展起来的。

4.2.3 公司治理结构所要解决的根本问题

从全球的角度看,公司治理所要解决的根本问题具有多样性的特点,这是由世界各国

---

① 贝利和米恩斯合著的《现代公司与私有财产》一书出版于1932年。它从企业权力结构和掌握权力的人的经济地位进行分析,强调法律制度和法律形式对于企业所有权和经营方式变化的作用。

和地区的公司股权结构特征的多样性所决定的。

早在1932年,贝利和米恩斯通过对当时美国几百家工业公司的考察,发现这些公司的股权高度分散,公司的实际控制权被经营管理者所控制,即"两权分离"。之后,西方许多学者据此提出公司治理所要解决的根本问题,就是如何克服因"两权分离"而引发的管理者偏离股东的目标问题,换言之,就是如何控制管理者按照股东利益最大化的目标从事经营管理活动的问题。而这主要是针对美、英等国公司而言的。

公司股权结构主要特征的异同,也就是公司股权的分散与集中程度,决定了公司治理所要解决的根本问题的必然不同。如果公司股权高度分散,则决定了公司治理所要解决的根本问题是如何控制管理者按照公司股东的利益最大化行事;如果公司股权相对集中或高度集中,则决定了公司治理所要解决的根本问题是如何防止控股股东或大股东侵占中小股东利益。

世界经合组织OECD在2001年主办的"亚洲公司治理"的"会议纪要"中指出,亚洲国家上市公司普遍存在的问题,就是控股股东或大股东侵占中小股东利益问题。我国上市公司暴露出的大量问题,也说明我国公司治理面临的突出问题不是管理者偏离股东利益目标最大化,而是控股股东或大股东恶性掠夺中小股东利益问题。

一般来说,公司治理结构要解决涉及公司成败的两个基本问题。

一是如何保证投资者(股东)的投资回报,即协调股东与企业的利益关系。在所有权与经营权分离的情况下,由于股权分散,股东有可能失去控制权,企业被内部人(即管理者)所控制。这时控制了企业的内部人有可能会做出违背股东利益的决策,侵犯了其他股东的利益。这种情况引起投资者不愿投资或股东"用脚投票"的后果,将有损于企业的长期发展。公司治理结构正是要从制度上保证所有者(股东)的控制与利益。

二是企业内各利益集团的关系协调。这包括对经理层与其他员工的激励,以及对高层管理者的制约。这个问题的解决有助于处理企业各集团的利益关系,又可以避免因高管决策失误给企业造成的不利影响。

从全球的角度看,公司治理所要解决的根本问题具有多样性的特点,这是由世界各国和地区的公司股权结构特征的多样性所决定的。

本章小结

公司治理结构是一种对公司进行管理和控制的体系,是指由所有者、董事会和高级执行人员即高级经理三者组成的一种组织结构。建立公司治理结构的目的在于提高整个公司的效率。公司治理结构具有权责分明、各司其职;委托代理、纵向授权;激励与约束机制并存三个特征。

公司治理结构主要解决投资者(股东)的投资回报和企业内各利益集团的关系协调问题。不同的公司其公司治理结构也大不相同,从而产生了不同的治理模式,企业应根据其自身的实际情况来选择最适当的公司治理结构。

案例分析

公司治理的迪斯尼童话

一场长达数年之久的迪斯尼高层控制战终于落下了帷幕,仅从媒体上公开的情节,公众就可以深刻感受到它的跌宕起伏和惊心动魄。迪斯尼游乐园、米老鼠、唐老鸭、狮子王、白雪公主和七个小矮人给全世界带来了无数欢乐,而在这些梦幻般美丽故事的背后,却是错综复杂的家族公司斗争的历史。

仆人成了主人

1923年到1945年是迪斯尼兄弟创业并走向辉煌的时期,三只小猪、唐老鸭、米老鼠、白雪公主和七个小矮人等经典就是产生在那个时期。但随着公司业务的快速发展,其治理结构并没有摆脱个人化、家族化的模式。那时候的迪斯尼虽然是一家创业成功并很赚钱的企业,但并不是一家安全的企业。沃特·迪斯尼依靠他的天才创作成就了一家近乎伟大的公司,但他的个人家族式管理却让迪斯尼在通往伟大的门槛上止步了。

如何在保持创始人家族对企业的控制的同时,又能确保源源不断的卓越领导人加入公司并继续带领公司前进,一直是公司治理中的一道难题。沃特·迪斯尼如果在1945年就能建立起完善的公司治理结构,组建起合适的董事会和监事会,也许可以避免之后的种种问题。可惜,沃特对于改善公司治理结构似乎并不太感兴趣,对于自己去世后的迪斯尼公司也抱着鸵鸟态度。1945年,沃特任命比自己年长的哥哥罗伊接任总裁,已经预示了公司的人才不济,以及家族式管理常常引发的家族内斗和亲情离散。沃特的强迫症和对迪斯尼公司的独断管理给迪斯尼公司种下了隐患,但这些都被此前的成功所掩盖。果然,沃特1966年的去世给迪斯尼公司带来了无法估量的损失。迪斯尼公司在70年代显得格外暗淡,几乎没有什么有影响力的作品出现。出于无奈,沃特的哥哥73岁高龄的老罗伊不得不继续主持工作,但1971年罗伊去世后,迪斯尼公司内部开始上演争权夺利的斗争。

从20世纪70年代后期到80年代初期是迪斯尼"失去的10年",公司不仅徘徊在低增长甚至亏损的边缘,而且曾是好莱坞首屈一指的迪斯尼公司也变成了二流制片商。直到1980年沃特的女婿米勒接任公司总裁,局面才暂时稳定了一下。然而,老罗伊早在1951年就想方设法把自己的儿子弄进公司,年轻的罗伊·E.迪斯尼在1967年成为公司董事。1984年,迪斯尼公司陷入严重危机,人们普遍认为它已回天乏术。一些意图收购的公司像掠食的秃鹫一样在迪斯尼的四周盘旋,公司面临着被分拆出售的危险。罗伊·E.迪斯尼赶走了自己的堂姐夫米勒,引进了职业经理人迈克尔·艾斯纳,在迪斯尼公司历史上第一次实现了所有权和经营权的分离。

随着职业经理人的引入,迪斯尼公司马上起死回生。在艾斯纳接手后,80年代末到90年代初,迪斯尼帝国经历了名副其实的中兴。在艾斯纳任期的前十年,这个动画王国的年收入从17亿美元增长到254亿美元,公司股价上涨了30倍,成为财富500强。然而隐患仍然存在,权力制衡的公司治理结构并没有在迪斯尼公司建立起来,即CEO、董事会和监事会的三权分立和制衡,并最终服务于公司整体,服务于全体股东。迪斯尼公司没有设立监事会,艾斯纳又身兼董事长和CEO。由于公司的不断扩张,股权也越来越分散,每个股东的声音越来越微不足道,难以对公司施加影响,从而给这位贪婪的职业经理人带来了绝好的机会。

艾斯纳是个弄权好手,自然不会放过公司治理方面的漏洞。在管理层,他独断专行,几乎赶走所有人才,比如为迪斯尼立下赫赫战功的卡曾伯格,最后导致整个管理层无人可用。在所有权层面,他不断提高自己的薪水和股票期权,并请美国最杰出的薪酬顾问格雷夫·克里斯特尔起草了自己的薪酬合约。这份合约的核心就是高薪加大量的股票期权。在自己控制迪斯尼公司发给自己大量股票后,艾斯纳成为仅次于创始人的侄子罗伊·E.迪斯尼的最大股东,直至最后超过罗伊·E.迪斯尼。艾斯纳在操控迪斯尼公司董事会近20年的过程中一步一步、一点一点地把"自己人"塞进董事会。最后,本来应该代表股东利益的董事,代表股东大会行使公司权力的董事会,就被劫持变成了艾斯纳个人的董事会。

在2001年罗伊·E.迪斯尼还是最大股东的时候,曾向艾斯纳提议把他的一个儿子安插到公司董事会中,为公司向迪斯尼家族下一代的交接做好准备,但遭到了艾斯纳无情的阻拦。可见当时的董事会投票已经变成艾斯纳个人意志的代名词。2003年,艾斯纳又利用72岁以上的董事会成员退休条款挤走了迪斯尼家族在公司中仅存的血脉——罗伊·E.迪斯尼。这位当年将他引入公司并将他推上董事长兼CEO宝座的恩人,当然也是"艾氏"董事会的一个"外人",一个"非自己人",一个最后需要排除的"绊脚石",进而实现他对迪斯尼公司的完全控制,把迪斯尼窃为己有,变成了自己的独立王国,仆人最终成了主人。

失效的董事会

公司董事会一般通过建立以独立董事为主的提名委员会、薪酬委员会和审计委员会等,来有效约束CEO的决策行为。由提名委员会来提名董事和CEO、CFO、COO等高层管理人员,然后由董事会审核批准,而不是反过来由CEO提名并任命董事人选。谁任命谁,谁罢免谁就决定了一个公司的治理结构及其权力结构是不是安全可靠。而由独立董事为主的薪酬委员会制定CEO等高层管理人员的薪水和其他报酬,可避免豺狼们自己定自己的薪水,或者操控董事会,勾结所谓的薪酬专家和顾问给自己发巨额的薪水。据说美国CEO的高薪时代就是艾斯纳开启的。

迪斯尼公司董事会的失效在奥维茨的1.4亿美元"遣散费"一案中得到了典型的充分暴露。艾斯纳在赶走了卡曾伯格等公司里的人才之后,就把公司变成了对他言听计从的奴才的天下。此时的公司也由此失去了活力,从而遭受各方面的批评。艾斯纳于是招揽自己的好朋友迈克尔·奥维茨进入公司,但在朋友想独立做事的时候,艾斯纳又马上赶走了奥维茨。董事会提名委员会的作用在其中近乎零,完全是CEO艾斯纳一人做主决定人选,然后经过董事会的橡皮图章走走形式。奥维茨在位十多个月就拿走公司1.4亿美元"遣散费",而公司薪酬委员会对此的作用又是零。当股东集体诉讼他们投资的金钱被如此浪费的时候,董事会居然一致支持CEO。法官在暂无相关法律的情况下,按照商业判决法则最终判定迪斯尼公司董事会无罪。但法官钱德勒仍表达了自己的愤慨:"艾斯纳往董事会里安排了很多朋友和熟人,说明这些人自愿听从艾斯纳的意愿,并不是真正独立的人。"钱德勒把艾斯纳叫做"精通权术的人"和"帝国主义者",并谴责他是美国企业的坏榜样。被激怒的股东们渐渐清醒过来,不再满足于在媒体上谴责独裁CEO,而是开始追问一个真正的问题:当公司发生状况前、发生状况时、发生状况后,我们的董事在哪里?董事对股东和公司的勤勉义务、忠诚义务、熟悉义务和注意义务在哪里?董事对公司的信托责任在哪里?违背这些义务和责任的董事如何接受公司治理条例中法律的处理?大部分股东对此仍然选择消极策略"用脚投票",卖掉股票走人。而少部分选择积极策略的股东则通过"集体诉讼"来维护权利,尤其是机构投资者。因为这些机构持有的股票比较多,不太好卖,而且他们也比散户小股东掌握更多的公司治理知识。所以,目前追求公司长远发展目标的机构投资者越来越关注公司治理的趋势,甚至有机构投资者自己提名公司治理专家进入董事会任董事。

很多人认为,那些橡皮图章式的董事会成员们都是些愚笨的、软弱的人。可实际上他们精明得很。他们用自己的"软弱"把董事长、CEO等推向前台,自己躲在幕后享受着没有事情、没有责任,却有高薪、金手铐①、金降落伞②等巨大利益。这些人会小心翼翼地避免对他们的不合格指控,因为那样就意味着他们钱多事少的机会再也没有了。所以很多大公司碌碌无为的董事都在不合格和不道德的指控中,乐意选择不道德的指控而避免不合格的指控。但这些好日子可能一去不复返了,公司治理越来越触及董事选拔和董事责任等核心问题,利益相关者的声音也越来越大。

2004年3月3日,在迪斯尼公司股东大会上,艾斯纳虽然操纵着股东大会,董事长和CEO的人选只有他自己,但股东在没有其他人可选的情况下,对艾斯纳投了43%的不信任票。加州公务员退休基金坚持要求公司按照最佳准则的建议将董事长和CEO分设。最后艾斯纳被迫辞去董事长职务,另外一名同样被股东投了24%不信任票的美国前参议员、公司首席董事乔治·米切尔继任董事长,而艾斯纳仍留任CEO。"艾氏"董事会在股东投出如此多的反对票的情况下,却仍然表示对管理层信任。可想而知,股东们当然不会就此罢休。当时一位股东服务机构的发言人就表示,迪斯尼董事长和CEO职务的分离仅仅是公司管理改革的第一步。果然一年之后,2005年9月30日,艾斯纳被迫辞去CEO、董事、顾问等一切和迪斯尼有关的职务。

根据上述案例,想一想为什么在艾斯纳管理迪斯尼的20年中,前后两个10年一个好、一个坏,如此的泾渭分明呢?你觉得根本原因何在?

---

① 金手铐(Golden Hand shake):公司和董事在聘用合同签订之初事先约定的,在合同终止时,董事将获得公司给予的慷慨奖金。这种奖金有时会遭到批评,因为金手铐的程度与董事对公司的贡献度没有关系,甚至有时是负相关。

② 金降落伞(Golden Parachute):一项针对某些执行董事的合同设计,即如果公司被收购,该执行董事就可以获得非常高的离职补偿。

第4章 公司治理结构框架

复习思考题

1. 简要说明公司治理结构中的"四轮驱动"是什么？
2. 有效合理的公司治理结构对于企业为什么如此重要？
3. 你认为一个企业应该如何来选择它的公司治理结构？

第 5 章 股东及股东(大)会

学习目的

通过本章学习,你应该能够:
1. 确认股东及股东(大)会在公司治理结构中的地位;
2. 了解股东应有的权利和义务;
3. 掌握股东(大)会的类型、性质;了解股东(大)会在企业里所行使的主要职权。

关键词

股东　股东(大)会　股份　权力机关

引导案例

朝圣者云集奥马哈　巴菲特年度派对激情演绎

美国中部时间 5 月 4 日,一场以巴菲特为总导演的大型派对在美国中部小城奥马哈隆重上演,超过 3 万人从全球汇聚至此,给这个原本宁静的小城带来了喧闹。这场被称为投资界的"伍德斯托克音乐节"和"麦加之旅"的盛会,以其独特的魅力吸引了来自全球的投资者共聚一城,并成为世界关注的焦点。证券时报记者远赴美国奥马哈,带你亲临 2013 年巴菲特股东大会现场,共同感受这一年一度的派对激情,把握未来投资脉动。

美国当地时间 5 月 4 日凌晨 5 点 30 分,气温低至 -1 摄氏度,天空中飘着小雨。在凌厉的寒风中,证券时报记者来到本届巴菲特股东大会的会场 Centrury Link,此时,会场外早已排满了热情的"巴菲特粉丝"。排在前几位的是结伴而来的美国大学生,据了解,他们凌晨 5 点就到达了现场,以求占据会场最好的位置,近距离感受股神巴菲特。在不到一个小时的时间里,人龙便排到了数百米。

也许为了体恤在寒风中苦等数个小时的"巴迷",本届股东大会的开门时间比预定时间提早了半个小时。6:30,会场大门打开,众人簇拥而进,很快便填满了偌大的会场。

还有两个小时,巴菲特股东大会派对便正式揭开帷幕。

一场有趣的派对

对于膜拜巴菲特的全球投资人而言,远赴奥巴哈不但是聆听"股神"的投资理念,也是为了找乐子。

确实,伯克希尔·哈撒韦的年度股东大会在巴菲特的精心导演下,配以其老搭档查理·芒格的精彩表演,并同时贯穿着各种趣味演出,不仅成为全球投资者分享投资理念的思想盛宴,还是一场有趣好玩的"派对"。

来自华盛顿的基金公司研究员尼克对记者表示,这已经是他第三次来,"很喜欢,因为太有趣了。"

来自奥马哈的汤姆则兴致勃勃地给记者介绍历届巴菲特股东大会的精彩流程。"你一定会喜欢的,好好享受这一天,"他说。

来自澳洲投资公司的比利感叹:"世界上有哪个公司的股东大会能做到如此规模,并吸引全球人士聚集一堂,也就只有巴菲特有这样的魅力。"

8:00,由好莱坞女星罗伯茨主演的电影《漂亮女人》同名歌曲开始播放前奏,提振了现场的热情,人群释放出的活力在空气中流淌,让人对即将开始的股东大会更为期待。

8:25,股神巴菲特现身会场,引起现场一阵骚动。微软总裁比尔·盖茨也随即现身。

8:30,伯克希尔最新制作的年会电影开始放映,而巴菲特还与芒格亲自上阵在片子中表演江南Style,劲歌热舞,现场高潮迭起,爆笑连连。

打消年龄担忧

电影《终结者》主角施瓦辛格参演的"芒格为下一个终结者"的短片让在场人士爆笑不已,同时舒缓了此前外界对于巴菲特以及其搭档芒格年龄与日俱增的担忧。

在现场与证券时报记者交流的股东表示,并不会对两位管理者的身体状况感到担忧。"他们一直做得很好,"来自加拿大的戴维表示。

而巴菲特也在股东大会现场展示了其活力不减——在片尾的"与伯克希尔的明星跳舞"环节中,83岁的巴菲特现场手舞足蹈地跳起了健康舞,而89岁高龄的芒格也不甘示弱,在长达5个小时的股东问答环节中,在不须回答的空闲时间则不停吃饼干,以良好食欲展示了健康的身体状况。

遭遇"做空"挑战者

与往年的巴菲特股东大会有所不同的是,今年的股东大会多出了一个做空者质疑的环节。

对冲基金公司Seabreeze Partners Management创始人道格·卡斯(Doug Kass)将在巴菲特股东大会上对巴菲特以及副总裁芒格"发难"。但是,值得注意的是,该发难者是巴菲特早在两个月前便"钦定"的,目的是为股东大会"增添更多的乐趣"。

按照巴菲特的说法,"尽管来吧,看是否能将伯克希尔·哈撒韦公司的股票拉下10%。"道格一共提出了6个尖锐的问题,包括公司管理规模、巴菲特儿子是否会被任命为公司董事长等,但是巴菲特始终应对自如,还不时以幽默的语言缓和气氛。末了,巴菲特还不忘幽上一默:"你得加油啊,我还不能决定是否抛售股票呢。"

和记者交流的一些投资人则表示力挺巴菲特。同创伟业副总裁张啸表示,道格以"公司规模过大、赢利增长放缓"这一理由做空伯克希尔并无足够立足点,因为是否做空一家公司应该是看其价格与价值是否严重偏离,而伯克希尔并不存在价值低于价格的情况,赢利增长放缓属于正常情况,不应被做空。多位现场的外国投资者也向记者表示,伯克希尔的赢利放缓不足为虑,毕竟其规模已经过大。

奥马哈感谢巴菲特

巴菲特股东大会,除了是一年一度的全球投资者思想盛宴外,还是朝圣者的购物狂欢节。

股东大会旁边的展览厅设立了面积为194 300平方英尺的特卖场,售卖的商品均是其旗下收购的各大子公司产品,包括1美元DQ(冰雪皇后)等,而新书《踩着踢踏舞去上班》(*Tap Dancing to Work*)在现场半小时内即宣告售罄。

奥巴哈这个小城,因为巴菲特而变得举世闻名。媒体也亲昵地把他称为"奥马哈之子"。对此称呼,巴菲特当之无愧。这个小城的人在某种程度上的确受益于巴菲特——每年参会的超过3万人直接拉动了奥巴哈的旅游和经济增长。

奥马哈当地人詹士对证券时报记者说,"巴菲特股东大会为当地经济注入了活力,美国经济放缓对奥马哈没有影响。"目前,奥马哈已经是全美国经济发展第二好的城市。据当地华人学生介绍,目前奥马哈人口约50万,人均年收入约为5万美元。

看了上述新闻报道,你认为这个股东大会有哪些特别之处呢?

(资料来源:证券时报 作者:徐欢 2013年5月6日)

5.1 股东

5.1.1 股东的定义

股东(shareholder)是股份公司的出资人或投资人,股份公司中持有股份的人,有权出席股东大会并享有表决权。此外,股东也可指其他合资经营的工商企业的投资者。

股东是公司存在的基础,是公司的核心要素;没有股东,就不可能有公司。根据《中华人民共和国公司法》的规定,有限责任公司成立后,应当向股东签发出资证明书,并置备股东名册,记载股东的姓名或者名称及住所、股东的出资额、出资证明书编号等事项。《中华人民共和国公司法》同时规定,有限责任公司股东依法转让其出资后,应由公司将受让人的姓名或者名称、住所以及受让的出资额记载于股东名册。据此,未依上述规定办理过户手续者,其转让对公司不发生法律效力。由此可见,有限责任公司的股东应向公司出资,并将其名字登记在公司股东名册上。

对于股份有限公司,我国《公司法》既允许发行记名股票,也允许发行无记名股票;公司发行记名股票的,应当置备股东名册;记名股票的转让,由公司将受让人的姓名或者名称及住所记载于股东名册。据此应理解为,股份有限公司的记名股票的持有人即为公司股东,而无记名股票的持有人则须同时将其姓名或名称及住所记载于股东名册,方能成为

公司股东。另外,股东作为公司的出资人,也具有其相应法律地位,主要表现如下:

(1) 在股东与公司的关系上,股东享有股东权。即股东作为出资者按其出资数额(股东另有约定的除外)而享有所有者的分享收益、重大决策和选择管理者等权利,同时承担相应的义务。股东基于自己的出资或持有的股份,对公司承担义务,享有权利。

(2) 在股东之间的关系上,股东地位一律平等。股东基于其股东资格,按所持股份的性质、数额享受平等待遇,原则上同股同权、同股同利,但公司章程可做其他约定。

比较特殊的是,国有独资公司由国务院或者地方人民政府委托本级人民政府国有资产监督管理机构履行出资人职责,可以视为"股东"。

5.1.2 股东的权利和义务

1. 股东的权利

股东权利又称股东权,是指在按《公司法》注册的企业中,企业财产的一个或多个权益所有者拥有哪些权利和按什么方式、程序来行使权利。相对于所有权、产权、出资人权利而言,股东权利是最清楚、明确的权利,具体如下:

(1) 知情质询权。有限责任公司股东有权查阅、复制公司章程、股东会会议记录、董事会会议决议、监事会会议决议和财务会计报告;股份有限公司股东有权查阅公司章程、股东名册、公司债券存根、股东大会会议记录、董事会会议决议、监事会会议决议、财务会计报告等,对公司的经营提出建议或者质询;董事、高级管理人员应当如实向监事会或者不设监事会的有限责任公司的监事提供有关情况和资料,不得妨碍监事会或者监事行使职权;股东有权知悉董事、监事、高级管理人员从公司获得报酬的情况;股东(大)会有权要求董事、监事、高级管理人员列席股东会议并接受股东的质询。

(2) 决策表决权。股东有权参加(或委托代表参加)股东(大)会并根据出资比例或其他约定行使表决权、议事权。《公司法》还赋予对违规决议的请求撤销权,规定:如果股东(大)会、董事会的会议召集程序、表决方式违反法律、行政法规和公司章程,或者决议内容违反公司章程的,股东可以自决议作出之日起60日内,请求人民法院撤销。

(3) 选举权和被选举权。股东有权选举和被选举为董事会成员、监事会成员。

(4) 收益权。股东有权依照法律、法规、公司章程规定获取红利,分取公司终止后的剩余资产。

(5) 强制解散公司的请求权。《公司法》第183条规定,公司经营管理发生严重困难,继续存续会使股东利益受到重大损失,通过其他途径不能解决的,持有公司全部股东表决权10%以上的股东,可以请求人民法院解散公司。

(6) 股东代表诉讼权。股东代表诉讼,又称派生诉讼、股东代位诉讼,是指公司的董事、监事和高级管理人员在执行职务时违反法律、行政法规或者公司章程的规定,给公司造成损失,而公司又怠于行使起诉权时,符合条件的股东可以以自己的名义向法院提起损害赔偿的诉讼。

2005年版《公司法》首次确立了股东代表诉讼制度。其中,第150条规定,董事、监事、高级管理人员执行公司职务时违反法律、行政法规或者公司章程的规定,给公司造成损失的,应当承担赔偿责任。第 152 条则规定,他人侵犯公司合法权益,给公司造成损失的,连续 180 日以上单独或者合计持有公司 1% 以上股份的股东,可以依照规定向人民法院提起诉讼。而第 153 条规定,董事、高级管理人员违反法律、行政法规或者公司章程的规定,损害股东利益的,股东可以向人民法院提起诉讼。

在公司高管侵犯公司利益和股东权的情况下,作为股东特别是中小股东的举证能力处于劣势地位。根据民诉法"谁主张谁举证"的原则,让受损的中小股东承担对损害事实、损害后果和因果关系的证明责任是不公平的。因此有必要根据公平原则对举证责任进行合理分配,保护处于弱势地位的中小股东的诉讼权利。如对于公司保管的财务会计报告、合同等资料,可裁定公司和董事、高级管理人员承担证据提举责任,拒不提供的则可让其承担不利后果。此外,对中小股东调查取证存在困难的,法院应当根据当事人的申请或主动依职权调查取证。

(7) 优先权。股东在公司新增资本或发行新股时在同等条件下有认缴优先权,有限公司股东还享有对其他股东转让股权的优先受让权。

(8) 临时股东会的提议召集权。

(9) 公司章程规定的其他权利。

在这里,如果是有限公司,则主要体现为"单独股东权";如果是股份有限公司,则主要体现为"少数股东权",以维护小股东利益。

2. 股东的义务

权利和义务总是相对的,股东享有权利,也要承担义务。根据我国有关法律、法规的规定,公司的股东应承担以下义务:

(1) 遵守法律、行政法规和公司章程;

(2) 按时足额缴纳出资,不得抽逃出资;

(3) 不得滥用股东权利损害公司或者其他股东的利益;如有侵害,应当依法承担赔偿责任;

(4) 不得滥用公司法人独立地位和股东有限责任损害公司债权人的利益。公司股东滥用公司法人独立地位和股东有限责任,逃避债务,严重损害公司债权人利益的,应当对公司债务承担连带责任。

5.1.3 股东会议表决制度

股东会议的决议是通过一定的表决制度形成的,所以,某种决议能否获得通过以及通过的决议是否科学、正确,关键取决于股东会议表决制度的选择与安排。股东会议的表决制度通常有两种:

1. 举手表决

股东会议议案的表决在多数情况下是采用一人一票的举手表决制,获多数票的议案得以通过。举手表决制又称按人头表决,与股权的占有状态没有联系,就是说不论股本的持有量是多少,一律一人一票。采用这一表决制度,委托投票的受托人不论其受委托的票数有多少,也只能投一票。举手表决制将股权的多少与议案的表决割裂开来,弱化了大股东的表决权限,加之受从众心理的影响,其表决结果一方面有悖于公平、公正、公开的投资原则;另一方面也未必能够准确反映广大股东们的真正意向。举手表决制的优点是操作简便、节省时间,所以,只适合于那些象征性表决,或比较琐碎,不大容易引起争议的议案。但是,有些议案看似简单,在付诸表决时却极易引起争议。有争议的举手表决议案经某些股东提议后,可以通过投票表决方法重新审议。如果董事会所提议案被举手表决制否决,董事会成员或会议执行主席可以要求以投票表决方式重新议定该议案。

一般说来,会议执行主席所提出的复议要求是具备法律效力的。这主要是突出董事会在股东会议决策过程中的作用,使董事们能有更多的机会按自己的意愿以投票表决的方式,充分行使投票表决权。

2. 投票表决

投票表决制度经历了逐渐演进、成熟的过程,由早期的直接投票表决制度,逐步过渡到现在的累积投票表决、代理投票表决和网络投票表决等多种投票表决形式。

① 直接表决制度。直接表决制度是指当股东行使投票表决权力时,必须将与持股数目相对应的表决票数等额地投向他所同意或否决的议案。譬如某股东的持股量为100股,表决议题是选举5个董事。直接表决制度规定,一股股票享有一票表决权,有效表决票数等于持股数目与法定董事人选的乘积,这样,该股东的有效表决票数就等于500(100×5),该股东必须将有效表决总票数分成五份等额地投向他所选定的每一董事,即他所选定的每一董事都从他那里获得100张选票。这种表决制度对控股的大股东绝对有利。头号股东的持股比例一旦达到50%以上,便可操纵董事人选,控制某项议案的通过和表决权,其他股东不论其持股比例高低都只能任由头号股东摆布。

② 累积投票制度。累积投票权,是指股东大会选举两名以上的董事或监事时,股东所持的每一股份拥有与当选董事或监事总人数相等的投票权,股东既可以用所有的投票权集中投票选举某一人,也可以分散投票选举数人,按得票多少依次决定董事入选的表决权制度。

累积投票制的目的就在于防止大股东利用表决权优势操纵董事的选举,矫正"一股一票"表决制度存在的弊端。按这种投票制度,选举董事时每一股份代表的表决权数不是一个,而是与待选董事的人数相同。股东在选举董事时拥有的表决权总数,等于其所持有的股份数与待选董事人数的乘积。投票时,股东可以将其表决权集中投给一个或几个董事候选人,通过这种局部集中的投票方法,能够使中小股东选出代表自己利益的董事,避免大股东垄断全部董事的选任。股东累积投票权的实质在于通过选举技术的引进而使小股东"把好钢用在刀刃上",从而促成小股东将其代言人选入董事会和监事会,扩大小股东的话语权,增强小股东表决权的含金量,弱化控制股东的话语霸权,扭转小股东在财产利益上受压榨、控制利益上受摆布的局面。在小股东与大股东争夺控制权的博弈过程中,大小股东之间的表决权力此消彼长。股东的累积投票权有助于在一定程度上平衡小股东与大股东之间的利益关系,而这是小股东行使直接投票权无法或者很难做到的。

累积投票制度作为小股东选择代表自己利益董事的一种表决权制度,最早起源于美国伊利诺伊州宪法的规定。世界上关于累积投票制度的立法模式有两种,一是强制性累积投票模式;二是许可式累积投票模式,即法律允许公司章程或股东大会决议是否采用此制度。目前,绝大多数国家对公司是否采用累积投票制度采用许可式立法模式,即通常允许由公司章程或股东大会决定。

2002年中国证监会出台《上市公司治理准则》,累积投票制第一次被写入法规性文件中。《上市公司治理准则》第31条规定:在董事的选举过程中,应充分反映中小股东的意见。股东大会在董事选举中应积极推行累积投票制度。控股股东控股比例在30%以上的上市公司,应当采用累积投票制。采用累积投票制度的上市公司应在公司章程里规定该制度的实施细则。从《上市公司治理准则》对该制度的表述来看,该准则总体上采取的是许可主义的思路,只是对部分控股股东持股超过30%的上市公司采取了强制主义的硬性规定。我国2005年版《公司法》随即明确规定了累积投票制度,采用的是许可式立法模式,即允许公司自主选择适用累积投票制度;同时扩大了此制度的一般适用范围,不仅适用选举董事的情形,也适用选举监事的情形。《公司法》第106条规定:"股东大会选举董事、监事时,可以依照公司章程的规定或者股东大会的决议,实行累积投票制。"

例:某公司要选5名董事,公司股份共1 000股,股东共10人,其中1名大股东持有510股,即拥有公司51%股份;其他9名股东共计持有490股,合计拥有公司49%的股份。若按直接投票表决制度,每一股有一个表决权,则控股51%的大股东就能够使自己推选的5名董事全部当选,其他股东毫无话语权。但若采取累积投票制,表决权的总数就成为1 000×5=5 000票,控股股东总计拥有的票数为2 550票,其他9名股东合计拥有2 450票。根据累积投票制,股东可以集中投票给一个或几个董事候选人,并按所得同意票数多少的排序确定当选董事。因此,从理论上来说,其他股东至少可以使自己的2名董事当选,而控股比例超过半数的股东也最多只能选上3名自己的董事。

③ 代理投票制。代理投票制是现代股份公司会议表决的一个重要组成部分。按常规,参加会议或投票表决必须本人亲自完成,但是,由股东委托代理人代为投票,长期以来在全世界范围内一直是各公司所认定和遵从的投票表决习惯。早期的代理投票大多是股东间相互委托,而且许多公司的章程中都规定,这种委托只能发生在本公司的股东间,就是说代理人也必须是本公司的股东。

股东间的相互委托有两个局限性:第一,早期的公司股本比较集中,股东人数少,加之股本的分布带有明显的地域色彩,所以就活动空间范围而言并不存在相互间的委托障碍。但是随着生产集中程度的不断提高,公司的规模越来越大,股本越来越分散,股东也越来越多,股东间的相互委托已经越来越困难;第二,当大多数股东对会议议案持赞同态度时,少数持反对意见的股东很难找到"志同道合"的代理人。所以,股东间的相互委托不再符合时代要求,而董事会却逐渐成为不愿莅会的股东们行使投票表决权的委托代理人。股东们委托董事会或者其他人行使表决权的凭证是股东委托书。

股东委托书又称委托投票书,是指股东大会召开时,股东本人不能参加,委托他人代表自己参加股东大会并行使表决权的书面证明。股东委托书由公司印发,一股东以出具一委托书,并以委托一人为限,应于股东大会开会五日前送达公司。委托书通常载明授权范围、委托代理人、出席股东大会行使表决权是否合法等。采取股东委托书形式,是为了保护股东的利益。如果完全禁止表决权的代理行使,则无异于禁止远隔地域的股东表决权的行使,有悖于股东平等原则的精神,而且如果无行为能力的人也不能由别人代理行使,则等于无行为能力的人不能行使表决权。

伴随着委托投票,就出现了委托书收购,即指收购者以大量征集股东委托书的方式,取得表决权,在代理股东出席股东大会时,集中行使这些表决权,以便于通过改变经营策略、改选公司董事会等股东大会决议,从而实际控制上市公司经营权的公司收购的特殊方式。

④ 网络投票制。网络投票是指上市公司借助互联网召开股东大会,股东可以通过网络远程参加股东大会并行使表决权。网络投票是自20世纪70年代以来伴随着互联网技术的发展而出现的一种新型表决权行使方式,世界上最早允许采用网络方式行使股东表决权的是美国。1996年,美国Bell & Howell公司允许经纪商为客户代理进行股东大会的网络投票表决,成为美国第一家直接在互联网上进行股东大会表决的上市公司。由于网络投票可以有效地保障中小股东合法权益,降低股东参加股东大会的时间和金钱成本,以及有效地克服委托代理投票制度的内在缺陷等诸多优点,近年来受到各个国家和地区的证券监管部门的重视,并得到迅速推广。

投资者对上市公司股东大会的议案进行网络投票,其操作类似于新股申购。上市公司召开股东大会,其董事会应在会议召开三十日以前以公告方式通知各股东。根据中国证监会《关于加强社会公众股股东权益保护的若干规定》的规定,涉及增发新股、重大资产重组、以股抵债、分拆上市等重大事项,上市公司还应在股权登记日后三日内再次公告股东大会通知。上市公司应当在股东大会通知中注明是否要进行网络投票、投票代码、表决议案、股权登记日、网络投票日等信息,提醒股权登记日在册的股东投票。网络投票为中小投资者提供了低廉、便捷、有效的参会途径和具有公信力的表决平台,大大提高了中小投资者的话语权,是现阶段完善我国上市公司治理不可或缺的制度安排,对于有争议的事项,要求上市公司股东大会提供网络投票,也成为投资者维权的重要手段。

5.2 股东(大)会

5.2.1 股东(大)会的定义

股东(大)会是公司的最高权力机关,它由全体股东组成,对公司重大事项进行决策,有权选任和解除董事,并对公司的经营管理有广泛的决定权。对于有限责任公司,一般称之为股东会;对于股份有限公司,一般称之为股东大会。

股东(大)会既是一种定期或临时举行的由全体股东出席的会议,又是一种非常设的由全体股东所组成的公司制企业的最高权力机关。它是股东作为企业财产的所有者,对企业行使财产管理权的组织。企业一切重大的人事任免和重大的经营决策一般都要得到股东(大)会认可和批准方可有效。

法律规定,股东(大)会的议事方式和表决程序,除法律另有规定的以外,由公司章程规定。《公司法》在确认股东(大)会的议事方式和表决程序由公司章程规定的同时,对一

些特定问题也做出了一些特殊规定,主要包括:

(1) 股东(大)会对公司增加或者减少注册资本、分立、合并、解散或者变更公司形式作出决议,必须经代表 2/3 以上表决权的股东通过。这一规定较通常的 1/2 以上表决权通过的规定,扩大了利益保护的范围。

(2) 公司可以修改章程,但修改公司章程的决议,必须经代表 2/3 以上表决权的股东通过。

(3) 股东(大)会会议由股东按照出资比例行使表决权。

(4) 股东(大)会的首次会议由于尚未形成会议召开方法,故应由出资最多的股东召集和主持,依照《公司法》规定行使职权。

(5) 股东(大)会会议分为定期会议和临时会议:定期会议应当依照公司章程的规定按时召开。代表十分之一以上表决权的股东,三分之一以上的董事,监事会或者不设监事会的公司的监事提议召开临时会议的,应当召开临时会议。

(6) 公司设立董事会的,股东(大)会会议由董事会召集,董事长主持,董事长因特殊原因不能履行职务时,由董事长指定的副董事长或者其他董事主持。

(7) 召开股东(大)会会议,应当于会议召开 15 日前通知全体股东。股东(大)会应当对所议事项的决定形成会议记录,出席会议的股东应当在会议记录上签名。

无论公司章程有无规定,股东(大)会会议的有关问题涉及上述方面的,都必须按规定的程序执行。程序未作规定而章程有规定的,则可依章程规定的程序执行。

5.2.2 股东大会的类型

股东大会主要有以下三种形式:

1. 法定大会

凡是公开招股的股份公司,从它开始营业之日算起,一般规定在最短不少于一个月,最长不超过三个月的时期内举行一次公司全体股东大会。会议主要任务是审查公司董事在开会之前 14 天向公司各股东提出的法定报告。目的在于让所有股东了解和掌握公司的全部概况以及进行的重要业务是否具有牢固的基础。

2. 年度大会

股东大会定期会议又称为股东大会年会,一般每年召开一次,通常是在每一会计年度终结后的 6 个月内召开。由于股东大会定期大会的召开多为法律强制,所以世界各国一般不对该会议的召集条件做出具体规定。召开股东大会年会,应当将会议召开的时间、地点和审议的事项于会议召开 20 日前通知各股东。

年度大会内容一般包括:选举董事、变更公司章程、宣布股息、讨论增加或者减少公司资本,审查董事会提出的营业报告,等等。

3. 临时大会

临时大会讨论临时的紧迫问题,股东大会临时会议通常是由于发生了涉及公司及股东利益的重大事项,无法等到股东大会年会召开而临时召集的股东(大)会议。临时股东大会一般应当于会议召开15日前通知各股东;发行无记名股票的,应当于会议召开30日前公告会议召开的时间、地点和审议事项。

关于临时股东大会的召集条件,世界主要国家大致有三种立法体例:列举式、抽象式和结合式。我国采取的是列举式,《公司法》第104条规定,有以下情形之一的,应当在两个月内召开股东大会:

① 董事人数不足本法规定的人数或者公司章程所定人数的2/3时;
② 公司未弥补的亏损达股本总额1/3时;
③ 持有公司股份10%以上的股东请求时;
④ 董事会认为必要时;
⑤ 监事会提议召开时。

德国、日本等国家的法律则采取的是抽象式的立法体例,即不具体列举召集条件,而将决定权交由召集权人根据需要确定。

除了上述三种股东大会外,根据需要,还可以召开有特种股东(大)会议。

5.2.3　股东大会的性质和职权

股东大会的性质,主要体现在两个方面:

1. 体现股东意志

股东大会是由全体股东组成的权力机关,它是全体股东参加的全会,而不应是股东代表大会。现代企业股权分散,股东上万甚至几十万,不可能全部出席股东(大)会。因此,股东不能亲自到会的,可以委托他人代为出席投票,以体现全体股东的意志。

2. 企业最高权力机关

股东大会是企业经营管理和股东利益的最高决策机关,不仅要选举或任免董事会和监事会成员,而且企业的重大经营决策和股东的利益分配等都要得到股东大会的批准。但股东大会并不具体和直接介入企业生产经营管理,它既不对外代表企业与任何单位发生关系,也不对内执行具体业务,本身不能成为企业法人代表。

根据《公司法》第103条,股东大会行使下列职权:
(1) 决定公司的经营方针和投资计划;
(2) 选举和更换董事,决定有关董事的报酬;
(3) 选举和更换由股东代表出任的监事,决定有关监事的报酬事项,审议批准董事会的报告;
(4) 审议批准监事会的报告;审议批准公司的年度财务预算方案、决算方案;
(5) 审议批准公司的利润分配方案和亏损弥补方案;
(6) 对公司增加或减少注册资本做出决议;
(7) 对公司发行债券做出决议;
(8) 对股东向股东以外的人转让出资做出决议(本项为有限责任公司股东(大)会会

议特有的职权);

(9) 对公司合并、分立、解散和清算等事项做出决议;

(10) 修改公司章程,以及公司章程规定须由股东大会决定的事项。

本章小结

股东是股份公司的出资人或称投资人,股份公司中持有股份的人,有权出席股东大会并有表决权。股东作为出资者按其出资数额(股东另有约定的除外)而享有所有者的分享收益、重大决策和选择管理者等权利,同时承担相应的义务。

股东(大)会是公司的最高权力机关,它由全体股东组成,对公司重大事项进行决策,有权选任和解除董事,并对公司的经营管理有广泛的决定权。企业一切重大的人事任免和重大的经营决策一般都要得到股东(大)会认可和批准方可有效。股东(大)会的议事方式和表决程序,除法律另有规定的以外,一般都由公司章程规定。

案例分析

中恒电气神奇收购

大股东仅 5.95 万元的无形资产,杭州中恒电气股份有限公司(简称中恒电气)却欲以 2.76 亿元的价格收购,这是一桩怎样的买卖?

中恒电气日前发布的非公开增发草案显示,上市公司拟以 3.82 亿元收购大股东中恒投资控制的中恒博瑞 100% 股权,而中恒博瑞剔除货币资产、投资性房地产、车辆、电子设备之后,核心资产为账面价值 5.95 万元的无形资产,该无形资产以资产基础法评估价值为 6 756.94 万元,但若以收益法估值,该无形资产价值 2.76 亿元。

根据增发草案,我们看到,中恒电气实际控制人朱国锭直接持有中恒博瑞 4.20% 股权,又通过中恒投资间接控制中恒博瑞 37.72% 股权,为中恒博瑞的实际控制人。

有投资者表示,该无形资产的增值让人吃惊,而两种评估方法差距如此之大,为保护中小投资者利益,为何不采用更低的基础法评估而是采用高出一截的收益法来评估呢?

为何不用基础法而是收益法?

"根据增发草案,鉴于本次评估目的,收益法评估的途径能够客观合理地反映中恒博瑞的价值。本次评估以收益法的结果作为最终评估结论。"中恒电气如此表示。

若剔除价值 10 553.40 万元(依据资产基础法数据)的流动资产、投资性房地产、车辆、电子设备等非核心资产之后,中恒博瑞仅剩账面价值 5.95 万元的无形资产,该资产估值达 27 601.47 万元,增值 4 639 倍。

有资深评估人士对中国资本证券网表示,资产基础法评估是以被评估标的的重置成本为依据的,而收益法则是以标的未来净现金流折现为依据的。

增发草案也显示,资产基础法评估结果反映的是企业基于现有资产的重置价值;收益法则反映了企业各项资产的综合获利能力,对企业未来的预期发展因素产生的影响考虑比较充分。

投资者疑惑,如果基础法反映的是企业基于现有资产的重置价值,也就是说,中恒电气从零开始复制一个中恒瑞博同等规模的公司也只需要约1.73亿元资金,而现在收购现成的公司却要花3.82亿,而且中恒瑞博资产结构并不复杂,复制起来岂不是省钱又省时间?

但中恒电气董秘办一位姓宋的工作人员表示,估值差异较大是由于两种评估方法不同,评估师能作出这样的评估结果肯定是有依据的,具体可以看评估报告。作为项目本身来说,考虑的是项目的长远价值,中恒博瑞未来的业绩肯定会有不确定性,但是总体来说还是有依据的,对此公司还是比较有信心的;软件行业专业要求高,而公司若复制中恒瑞博同等规模的公司,不如收购的效果更明显。

2013年后盈利预测未经审核?

增发草案里,以收益法评估的过程中,预测了收购标的中恒博瑞2012—2017年年度以及这之后的业绩,从而确定了其每年的净现金流,然而,报告并未对详细预测过程做出说明。而审计机构对中恒瑞博的营利预测审核报告则仅仅审计了2012年度的营利预测。

中瑞岳华对中恒瑞博的营利预测审核报告显示,预计2012年度中恒瑞德净利润为3292.96万元,然而,该审核报告并未显示中恒瑞博2013年及之后的营利预测。

那么,为何中瑞岳华没有对中恒博瑞2013年及之后的营利预测出具审核报告呢?收益法评估中,中恒瑞德2013年之后的营利预测究竟依据什么判断出来的?这些依然都是疑问。

(资料来源:证券日报,2012年5月26日)

结合上述案例,你认为上市公司高价收购大股东控制的资产,股东(大)会能通过吗?

复习思考题

1. 简要说明股东都有哪些权利和义务?
2. 股东(大)会包括哪几种类型,分别是什么?
3. 股东(大)会的性质是什么?
4. 简要说明一下股东(大)会的职权有哪些?

第 6 章 董事及董事会

学习目的

通过本章学习,你应该能够:
1. 明确董事和董事会在公司中的地位;
2. 了解董事的权利和义务,以及董事会的职责;
3. 理解独立董事存在的必要性及其特征;
4. 掌握董事会专业委员会的性质、特征、构成及功能。

关键词

董事　董事会　独立董事　专业委员会

引导案例

九龙山双头董事会被责令整改

2013年5月28日晚,上海九龙山旅游股份有限公司发布公告称,收到上海证监局发出的《关于对上海九龙山旅游股份有限公司采取责令改正措施的决定》。上海证监局称,九龙山"双头"董事会局面不符合《上市公司治理准则》第40条、42条的有关规定,要求九龙山采取有效措施,积极推动相关股东尽快解决"双头"董事会问题。在2013年6月7日前,向上海证监局提交书面整改报告。

九龙山的"双头"董事会源自一场股权转让纠纷。2011年3月7日,海航置业、上海海航大新华置业有限公司、香港海航置业控股(集团)有限公司共同收购了李勤夫及其关联公司持有的九龙山A、B股合计3.9亿股,占九龙山总股本的29.9%,海航系在股份比例上成为第一大股东;九龙山原控制人李勤夫仍持有九龙山2.5亿股,占比19.2%,退居次席,但李勤夫仍为九龙山董事长。29.9%股权转让的合计金额为16.9亿元,其中占总股本比例13.77%的A股转让款为8.41亿元。

根据海航方面和李勤夫当时达成的合同协议,交易款项共分三期付清。一期为5亿元,到账后的2011年5月25日,股权转让双方在中登结算公司上海分公司办妥标的股份过户手续,相关的A股股票过户至海航置业、海航大新名下。

李勤夫方称，海航置业按协议约定支付了第一期款项，第二期款项未足额支付，第三期款项未支付。当时的协议同时约定，在股份过户变更登记并股权转让款已全部支付后的15天内，公司应发出通知要求召开临时董事会及监事会会议，提议改选董事会和监事会。

而海航方面则是完全相反的说辞，称已付完了所有的款项。

新选举产生的九龙山"董事会"董事陈文理在接受中国证券报记者采访时表示，"实实在在的16.9亿元支付给李勤夫，有关的证据全部在法院，钱我真真实实地拿出去了，我拍着胸脯说。"

此后，就股权转让款是否付清一事，九龙山和海航系双方各执一词。李勤夫方一直坚称海航方面未足额付清，并于2012年7月上诉至上海市第一中级人民法院。而海航方面则坚称其转让款已经付清。2012年12月21日，海航置业以持股九龙山10%以上股东的名义，自行召开了2012年第一次临时股东大会，该次股东大会审议了关于罢免九龙山现任董事长李勤夫在内的6名董监事成员，同时提名海航系6人任九龙山新一届董事会和监事会成员等12项议案。对此，李勤夫方面一直未予认可，导致九龙山出现了"双头"董事会的奇特局面。

为了解决"双头"董事会的局面，李勤夫控制的平湖九龙山已向上海市静安区人民法院正式提起诉讼，请求法院判令撤销关于海航置业2012年年底自行召开的九龙山临时股东大会决议通过的12项议案，以此希望通过法律的途径解决"双头"董事会的局面。上海市静安区人民法院已于2013年2月7日正式立案受理，且九龙山已于2013年2月17日收到《上海市静安区人民法院举证通知书》。

从九龙山的经营情况来看，九龙山2012年亏损1.85亿元，合并经营性现金净支出为7 459万元；2012年12月31日，流动负债超出流动资产3.03亿元，货币资金仅5 202万元，且根据九龙山管理层的2013年度现金流预测，九龙山目前持有的货币资金远不足以支付到期的短期债务以及维持本公司2013年度的正常运营和开发。为此，普华永道中天会计师事务所有限公司对九龙山2012年度财务报表出具了无法发表意见的审计报告，九龙山也因此被处以实施退市风险警示。

九龙山2013年一季报显示，其前十大流通股股东中，未有国内机构投资者现身。

（资料来源：东方早报，2013年5月29日）

您认为这一"双头"董事会的出现的根本原因是什么？对公司的正常运作有哪些不利影响？

6.1 董事

6.1.1 董事的定义

董事（member of the board, director）是指由公司股东（大）会选举产生的具有实际权力和权威的管理公司事务的人员,是公司内部治理的主要力量,对内管理公司事务,对外代表公司进行经济活动。占据董事职位的人可以是自然人,也可以是法人。但法人充当公司董事时,应指定一名有行为能力的自然人作为代理人。

董事可以由股东或非股东担任。董事的任期,一般都是在公司章程中给予规定,有定期和不定期两种。定期是指把董事的任期限制在一定的时间内,每届任期一般不得超过3年。不定期是指从任期那天算起,满3年改选,但可连选连任。

董事被解聘的原因有:任期届满而未能连任;违反股东大会决议;股份转让;本人辞职;其他原因,如董事会解散或董事死亡、公司破产、董事丧失行为能力等。

按照董事与公司的关系来划分,可将董事分为内部董事和外部董事。

1. 内部董事

内部董事(inside director)也称执行董事(executive director),主要指担任董事的本公司管理人员,如总经理、常务副总经理等。一般董事会成员中至少有一人担任执行董事,负有积极地履行董事会职能的责任或指定的职能责任。

因董事会职能未得以全面、合理行使,致使公司遭受经济损失的,股东要求董事会承担赔偿责任,且该原因发生时并未明确归属某位董事职责分工的,则所有执行董事应当承担连带经济责任。

《中华人民共和国公司法》第51条规定,股东人数较少和规模较小的有限责任公司,可以设一名执行董事,不设立董事会。执行董事可以兼任公司经理。执行董事的职权由公司章程规定。有限责任公司不设董事会的,执行董事为公司的法定代表人。

2. 外部董事

外部董事(outside director)亦称外聘董事,指不是本公司职工的董事,包括不参与管理和生产经营活动的企业外股东和股东大会决议聘任的非股东的专家、学者等。

董事会的职权可以概括为对公司重大事务的决策权和对公司经理层的监督控制权。外部董事的作用是帮助董事会摆脱经理层的不当影响,从而最有效率地行使以上两种职权。在行使决策职权时,外部董事与其他董事一样,定期参加董事会,并尽量使董事会决议的过程和结果都能体现外部董事的意见。由于引入了外部董事,尤其是设立了主要由外部董事组成的专事监督的专门委员会,可以使董事会对经理层的监督效果大大提高。外部董事的性质决定了其职权不能包含对公司具体事务的执行。

在外部董事的职权中,有权向股东大会汇报情况,尤其是提议召开临时股东(大)会的权力显得特别重要,因为引入外部董事的目的是为了解决董事会"失灵"的问题。某公司的外部董事如果发现该公司的董事会"失灵",此时最重要的做法是将这种情况及时通知股东(大)会,最有效的方式莫过于赋予外部董事提议召开临时股东(大)会的权力。

6.1.2 外部董事的作用

股东(大)会是否能够成功地履行对股东的信托义务,取决于是否具有一个职业化的、被广泛赞誉的外部董事的核心团队。在某种程度上,如果董事会全部由全职的内部董事构成,它可能就是无效的。外部董事同时具备促进、完善公司战略决策,控制、监督公司经理层、改进企业管理、增加股东财富,制衡控股股东的作用。

1. 促进和完善公司战略决策的作用

任命外部董事的目的首先是为了给董事会的战略决策提供更多的知识,体现客观性和起到平衡作用。外部董事一般都具有良好的专业技术水平、经营管理经验和职业道德。外部董事的意见能够弥补内部董事的知识欠缺和考虑不周。在内部董事与公司的利益发生冲突或涉嫌冲突时,外部董事可以从独立的角度帮助公司进行决策。美国《商业周刊》曾经做过的调查表明:

(1) 最佳的董事会趋于由外部董事居支配地位;

(2) 这类公司的年度平均收益比同一产业的其他公司更高一些。米尔斯坦因和马克·埃沃耶(Millstein & Mac Avoy)[①]分析了154家美国大型上市公司的样本,他们发现,在20世纪90年代,设有能积极履行职责的外部董事的公司要比那些不设外部董事的公司运行得好。

2. 具有控制和监督公司管理层的作用

将外部董事引入专职仲裁者的行列,降低了高层管理人员串通和收买股东的可能性。外部董事对公司管理层的控制和监督包括对内部董事的控制、监督,更包括对公司首席执行官(CEO)及以下的高层管理人员的控制和监督。外部董事通常享有对关联交易的批准权、召集临时股东(大)会权、向股东(大)会和证监会报告权、内部董事和其他管理人员的报酬决定权等。这些权力是外部董事对公司管理层进行有效控制和监督的强力保证。研究实证表明,以外部董事为主的董事会比以内部董事为主的董事会更容易撤换公司的CEO。

3. 改进企业管理,增加股东财富

外部董事中的独立董事往往是其他企业的管理者或决策专家,因此他们能以其专业知识及独立的判断为公司发展提供有建设性的意见,以其诚实和能力去审视公司的战略、计划和重大的决策,协助管理层改进经营活动,从而有利于公司提高决策水平,改善公司信誉,提高公司价值。同时,外部董事作为"局外者",可以公正客观地判断评价经营者的经营业绩,避免内部董事"当局者迷"的情况,也可以避免出现内部董事"为自己打分"的现象。

4. 制衡控股股东,防止控股股东侵害中、小股东和债权人利益

当公司决策面临内部人控制和控股股东等之间存在利益冲突时,独立董事的存在有助于保持董事会独立性,维护所有股东利益。控股股东往往利用其对董事会的控制,利用

[①] Millstein i. M., P. W. Mac Avoy. The active board of directors and performance of the large publicity traded corporation[J]. Journal of Columbia Law Review. 1998,5:1283-1321.

关联交易等形式,占用公司资金、转移上市公司利润、虚假出资、转移资金用途等,损害上市公司及广大中、小股东和债权人的利益。董事会中增加独立的外部董事后,外部董事可以在公司重大投资、财产处置、关联交易、对外担保事项、利润分配、更换会计师事务所等问题上牵制控股股东,使其不能为所欲为,任意侵害小股东的利益。对内部人及关联交易的监督正是英美法系国家独立董事制度的基本功能。如香港联交所规定,独立非执行董事如果发现关联交易有损于公司整体利益,有义务向联交所报告;独立董事须于公司年度报告内审定内部交易是否符合公司的利益。

6.1.3 董事的任职资格

董事与股东不同,不是任何人都可以成为公司的董事,而对于股东来说任何持有公司股份的人都是公司的股东。董事是由股东(大)会或者由职工民主选举产生的,当选为董事后就成为董事会成员,就要参与公司的经营决策,所以董事对公司的发展具有重要的作用,各国公司法对董事任职资格均做出了一定限制。

我国 2005 年《公司法》第 147 条规定,有下列情形之一的,不得担任公司的董事:

(1) 无民事行为能力或者限制民事行为能力的;

(2) 因贪污、贿赂、侵占财产、挪用财产或者破坏社会主义市场经济秩序,被判处刑罚,执行期满未逾五年,或者因犯罪被剥夺政治权利,执行期满未逾五年的;

(3) 担任破产清算的公司、企业的董事或者厂长、经理,对该公司、企业的破产负有个人责任的,自该公司、企业破产清算完结之日起未逾三年;

(4) 担任因违法被吊销营业执照、责令关闭的公司、企业的法定代表人,并负有个人责任的,自该公司、企业被吊销营业执照之日起未逾三年;

(5) 个人所负数额较大的债务到期未清偿。

公司违反前款规定选举、委派董事、监事或者聘任高级管理人员的,该选举、委派或者聘任无效。董事在任职期间出现上述所列情形的,公司应当解除其职务。

事实上,一个公司在具体选择董事的过程中,除了要考虑上述几个方面的因素外,更重要的还是要关注董事个人自身所具备的能力、素质与董事会整体协调的需要。根据全美公司董事联合会的建议,董事应具备以下 5 个方面的个人特征:

(1) 正直和责任心。这是评价任何董事人选时的首要考察内容,董事会应寻求那些在个人和职业行为中显示出高尚的道德和正直的品质、愿意按董事会的决定行动并且对此负责的候选人。

(2) 见多识广的判断能力。

(3) 财务知识。董事应知道如何解读资产负债表、利润表和现金流量表,他们应了解用来评估公司业绩的财务比率和其他工具。

(4) 成熟的自信。

(5) 曾取得很好的工作业绩。

此外,该联合会还建议,为了充分完成董事会复杂的任务,董事会应具备一整套的核心能力。这些核心能力包括:会计财务、商业判断力、管理才能、危机反应、行业知识、(了解)国际市场、领导才能和战略眼光 8 个方面,而每位董事至少应在一个领域内贡献其知识、阅历和技能。换言之,作为一名董事候选人,应至少具备上述8方面之一的能力。

6.1.4 董事的权利和义务

《公司法》对董事会的职权有集中的规定,但对董事的权利没有集中的规定。此类内容,可散见于有关董事的条款,主要包括:

(1) 出席董事会会议。依《公司法》第113条规定,董事会会议,应由董事本人出席,董事因故不能出席,可以书面委托其他董事代为出席,委托书中应载明授权范围。

(2) 表决权。根据《公司法》第112条规定,董事在董事会会议上,有就所议事项进行表决的权利,董事会作出决议,必须经全体董事的过半数通过。董事会决议的表决,实行一人一票制。

(3) 董事会临时会议召集的提议权。《公司法》第111条只规定董事会可以召开临时会议,却未规定如何召集。当然,董事长可视其情况主动召集,但也可以根据一定人数的董事的提议而召集。后者,则产生了董事对召集董事临时会议的提议权。

(4) 透过董事会行使职权。无疑,董事会的职权不是董事个人的职权,因而不能由董事分别行使。但是没有董事的参与,董事会无法行使其职权。并且,董事作为董事会的成员,可以通过行使表决权而影响董事会的决定。从这个意义上说,董事除上述权利外,还有通过董事会行使职权而行使的权利。

我国《公司法》第148条就明确规定:"董事、监事、高级管理人员应当遵守法律、行政法规和公司章程,对公司负有忠实义务和勤勉义务。"这是我国法律明确对公司董事提出的义务要求。董事与股东之间存在着委任或代理的关系,董事是受托对股东的出资进行管理的人,因此对于股东负有忠实、勤勉的义务。

1. 勤勉义务

也可称为"善管义务"或"注意义务"。就是要求董事付出适当的时间和精力,关注公司经营,并按照股东和公司的最佳利益谨慎行事,具备善良管理人那种勤勉的品质和应有的忠诚。根据信息不对称理论,公司作为市场竞争的主体,处于一个所有资源均在瞬息万变的环境之中,而公司的董事需要不时地对这些情况和信息做出决断,无论是理论上还是事实上,董事均不可能完全掌控这些情况,要求董事在决策之前全部了解这些情况是做不到的。但董事在行事前应尽自己的能力去得到所有对决策构成影响的重要信息,合理地了解不同的决策方案,然后根据自己的经验和技能做出决策。此外,这一义务还要求董事对于履行自己的职责要保证足够的时间和对公司发展的足够关注,否则也会被视为是一种不勤勉的表现。不少上市公司的章程均规定,对于连续两次无故缺席董事会会议的董事即可免职,这实际上也是对违反勤勉义务的一种惩罚。一名董事,如果不能参与会议,了解公司经营的基本状况,阅读相当数量的报告,在公司需要时提出必要的解决办法,就不能承担起自己职位的正常事务,也就违反了他们应当履行的注意义务。

那么,董事作为决策者,主观应该努力到什么程度才算是尽到了"勤勉义务"呢?对此基本上有两种不同的观点。一种是主观标准,即认为应以具体担任董事的这个人所实际拥有的知识、经验和技能来判断他是否尽其所能地去进行决策;而另一种是客观标准,则认为应以"董事"这一岗位本身所要求的知识、技能为标准去判断在这个岗位上的人是否履行了义务。在立法和司法实践中,客观标准逐渐占据了主流。例如,德国1993年修订的《股份公司法》第93条规定:"董事会成员在领导业务时,应当具有一个正直的、有责任心的业务领导人的细心。如果对他们是否发挥了一个正直的和有责任心的业务领导人的细心存在争议,那么他们就负有举证责任。"这里不仅在实体上加重董事应具有"业务领导人的细心",而不是"普通谨慎之人的细心",而且在程序上加重了董事的举证义务,因为在诉讼过程中,举证的一方往往处于不利的地位。

2. 忠实义务

"忠实义务"又称为"诚信义务"。这一义务要求董事履职时必须诚实、善意且合理地相信其行为符合公司(而非其个人)的最佳利益。董事的所有行为不得使其个人利益与公司利益陷于相冲突的境地。如果出现个人利益与公司利益发生冲突的情形,当以公司利益优先。忠实义务实际上是道德义务的法律化。通常理解包括以下几个方面。

(1) 董事不得与公司之间进行交易。

(2) 如发生关联交易时,应声明和回避表决。

(3) 董事不得从事公司竞业活动(即董事不得为了个人而从事与公司业务相同或相类似的经营活动,篡夺公司的商业机会)。

(4) 董事本人的报酬应该公平、合理。

(5) 董事不得实施动机不纯的公司行为(如为了维持管理层的地位而回购公司股份以对付敌意收购)等。

我国《公司法》第148条、149条对包括董事在内的公司高管人员的忠实义务所包括的方面作了列举,概括起来主要有以下几个方面。

(1) 董事不得利用职权收受贿赂或者其他非法收入,接受他人与公司交易的佣金归为己有。

(2) 不得侵占公司的财产。

(3) 不得挪用公司资金或将公司资金以其个人名义或者以其他个人名义开立账户存储,不得违反公司章程的规定,未经股东会、股东大会或者董事会同意,将公司资金借贷给他人或者以公司财产为他人提供担保。

(4) 不得违反公司章程的规定或者未经股东会、股东大会同意,与本公司订立合同或者进行交易。

(5) 不得在未经股东会或者股东大会同意的情况下,利用职务便利为自己或者他人谋取属于公司的商业机会,自营或者为他人经营与所任职公司同类的业务。

(6) 不得擅自披露公司秘密。

董事如果违反这些规定,其所得收入应当归公司所有;给公司造成损失的,还应当承担赔偿责任。

6.2 董事会

6.2.1 董事会定义

董事会(board of directors)是依照有关法律、行政法规和政策规定,按公司章程设立并由全体董事组成的业务执行机关。

股份有限公司的董事会,是由股东大会选举产生的董事组成的。董事会是股份有限公司的执行机构,贯彻公司股东大会的决议,对内管理公司事务,对外代表公司。此外,董事会也是股份有限公司的必设机构,我国有关法律十分重视董事会在股份有限公司中的作用,认为它既是公司的执行机构,又是公司的集体领导机关,其领导水平,对公司的稳定与发展起到举足轻重的作用。

我国《公司法》规定,股份有限公司的董事会由5~19人组成。首届董事会成员由公司创立大会选举产生,以后各届董事会由股东大会选举产生。董事任期由公司章程规定,但每届任期不得超过三年。董事任期届满,连选可以连任。董事在任期届满前,股东大会不得无故解除其职务。

6.2.2 董事会的类型

NACD(全美董事联合会咨询委员会)将公司治理的目标定义如下:公司治理要确保公司的长期战略目标和计划被确立,以及为实现这些目标建立适当的管理结构(组织、系统、人员),同时要确保这些管理结构有效运作以保持公司的完整、声誉,以及对它的各个组成部分负责。NACD的这个定义实际上是将公司的董事会看作治理结构的核心,是针对不同类型的董事会功能而言的。NACD根据功能不同,将董事会划分为以下四种类型:

(1) 底限董事会。这种类型的董事会仅仅是为了满足法律上的程序要求而存在。

(2) 形式董事会。这种类型的董事会仅具有象征性或名义上的作用,是比较典型的橡皮图章机构。

(3) 监督董事会。这种类型的董事会检查计划、政策、战略的制订、执行情况,评价经理人员的业绩。

(4) 决策董事会。这种类型的董事会参与公司战略目标、计划的制订,并在授权经理人员实施公司战略的时候按照自身的偏好进行干预。

从公司演化的角度看,董事会也可以分为如下四种类型:

(1) 立宪董事会。这种类型的董事会强调董事会是依照一定的法律程序,在某个权力主体的批准下成立的。政府颁布的《公司法》对公司而言就是一部宪法,董事会遵照法律规定成立,仅具有形式上的意义。公司要么由创始人控制,要么由CEO控制。在规模小、技术水平低的私有公司中,这类董事会比较多。

(2) 咨询董事会。随着公司规模的扩大和经营复杂程度的提高,CEO需要更多的专业人员如技术专家、财务顾问、法律顾问等的帮助。通过招募这些人进入董事会,CEO将得到他们的专业技能。如果这些人是公司外部的专家,则董事会可称之为"外部人控制型";如果这些人是来自公司内部的专职人员,则为"内部人控制型"。在这个过程中,董事变得越来越高素质、越来越称职、越来越独立。当前,绝大部分美国公司的董事会属于这一类型。

(3) 社团董事会。随着股权分散化、公众化程度的提高,董事会内部将形成不同的利益集团,意见差别通过少数服从多数的投票来加以机制解决。这样的董事会需要经常召开会议,且董事们必须尽量出席会议,否则董事会可能通过不利于某一集团(或董事)的决议,决策过程往往由于会议的拖延而不得不中断。一些大型的公开上市公司就存在这样的董事会。

(4) 公共董事会。董事会成员包括政治利益集团代表,这种类型的董事会仅在公有制或混合所有制的公司中存在。

对一个公司而言,具体董事会类型的选择受制于占统治地位的社会环境,而社会环境又是社会政治经济力量共同作用的结果。一个需要企业革新的社会将不断孕育出适当的公司治理机制。表6.1从四个方面对四种董事会类型进行了对比,这四个方面是董事会起因、授权形式、决策者和董事会在决策中的参与程度。

表6.1 董事会类型对比

类型特征	立宪董事会	咨询董事会	社团董事会	公共董事会
董事会起因	法律	经济	社会、经济	政治
授权形式	自动	寡头	技术官僚	行政官员
决策者	CEO	CEO或董事会	董事会	中央计划当局
决策参与程度	接受	咨询	限定	适应

(资料来源:Stanley C. Vance. The Corporate Director: A Critical Evaluation. Homwood: Dow Jones-Irwin, 1968, p.233.)

6.2.3 董事会的职权

董事会既是股份公司的权力机构,又是企业的法定代表。除法律和章程规定应由股东大会行使的权力之外,其他事项也均可由董事会决定。公司董事会是公司经营决策机构,董事会向股东(大)会负责。

董事会的义务主要是:制作和保存董事会的议事录,备置公司章程和各种簿册,及时向股东大会报告资本的盈亏情况和在公司资不抵债时向有关机关申请破产等。

股份公司成立以后,董事会就作为一个稳定的机构而产生。董事会的成员可以按章程规定随时任免,但董事会本身不能撤销,也不能停止活动。董事会是公司的最重要的决策和管理机构,公司的事务和业务均在董事会的领导下,由董事会选出的董事长、常务董事具体执行。根据《公司法》的规定,董事会对股东(大)会负责,行使下列职权。

1. 执行权

该职权可以分为：

(1) 召集股东(大)会会议，并向股东(大)会报告工作。

董事会由董事组成，董事由股东(大)会选举产生，董事会对股东(大)会负责。因此，召集股东(大)会会议，并向股东(大)会报告工作，既是董事会的一项职权，也是董事会的一项义务。

(2) 执行股东(大)会的决议。

股东(大)会作为公司的权力机构，是公司的最高决策机关，依照法律规定和公司章程规定决定公司的重大问题。股东(大)会对公司生产经营方面作出的决议，由董事会执行。因此，执行股东(大)会的决议，既是董事会的一项职权，其实也是董事会的一项义务。

2. 宏观决策权

宏观决策权主要指决定公司的经营计划和投资方案。经营计划是指管理公司内外业务的方向、目标和措施，是公司内部的、短期的管理计划。公司的投资方案是指公司内部的资金运用方向。一般说来，决定公司的经营方针和投资计划，是公司股东(大)会的职权，因此公司的具体经营计划和投资方案是公司董事会执行股东(大)会决定的经营方针和投资计划的一项具体措施。

3. 经营管理权

经营管理权具体包括：

(1) 制定公司的年度财务预算方案、决算方案。根据规定，审议批准公司的年度财务预算方案、决算方案是公司股东(大)会的职权，由于董事会是股东(大)会的执行机关，因此应当按照规定制定公司的年度财务预算方案、决算方案，并及时报请公司股东(大)会进行审议批准。

(2) 制定公司的利润分配方案和弥补亏损方案。根据规定，审议批准公司的利润分配方案和弥补亏损方案是股东(大)会的职权，董事会应当按照规定制定公司的利润分配方案和弥补亏损方案，及时报请公司股东(大)会进行审议批准。

(3) 制定公司增加或者减少注册资本以及发行公司债券的方案。根据规定，对公司增加或者减少注册资本、发行公司债券作出决议是股东(大)会的职权，而对公司增加或者减少注册资本以及发行公司债券制定具体方案是董事会的职权，因此，董事会应当按照公司经营的需要针对公司增加或者减少注册资本以及发行公司债券的决议要求，及时制定具体方案，并提请股东(大)会审议。

(4) 制定公司合并、分立、解散或者变更公司形式的方案。对于公司合并、分立、解散或者变更公司形式等均是属于公司的重大事项，根据规定，应经过股东(大)会作出决议，但是具体与谁合并、如何分立以及变更等具体方案应该由董事会来制定，然后提请股东(大)会会议进行审议并作出决议。

4. 机构设置与人事聘任权

董事会是公司的执行机关,负责公司经营活动的指挥和管理,因此有权决定公司内部管理机构的设置。决定公司内部管理机构的设置是指董事会有权根据本公司的具体情况,确定内部的管理机构设置,如设立教学服务部、事业开发部、市场营销部、企业管理部、客户服务部等具体的业务部门或者行政管理部门。董事会也可以决定聘任或者解聘公司经理及其报酬事项,并根据经理的提名决定聘任或者解聘公司副经理、财务负责人及其报酬事项。聘任或者解聘高级管理人员,是指董事会有权决定聘任或者解聘公司经理,并根据经理的提名决定聘任或者解聘公司的副经理、财务负责人等高级管理人。

除上述四种职权之外,董事会还可以制定公司的基本管理制度,行使公司章程规定的其他职权。

6.2.4 董事会的形成

公司董事会的形成有资格上、数量上和工作安排上的具体要求,也有其具体职责范围。

(1) 从资格上讲,董事会的各位成员必须是董事。董事是股东在股东大会上选举产生的。所有董事组成一个集体领导班子即为董事会。

法定的董事资格如下:首先,董事可以是自然人,也可以是法人。如果法人充当公司董事,就必须指定一名有行为能力的自然人作为其代理人。其次,特种职业和丧失行为能力的人不能作为董事。特种职业包括国家公务员、公证人、律师和军人等。最后,董事可以是股东,也可以不是股东。

(2) 从人员数量上说,董事的人数不得少于法定最低限额,因为人数太少,不利于集思广益和充分集中股东意见。但人数也不宜过多,以避免机构臃肿、降低办事效率。因此,公司一般在最低限额以上,根据业务需要和公司章程确定董事的人数。

由于董事会是会议机构,为便于表决,董事会最终人数一般是奇数居多。

(3) 从人员分工上讲,董事会一般设有董事长、副董事长和常务董事等。人数较多的公司还可设立常务董事会。董事长和副董事长,可以由股东(大)会直接选举,也可以由董事会成员进行投票选举,还可以规定按照股东的出资比例大小决定哪些股东出任董事长和副董事长,公司视自身情况而定。有限责任公司,股东人数较少和规模较小的,可以设一名执行董事,不设立董事会,执行董事可以兼任公司经理。有限责任公司不设董事会的,执行董事为公司的法定代表人。

(4) 在董事会中,董事长具有最高的权限,是董事会的主席。主要行使下列职权:第一,召集和主持董事会会议;第二,在董事会休会期间,行使董事会职权,对业务执行的重大问题进行监督和指导;第三,对外代表公司,即有代表公司参与司法诉讼的权力,以及签署重大协议的权力等。

6.2.5 股东(大)会和董事会的关系

股东(大)会和董事会的关系,实际上是代理与被代理关系、委托与被委托关系。董事会是公司的权力常态机构,而股东(大)会只是在特定时间召开,也就是说,股东(大)会只有在特定时候才会行使权力。平常是股东(大)会委托董事会对公司进行管理,董事会委托经理、副经理等具体执行公司日常管理事务。

董事会所作的决议必须符合股东(大)会决议,如有冲突,要以股东(大)会决议为准;股东(大)会可以否决董事会决议,直至改组、解散董事会。

董事会由股东(大)会选举产生,按照《公司法》和《公司章程》行使董事会权力,执行股东(大)会决议,是股东(大)会代理机构,代表股东(大)会行使公司管理权限。

6.3 董事长

6.3.1 董事长的定义

股份有限公司董事会设立董事长职务,并限定为一人。所以要设立董事长,是由于董事会为会议形式集体决策的机构,需要有人召集和主持,董事会本身的一些事务需要有人检查,同时还有些公司事务需要由董事会的某个单独成员作为代表。董事长的英文是chairman,准确地说是chairman of the board,是股东利益的最高代表,董事长不属于公司雇员,统领董事会,也可以翻译为"董事会主席"或"董事局主席"。

董事长是公司董事会的领导,其职责具有组织、协调和代表的性质。董事长的权力在董事会职责范围之内,不管理公司的具体业务,一般也不进行个人决策,只在董事会开会或董事会专门委员会开会时才享有与其他董事同等的投票权。

董事长可以解除公司内所有人的职务,但董事(member of the board)和监事(member of the board of supervisors)除外,因为董事和监事不是公司雇员。

6.3.2 董事长的权利

董事会一般由董事会全体董事过半数选举产生,充任公司的法定代表人或法人代表。从各国的公司立法看,董事长的权利不是由股东(大)会授予的,而是由公司法直接规定的。有限责任公司、股份有限公司设立董事会的,股东(大)会由董事会召集,董事长主持。董事会会议由董事长召集和主持。一般来说,董事长拥有如下权利:

(1) 主持股东(大)会和召集、主持董事会会议;

(2) 召集和主持公司管理委员会议,组织讨论和决定公司的发展规划、经营方针、年度计划以及日常经营工作中的重大事项;

(3) 检查董事会决议的实施情况,并向董事会提出报告;

(4) 提名公司总经理和其他高层管理人员的聘用、决定报酬、待遇以及解聘,并报董事会批准和备案;

(5) 审查总经理提出的各项发展计划及执行结果;

(6) 定期审阅公司的财务报表和其他重要报表,全盘控制全公司系统的财务状况;

(7) 签署批准公司招聘的各级管理人员和专业技术人员;

(8) 签署对外重要经济合同、上报印发的各种重要报表、文件、资料;

(9) 处理其他由董事会授权的重大事项。
(10) 检查董事会决议的实施情况,并向董事会报告;
(11) 签署公司股票、公司债券;
(12) 由董事会授权董事长在董事会闭幕期间行使董事会的部分职权;
(13) 提议召开临时董事会;
(14) 除章程规定须由股东(大)会和董事会决定的事项外,董事长对公司重大业务和行政事项有权做出决定。

6.3.3 董事长与首席执行官的关系

董事长是 Chairman,总裁是 President,首席执行官是(Chief Executive Officer,CEO)总裁和首席执行官的权力理论上都来源于董事长,一般情况下,只有董事长拥有召开董事会、罢免总裁和首席执行官等最高权力,但董事长一般不掌握具体的行政权力。

董事会不是一个行政机构,而是一个立法性质的委员会,这就决定了董事长和董事们之间没有真正的上下级关系。董事长的权力在董事会职责范围之内,不管理公司的具体业务,一般也不进行个人决策,只在董事会开会或董事会专门委员会开会时才享有与其他董事同等的投票权。一位强大的董事长可能拥有真正的生杀大权,这种大权有时候来自他掌握的多数股份,有时候来自他的人脉资源,有时候来自他早年积累的威信,这时董事会不过是董事长的傀儡而已,总裁和 CEO 也必须真正对他负责(不仅仅是名义上的负责)。一位董事长如果不兼任总裁或 CEO,就仅仅是一个礼仪职务,一个德高望重的仲裁者,一般来说是某位大股东的代表。而总裁或首席执行官是由董事会任命的,是公司的经营执行领导。总裁掌握着公司的日常行政权,既可以译成总裁,又可以译成总经理;总裁这个称谓包含的荣耀和地位比 CEO 要高,因此经常用于礼仪场合。许多时候,总裁和 CEO 是同一个人,随便你怎么称呼他;但在许多大公司里,总裁和 CEO 是两个人,这时"总裁"和"首席执行官"才有严格的差异,有时候两者地位平等,有时候 CEO 是总裁的上级。有时候,总裁和董事长一样,也沦落为一种无足轻重的礼仪职位,但 CEO 从来都是一种实质性职位。

为了解决董事会的决策、监督和 CEO 的决策、执行之间可能会有的脱节问题,美国一般由董事长(即董事会主席)兼任 CEO。在美国,有 75% 的公司,其 CEO 和董事长就是同一人,但是英国和日本的董事长(会长)多为退休的公司总裁或外部知名人士,是非执行人员,只是董事会的召集人和公司对外形象的代表。他们对公司决策制定过程影响有限,主要责任是对管理者的监督,维持公司与社会、政府、商界的关系。

6.4 独立董事

6.4.1 独立董事的定义

如前所述,董事可分为内部董事与外部董事。在采取两分法的情况下,外部董事与独立董事有时互换使用。如果采取三分法,董事可以分为内部董事、有关联关系的外部董事与无关联关系的外部董事。其中,内部董事指兼任公司雇员的董事;有关联关系的外部董事指与公司存在实质性利害关系的外部董事。

其中,只有无关联关系的外部董事才可被称为独立董事(independent director)。独立董事系指不在上市公司担任董事之外的其他职务,并与公司及其大股东之间不存在可能妨碍其独立作出客观判断的利害关系或专业联系(尤其是直接或者间接的财产利益关系),对公司事务需要做出独立判断的董事。由于独立董事不兼任公司的经营管理人员,独立董事属于外部董事的范畴。简单说来,独立董事既不是公司的雇员及其亲朋好友,也不是公司的供货商、经销商、资金提供者,或是向公司提供法律、会计、审计、管理咨询等服务的机构职员或代表,与公司没有任何可能影响其对公司决策和事务行使独立判断的关系,也不受其他董事的控制和影响。

独立董事制度就是指在董事会中设立独立董事、以形成权力制衡与监督的一种制度。美国与英国公司法均确立单层制的公司治理结构,也就是说,公司机关仅包括股东大会和董事会,无监事会之设,因此,独立董事在实际上行使了双层制中监事会的职能;而在德国、荷兰等国公司法确定的双层制下,公司由董事会负责经营管理,但要接受监事会的监督,董事也由监事会任命。

6.4.2 独立董事的特征

独立董事最根本的特征是独立性、专业性和公正性。

1. 独立性

独立董事是指具有"独立性"的董事,概括来说,"独立性"可以陈述为:该董事与所受聘的公司及其主要股东不存在可能妨碍其进行独立客观判断的关系。具体来说,独立董事的独立性主要体现在:

(1) 法律地位的独立。独立董事是由股东(大)会选举产生,不是由大股东推荐或委派,也不是公司雇用的经营管理人员,他作为全体股东合法权益的代表,独立享有对董事会决议的表决权和监督权。具体地说,独立董事应该:

① 独立于股东。独立于股东,就是与股东没有任何关系,包括亲戚关系、合作伙伴关系等。

② 独立于经营者。所谓的经营者,主要是指公司的经理层,独立董事应当是与公司经理层没有亲戚、合作伙伴或者其他经济利益关系的个人。

③ 独立于公司的其他利益相关者。其他利益相关者,主要是指公司的员工、供应商、经销商、法律顾问、咨询顾问等与公司有着利益关系的人。

(2) 意愿表示独立。独立董事意愿表示独立,独立董事因其不拥有公司股份,不代表任何个别大股东的利益,不受公司经理层的约束和干涉,同时也和公司没有任何关联业务和物质利益关系,因此,决定了他能以公司整体利益为重,对董事会的决策做出独立的意愿表示。

2. 专业性

所谓"专业性"是指独立董事必须具备一定的专业素质和能力,能够凭自己的专业知识和经验对公司的董事和经理以及有关问题独立地做出判断和发表有价值的意见。

独立董事拥有与股份公司经营业务相关的经济、财务、工程、法律等专业知识,勤勉敬业的职业道德,一定的经营管理经验和资历,以其专家型的知识层面影响和提高了董事会决策的客观性。

3. 公正性

与其他董事相比而言,独立董事能够在一定程度上排除股份公司所有人和经理人的"权""益"干扰,代表全体股东的呼声,公正履行董事职责。

独立性是独立董事的基本法律特征,专业性和公正都产生于独立性的基础之上,而专业性和公正性则又保证了独立董事在股份公司董事会依法履行董事职务的独立性。

6.4.3 独立董事的作用

某种程度上说,公司治理结构是否健全,在很大程度上取决于是否有一个真正代表公司整体利益的独立自主的董事会,取决于能否形成以董事会为核心的完善的制衡机制。独立董事与公司没有利益联系,可以客观、公正、独立地做出有关公司决策的判断。独立董事作为外部董事的这种特殊地位,在董事会中能对内部董事起着监督和制衡作用,对完善公司法人治理结构,监督和约束公司的决策者和经营者,制约大股东的操纵行为,最大限度地保护中小股东乃至整个公司利益起着重要作用。具体来讲,独立董事在董事会中的主要作用有以下几点。

(1) 客观作用。由于独立董事与公司没有任何联系,是独立于公司的个体,因此如果发生经理人或其他董事的利益与公司利益发生冲突的时候,对问题进行决策的过程中能够做出客观的判断。另外,独立董事并不是公司的员工或者其他与公司有联系的人,对于公司的问题能从一个局外人的角度来进行分析,可能会有更优的决策;而经理人可能因长期在公司工作而出现思维定式,造成错误的判断。

(2) 监督作用。英美国家由于是单层制的董事会,没有设立监事会,因此独立董事的一个重要作用就是监督 CEO 和其他内部董事的行为。我国因为一股独大的现象较为严重,设立独立董事可以监督代表大股东的董事的行为,防止大股东侵犯小股东的利益。

(3) 专家作用。董事会中的独立董事一般具有专业的知识和丰富的经验,有着独立的判断能力,可以帮助公司抓住市场机会,获得更多有价值的资源;提供公司可能没有的技能和经验,提高在制定公司战略时对环境变化的预测能力,从而有助于董事会拓宽视野。与此同时,独立董事能够通过其日常活动获取这些执行董事不容易获得的信息,熟悉企业以外的比如市场机会、新技术、金融或经济事务、国际问题等,能为董事会所讨论问题提供信息来源,发挥"外部窗口"的作用。独立董事能够从不同角度审视公司的问题,在战略决策过程中导入他们的独立判断,提出建设性的意见和指出正确的方向,促进公司的长期发展。在公司需要进行重大项目投资、项目融资以及并购等时候,独立董事的社会背景、专业的技术或管理知识会体现出其特有的价值。另外,由于独立董事还存在大量的在不同公司兼任的现象,这样还可以帮助公司与其他企业建立战略同盟关系。

(4) 名誉作用。独立董事是公司的外部人士,通常具有广泛的个人关系和良好的社会形象,他们往往是名声很好的业内专家,有着很好的道德素养和社会责任感,受到社会人士的尊重。这就使得他们能够通过自己的影响增加公司与外界的联系,为公司提供商机,并帮助树立公司形象,例如,成为一些专门委员会或公共委员会的成员,参加商务和行业聚会,担任公司的新闻发言人等。

6.4.4 独立董事的特别职权

独立董事除依照法律规定行使公司董事的一般职权外,上市公司独立董事按照法律、法规、章程可能还拥有下列特别职权:

① 重大关联交易(指上市公司拟与关联人达成的总额高于 300 万元或高于上市公司最近经审计净资产值的 5% 的关联交易)应由独立董事认可后,提交董事会讨论;独立董事作出判断前,可以聘请中介机构出具独立财务顾问报告,作为其判断的依据;

② 向董事会提议聘用或解聘会计师事务所;

③ 向董事会提请召开临时股东大会;

④ 提议召开董事会;

⑤ 独立聘请外部审计机构和咨询机构;

⑥ 可以在股东大会召开前公开向股东征集投票权。

独立董事的其他独立意见包括:

① 提名、任免董事;

② 聘任或解聘高级管理人员;

③ 公司董事、高级管理人员的薪酬;

④ 上市公司的股东、实际控制人及其关联企业对上市公司现有或新发生的总额高于 300 万元或高于上市公司最近经审计净资产值的 5% 的借款或其他资金往来,以及公司是否采取有效措施回收欠款;

⑤ 独立董事认为可能损害中小股东权益的事项;

⑥ 公司章程规定的其他事项。

同时,为使上述职权得以落实,上市公司应当提供独董履行职责所必需的工作条件,及时向独董提供相关材料和信息,保证独董的知情权。独董行使职权时,可以向公司董事、经理及其他高级管理人员进行调查,有关人员应当积极配合,提供有关情况与资料,不得拒绝、阻碍或隐瞒,不得干预其独立行使职权。

6.5 专业委员会

近些年来,随着公司治理模式的不断完善,监管者和投资者等各种外部力量越来越多地介入到了董事会的内部运作规则之中,一些机构投资者要求上市公司设立全部或主要由独立董事组成的专业委员会。审计委员会、薪酬委员会、提名委员会等成为了证券交易所和投资者们非常关注的对象。战略委员会、风险委员会等管理类专业委员会也日益普及。由此,设立董事会下属的各专业委员会,由董事分别参与各专业委员会的工作,既有利于提高董事会的工作效率,有效发挥其功能,又有利于明确董事的义务和责任,能适应现代公司管理专业化的发展要求,更有利于发挥独立董事的作用——由于董事会的工作在不同的专业委员会中进行分工,并且通过专业委员会实施,独立董事也就更便于加强他们的监督并参与公司事务。

6.5.1 专业委员会的界定

为了更好地行使董事会的决策与监督专业化的职能,防止董事会滥用权力,在成熟资本市场的国家,尤其是英美国家,纷纷通过设立若干由独立董事占多数组成的董事会内部常设职能化组织即专业委员会来满足这种专业化运作的需求。

在此,需要特别说明的是,在当今社会,很多公司为了经营的需要可能设立由经理层专家组成的委员会考虑公司经营的问题,该种委员会属于公司执行业务的经理层的一部分,并非董事会的专业委员会。此外,董事会可能任命部分董事和董事之外的专家组成某种委员会为公司提供咨询意见,这种委员会也不属于董事会的专业委员会。只提供咨询或者属于经理层的委员会都不是董事会的专业委员会,董事会专业委员会必须是在一定程度上可以代替董事会行使权力并由董事(其中独立董事占多数)组成的委员会。

6.5.2 专业委员会的性质和特征

从对董事会专业委员会的界定可以看出,董事会专业委员会从性质上来说是董事会的一个内部常设职能化组织,它具有以下几个方面的特征。

(1)董事会专业委员会是董事会内部下属辅助工作机构。董事会专业委员会设于董事会内部,是否设立及其权力、职责、运行方式及人员构成等均应获得董事会的批准,并且董事会专业委员会向董事会负责。

(2)董事会专业委员会设立的目的是确保董事会有效行使重大决策和监督职能,尤其是监督的职能。董事会作为一个业务执行机关,不可能经常性的召开会议。因此,为了更好地履行其职能才设立了董事会专业委员会。董事会专业委员会的职责就是更好地使董事会的重大决策和监督职能得到发挥。

(3)董事会专业委员会的组成人员主要是独立董事。独立董事制度是英美国家单一层级董事会结构中最有特色的内容,其用意在于引入与公司没有利益关系的外部董事,以其客观、公正、独立的立场来行使董事会的决策和监督职能,从而维护公司、股东、债权人及其他社会公众的利益。如何使独立董事在董事会中真正发挥作用,一项有关董事会结构改造的普遍方案就是在董事会内部设立主要由独立董事组成的专业委员会。董事会通过设立专业委员会为独立董事职能的细化和落实提供契机。正是专业委员会的存在才能使独立董事能够真正地"独立",才能使董事会本身客观、中立的进行决策和监督。

6.5.3 专业委员会的构成及功能

董事会专业委员会一般包括提名委员会(nomination committee)、酬薪委员会(compensation committee)、审计委员会(audit committee)、战略委员会(strategy committee)等。各公司根据发展需要有的还设置了公共政策委员会、投资委员会、技术委员会、环境、健康和安全委员会等。但是,这并不是意味着所有公司的董事会都需要下设一应俱全的专业委员会。各家公司完全可以从实际情况而发,因地制宜设置专业委员会。这些委员会的职责一般是由公司章程规定的,不过也有由公司法律框架体系规定的。审计委员会、提名委员会、酬薪委员会和战略委员会的主要职能定位如下。

(1) 审计委员会:审计委员会作为最重要的专业委员会,负责检查公司会计制度及财务状况,考核公司内部控制制度的执行、评估并提名注册会计师,以及与会计师讨论公司财务问题。为贯彻审计委员会的专业性及独立性,审计委员会通常由具备财务或会计背景的外部董事参加。

(2) 提名委员会:研究董事、经理人员的选择标准和程序并负责建立提名程序;负责提交有关董事会的规模和构成方案;负责向董事会推荐候选董事和高级管理人员。

(3) 薪酬委员会:研究董事与高级经理人员考核的标准;研究公司高级管理人员的酬薪事项和制定一揽子特定酬薪政策,以能够吸引、留住和激励公司高水平的董事与高级经理人员。同时,酬薪委员会还应就公司有关董事报酬的政策及发给董事的股份选择权的相关信息予以披露,做成报告书,并作为公司年报的一部分,提交股东大会。

(4) 战略委员会:对公司长期发展战略、重大投资决策、重大投融资项目及决策、年度预算和决算进行研究并提出建议,强化董事会的战略决策功能;对其他影响公司发展的重大事项进行研究并提出建议。

本章小结

董事是指由公司股东(大)会选举产生的具有实际权力和权威的管理公司事务的人员,是公司内部治理的主要力量,对内管理公司事务,对外代表公司进行经济活动。股份有限公司的董事由股东大会选举产生,可以由股东或非股东担任。董事一般可以分为内部董事和外部董事。董事会是依照有关法律、行政法规和政策规定,按公司或企业章程设立并由全体董事组成的业务执行机关。

独立董事,是指独立于公司股东且不在公司中内部任职,并与公司或公司经营管理者没有重要的业务联系或专业联系,并对公司事务做出独立判断的董事。其独立性是指在人格、经济利益、产生程序等方面独立,不受控股股东和公司管理层的限制。

为了更好地行使董事会的决策与监督专业化的职能,防止董事会滥用权力,公司内部常常会设立专业委员会,一般包括提名委员会、酬薪委员会、审计委员会、战略委员会等。它可以有效地解决董事会本身的缺陷,更好地发挥独立董事的作用,从而起到监督经理人行为的作用。

案例分析

苏格兰皇家银行陨落的背后

苏格兰银行盛极而衰的背后,是一个被个人意志主宰了的董事会,它告诉我们的是,董事会职能的强化应是未来公司治理完善的重中之重。

苏格兰皇家银行(the Royal Bank of Scotland Group,RBS)在2009年2月26日公布,2008年全年亏损241亿英镑(约343亿美元),创出英国企业的最大亏损纪录。至此,RBS处在风雨飘摇之中,其国际巨擘的形象轰然倒地。RBS的陨落并不是偶然的,是美国次贷危机持续蔓延的必然性事件,还是无序扩张的结果?抑或是公司本身经营和管理出现了问题?

覆巢之下,焉有完卵?

世界金融市场自1987年"黑色星期一"以来,还没有发生过这么大的动荡,即使是1997年爆发的东南亚金融危机也只是局部性的,然而,2008年金融风暴肆虐的范围却是全球经济一体化浪潮以来最广的一次。随着包括美林、花旗、瑞银、摩根士丹利、汇丰等世界级金融机构所暴露出的次贷损失的窟窿越来越大,市场的心理恐慌情绪也越来越重。随着危机向实体经济的渗透,第二波金融风暴随时有可能袭来。

当潮水退去的时候,才知道谁没穿"裤子"。RBS就是其中还没来得及穿好"裤子"的一个。也正因为这样,RBS的管理层反而认为是自己时运不济,偏偏赶上了这一轮风暴。他们或许会以"覆巢之下,焉有完卵"来作为公司走到如今这般田地的托词。的确,整个国际金融环境都处在风雨飘摇中,特别是国际巨擘们更是处在风口浪尖上,但这不是RBS陨落的主要理由。

成也"并购",败也"并购"?

抛开整个金融市场环境不说,让我们看看RBS的发展史,与其说是发展史,倒不如说是一个并购史。从中我们似乎也能找到RBS陨落的一些蛛丝马迹。对于银行来讲,并购是把"双刃剑"。一方面,并购可以扩大规模、占领市场和降低成本,实现地区性互补、业务互补等协同效益;另一方面,并购也给银行带来了风险。由于并购后的银行规模越大,对金融监管当局政策取向的影响越大,越容易产生"大则不倒"(too big to fail)的观念,自然会去追求更高风险的资产,最终产生巨大的风险。相关学者经过研究发现,大银行发放的贷款风险程度比小银行贷款的风险程度要高,而且贷款损失程度也比小银行的损失程度要高。

2000年,当时RBS的资产规模仅有889亿英镑,但是弗雷德·古德温爵士(Sir Fred Goodwin)还是以210亿英镑巨资向3倍于自身规模的竞争对手、总部位于伦敦的国民西敏寺银行(National Westminster Bank,NatWest)发起了敌意收购,经过一场旷日持久的竞购战,RBS最终胜出。正是这笔交易让弗雷德爵士和RBS走上了由并购推动的扩张之路,并让该银行高管们相信,他们能够拓展银行的资金储备,收购规模越来越大的目标。

通过这次收购,RBS 的资产规模一下子扩展到 3 200 亿英镑,其世界排名从 300 位之后陡然跃升至第 6 位,一举跻身欧洲银行业顶级阵营之列。投资者欢欣鼓舞,该银行股价随之飙升,这为 RBS 收购英国保险集团 Churchill 和美国美隆金融公司奠定了基础。

然而,随着弗雷德爵士野心的膨胀,股东们变得越来越担心。RBS 的利润继续增长,但 RBS 股票的评级却在下滑,投资者对 RBS 冒险的并购方式表示担忧。可是弗雷德爵士对于 RBS 正面临的越来越大的风险并不了解,他没有停止并购扩张的步伐。当荷兰银行宣布正与巴克莱进行合并谈判时,他立即展开行动,与桑坦德(Santander)和富通(Fortis)联手发出了报价。在金融市场摇摇欲坠之时,RBS 却以 710 亿欧元的天价接手荷兰银行庞大的资产负债表。而这次报出的巨亏很大一部分是源于去年收购荷兰银行后,荷兰银行市值的大幅度缩水。有人称这场并购为历史上最差、最不合时宜的收购之一。RBS 前董事长汤姆·麦基洛普爵士在英国国会议员面前表示懊悔,称 RBS 在金融市场鼎盛时期收购荷兰银行之举是一个"糟糕的错误"。

中国有个典故叫"成也萧何,败也萧何",拿它来概括 RBS 的兴衰再贴切不过,那就是成也"并购",败也"并购"。这场挫败了全球许多巨大金融机构锐气的全球金融危机的根源,远远不是任何一个个人。然而,弗雷德爵士对增长的大胆追求意味着,当紧缩降临时,RBS 的陨落空间也更大。

谁"俘虏"了董事会?

雷曼兄弟、AIG、美林等一个个曾经不可一世的金融大鳄轰然倒下,造成了全球金融市场的动荡,也引发了业内对于金融巨头在此次危机中董事会失灵的争论。从美林首席执行官奥尼尔被劝退,到花旗集团董事长兼首席执行官普林斯辞职,最终无一例外都将矛头指向了这些公司的董事会。

天价并购荷兰银行只是不合时宜吗?当然不是,追本溯源还是公司本身经营和管理出现了问题,特别是公司治理核心的董事会存在相当大的问题。有媒体披露,在兼并荷兰银行一事上,RBS 举行了 18 次董事会会议,每次都是全票通过。人们不禁要问,谁"俘虏"了 RBS 的董事会?

董事会尽管是公司的常设机构,但董事会是以会议形式召开的,董事会行使权力必须由全体董事在董事会会议上集体讨论并形成董事会决议。而像 RBS 这样的国际巨擘,董事的人数通常较多,召集和举行董事会并非易事,董事聚集在一起讨论和决议的时间有限。更重要的是,由于董事会采取会议形式,通常较适合对已经形成的议案进行讨论和表决,而议案本身的形成和提出需要依靠个人的专业技能,并需要董事会开会讨论之前的广泛调查和深入研究方能形成周密的议案。RBS 董事会通过了收购方案,但实际上董事会得到的信息很少,甚至毫不知情,也没有进行任何的质询。由于董事会会议无法对议案进行深入的讨论,董事会讨论的议案由谁提出,议案的内容是否维护了公司和股东的利益,这些问题就显得格外重要。

如何确保董事会的组成以及董事会集体决策时真正独立于公司的管理层,显得尤为重要。而 RBS 似乎已经形成了以 CEO 弗雷德爵士为中心的文化,弗雷德爵士并没有受到有效的监督。在实际决策中,董事会很多时候听从于弗雷德爵士,沦为弗雷德爵士决策的橡皮图章。弗雷德爵士成为公司最强有力的人物,拥有最充分的信息来源,并且全面负责公司的日常管理。因此,董事在履行职责时,自然地更倾向于依赖弗雷德爵士的个人决定,他们相信弗雷德爵士拥有最充分的信息并且最了解公司。但是,如果董事会没有独立的信息来源,就无法证实公司治理的真正水平,对公司现状的了解也将非常有限,这将影响董事在充分掌握信息的基础上作出最有利于公司和股东利益的决定。

复习思考题

1. 董事一般分为哪几种?其职责有何不同?
2. 董事一般具有哪些权利和义务?
3. 董事会和股东(大)会存在何种关系?
4. 独立董事具有哪些特别职权?
5. 为什么企业中存在专业委员会?它一般可以分为哪几种?各自职责又有哪些?

第 7 章 监事及监事会

学习目的

通过本章学习,你应该能够:
1. 明确监事及监事会在企业中的地位;
2. 了解监事和监事会各自所具有的职责;
3. 把握监事及监事会在企业中所发挥的作用;
4. 知道监事和监事会监督的主要形式。

关键词

监事　监事会　监督

引导案例

四川金顶:全国首例监事会"炮轰"董事会

四川金顶是一家水泥制造公司,1993年在上海证券交易所上市。财报显示,2001年其亏损7 983万元,2002年每股收益只有0.097元,2003年上半年每股收益仅为0.022元。如此业绩使得重组四川金顶迫在眉睫。2003年6月2日,乐山市国资办向水泥巨头拉法基、摩根士丹利、海螺水泥、双马水泥、川威集团等广发"征询函",进行公开招标重组。最终,名不见经传的浙江华伦集团携华立集团险胜。后经过几次股权变动,华伦集团持有四川金顶29.91%股权,与华伦集团关系紧密的华硕投资持有20.99%股权。其后,华伦集团通过种种手法掏空[①]四川金顶,并涉入一系列的公司债务担保中。

2008年底,四川金顶实际控制方华伦集团深陷债务危机,四川金顶也被牵连其中。截至2009年6月30日,公司应诉案件达31件,诉讼金额约6亿多元,公司的部分银行账户遭冻结,公司已披露未经过决策程序的对外担保合计达1.27亿元。

此时,四川金顶堪称内忧外患,面临重重困难。一方面,银行、债权人等给予四川金顶

[①] "掏空"一词源于Johnson等(2000)对Tunneling(隧道)一词的引申,又被译为"隧道挖掘"或"利益输送",其主要含义是指对公司有控制权的股东为了自身利益将公司的财产和利润转移出去的行为。

三个月的宽限期即将到期,而公司第一大股东华伦集团已于6月初进入了破产重整程序;另一方面,四川金顶面临着停产和员工流失的危急状况。

然而,在如此紧要关头,四川金顶董事会的表现却让监事会不满。四川金顶监事会终于决定向他们"空降"的董事会摊牌。监事会发布临时公告,监事会主席王忠、监事但小梅书面提议于6月21日以现场方式召开监事会临时会议,通过了"督促公司第五届董事会履职"等三项议案。

监事会在公告中先是历数四川金顶面临的诸多困境,然后明确指出,在应对重大事项危机方面,公司决策机构第五届董事会并没有召开现场会议讨论决定如何应对公司的现实危机;如何维持生产经营基本稳定,如何保障职工稳定;讨论如何积极应诉和申报合法债权,保障公司合法权益;对公司尚未披露的违规违法对外担保等或有风险还存在多少,董事会也没有进行彻底自查工作。由此,监事会决议要求,公司第五届董事会应按照《公司法》《公司章程》赋予的各项职权开展正常工作,并要求董事会于2009年6月30日前研究提出应对公司诸多现实危机等重大事项的方案并予以落实。

查看四川金顶的董事会成员具体情况可以发现,无论是执行董事还是独立董事,所有的成员一律来自浙江,没有一名来自四川金顶本土。其实,由于距离遥远,董事会成员对上市公司日常经营的关注甚少,连董事会会议都极少在四川金顶召开,而长期采用通信联系的方式。不过,由于四川金顶的水泥生产与销售一直比较稳健,因此,虽然有这样一个"空降"董事会,公司还能保证运营。

不过在四川金顶显露明显危机之后,一切都变得不一样了,四川金顶的自救与四川金顶董事会的缄默形成了鲜明的对比。监事会认为,四川金顶的第五届董事会在公司非常时期,一共只召开董事会会议五次,其中包含以通信表决方式召开的临时董事会会议四次,以公司董事会紧急方式通知召开的临时会议共两次,两次会议内容均仅为增聘公司高管、聘任总经理的人事议案等,没有召开针对公司危机时期如何保障公司生产经营和职工稳定而进行的专题会议,而且董事会决议增聘的高管还是华伦集团的高层。

(资料来源:每日经济新闻,2009年6月24日)

通过这则案例,你认为监事会在公司治理中应该发挥什么作用?

7.1 监事

7.1.1 监事的定义

监事(member of the board of supervisors)是股份公司中常设的监察机关的成员,亦称"监察人",主要监察股份公司业务执行情况。由监事组成的监督机构称为监事会或监察委员会,是多数公司必备的法定监督机关。

监事一般由公司股东(大)会选出,一经选出,即与公司形成委任关系。监事一般由公司股东担任,公司董事长、董事、总经理、副总经理不能担任监事。监事人数一般不少于3

人,规模较小的有限责任公司可以设置1~2名监事,其具体人数根据需要确定。监事的任期一般每届为三年,监事任期届满,连选可以连任,但不得超过法定最高任职年限。监事因故缺额时,应召集股东(大)会补选。监事均享有报酬,所以属于有偿委任关系。监事的报酬金额及分配方法,原则上由章程确定,如果章程没有确定,则由股东(大)会决议确定。

监事的直接上级是监事会主席,受监事会主席委托,行使对全公司的监督、检查、考核管理权限,并承担执行公司规章制度、管理规程及工作指令的义务。监事的解任往往因下列原因:任期届满;股东大会决议;股票转让;辞职;其他,如死亡、公司解散等。

7.1.2 监事的主要职责

公司的所有人——股东将经营管理的权力授予了董事会,要求董事会为了股东的利益,运用公司的资源开展经营活动,使公司获取最大的利润;授权董事会选择和聘任公司经理和其他高级管理人员。这样,就产生了一种委托代理关系。为了防止代理人——董事会和经理滥用权力,谋取自己的利益而损害股东的利益,我国《公司法》规定公司设立监事或监事会,行使监督的权力。行使监督权的监事会是公司治理结构中的一个重要组成部分。它与行使重大决策权的董事会和行使日常经营管理权的经理一起,形成一个三权分立、相互制衡的权力架构。

我国《公司法》第54条规定,监事行使以下职权:

① 检查公司的财务;

② 对董事、高级管理人员执行公司职务的行为进行监督,对违反法律、行政法规、公司章程或者股东(大)会决议的董事、高级管理人员提出罢免的建议;

③ 当董事、高级管理人员的行为损害公司的利益时,要求董事、高级管理人员予以纠正;

④ 提议召开临时股东(大)会会议,在董事会不履行本法规定的召集和主持股东(大)会会议职责时召集和主持股东(大)会会议;

⑤ 向股东(大)会会议提出提案;

⑥ 依照本法第152条的规定,对董事、高级管理人员提起诉讼;

⑦ 公司章程规定的其他职权。

上述职权是法律规定的监事会职权的最低范围,法律不禁止公司章程授予监事会更多的职权。这些职权可以归结为知情权、一般监督权和要求纠正权。

知情权包括:检查财务;列席董事会会议;在其认为必要时委托注册会计师对公司财务状况进行审计;委托律师提供法律意见等。知情权是行使一般监督权和要求纠正权的基础。

一般监督权是实施例行监督和定期监督的权利。如审查公司财务报告、经营情况报告、董事会向股东(大)会提交的报告;审查关联交易中有无损害公司利益行为;审查董事会和经理在经营过程中有无违反法律、法规和公司章程的行为等。

当董事会和经理的行为损害公司的利益或者违反法律、法规或公司章程时,监事可行使要求纠正权。监事行使要求纠正权的手段有:要求董事会和经理采取行动,纠正其侵害公司利益的行为、不法或不当的行为;提议召开临时股东大会来制止董事会侵害公司利益的行为、不法或不当的行为;提起诉讼来制止董事侵害公司利益的行为、不法或不当的行为。需要注意的是,监事行使其要求纠正权时,或者是要求董事会和经理自己采取行动来纠正,或者是通过股东(大)会或司法机构来纠正,而不是越俎代庖地代其行使经营决策权力。因为只有这样,才能保证公司经营管理的正常秩序,维持公司决策权、经营权和监督权分立的治理结构。当发现现有的董事会和经理不能尽职或履行忠实义务时,监事可以通过临时股东大会来改换人选,但不能替代其行事。

7.2 监事会

7.2.1 监事会的定义

为了保证公司正常、有序地经营,保证公司决策正确和领导层正确执行公务,防止滥用职权,危及公司、股东及第三人的利益,各国都规定在公司中设立监察人或监事会。监事会是股东大会领导下的公司的常设监察机构,执行监督职能。监事会与董事会并立,独立地行使对董事会、总经理、高级职员及整个公司管理的监督权。为保证监事会和监事的独立性,监事不得兼任董事和经理。

监事会是由全体监事组成的、对公司业务活动及会计事务等进行监督的机构。

(1) 监事会的设立目的。由于公司股东分散,专业知识和能力差别很大,为了防止董事会、经理滥用职权,损害公司和股东利益,就需要在股东(大)会上选出这种专门监督机关,代表股东(大)会行使监督职能。

(2) 监事会的组成。监事会由全体监事组成。监事的任职资格基本上与董事资格相同,并必须经股东(大)会选出。监事可以是股东、公司职工,也可以是非公司专业人员。其专业组成类别应由《公司法》规定和公司章程具体规定。监事会设主席、副主席、委员等职。

在股份有限公司中,监事会成员的1/3以上(含1/3)但不超过1/2由职工代表担任,由公司职工推举和罢免。监事会其他成员由股东大会选举和罢免,不设股东(大)会的,由股东委派和罢免。监事会主席由全部监事的2/3以上选举和罢免。

7.2.2 监事会的主要职责

监事会对股东大会负责。对公司财务以及公司董事、总裁、副总裁、财务总监和董事会秘书履行职责的合法性进行监督,维护公司及股东的合法权益。

公司应采取措施保障监事的知情权,及时向监事提供必要的信息和资料,以便监事会对公司财务状况和经营管理情况进行有效的监督、检查和评价。总裁应当根据监事会的要求,向监事会报告公司重大合同的签订、执行情况、资金运用情况和盈亏情况。总裁必须保证该报告的真实性。

监事会发现董事、经理和其他高级管理人员存在违反法律、法规或《公司章程》的行为,可以向董事会、股东大会反映,也可以直接向证券监管机构及其他有关部门报告。

监事会依法行使以下职权：

① 审查公司财务，可在必要时以公司名义另行委托会计师事务所独立审查公司财务；

② 对公司董事、总裁、副总裁、财务总监和董事会秘书执行公司职务时违反法律、法规或《公司章程》的行为进行监督；

③ 当公司董事、总裁、副总裁、财务总监、董事会秘书的行为损害公司的利益时，要求前述人员予以纠正；

④ 核对董事会拟提交股东大会的财务报告、营业报告和利润分配方案等财务资料，发现疑问的可以公司名义委托注册会计师、执业审计师帮助复审；

⑤ 可对公司聘用会计师事务所发表建议；

⑥ 提议召开临时股东大会，也可以在股东年会上提出临时提案；

⑦ 提议召开临时董事会；

⑧ 代表公司与董事交涉或对董事起诉。

7.2.3 监事会监督的主要形式

为了完成监督职能，监事会不仅要进行会计监督，而且要进行业务监督。不仅要有事后监督，而且要有事前和事中监督（即计划、决策时的监督）。监事会对经营管理的业务监督形式主要有以下四种：

① 通知经营管理机构停止其违法行为。当董事或经理人员执行业务时违反法律、公司章程以及从事登记营业范围之外的业务时，监事有权通知他们停止其行为。

② 随时调查公司的财务状况，审查账册文件，并有权要求董事会向其提供情况。

③ 审核董事会编制的提供给股东大会的各种报表，并把审核意见向股东大会报告。

④ 当监事会认为有必要时，一般是在公司出现重大问题时，可以提议召开股东大会。此外，在以下特殊情况下，监事会有代表公司之权：一是当公司与董事间发生诉讼时，除法律另有规定外，由监督机构代表公司作为诉讼一方处理有关法律事宜；二是当董事自己或他人与本公司有交涉时，由监事会代表公司与董事进行交涉；三是当监事调查公司业务及财务状况，审核账册报表时，代表公司委托律师、会计师或其他监督法人。

本章小结

监事是股份公司中常设的监察机关的成员，主要负责监督董事、经理等管理人员有无违反法律、法规、公司章程及股东大会决议的行为。为了保证公司正常有序有规则地进行经营，保证公司决策正确和领导层正确执行公务，防止滥用职权，危及公司、股东及第三人的利益，各国都规定在公司中设立监察人或监事会。监事会是股东大会领导下的公司的常设监察机构，执行监督职能。监事会与董事会并立，独立地行使对董事会、总经理、高级职员及整个公司管理的监督权。为保证监事会和监事的独立性，监事不得兼任董事和经理。监事会对股东大会负责，对公司的经营管理进行全面的监督，对公司财务以及公司董事、总裁、副总裁、财务总监和董事会秘书履行职责的合法性进行监督，维护公司及股东的合法权益。一旦发现董事、经理和其他高级管理人员存在违反法律、法规或公司章程的行为，可以向董事会、股东大会反映，也可以直接向证券监管机构及其他有关部门报告。

一则小故事

小镜子的监督

因为有"以铜为鉴，可正衣冠"的古训，小镜子便理所当然地"子承父业"，担负起监督人们衣冠仪容的神圣使命来。最近它发现身边的人越来越不讲究了。

小猫来了，它抬了抬眼，便说："出门时也不看看，脸都脏成什么样了？"小猫很委屈，请小狗帮忙瞧瞧，小狗说："很干净呀！"

小松鼠来了，小镜子毫不客气地说："你看你，衣服都快成抹布了，也不洗一洗。"小松鼠的朋友小猴在树上听见了很纳闷，小松鼠身上是刚穿上的新衣服，小镜子怎么说成是脏的呢？

小刺猬来了，小镜子又说："也不瞧瞧你的鞋，花一块绿一块的，还穿着出门。"小刺猬低头仔细瞧了瞧，心里直嘀咕，我这鞋明明是干干净净的嘛！

于是大家一起来找小镜子评理，等大家仔细一看，才明白是怎么回事！原来呀，小镜子好长时间没洗澡，浑身落满灰尘，自然看别人也就是满身污点啦！

于是，小动物们就给小镜子提了个建议：在监督别人之前，首先要检查自己是否干净，要不，自身不干净，怎能监督好别人？

案例分析

ST银广夏或陷诉讼纠纷 监事会指第二大股东违约

近日因债权转让事宜而被市场所广泛关注的ST银广夏今日传来了不好的消息，ST银广夏今日发布公告称，公司或许将遭遇巨额诉讼并承担相应责任的巨大风险，公司监事会更是在公告中点名批评第二大股东的违约行为。

ST银广夏今日发布公告称，公司股东浙江长金实业有限公司（以下简称浙江长金）于2008年5月与中国农业银行、公司及其他各方共同签署《广夏（银川）实业股份有限公司转债协议》（以下简称转债协议），据此取得并持有公司2494.47万股公司股票。

但是，公司获悉第二大股东浙江长金违反了《转债协议》的约定，未能按照《转债协议》约定将其取得的公司股票质押给中国农业银行，且至今未能清偿其欠付中国农业银行的剩余债务，监事会认为，公司存在因浙江长金的上述违约行为遭遇巨额诉讼并承担相应责任的巨大风险。

对此，公司监事会明确表示，为维护公司及投资者的利益，公司应当立即就浙江长金的违约行为及其可能对公司构成的风险予以充分披露并发布明确的风险提示公告。同时，ST银广夏董秘应立即与中国证券登记结算有限责任公司深圳分公司联系并查明目前浙江长金持有的2494.47股公司股票的质押冻结状况，并在5日内向董事局和监事会报告。

此外,监事会认为公司应当正式要求浙江长金立即按照约定履行其在《转债协议》项下的各项义务。在浙江长金无法立即履行的情况下,公司应当要求其立即向中国农业银行提供充分的资产担保以免除公司可能在《转债协议》项下承担的责任。如浙江长金不能提供上述担保,公司应当立即就浙江长金的违约行为对浙江长金提起诉讼并对其资产进行保全以保证本公司的权益不受损害。

最后,ST银广夏监事会还特别指出,希望公司董事局各位董事,特别是独立董事,对上述事项予以充分关注,并切实维护公司及广大投资者的利益。

2007年1月16日,身负巨债的ST银广夏采取使用资本公积金定向转增形成的8 112.64万股股份过户至8家债权人名下这种方式,来偿还公司巨债。浙江长金作为公司债权人之一,获得了2 494.47万股公司股份,以3.64%的持股比例成为了公司第二大股东。

但是,公司另一债权人中信银行并未接受公司上述"以股抵债"方案,仍是公司的第一大债权人。不过,ST银广夏11月3日发布公告称,中信银行已将对公司所享有的债权转让给北京九知行管理咨询有限公司,因此,九知行公司成为了公司新的第一大债主。

资料显示,九知行是一家专业咨询顾问公司,曾先后担任中国北方化学工业总公司战略重组以及广东核电集团银河新技术公司战略重组等多个项目的重组顾问,并策划了多个重组方案。而从《每日经济新闻》记者此前调查的情况来看,九知行公司在这一次的交易债权交易中扮演着"中间人"的角色,该公司首席顾问李建良表示,不排除采用"以股抵债"方式解决债权问题。分析人士表示,如果九知行公司采用这一方案的话,届时在对ST银广夏未来的经营发展上,九知行公司将有很大的发言权。

(资料来源:每日经济新闻,2007年7月18日)

阅读

董事会监事会何以都失效了
——赵新先获刑留下的诸多问号

原三九集团董事长赵新先6月27日因"国有公司人员滥用职权罪",被一审判处有期徒刑一年零九个月。其获刑案由是:在2000年决策收购香港昌腾公司股权、进而控股位于深圳龙岗区的梅沙海景高尔夫项目(即三九大龙健康城项目)时,"未作评估、未经集团党委讨论、未报上级审批,未进行可行性论证的情况下,超越职权决定或积极推动涉案股权收购协议的签订、履行,致使三九企业集团遭受重大损失,造成了恶劣的影响"。有罪当罚,无可非议。问题在于,赵新先为什么会落到这一步,其深层次的原因是什么?这是需要我们深刻反思。

第一,要反思国企高管的任命制度。目前的国企总经理,甚至副总经理、总工程师、总会计师、总经济师,绝大部分都由国资委任命,有的还是由党的组织部门任命。在中央企业中,由国资委或组织部门任命的比例几乎达100%。在公司制企业,尤其是股份制企业中,如此任命企业高管不仅不合公司法,而且这些高管是否具有企业家才能,也很值得怀疑。尽管一些企业高管是国资委以所谓"全球招聘"形式聘用,但国资委终究不是在市场上"打拼"的经营者,其对经营者能力的认知不一定符合市场环境的需要,或者说,国资委是难以具有选择优秀经营者的"慧眼",这恐怕是国企高管屡屡"出事",国企经营效率不高(一些表面上的高效率企业实际上是垄断所得)的一个重要原因。

第二,要反思国企董事会制度是否真正到位。在董事会无法左右高管任免的情况下,试图让董事会履行其职责是很难的。这是因为,董事会无需也没有动力来监督企业高管的行为。由于董事会的不作为,同时,国资委又远离于决策现场之外,因此,企业高管的独断专行,甚至越权行为也就在所难免了。更进一步说,国资委对高管的任命为董事会推脱责任提供了借口,企业高管不是董事会任命的,董事会当然可以超脱于高管的失职行为之外。

第三,要反思独立董事和监事会制度是否有效。国企独立董事基本上都是由大股东国资委委派的,它无疑代表国资委的意志。既然由独立董事来监督企业高管,为什么企业高管还会有"失职"或"越权"行为呢?这意味着国有企业的独立董事制度的失效,独立董事并没有尽到对高管的监督职责。其实,独立董事应该代表中小股东而非大股东意志,在独立董事代表国资委意志,同时国资委又派出监事(也代表国资委)的情况下,独立董事和监事的职责难免会发生矛盾甚至冲突,或者一方搭另一方监督的"便车",结果便是谁也不想监督,最终造成监督缺失,独立董事和监事皆成为"花瓶"。

第四,要反思中小投资者权益的保护机制是否建立和运行。包括中央企业在内的很多国有企业已经上市,国资委只是大股东。在这种情况下,需要有一些保护中小股东的有效的机制,如累积投票、类别股东投票、表决权排除、股东民事赔偿、中小股东维权组织等,这些机制的建立和运行,会形成与大股东相抗衡的力量,从而形成有效的相互制衡机制。而在这些机制缺失的情况下,大股东及其委派的高管、董事和监事很容易失去约束,从而可以为所欲为。

第五,要反思国企高管的任期制度是否合理。目前国有企业高管的任期沿袭公务员任期,即60岁退休制度。企业高管不同于公务员,尽管一般说来年龄偏大的高管对市场的反应能力有所降低,但同时也意味着其历经千锤百炼,经验更加丰富。只要身体健康,精力旺盛,能力很强,众望所归,股东和董事会同意,就可以继续在企业任职。在60岁"一刀切"的退休制度下,国企高管便迫切希望改制,以图通过股权变更来改变国有独资或一股独大的现状,从而谋求够继续留任企业高管,这就是所谓的"新59岁现象"。赵新先案显然具有很强的这个色彩。

第六,要反思"一把手制度"是否可行。我们总是强调"一把手"制度,向人们灌输董事长大于总经理的意识,但在企业中这却有违公司治理的基本原则。在规范的公司治理中,股东(大)会、董事会、监事会和经理层是相互制衡的一些制度安排,没有"谁大谁小"的问题。其实,董事会作为一种会议制度,董事长不过是董事会的一员,他除了负责召集董事会外,没有特别的权力,甚至独立董事都可以担任董事长。总经理则按照事先确立的合同受聘于董事会,董事会通过监督和激励来保证总经理尽职尽责。如果董事会违约,总经理也可以辞职或提起诉讼。在这里,董事长和总经理在法律上具有平等的关系,他们通过合同实现相互间的制衡。当然,在执行层(特别需要强调,这里不是治理层),即在总经理与副总经理、部门经理和职工之间,还是存在职权大小之分的。在治理层过于强调"一把手",同样也是造成"一把手"专权的重要原因。

(资料来源:上海证券报,作者:高明华,2007年7月18日)

复习思考题

1. 监事和监事会在企业中发挥了怎样的作用?
2. 监事和监事会的主要职责是什么?
3. 监事会主要存在哪些监督形式?

第 8 章 高级经理层

学习目的

通过本章学习,你应该能够:
1. 明确经理在企业中的地位;
2. 了解经理人的权利职责;
3. 了解经理人必备能力和素质;
4. 了解各高层执行主管及其特点。

关键词

经理　总经理　CEO　总裁　CFO

引导案例

汤臣倍健高管套现逾四亿

尽管有姚明作为公司代言人,但汤臣倍健的投资者却感到无比郁闷。公司股票在二级市场走势远远落后于创业板指数的涨幅,而且各种负面新闻如影随形,沸沸扬扬的胶原蛋白事件中,汤臣倍健就榜上有名。更让投资者寒心的是,进入5月后,公司高管频频登陆大宗交易平台减持套现,累计交易笔数多达14笔。

5月27日,汤臣倍健一笔100万股的大宗交易再度现身大宗交易平台,成交额高达4 886万元。若与当天收盘价51.16元相比,48.86元的成交价较收盘价折让了4.5%。这是公司在连续十个交易日遭到减持。

另据五月份深交所披露的上市董监高及相关人员股份变动情况显示,包括副董事长、副总经理梁水生和董事、总经理汤晖以及董事、副总经理陈宏等在内的公司高管均相继通过大宗交易平台密集减持,累计套现金额高达40 215.49万元。

截至5月31日,在公司一众高管中,仅5月以来梁水生已累计减持200万股,套现近亿元。紧随其后,汤晖也累计减持120万股,套现逾5 000万元。此外,陈宏也减持了80万股,套现金额为3 831.20万元。

对此,有投资者抱怨称,虽然从法律层面无可厚非,但在公司负面消息满天飞的时候还争相减持,此举根本没有考虑流通股东的利益。

(资料来源:21世纪经济报道,2013年5月31日)

读完本篇案例,您认为此类高管套现现象会对公司带来哪些负面影响?

8.1 经理

几乎在每一个现代公司组织中都设有"经理"这个职位。行使经营管理权的经理肩负着在市场竞争机制下运营公司所有者投入的资本并实现资本增值的使命。一般来说,经理作为企业日常经营的管理者,其投入到企业的精力是董事尤其是外部董事的数倍以上,对企业情况的掌握程度也更为详尽。因此经理层的治理也是公司治理内容中重要的方面。

8.1.1 经理的定义

所谓"经理",即经营管理,从这个角度来看,一个公司的"经理"有两个方面的职责:一是负责统筹和规划公司的业务经营,制定公司的经营策略并有效地执行;二是负责协调公司经营过程中各个部门之间的沟通和衔接,使各部门的员工更有效率地工作。前者注重"经营",而后者则关注"管理",对于一名优秀的经理来说,两者缺一不可。

因此,根据其工作的本质属性,可将经理定义为:对公司资产的保值和增值负有责任,受雇于公司所有者,在公司日常运作中独立地行使业务执行和管理权利的经营管理者,是公司治理结构的核心组成部分。

8.1.2 经理的权利和义务

鉴于经理在现代公司组织中的地位,我国现行《公司法》中明确规定了有限责任公司和股份有限公司中担任经理职位的管理人员(如总经理或部门经理)的权利。经理由董事会决定聘任或者解聘,对董事会负责,行使下列职权:

(1) 主持公司的生产经营管理工作,组织执行董事会决议;
(2) 组织实施公司年度经营计划和投资方案;
(3) 拟订公司内部管理机构设置方案;
(4) 拟订公司的基本管理制度;
(5) 制定公司的具体章程;
(6) 提请聘任或者解聘公司的副经理、财务负责人;
(7) 决定聘任或者解聘除应由董事会决定聘任或者解聘以外的负责管理的人员;
(8) 行使董事会授予的其他职权。

以上《公司法》中所明确规定的经理的权利是经理的法定权利,或者说是基本权利。除此之外,公司章程对经理的职权也可以另行规定;同时,经理还拥有列席董事会会议的权利。

与经理权利相对应的是其按照《公司法》和公司章程规定经理所应承担的义务,主要包括以下几个方面:

(1) 经理应当遵守公司章程,忠实履行职务,维护公司利益,不得利用在公司的职权为自己牟取私利;不得利用职权收受贿赂或者其他非法收入,不得侵占公司的财产。

(2) 经理不得挪用公司资金或者将公司资金借贷给他人;不得将公司资产以其个人名义或者以其他个人名义开立账户存储;不得以公司资产为本公司的股东或者其他个人债务提供担保。

(3) 经理不得自营或者为他人经营与其所任职公司同类的营业或者从事损害本公司利益的活动。从事上述营业或者活动的,所得收入应当归公司所有。除公司章程规定或者股东(大)会同意外,不得同本公司订立合同或者进行交易。

(4) 经理除依照法律规定或者经股东(大)会同意外,不得泄露公司秘密。

(5) 经理执行公司职务时违反法律、行政法规或者公司章程的规定,给公司造成损害的,应当承担赔偿责任。

经理层应当遵守法律、行政法规和公司章程,对公司负有忠实义务和勤勉义务,不得利用职权收受贿赂或者其他非法收入,不得侵占公司的财产。但经理自身的利益并不总是能与公司的利益保持一致,因此无论是法律还是公司章程对经理义务的规定都带有不同程度的强制性。由于公司经营权在经理人手中,而所有权则属于公司股东,因此对股东负责、忠实履行职责、不从事有损本公司利益的经济活动是经理所承担义务的最主要方面。

公司经理承担义务的时间跨度不局限于任职期间,在其离职后,对先前任职的公司同样负有一定的责任。例如,离职后具有对前任职公司重要商业秘密的保密义务;不得出于自己的利益目的而进入与前任职公司有直接竞争关系的行业或领域;不得利用其任职时所故意隐瞒的商业机会;禁止转移前任职公司的商业机会等。对经理离职后的义务我国现行《公司法》没有明确的条文进行规定,因此经理的离职义务更多的是从职业道德的层面对其施加约束,是对经理法定义务的重要补充。

8.1.3 经理的必备能力和素质

现代企业的竞争归根结底是企业间人力资源素质的竞争,尤其是经理人素质的竞争,因此,任何企业要想在竞争中取得优势,形成核心竞争力,提高员工的整体素质,尤其是提高中高层经理人的职业化能力,便成为不容回避的必然选择。经理人具有较高的素质,才能确保企业在激烈的市场竞争中站稳脚跟。经理人要转变思想,转换思维方式,转变心态和自己的行为,必须从以下四个方面来培养:

1. 融入

所谓"融入",是要把个人的职业命运跟企业的命运融合到一起。这个不是说经理人员一定要绝对效忠于企业,但是他一定要忠诚于企业这个生命体。当企业家本身对企业生命体造成破坏的时候,经理人员可以通过他的努力,来形成一套有效的决策程序,通过决策程序本身来制约企业家的一些个人的性情和内在的无序冲动。这个前提是他必须首先融入这个企业，他的个人目标要与组织成长目标一致化。

经理人员不能很好地融入企业、融入团队、融入节奏，就会影响工作的发挥，不融入就很难获得充分的信任。信任对于经理人员意味着一切，而且几乎每个老板与经理人员都重复着"疑人不用、用人不疑"的古训，但有一些经理人总是在一味要求企业给予自己信任与授权，而自己却往往"身在曹营心在汉""这山望着那山高"。其实企业主能够发展壮大至今也是有其成功与精明之处的，既然你有所保留，企业往往也会有所防范，结果合作双方都在半信半疑中失去了深入合作的基础。不融入就很难顺利交棒，融入是一种对企业的尊重。

2. 和谐

经理人员进入企业之后，要找到企业内部最大的支持者，要尊重那些历史上造成的情况，在思维方式上、战略选择上和管理行为上，找到共同的交集。做到和而不同、求同存异。不能按照一分为二的思维，而是要用合二为一的思维。经理人员承担着树立形象、为构建和谐创造必要条件的责任。企业利益群体之间千丝万缕的联系，形成了企业组织机构的特殊属性，这也就决定了信任关系是经理人员进入企业的主要考虑要素。经理人员的角色意识要清晰，要牢牢记住自己的角色只是"职业经理人"，应该恪尽职守为公司服务，只有这样，才能营造一个和谐的人际环境和工作环境，才能搭建属于自己的一方舞台。

3. 适应

"适应"就是要找到企业的具体解决方案，经理人员不能抽象地去否定企业过去的历史，为企业提供解决问题的方案要具有企业自身的特色。导入的原则即要适应企业文化。企业文化是一个企业形成的并得到其成员认同的一系列价值观念、精神准则、行为准则乃至思维模式、风格作风等。对企业文化不能简单地从公司的宣传资料、出版物去了解获知，而是应从公司实际经营管理活动中进行一番观察、分析，并注意从一些细节如会议、总结、奖惩活动中去细心体会。企业文化的调适，在于个人在文化上的调整和适应，以达到与企业文化的相容。经理人对于这种调适，决不能把它视为是一个消极和被动的过程，而是要主动地进行观察、分析和思考，才能达到调适目的。

4. 沟通

任何一家企业，其特殊环境都要求经理人员具备高超的沟通技巧。例如，在民企，特别是经理人员职务高于主要家族成员时，对经理人员的沟通艺术更是一种考验。因此，加强与管理人员的沟通，让家族人士意识到自己也和他们一样与企业荣辱与共，使家族的管理人员从内心上接受自己的工作原则和核心理念，为自己今后的工作开展和营造职业的个人魅力是非常重要的。

经理人员同老板之间需要有效的沟通，更需要行动的佐证。真诚赞美要出于公心，在工作上与老板合拍，让业绩说话，光说不练的经理人不可能博得老板的赞许的。

通过以上四个方面的调适和努力，由此演化，经理人需要具备八个方面的素质：

1. 进取心

进取心首先来自于自身禀赋,后天的培养亦更重要。进取心反映了经理人员强烈的责任感和事业心。经理人员从事的每一项管理工作都是具体、烦琐的业务,这不是百米冲刺,而是马拉松比赛,恪守认真负责精神殊为不易。经理人员必须从推动型领导转向接触型领导,实行走动式管理,亲临服务一线,直接了解客户需求。管理没有捷径可走,经理人员只有用心血和汗水才能浇灌出客户满意的花朵。伟大在于细节的积累,强烈的进取心需要经理人员亲力亲为才能显示其功力。

2. 职业操守

正如做人要有良好的个人品德一样,作为一个经理人员,必须具备良好的职业操守,这是经理人员最基本的素质。职业操守包含三层含义:第一是对股东、对公司的绝对忠诚。把维护公司利益、实现股东投资价值最大化作为自己的唯一目标,一切经营决策、管理行为都围绕这一目标进行,绝不做为了个人利益而损害公司利益、为了短期利益而损害长期利益的事情;第二是高度的敬业精神,即在岗位上工作一天就应该尽自己的全力履行好自己的职责,哪怕是明天就离开这个岗位;第三是严守公司商业秘密,包括曾服务过的公司和正在服务的公司。

3. 掌控人心

人的心理是可以被阅读的。根据人不同的需求,人的心理会随着外在展现出来。一个人的外貌特征、穿着打扮、不经意间的肢体动作、话语中的言外之意都会透露出他内心的秘密。经理人员应谙熟驾驭人的心理控制策略,善于巧妙地说服他人、引导他人、控制他人,以致让对方心甘情愿地为之鞍前马后。经理人要精通驾驭人心的心理控制策略,能够从别人的举手投足间读懂其心意,从而相机行事;从别人的一个小习惯、一个小细节就可以识别其为人,从而为我所用;从对方一个眼神、一句话就能判断出对方内心隐秘,从而打开他的心门。

4. 实事求是

在信息爆炸的时代,经理人员在分析资料时,只有尽可能地保持其客观性,才有可能做出较为准确的判断。要基于事实和数据来管理,并且这个事实和数据必须是这个企业的事实和数据。

5. 融入战略

经理人员要善于把自己构想的战略融入企业之中。对于企业组织的管理和文化,要继承与发扬,要扬弃,而不是改造。所以经理人员必须运用嵌入思维,必须理解企业领导者的战略思想,然后找到一个切入点,嵌进去。一个非常有胆略的经理常常会有一系列新想法并不断尝试,虽然他们的创意并不总是成功的,但一般他会与企业战略相融合,这才是企业成长的源泉。

6. 敢于冒险

市场是联系产品和消费的桥梁，经理人员要有敏锐的市场预测能力，能把握市场变化和宏观经济走势，先他人一步预见到新的盈利机会。经理人精神就是冒险加理智。风险的背后往往隐藏着巨大的市场机遇，面对稍纵即逝的机会，经理人要有超人的胆识、敏锐的眼光，既敢于放手一搏，又重视决策程序，并能果断采取行动，才能在市场上占据一席之地。冒险精神不是鲁莽做事的代名词，并不等于没有底线的赌博。冒险精神要求经理人时时刻刻拥有敏锐的眼光，能洞察常人所不能分辨的机会。对企业而言，风险应当控制在可以承受的范围内，而又具有一定的不可控性，这才可以叫做冒险。经理人没有冒险精神，永远无法取得任何重大的辉煌。

7. 观念创新

管理工作中存在许多长期得不到解决的老问题，追根溯源往往在于观念的固守、陈旧。要从根子上解决问题，经理人就必须换脑筋、更新观念，这是经理人最重要的制胜守则。观念的创新往往是摒弃了原来环境下的思想，而创造了一种前所未有的观念，也可以说是一种"反叛"的观念。对于这种新生的观念产生，并在原来的环境下生存、发展、完善直至成熟变为行动，必然会遭到内部各个方面的排斥和打击。因此经理人创新观念时，要深思熟虑，成熟推进，把握风险。

8. 管理上司

主要指服从、配合并对上司施加积极的建议、引导和影响，使自己能更好的完成工作，并在企业里得到更多的职业发展机会。因此向上管理，能够管理上司和企业所有者，这样才能把经理人的作用真正地发挥出来。

8.2 高层执行主管

近代企业里职业经理人分工细密而且名称众多，有 CEO（国外大型集团公司）、总裁（国外公司）、总经理（国内企业集团、大型企业部门或分公司的最高执行人员；中小企业的最高执行人员）等，他们都是负责主持公司的日常业务活动，是公司的重要的高层执行主管。

8.2.1 总经理

总经理（general manager），在日韩等国家称为社长，在西方国家则类似于总裁（President），是公司高级经理层的代表，是董事会聘任的日常企业经营管理的负责人，受雇于董事会，在董事会授权范围内经营企业，行使职权并承担责任，并努力实现董事会制定的企业经营目标。

高层执行主管通过组建必要的职能部门，聘任管理人员，形成一个以总经理为中心的组织、管理和领导的体系，实施对公司的有效管理。总经理的主要职责是负责公司日常业务的经营管理,经董事会授权,对外签订合同和处理业务;组织经营管理班子,提出副总经理、总会计师、总工程师及部门经理等高级职员的人选,并报董事会批准;定期向董事会报告业务情况,向董事会提交年度报告及各种报表、计划、方案,包括经营计划、利润分配方案、弥补亏损方案等。

正如股东大会与董事会之间的关系一样,董事会与总经理之间也存在典型的委托——代理关系,总经理对董事会负责。同时,总经理也是公司业务的执行者。董事会和总经理的关系,从职责上看,前者承担战略决策或监控责任以及财务、财产监控责任,后者承担战略的制定和实施以及公司日常管理责任;从法律上看两者的关系是委托——代理关系,有制衡的一面,亦有分工合作的一面。在国外公司法中,董事会、总经理都被认为是公司机构,各有相应职责,一般不在法律中明确规定两者有制衡关系。

实际上,总经理所在的层级,会因公司的规模而有所不同。例如在一般的中小企业,总经理通常就是整个组织里职务最高的管理者与负责人。而若是在规模较大的组织里(如跨国企业),总经理所扮演的角色,通常是旗下某个事业体或分支机构的最高负责人。简单言之,总经理只是一个组织内的职位名称而已,总经理的权力有多大,要参考其雇佣合约条款及公司章程的有关规定。

当董事长和总经理由一人兼任时,董事会内应有较多的外部董事,特别是独立董事,这是因为董事长兼任总经理,就成为了公司战略制定、实施和日常管理的一把手,需要强有力的董事会予以制衡。总经理的薪酬应由董事会决定,总经理以下的高级管理人员由总经理提名和确定薪酬,最后经董事会批准或认可。

8.2.2 首席执行官

首席执行官(Chief Executive Officer,缩写为 CEO),香港称行政总裁,台湾称执行长,中国大陆称之为首席执行官,即在一个企业集团、财阀或行政单位中的最高行政负责人。CEO 直接向公司的董事会(股东代表)负责,在公司或组织内部拥有最终的执行权力(最高决策者为董事会或董事局)。

当今世界进入了信息时代,市场风云变幻,企业的决策速度和执行力度比以往任何时候都更加重要,而传统的"董事会决策、经理层执行"的公司体制已经难以满足要求。而且,企业内部的信息交换日渐烦杂,决策层和执行层之间存在的信息传递停滞和沟通障碍等问题,已经严重影响经理层对企业重大决策的快速反应和执行能力。因而一些企业开始对传统的董事会——董事长——总经理式的公司治理结构进行变革。

对于规范化的公众公司,股权比较分散,董事会成员对公司的业绩要求是比较一致的,但对于公司的具体经营决策往往会产生分歧。因此,如果公司的战略决策权放在企业董事会的话,公司往往会因为决策层举棋不定、争辩不休而贻误时机。若将这一权力从董事会中分离出来,交给公司的经营者,就基本可以解决这个问题。

CEO 就是这种变革的产物。CEO 的出现有效地解决了决策层与执行层的断裂,将决策层与执行层有机结合起来,增强了企业的决策和执行能力,既提高了工作效率,又降低了管理成本。CEO 决策是在既受董事会控制又被充分授权条件下的"一长制"决策。大公司决策环境复杂、决策责任重大,两种决策机制结合,有利于"谨慎决策"、控制风险,又能保证公司的决策和行政管理效率。

以往只有国外大型企业集团或跨国企业才会设置 CEO 的职位,但现在国内一些中小企业的总经理也改称为首席执行官或总裁,形成首席执行官、总裁、总经理这三者混用的现象。这三者的共同点是,皆由董事会或董事长直接任命授权,执行并负责企业的实际营运,是公司内部最高阶的职业经理人。在较小的企业中 CEO 可能同时是董事长,但在大企业中董事长和 CEO 往往是由不同的人担任的。在大型集团公司,CEO 的权力比国内的总经理们更绝对,但他们绝不会像总经理那样过多介入公司的具体事务。CEO 做出总体决策后,具体执行权力就会下放,由专管人员来负责执行,而 CEO 领导下的执行班子具体包括:总经理(总裁)、副总经理(副总裁)和各部门经理等。

在这种制度下,董事会的主要职能是选择、考评以 CEO 为中心的经理层及制定经理层的薪酬制度。但在一些西方国家,对 CEO 的约束主要不是董事会,而是企业中一个称为战略决策委员会的机构,战略决策委员会是支持或否定 CEO 经营决策的主要权力机构。在许多国家,组成战略决策委员会的人员大部分不是企业中的人,更不是企业的出资人,而是社会上从事企业管理、经济、法律等方面专业的知名人士。因此可以说人力资本控制了企业,而不是出资人,出资人的利益仅仅表现在产权的投资回报上。

首席执行官的助手(Executive Officers)是分管公司某一方面业务,具有一定经营决策权力的负责人,如财务总监(CFO)、运营总监、市场总监、信息总监、首席沟通官(CCO)、首席法律顾问(CLO)、首席技术官(CTO)、风险总监(CRO)、创意总监、合规总监(CCO)、业务发展总监(CBDO)、审计总监(CAE)及人事总监(CHRO)等,他们有些会同时兼任副总裁职务。

8.2.3 总裁

总裁(President),是仅次于 CEO 的公司第二号行政负责人,一般是在国外的集团公司才使用的称呼。总裁由董事会或董事长直接任命授权,执行并负责企业的实际营运,是公司内部除了 CEO 之外最高阶的职业经理人。CEO 是 20 世纪 60 年代美国的公司治理改革创新的产物,而此前,美国公司的最高行政负责人即是总裁,董事会拥有公司的经营决策权,而总裁的职责就是贯彻执行董事会的经营决策。

事实上,西方的总裁在大部分时候与中国的总经理的概念是相同的。总经理可以翻译成"President",也可以翻译成"General Manager",但后者在西方企业中不是一个常见的职位。中国有些公司因为董事长兼任总经理,因此会同时设立总裁和总经理,此时总裁与总经理才有了严格的差异。

在西方企业里总裁经常由 CEO 兼任(尤其是在中小企业当中),即通常所说的"首席执行官兼总裁",但在大型集团公司里,总裁和 CEO 是两个人,总裁作为 CEO 的副手负责公司日常事务处理,这就类似于运营总监(COO)的职能。在少数情况下,董事长、总裁和 CEO 都是同一个人,可以称之为"董事长兼首席执行官"或"董事长兼总裁",这种兼职大部分由公司创始人拥有(如微软创始人比尔·盖茨),有时候也是因为公司的传统习惯(如杰克·韦尔奇[①]，按照通用电气的传统，他同时担任董事长和首席执行官，而且不存在独立的总裁职务）。

有一些组织里，在总裁之下，还有"副总裁"的职位。美国公司的副总裁往往是一大批高层及中层管理人员的头衔（而不是专设的职位），自高到低细分为高级执行副总裁（Senior Executive Vice President）、执行副总裁（Executive Vice President）、高级副总裁（Senior Vice President，简称"SVP"）、副总裁（Vice President，简称"VP"）等。不同级别的副总裁组成的会议对诸如经费分配、奖惩、绩效考核等事务进行讨论决策。公司下属的各级部门内部，往往也有部门内部的副总裁（VP）头衔。

8.2.4 首席财务官

首席财务官（Chief Financial Officer，CFO）意指首席财政官或财务总监，是现代公司中最重要、最有价值的顶尖管理职位之一；是企业财务的最高管理者；是企业财务资源调配的第一负责人；可能受董事会委派的董事级高级管理人员。在现代公司治理结构中，CFO有时是董事会成员，而且作为执行董事参与公司决策；CFO作为企业经营管理人员，管理和控制企业所有的会计、财务和审计职能，并直接向董事会报告。

CFO源自美国等一些西方国家的企业，最早出现于20世纪70年代。CFO是地位显赫的公司高级管理者，在公司治理中扮演着重要角色，CFO以股东价值创造为基础，参与公司战略管理。CFO一般同时管辖首席信息官（Chief Information Officer，CIO）、主计长（Controller）和司库（Treasurer）等。CFO的重要职责就是通过资源配置实现企业的战略目标和长期发展，因此，CFO应该是企业战略的管理者，可以代表出资方实施企业外部资本控制，并向股东和董事会负责。在美国发生了安然、世通等一系列财务丑闻之后，美国订立相关法规，规定CFO应当分别向CEO和审计委员会汇报工作。

美国企业的CFO在设计和实施公司战略方面发挥着极其重要的作用。由于美国公司的财务管理已经达到相当高的水平，已经没有多少降低成本的空间，因此，CFO的主要压力集中在为公司寻求进一步发展的良机而必须解决的一些财务问题上。

对中国企业来说，CFO是舶来品，在中国，较早采用"CFO"这一称谓主要是一些网络公司和高新技术企业，但近几年来越来越多的国内公司采用"CFO"这一称谓。美国只有上市公司才设CFO，很多CFO并不专门管财务，财务部只是他们负责的一个部门而已，而且其价值体现的关键是要在战略管理事务中起主导作用。但在中国企业的高级财务管理职位中，CFO、总会计师与财务总监这三种制度同时并存，但大部分公司的CFO是等同于财务总监。经常有人将这几种制度混同对待，实际上他们并非完全等同。它们不仅字面表述不同，而且各自的历史渊源、本质、在公司治理中的地位和职责定位等方面也存在差别。

国务院1990年发布的《总会计师条例》对总会计师的定位是"总会计师是单位行政领

[①] 杰克·韦尔奇（Jack Welch），1981年成为通用电气历史上最年轻的董事长和CEO，在短短20年间，这位商界传奇人物使GE的市场资本增长了30多倍，达到了4 500亿美元，排名从世界第10提升到第1。他所推行的"6个西格玛"标准、全球化和电子商务，几乎重新定义了现代企业。

导成员,协助单位主要行政领导人工作,主要对单位主要行政领导负责"。而且中国《会计法》明确规定,国有独资和国有资产占控股地位或主导地位的大、中型企业必须设置总会计师。总会计师制度是中国经济管理的重要制度。总会计师制度的建立是企业经营管理、经济核算的自然需要。随着企业的建立、经济核算工作的开展,就必然会有会计,会计的总管即总会计师。总会计师是总经理的理财助手和经营参谋,由总经理提名,通过一定程序任命,与经营者利益保持一致。总会计师代表企业管理当局,是经理级财务管理人员,对总经理负责。总会计师的职能是负责企业内部管理控制,但侧重于财务管理和会计核算。

在中国,"财务总监"的提法是在"总会计师"之后。中国"财务总监"制度源自政府委派财务总监对国有企业实施监督,其工作内容涉及财务监督的主要方面,实质上是对国有大中型企业总会计师制度和企业内部审计制度关于财务工作组织运行和财务监督上的更高层次的发展与完善,它吸收和集中了总会计师和内部审计中的部分财务管理与监督职能,也弥补了总会计师在企业组织中地位和职责权限上的不足。它是经理层级别的高级财务管理人员,主要承担内部受托责任。最初使用这一称谓的主要是上市公司和上海、深圳等一些国有企业及其他企业。基于良好的监督效果,财务总监制度逐渐得以推广。如今"财务总监"这一称谓已经很普遍,但是其定位在各个企业中的差异较大。有的企业的"财务总监"相当于国有企业对总经理负责的"总会计师";有的"财务总监"则是指"财务部门负责人";也有个别企业的"财务总监"是真正意义上的 CFO,在公司里"财务总监"具体的职责应以其公司章程的有关规定为准。

8.2.5 其他高级执行主管

在大型公司里有一些高级经理是 CEO 的最得力的助手,他们在公司权力架构内是承上启下的关键,公司下达的命令由他们具体执行。在这里主要介绍以下几种主要高级执行职位:

1. 首席运营官

首席运营官(Chief Operating Officer,COO)在中国称为运营总监,又常称为运营官、营运总监,是公司团体里负责监督管理日常经营活动的高级管理人员,为企业组织中最高层的成员之一,监测每日的公司运作,直接向 CEO 报告工作。

其职责主要是全面负责公司的市场运作和管理;参与公司整体策划,健全公司各项制度,完善公司运营管理;推动公司销售业务,推广公司产品,组织完成公司整体业务计划;建立公司内部信息系统,推进公司财务、行政、人力资源的管理;负责协调各部门工作,建立有效的团队协作机制;维持并开拓各方面的外部关系;管理并激励所属部门的工作业绩效等。

COO 权力范围主要是:

(1) 对公司的生产经营有计划权、建议权、否决权、调度权;

(2) 对下属各职能部门完成任务的情况有考核权;

(3) 对下属各职能部门经理的工作有指导权和考核权;

(4) 对总经理决策有建议权。

COO 责任范围主要是：

(1) 对公司年度生产经营计划的完成承担组织与协调责任；

(2) 对公司中、长期发展规划承担组织、推动责任；

(3) 因调研信息严重失真，影响公司重大决策给公司造成损失，应承担相应的经济责任和行政责任。

在某些公司中 COO 会同时兼任总裁，但通常 COO 还是以兼任常务或资深副总裁的情况居多。

2. 首席信息官

首席信息官（Chief Information Officer，简称 CIO，在中国称为信息总监），是企业团体里的高级主管职位之一，通常是负责对企业内部信息系统和信息资源进行规划和整合，是负责公司信息技术和系统所有领域的高级官员。他们具备技术和业务过程两方面的知识，常常是将组织的技术调配战略与业务战略紧密结合在一起的最佳人选。他们通过指导对信息技术的利用来支持公司的目标。首席信息官是一种新型的信息管理者，不同于一般的信息技术部门或信息中心的负责人，而是已经进入公司最高决策层，相当于副总裁或副经理地位的重要管理者。

那么，企业为什么要有人来管信息呢？抽象地看，一个企业的运营过程，不论其身处哪个行业，其实都是一个信息不断产生、传递、分析到最后删除的过程。企业的运营过程，其实就是信息的不断流转过程。对信息进行很好的管理，事实上也就是对企业的运营有一个很好的管理。中国有句古话叫"知己知彼，百战不殆"，说的就是信息的重要性。企业设立 CIO 职位，目的是对信息进行有效的管理，建立竞争优势，帮助业务成功。在这个逻辑下，CIO 的成功标准其实非常明确：是否帮助企业建立了竞争优势，帮助业务获得了成功。

3. 首席人力资源官

首席人力资源官（Chief Human Resources Officer，简称 CHRO，在中国称人力资源总监），制定公司人力资源战略规划，并监督执行，负责建立畅通的沟通渠道和有效的激励机制，全面负责人力资源部门的工作。CHRO 不是一个部门负责人，而是企业经营管理的核心领导成员之一，承担着把人力资源纳入企业运作体系之中，使之支持企业发展的任务。

人力资源管理不仅制约着企业目标的实现，而且制约着企业目标的形成，制约着企业如何确定自己的使命。人力资源部门既然作为企业经营管理中枢，CHRO 作为战略的制订与执行者，是通过其切切实实的工作体现出来的。CHRO 是企业人力资源管理的最高负责人，肩负着企业人力资源战略的制定、人力资源管理体系建设、人力资本增值、战略绩效目标达成，以及帮助员工实现个人价值的使命。CHRO 要通过人力资源战略规划、组织建设、人事政策制定、人力资源管理工具等方法和手段的运用，把企业的战略目标转化为全体员工的共同的目标与行动。通过建设优秀的员工队伍，形成企业核心竞争力，通过员工职业生涯规划实现员工与企业的共同成长。

4. 首席市场官

首席市场官（Chief Marketing Officer，简称为 CMO，又称为"首席营销官"）。在中国一些企业里也被称为"营销总监"或"营销总经理"，CMO 在企业中往往是管理企业营销工作的最高决策者，因此成为众多营销人梦寐以求并为之终生奋斗的最终人生目标。CMO 不是市场总监，也不同于销售总监，在企业中市场总监或销售总监最多只能算作 CMO 的后备力量，或者说是 CMO 的随时替代者，这是因为 CMO 则要对与企业相关的所有营销问题负责，是企业营销部门的最高统帅。

本章小结

对于现代公司而言，几乎在每一个现代公司组织中都设有"经理"这个职位。行使经营管理权的经理肩负着在市场竞争机制下运营公司所有者投入的资本并实现资本增值的使命。所谓"经理"，即经营管理，从这个角度来看，一个公司的"经理"有两大方面的职责：一是负责统筹和规划公司的业务经营，制定公司的经营策略并有效地执行；二是负责协调公司经营过程中各个部门之间的沟通和衔接，使各部门的员工更有效率地工作。

现代企业的竞争归根结底是企业间人力资源素质的竞争，尤其是经理人素质的竞争，因此，任何企业要想在竞争中取得优势，形成核心竞争力，提高员工的整体素质，尤其是提高中高层经理人的职业化能力，便成为不容回避的必然选择。经理人只有具有较高的素质，才能确保企业在激烈的市场竞争中站稳脚跟。

近代企业里高层执行主管分工细而且名称众多，有 CEO、总裁和总经理等，他们都是负责主持公司的日常业务活动，是公司的重要的高级执行人员。高级执行主管的助手（executive officers）是分管公司某一方面任务，具有一定经营决策权力的负责人，如财务总监、运营总监、市场总监、信息总监、首席沟通官、首席法律顾问、首席技术官、风险总监、创意总监、合规总监、业务发展总监、审计总监及人事总监等。

案例分析

王石 A 面，郁亮 B 面

"房二代"郁亮和创始人王石之间的关系，既八卦又严肃、既简单又微妙、既充满个人色彩又有企业传承标本意义。他们之间到底是真诚还是宫斗，是绝配还是对手，王石人生的三个标志性时刻可以作答。

1988 年，放弃股权

王石的第一个标志性时刻。这决定了他会选择一个什么样的继任者。

3 月中旬，深圳曝出开发商用不合格海沙事件之后，王石第一时间给郁亮打来电话，问万科有没有影响，要不要代表行业赶紧表个态。郁亮的建议是这事已经由深圳市政府出面在推动,且万科大股东华润牵涉比较深,万科积极表态不妥。王石接受了郁亮的建议。

"王石主席很尊重我的意见。"郁亮说,"他很多事情都会来问我,比如说他要回答对市场判断时就会来问问我。"

万科的一位员工也证实了这种说法,"王石脾气很大,骂过很多人,但是从来没有骂郁亮,他对郁亮非常给面子。"

与个性强悍的王石合作,需要一定的隐忍。郁亮很介意别人说他是"财务出身"。"一说财务就是功利、短视、现实主义。难道我不够理想主义?"郁亮说,"要是没有理想支撑,也走不到今天。"1990年他从大国企深圳外贸集团加盟小公司万科,面试时王石给他第一印象是"有理想、严格自律"。他坦言,王石在精神上对自己影响很大。

很遗憾,远在美国的王石本次没有能接受我们的采访。1988年万科改制上市,放弃了股份的王石只剩下理想主义这条路。这是王石和万科的第一个标志性时刻,也是理解他所有行为逻辑的起点。万科可谓王石的一项实验,他的价值观、审美、人生追求,乃至于对时代的看法,都通过这家公司进行表达。放弃财富的王石,只会更加强势地掌控梦想,如果郁亮不是理想主义者,何以传承理想?

不过王石选择郁亮,并非仅因为理想主义。"那时万科有才华的人很多,比郁亮更理想的人大有人在。"深圳地产资深人士尹香武说。1999年王石辞去总经理,接任的第一任总经理姚牧民"脾气性情就是另一个王石",但他在这个职位的时间很短。他认为王石选择郁亮,第一是因为他稳,第二是因为他有计划性。王石天马行空,郁亮步步为营。王石做事常常凭心情而定,员工们发现他每隔一段时间感兴趣的东西都会变,他喜欢什么就做什么。但是郁亮喜欢"阿波罗登月计划","人类登月这么伟大的事情也是一个计划,是计划就可以分解实现。"郁亮认为,登珠峰也是一项计划,它可以分解成很多很细的事情,用平常的心情去面对,没有想的那么难。

"如果说仅仅是主席有涵养,我性格能忍,能走到今天吗?"郁亮认为两个人一定是大的方向目标一致,而且性格有很强的互补性。王石喜欢热烈的红色,郁亮喜欢温暖的黄色。王石的理想主义像"一团火",郁亮的谨慎绵密像水。王石的理想主义是万科的A面,郁亮的坚定执行则是万科的B面。

但分歧难免会有。例如王石要求3年全部完成精装修,而郁亮希望是5年。"我是具体干活的,知道这事压力有多大,这么快地做完投诉肯定会来。"但他最后还是接受了王石的意见,王石做计划通常以3年为期,他担心5年时间会把团队的心气拖延殆尽,"那我和团队就得去适应这个变化。"

也有王石妥协的时候。按照他的计划,万科2012年就应该完成工业化,现在又改到了2015年。"我都放过你3次了。"王石曾如此和郁亮开玩笑。而郁亮则坦率地说,同时要求精装修、工业化,还要应对宏观调控,这很难做到。"我们都在不断地修正自己。"

"郁亮内心很强悍。"龙湖地产董事长吴亚军说,虽然他不像王石那样从外表都能看出坚硬。郁亮的强悍,表现在他具有极高的情商。他在万科有一句名言,大意是:"主席的话要不要听?要听,但是三天之后再执行。"他不是在阳奉阴违,王石理想的目标常常超前。他会如此解释:你说的太对了,但对到三年后去了,现在我们先解决两年后的事。这样打个折扣,王石能愉快地接受。

在尹香武看来,王石是创业型的企业家,万科、万佳超市、怡宝矿泉水都是他一手创建。但是做管理、搞发展,是郁亮的强项。郁亮做"房一代"可能不成功,王石也做不了"房二代"。王石有很浓的英雄主义情结,这是20世纪50年代人的特征,他们希望改变中国。上至公平、民主普世价值,中至新教伦理和公司治理,下至在万科的一些小区科普自己喜欢的植物学,这都是王石希望通过万科传达的东西。"郁亮就是要老老实实用商业服务这个社会。"尹香武说,房地产是社会需求,不是哲学,"郁亮会使房地产行业回归商业的本质。"王石很像个作曲家,而郁亮是一个很完美演绎王石作品的乐队指挥。

1998年,辞去总经理

王石第二个标志性时刻。如果希望把权力抓在手中,他不会做出这个决定。可他对公司的爱又如此强烈,之后的漫长岁月里,他都会面临这种矛盾。

"如果说王石和郁亮的关系最开始是信任,那么到现在是力量的平衡。靠力量平衡两个人能走得更远一些。"李咏涛说。

1998年王石辞去了万科公司总经理,专任董事长。如果他希望将权力继续抓在手里,那么他不会这么做。仅从这一点来看,所谓的王石和郁亮争夺控制权,不能成立。

但有人的地方就有江湖。万科如此庞大,无论王石、郁亮多么"绝配",他们关系中都很难剥离人性中最幽微、晦暗的部分。还好,王石要掌控的是他的理想,而且强者会尊重强者。

2001年郁亮接任总经理时,很多人不服,为什么一个低调的、不懂专业的人被选中?2012年郁亮获得央视年度经济人物,王石接受央视采访时回答了这个问题,大意是郁亮协助他完成了很多大事,比如发行B股、君万之争、做减法,等等,只有他知道郁亮的能力。郁亮的一个重要原则是,做多说少,"第一不做不说,第二做多可以不说或者是少说,但是绝不可以说多做少。"在很长时间里,公司管理层都不了解郁亮的能力。

"我相信王石选我是合适的,我也很自信。"郁亮的自信来自实战,他接手时万科销售额只有20多个亿,刚刚走出草莽期,公司内山头林立,如今到1 400多亿,真正操盘的是郁亮。2000年年底发奖金时,他发现奖金很少,他让几个重要一线负责人拿王石同等的奖金,自己拿的比他们少。"连续这么做了3年,大家都觉得我不错。"用谦让能换来尊重,但真正树立威信还是靠业绩。王石依旧是万科的标签,但是在行业中,尤其是深圳地产圈,也逐渐把郁亮作为万科的代表。"他是行业中最清醒的人,也是最有危机意识的人。"一位地产公司老总告诉本刊。

在很长一段时间内,王石耀眼的光芒,让郁亮黯然失色。行业和媒体,都只把郁亮当成一个配角。2010年万科千亿之后,郁亮成功减肥,从中年发福男变成了型男,他也越来越不掩饰自信、幽默的一面。采访中,谈到房地产金融化趋势,他调侃"王石20年前就看到了这个趋势",还自嘲"素有大志"。

他对权威一词比较警惕。"上一代人喜欢讲权威,现在公司都是80后了,你还讲权威?"他说那个时代已经过去了,重要的是培养方向感,让大家往一个方向走。

郁亮在公司内部的形象极为自律和坚韧。每个月万科的执行副总裁都要到深圳和郁亮开一次会,毛大庆在他来万科的这4年中,发现郁亮没有一次缺席,"好像从来也不生病。"郁亮曾经在海南跑步小腿受伤,毛大庆看见他躺在床上还在做腹部运动,他还在为登珠峰做准备。

郁亮评价自己"很瓷实",同事有时候会找他诉苦,但他的苦无处可诉,于是靠跑步来放松。在下属眼中,他情绪总是很稳定,看不出波动,好像没什么人情味,也没有兄弟,但静水流深。他喜欢"阳光的、流汗的、团体的"运动,比如马拉松和骑车,不喜欢滑雪、高尔夫等个性化很强的运动。

他给万科注入了一些新东西,比如健康文化。3月29日,万科联合腾讯等四家公司发起了关注员工健康的"城市乐跑赛",近3 000人参加了在深圳的这次小型马拉松。郁亮的管理非常细密,连健康文化他都会分解成各种指标,对一线公司进行定向、定量、定验的考核。数字化管理在万科广泛使用。北京万科有一个参谋部门,6个员工天天盯着各项数据,毛大庆形容他们"就像盯着机器的大罗盘,发现什么问题赶紧追根到底。"其他分公司也有类似的系统。

"定向、定量、定验,这是郁亮的最大特征。他对行业的贡献就是让房地产行业的管理开始科学化。"尹香武说,他已经超出所有人的预期,"郁亮值得期待。"

2012年,离婚事件

王石的第三个标志性时刻。偶像的黄昏,郁亮和万科如何应对?2012年10月曝出的离婚事件,又将王石拉到了舆论中心。

自2008年的"拐点论""捐款门"事件之后,王石在网络上看到很多言论,才知道在"80后""90后"眼中他已不是神坛上的人物。这一次他在微博回应婚变,"反叛时代不需要偶像,一个切·格瓦拉已足够"。他深知自己的人生"已经走向抛物线下降的那一侧"。

在这个祛魅时代,偶像们正走向黄昏。如果万科失去王石这个标签,这家一直高举理想主义大旗的公司,会是什么形象?失去乔布斯的苹果,不再是那个神奇的苹果。如果类似情况发生,郁亮和万科做好准备了吗?

郁亮或许有所准备,他曾经跟熟人说过:主席做过、没做过的事情我都重做一遍。阴谋论者会认为郁亮在挑战王石,却看不懂一家巨型公司需要的风险预警机制。

"郁亮对王石的尊敬是发自内心的。"李咏涛认为于公于私,郁亮都在默默地支持王石。2008年汶川地震之后,王石几乎受到舆论一边倒指责。即使在公司内部也受到了巨大的压力,很多员工和股东对他不理解,而郁亮亲自处理了这场危机,这一年他28次飞赴四川做善后工作。一位深圳地产圈的资深人士回忆,在离婚事件之前,郁亮特地约了几个在深圳地产圈有话语权的人到杭州吃了顿饭,什么具体事都没谈。"事后才想起,他是在提前做准备。"而在离婚事件之后,他找了一些媒体高层领导,亲自公关。

王石早已淡出公司的日常经营管理,但万科的重要决策,依旧需要王石点头。2013年的亚布力年会,郁亮到达之后的第一件事,就是去看王石。在王石离开公司的10多年内,他用什么威慑郁亮?

王石人生的巅峰,始终处于一种自我分裂的状态。放弃股权,放弃管理权,这两个决定都有违人性。放弃股权,让王石割掉了人性中最致命的弱点——贪婪。放弃管理权,则激发出集体的智慧。王石自废武功式的分裂,成就了万科和郁亮,也成就了他自己。也恰恰是他放弃权力这件事情本身,构成了对郁亮极大的威慑,即让欲望屈服于自己选择的价值观和制度。

61岁的王石,进入了一个更加自我的状态。在征服了"7+2"的极限之旅之后,这次他选择了一个从来没有人战胜过的对手:时间。

比王石小10多岁的张朝阳,一度认为自己能活到150岁,而默多克在70岁时,把自己的头发染成了橘黄色,并且娶了比自己小30多岁的邓文迪为妻。巨大的成功给他们带来了一种病态的虚妄——他们相信自己能掌控时间。在亚布力企业家论坛上,王石兴致勃勃地谈到了自己怎样在哈佛学英语,怎样去办信用卡,怎样学开车。"在国内基本上把自己废掉了。"王石说。这些最简单的学习,让他体会到了新生的快乐。

与此同时,48岁的郁亮进入了人生最自信的状态。就像10多年前的王石,作为一个精力旺盛、梦想浓烈的男人,郁亮已经走到前台。在复杂多变的市场环境中,王石和郁亮是否能小心地隐藏自己的欲望,顺利地完成传承,事关万科的未来。

(资料来源:中国企业家,作者:黄秋丽,2013年4月23日)

读完本篇案例,关于职业经理人,你有哪些感想?

复习思考题

1. 讨论对总经理、CEO和总裁三者称谓的理解。
2. 简述经理任职必备能力和素质。
3. 解释经理的概念?

第三篇 公司治理方法与手段

公司治理的方法和手段可以概括为内部机制和外部机制两部分。内部机制可以从高管人员激励、强化会计和内部审计职能、构建公司治理文化等方面进行讨论；外部机制建设主要从完善经理人市场、加强机构投资者监督、强化信息披露和提高公司透明度等方面进行分析，本篇内容的逻辑思路即在于此。

第 9 章 高层管理人员激励与约束

学习目的

通过本章学习,你应该能够:
1. 掌握激励机制和约束机制的主要内容、原则及理论基础;
2. 了解激励和约束机制在公司治理中所发挥的作用;
3. 重点把握高层管理人员股票期权激励的相关知识及其具体操作过程;
4. 掌握运用 EVA 评价与激励系统评估企业的内部治理。

关键词

激励机制　约束机制　股票期权激励　EVA

引导案例

一支粉笔便扭转乾坤

查理·斯瓦伯担任卡耐基钢铁公司第一任总裁时,发现自己管辖下的一家钢铁厂产量总是落后于其他钢铁厂,便问厂长:"这是怎么一回事?为什么产量总是落后于其他钢铁厂呢?"

厂长回答:"说来惭愧,我好话丑话都说尽了,甚至拿免职来恐吓他们,可他们软硬不吃,总是懒懒散散的。"

那时正是日班工人即将下班、夜班工人就要接班的时候。斯瓦伯向厂长要了一支粉笔,问日班的领班:"今天炼了几吨钢?"

领班回答:"6 吨。"

斯瓦伯用粉笔在地上写了一个很大的"6"字后,默不作声地离开了。

夜班工人接班时,看到地上的"6"字,好奇地问是什么意思。日班工人说:"总裁今天过来了,问我们炼了几吨钢。领班告诉他 6 吨,他就在地上写了一个'6'字。"

次日早上,日班工人前来上班,发现地上的"6"已被夜班工人改写为"7"。知道输给了夜班工人,日班工人内心很不是滋味,他们决心给夜班工人一点颜色看看。那一天,大伙加倍努力,结果他们炼出了 10 吨钢。于是,地上的"7"顺理成章地变成了"10"。

在日班、夜班工人你追我赶的竞争之下,产量落后的状况很快得到改善。不久,该厂产量竟然跃居公司所有钢铁厂之首。

只用一支粉笔,斯瓦伯便扭转了乾坤。他所采用的,该是怎样高明的激励之道啊!

从上面的故事我们可以看到激励的重要性,有时候遣将还不如激将。

现代公司内部治理机制为解决公司治理问题提供了两个有效的机制——激励机制和约束机制,即通过激励约束机制促使代理人即经营者努力工作,降低代理成本,避免偷懒、机会主义等道德风险行为。公司治理中的代理成本与道德风险问题仅仅依靠监督与制衡不可能完全解决,关键是要设计一套有效的激励机制。

9.1 激励机制

9.1.1 激励的定义

所谓激励,就是组织通过设计适当的外部奖酬形式和工作环境,以一定的行为规范和惩罚性措施,借助信息沟通,来激发、引导、保持和归化组织成员的行为,以有效地实现组织及其成员个人目标的系统活动。这一定义包含以下几方面的内容:

(1) 激励的出发点是满足组织成员的各种需要,即通过系统地设计适当的外部奖酬形式和工作环境,来满足企业员工的外在性需要和内在性需要。

(2) 科学的激励工作需要奖励和惩罚并举,既要对员工表现出来的符合企业期望的行为进行奖励,又要对不符合企业期望的行为进行惩罚。

(3) 激励贯穿于企业员工工作的全过程,包括对员工个人需要的了解、个性的把握、行为过程的控制和行为结果的评价等。因此,激励工作需要耐心。美国心理学家弗雷德里克·赫茨伯格(Frederick Herzberg)说:"如何激励员工?就是要锲而不舍。"

(4) 信息沟通贯穿于激励工作的始末,从对激励制度的宣传、对企业员工个人的了解,到对员工行为过程的控制和对员工行为结果的评价等,都依赖于一定的信息沟通。企业组织中信息沟通是否通畅,是否及时、准确、全面等都直接影响着激励制度的运用效果和激励工作的成本。

(5) 激励的最终目的是在实现组织预期目标的同时,也能让组织成员实现其个人目标,即达到组织目标和员工个人目标在客观上的统一。

9.1.2 激励机制的主要内容

公司对高层管理者激励方式主要有物质激励和精神激励。激励的核心是将对个人效用最大化的追求转化为对公司价值最大化的追求,其主要内容包括薪酬激励、荣誉激励、经营控制权激励、剩余支配权激励和知识激励等。

1. 薪酬激励

尽管薪酬不是激励的唯一手段,也不是最好的办法,但却是一个非常重要、最易被人运用的方法。即使薪酬总额相同,但支付方式不同,也会取得不同的激励效果。所以,如何实现薪酬效能最大化,是一门值得探讨的艺术。

从对员工的激励角度上讲,可以将广义的薪酬分为两类:一类是保健性因素(或称维护性因素),如工资、固定津贴、社会强制性福利、公司内部统一的福利项目等;另一类是激励性因素,如奖金、物质奖励、股份和培训等。如果保健性因素达不到员工期望,会使员工感到不安全,出现士气下降、人员流失,甚至招聘不到人员等现象。另外,尽管高额工资和多种福利项目能够吸引员工加入并留住员工,但这些常常被员工视为应得的待遇,难以起到激励作用。真正能调动员工工作热情的,是激励性因素。

2. 荣誉激励

荣誉激励是一种终极的激励手段,它主要是把工作成绩与晋级、提升、选模范、评先进联系起来,以一定的形式或名义标定下来,主要的方法是表扬、奖励和经验介绍等。荣誉可以成为不断鞭策荣誉获得者保持和发扬成绩的力量,还可以对其他人产生感召力,激发比、学、赶、超的动力,从而产生较好的激励效果。在管理学看来,追求良好声誉是经营者的成就发展需要,或归于马斯洛的尊重和自我实现的需要。尊重并不是惧怕和敬畏。尊重意味着平等看待他人,能够意识到他人的独特禀性;尊重意味着让他人自由发展其天性。

美国IBM公司有一个"百分百俱乐部",当公司员工完成他的年度任务,他就被批准成为该俱乐部会员,他和他的家人被邀请参加隆重的集会。结果,公司的雇员都将获得"百分百俱乐部"会员资格作为第一目标,以获取那份殊荣。

对于员工不要太吝啬一些头衔、名号,一些名号、头衔可以换来员工的认可感,从而激励起员工的干劲。日本电气公司在一部分管理职务中实行"自由职衔制",就是说可以自由加职衔,取消"代部长、代理""准"等一般普遍管理职务中的辅助头衔,代之以"项目专任部长""产品经理"等与业务内容相关的、可以自由加予的头衔。

3. 经营控制权激励

按照产权理论的分析框架,企业的契约性控制可以分为经营控制权和剩余控制权,其中经营控制权是指那种能在事前通过契约加以明确确定的控制权力,即在契约中明确规定的契约方在什么情况下具体如何使用的权力。

在企业中,特定控制权通过契约授权给了职业经理人,这种特定控制权就是高层经理人员的经营控制权,包括日常的生产、销售、雇佣等权利。控制权之所以能作为一种激励机制,是由经营者特定控制权的内容所决定的。掌握经营控制权可以满足经营者三方面的需要:一是在一定程度上满足了经营者施展其才能、体现其企业家精神的自我实现的需要;二是满足控制他人或感觉优越于他人、感觉自己处于负责地位的权力需要;三是使得经营者具有职位特权,享受在职消费,给经营者带来正规报酬权激励以外的物质利益满足。总之,掌握经营控制权可以满足经营者两方面的需要:既满足了控制他人或感觉优越于他人,处于负责地位的权力需要,也就是马斯洛的尊重和自我实现的需要;又具有职务特权,享有职务消费,能够带来物质利益的满足。因而控制权与报酬权相比具有更大的激励作用。

4. 剩余支配权激励

剩余支配权激励机制表现为向高层管理者大幅度转让剩余支配权。对剩余支配权的分配,表现为如何在股东和高层管理者之间分配剩余利润,这会影响到对高层管理者的激励。如果契约能产生最大效率,那么这种契约无疑是一种最优化的选择。公司得到的剩余越接近高层管理者的开创性努力,激励效果就越好;如果公司缺少剩余权或剩余权很小,如果公司因为忽略对创造剩余的直接承担者的激励,就不能实现这种效率最大化。

5. 知识激励

培养一位经理需要大量的投入,而维护这种管理劳动的声誉、提高管理劳动的素质,也需要坚持不懈的投入。在知识信息快速更新、爆发式增长的新经济时代,不断进行充电,防止知识老化,对担负着创新职能的高层管理者来说尤其重要。因此,企业必须自始至终地为高层管理者继续提供知识更新和获取新信息的机会,以提升其业务能力,增强自信心。如定期输送他们到大学深造、提供与各类同行专家和学者教授交流学习的机会、建立高效率信息情报网络、订阅有关书报杂志等。

9.1.3 激励的基本原则

正确地运用激励原则,可以提高激励的效果,达到人力资源管理中预先设定的目标。激励原则的运用应遵循以下原则:

(1) 目标结合原则。在激励机制中,设置目标是一个关键环节。目标设置必须同时体现组织目标和员工需要。

(2) 物质激励和精神激励相结合的原则。物质激励是基础,精神激励是根本。在两者结合的基础上,逐步过渡到以精神激励为主。

(3) 引导性原则。外在激励措施只有转化为被激励者的自觉意愿,才能取得激励效果。因此,引导性原则是激励过程的内在要求。

(4) 合理性原则。激励的合理性原则包括两层含义:其一,激励的措施要适度。要根据所实现目标本身的价值大小确定适当的激励量;其二,奖惩要公平。

(5) 明确性原则。激励的明确性原则包括三层含义:其一,明确。激励的目的是什么?需要做什么?必须怎么做?这些都要明确;其二,公开。尤其对于分配奖金等大量员工关注的问题,更为重要;其三,直观。实施物质奖励和精神奖励时都需要直观地表达它们的指标、总结和授予奖励和惩罚的方式。直观性与激励影响的心理效应成正比。

(6) 时效性原则。要把握激励的时机,"雪中送炭"和"雨后送伞"的效果是不一样的。激励越及时,越有利于将人们的激情推向高潮,使其创造力连续有效地发挥出来。

(7) 正激励与负激励相结合的原则。所谓正激励就是对员工符合组织目标的期望行为进行奖励;所谓负激励就是对员工违背组织目的的非期望行为进行惩罚。正负激励都是必要而有效的,不仅作用于当事人,而且会间接地影响周围其他人。

(8) 按需激励原则。激励的起点是满足员工的需要,但员工的需要因人而异、因时而异,并且只有满足最迫切需要(主导需要)的措施,其激励效果才好。因此,领导者必须深入地进行调查研究,不断了解员工需要层次和需要结构的变化趋势,有针对性地采取激励措施,才能收到实效。

一则小故事

兔王的难题

方法很重要,技巧同样也很重要,但是激励却更加重要。

南山坡住着一群兔子。在蓝眼睛兔王的精心管理下,兔子们过得丰衣足食、其乐融融。可是最近一段时间,外出寻找食物的兔子带回来的食物越来越少。为什么?兔王看到,原来是一部分兔子在偷懒。

兔王发现,那些偷懒的兔子不仅自己怠工,对其他的兔子也造成了消极的影响。那些不偷懒的兔子也认为,既然干多干少一个样,那还干个什么劲儿呢?于是也一个一个跟着偷起懒来。为此,兔王决心要改变这种状况,宣布谁表现好谁就可以得到他特别奖励的胡萝卜。

一只小灰兔得到了兔王奖励的第一根胡萝卜,这件事在整个兔群中激起了轩然大波。兔王没想到反响如此强烈,而且居然是效果适得其反的反响。

有几只老兔子前来找他谈话,数落小灰兔的种种不是,质问兔王凭什么奖励小灰兔。兔王说:"我认为小灰兔的工作表现不错。如果你们也能积极表现,自然也会得到奖励。"

于是,兔子们发现了获取奖励的秘诀。几乎所有的兔子都认为,只要善于在兔王面前表现自己,就能得到奖励的胡萝卜。而那些老实的兔子因为不善于表现,总是吃闷亏。于是,时间一长,在兔群中竟然盛行起一种变脸式(即当面一套、背后一套)的工作作风。许多兔子都在想方设法地讨兔王的欢心,甚至不惜弄虚作假。兔子们勤劳朴实的优良传统遭到了严重打击。

为了改变兔子们弄虚作假的弊端,兔王在老兔子们的帮助下,又制定了一套有据可依的奖励办法。这个办法规定,兔子们采集回来的食物必须经过验收,然后可以按照完成的数量得到奖励。

一时之间,兔子们的工作效率为之一变,食物的库存量大有提高。

兔王没有得意多久,兔子们的工作效率在盛极一时之后,很快就陷入了每况愈下的困境。兔王感到奇怪,仔细一调查才发现,原来在兔群附近的食物源早已被过度开采,却没有谁愿意主动去寻找新的食物源。

有一只长耳朵的大白兔指责他唯数量论,助长了一种短期行为的功利主义思想,不利于培养那些真正有益于兔群长期发展的行为动机。

兔王觉得长耳兔说得很有道理,他开始若有所思。有一天,小灰兔素素没能完成当天的任务,他的好朋友都都主动把自己采集的蘑菇送给他。兔王听说了这件事,对都都助人为乐的品德非常赞赏。

过了两天,兔王在仓库门口刚好碰到了都都,一高兴就给了都都双倍的奖励。此例一开,变脸游戏又重新风行起来。大家都变着法子讨好兔王,不会讨好的就找着兔王吵闹,弄得兔王坐卧不宁、烦躁不安。有的说:"凭什么我干得多,得到的奖励却比都都少?"有的说:"我这一次干得多,得到的却比上一次少,这也太不公平了吧?"

时间一长,情况愈演愈烈,如果没有高额的奖励,谁也不愿意去劳动。可是,如果没有人工作,大家的食物从哪里来呢?兔王万般无奈,宣布凡是愿意为兔群做贡献的志愿者,可以立即领到一大筐胡萝卜。布告一出,报名应征者好不踊跃。兔王心想,重赏之下,果然有勇夫。

谁也没有料到,那些报名的兔子居然没有一个如期完成任务。兔王气急败坏,跑去责备他们。他们异口同声地说:"这不能怨我呀,兔王。既然胡萝卜已经到手,谁还有心思去干活呢?"

这个故事告诉我们:经理应该经常采用激励措施,以此来激发员工的积极性的。但是在采取激励措施之前,首先要明确激励有哪些类型,针对员工选择哪种或哪几种类型的激励,因为对于不同的人应采取不同的激励方式。

9.2 约束机制

约束机制是指为规范组织成员行为,便于组织有序运转,充分发挥其作用而经法定程序制定和颁布执行的具有规范性要求、标准的规章制度和手段的总称。约束包括国家的法律法规、行业标准、组织内部的规章制度,以及各种形式的监督等。

在市场经济中,对企业行为构成约束的要素,包括宏观约束和微观约束两个方面。

宏观约束(或称企业外部环境约束),主要是指国家一定时期内政治、经济、科技和文化的发展方针和政策,社会经济运行机制的有关规则及对各经济主体行为的法律规定等,对企业行为所产生的约束。微观约束(或称企业内部自我约束),主要是指企业内部各构成要素及经营机制,即为适应宏观约束并谋求自身经济利益所进行的调节、控制过程中,对自身行为产生的有关限制。宏观约束对企业行为起主导约束作用,微观约束则是企业为适应宏观约束对企业行为起能动反馈约束作用。约束机制要素主要包括市场约束要素、经济约束要素(指税率、利率、汇率等)、法律约束要素、行政干预要素、预算约束要素和责任约束要素等。

9.2.1 约束机制的具体内容

约束机制对企业行为的制约,具体可以分为以下五个方面。

1. 监督约束

适当设计的补偿方案虽然有助于使代理人的利益与委托人的利益紧密联系在一起，但并不能完全解决激励问题。委托人通过监督获得关于代理人正在做什么和他应该做什么的信息，从而限制代理人采取有损委托人利益的行动的范围。法律、审计、投资银行、大股东、公司章程、媒体等从不同的角度和深度对人力资本效能的发挥进行监督和约束。

2. 合同约束

资本与劳动（非人力资本与人力资本）间的雇佣关系应通过合同（契约）明确和规范双方的权利、义务。合同对企业商业秘密的保护、技术专利的保护、竞争力的保护都起到重大作用，所以应重视合同约束作用的严肃性和重要性。即使是作为企业领导人的人力资本也应受到合同的约束，其在职或离任后都应保守企业的有关商业秘密和核心技术。另外，因缔约成本的制约，在不完全信息条件下签订的合同都将是不完全契约，这就要求在签订合同时尽量翔实、客观，形成"激励性合同"（incentive contracts），最大可能减少因契约的不完全性导致的资源的非生产性耗费。

3. 声誉约束

声誉约束是隐性的。在显性约束不充分的前提下，组织中为什么仍然有一部分成员在努力工作呢？这就涉及声誉约束问题。法玛[①]（Fama，1980）认为，代理人作为有名誉追求和未来预期的人，不会只考虑行为努力与行为结果在某一合约期是否对称，还会考虑即期努力绩效对下一期乃至更遥远未来的影响。对于现代企业的人力资本（特别是经营者人力资本）而言，其一般非常注重自己长期职业生涯中的声誉（reputations）。强烈的事业成就感以及由此带来的良好事业声誉、社会声誉和地位成为激励人们努力工作的重要因素。恶劣的职业声誉会导致经营者人力资本提前结束职业生涯，而良好的职业声誉则增加了其在市场上讨价还价的能力。显然，这对人力资本的机会主义（opportunism）行为有着约束作用。

4. 结构约束

现代企业制度的首要工作之一是建立、健全法人治理结构，实施公司化改造和经营管理。公司法人治理的要旨在于明确划分股东、董事会、经理人员各自的权力、责任和利益，形成三者之间有效的制衡约束关系：股东通过用"手"和用"脚"的投票方式对公司资产的运营施加影响；董事会作为法人代表机构，对经理人员进行监督和激励，并最终对股东负责；董事会聘任的总经理掌握公司日常的经营决策权。这样，委托人与代理人之间互相制衡、互相牵扯，就可能削弱了股东或经理偷懒、搭便车、机会主义的动力，减少代理人的私利隐藏行为。

[①] 尤金·法玛 Eugene F. Fama，1939年在美国马萨诸塞州波士顿出生，毕业于 Tufts 大学，著名的理财学家、金融经济学领域的思想家。

5. 市场约束

激励、约束和竞争是相互作用的，激励与约束功能的实现离不开完善的市场及其健康运行。市场的竞争机制是一种隐性的约束机制，能够把不完全契约中没能完全准确反映的隐性信息（私有信息）还原给委托代理双方，形成一种压力，强制其自我约束。一般来说，人力资本的行为方向和努力程度受到劳动力市场、资本市场和产品市场三方面的市场约束。

（1）劳动力市场。在一个发达的劳动力市场，众多的经营者人力资本和生产者人力资本在市场上彼此竞争，他们将自己的成就视为自己的重要需求，在风险的追逐和成果的欢悦中，实现自己的愿望和理想。在工作中的良好表现，能增加其职业声誉度，提升其在市场上竞争的能力和价格。

（2）资本市场。运作良好的资本市场，能为企业筹资提供极大的便利，亦可保证股票期权激励和员工持股计划的实现。更为重要的是，其为检验公司业绩提供了一个重要的客观手段。公司在资本市场上披露的信息及公司的市场价值显示出经营者的能力和生产者的努力程度。投资者以自己手中的货币选票表明自己的偏好，企业获得的货币选票多则表明企业内各人力资本的工作得到了投资者的肯定；资本市场的兼并、收购、破产机制将直接威胁到经营者的现有控制权和未来的职业走向。所以，经营者和生产者都不得不受到资本市场的一定约束。

（3）产品市场。各组织都要用一定的产出物（产品或服务）到市场上进行交易，获得认可，以此来反映自己的业绩和价值实现。产品或服务受欢迎的程度、价值实现的大小等竞争情况作为一种信息，揭示了组织内人力资本的经营管理能力和努力程度。产品市场对企业人力资本的经营和生产行为做出的公正的评价，起到了间接的市场约束效应。人人都清楚市场竞争的残酷性，便不能不约束和规范自己的行为。组织内各人力资本个体形成"败则拼死相救、胜则举杯同庆"的合力，进而可能赢取产品市场的首肯。

9.2.2 建立激励约束机制的必要性

某些企业存在的问题具体表现在经营管理不善、产品质量低、不适销对路、市场竞争力不强、资金周转不灵、经营亏损严重和资产流失等。而这些代理问题的产生是由于没有从根本上解决企业的激励约束机制问题。由企业的代理问题而产生了代理成本，代理成本即等于经营者即所有者情况下的经营业绩与经营者不是所有者情况下的经营业绩之差。没有有效的激励约束机制，可能会产生以下代理问题。

（1）道德祸因。源自保险业的道德祸因是指一个人因为参加保险而降低了其防范风险的努力程度。在企业的委托代理关系中，道德祸因指的是，由于代理人的利己性、信息不对称和监督的不完善，代理人利用自己的信息优势，通过减少自己的要素投入或者采取机会主义行为来达到自我效用最大满足这一影响组织效益的道德要素。

（2）外部性与免费搭车。经济学中给外部性下的定义是：某个单位的效用函数的自变量包含了其他单位的行为。简单地说，外部性是那些不为之付费的收益或损失，是私人收益与社会收益、私人成本与社会成本不一致的现象。在合作生产的条件下，总存在外部性问题,因为合作的结果不可避免地遇到分配问题,即成本分摊和收入分享的问题,而当个体利益与所有个体总的贡献相关时,个体因总能得到激励而减少自己的贡献,以期在他人的贡献中获得好处。因而,委托人多元化以及委托人的双重身份使得委托人和代理人都存在免费"搭车"的现象。

(3) 寻租活动。信息不对称和资源配置的不通畅,给寻租活动提供了市场。它将引起社会资源在产业、部门、地区间的不合理流动,进一步阻碍社会资源的合理配置和高效利用。同时,寻租活动本身白白耗费社会资源,从而影响自我发展及约束机制的建造和完善,影响市场主体的培育和市场体系的形成。

因此,委托人与企业家的委托代理关系,可以看作是委托人设计出一个契约,用提供报酬等手段吸引、激励代理人,并对代理人行为进行监督和约束,使其投入达到最佳水平,从而使委托人的效益目标达到最大化,这里面的关键之处就是要构建有效的激励约束机制。

一则小故事

没有约束的权利是可怕的

上帝把两群羊放在草原上,一群在东,一群在西。上帝还给羊群找了两种天敌,一种是狮子,另一种是狼。上帝对羊群说:"如果你们要狼,就给一只,任它随意咬你们;如果你们要狮子,就给两头,你们可以在两头狮子中任选一头,还可以随时更换。"

这道题的关键就是:如果你也在羊群中,你是选择狼还是选择狮子?

很容易做出选择吧?好吧,记住你的选择,接着往下看。

东边那群羊想,狮子比狼凶猛得多,还是要狼吧。于是,它们就要了一只狼。西边那群羊想,狮子虽然比狼凶猛得多,但我们有选择权,还是要狮子吧。于是,它们就要了一头狮子。

那只狼进了东边的羊群后,就开始吃羊。狼身体小,食量也小,一只羊够它吃几天了。这样羊群几天才被追杀一次。西边那群羊挑选了一头狮子,另一头则留在上帝那里。这头狮子进入羊群后,也开始吃羊。狮子不但比狼凶猛,而且食量惊人,每天都要吃一只羊。这样羊群就天天都要被追杀,惊恐万状。羊群赶紧请上帝换一头狮子。不料,上帝保管的那头狮子一直没有吃东西,正饥饿难耐。于是,它扑进羊群,比前面那头狮子咬得更疯狂。羊群一天到晚只是逃命,连草都快吃不成了。

东边的羊群庆幸自己选对了天敌,嘲笑西边的羊群没有眼光。西边的羊群非常后悔,向上帝大倒苦水,要求更换天敌,改要一只狼。上帝说:"天敌一旦确定,就不能更改,必须世代相随,你们唯一的权利是可以在两头狮子中进行选择。"

西边的羊群只好把两头狮子不断更换。可两头狮子同样凶残,换哪一头都比东边的羊群悲惨得多,它们索性不换了,让一头狮子吃得膘肥体壮,另一头狮子则饿得精瘦。眼看那头瘦狮子快要饿死了,羊群才请上帝换另一头。

这头瘦狮子经过长时间的饥饿后,慢慢悟出了一个道理:自己虽然凶猛异常,一百只羊都不是对手,可是自己的命运是操纵在羊群手里的,羊群随时可以把自己送回上帝那里,让自己饱受饥饿的煎熬,甚至有可能饿死。想通这个道理后,瘦狮子就对羊群特别客气,只吃死羊和病羊,凡是健康的羊它都不吃了。羊群喜出望外,有几只小羊提议干脆固定要瘦狮子,不要那头肥狮子了。一只老公羊提醒说:"瘦狮子是怕我们送它回上帝那里挨饿,才对我们这么好。万一肥狮子饿死了,我们没有了选择的余地,瘦狮子很快就会恢复凶残的本性。"羊群觉得老羊说得有理,于是,为了不让另一头狮子饿死,它们赶紧把它换回来。

原先膘肥体壮的那头狮子,如今已经饿得只剩下皮包骨头了,并且也懂得了自己的命运是操纵在羊群手中的道理。为了能在草原上待久一点,它竟百般讨好起羊群来。为羊群寻找水源和草场,甚至为了保护羊群不被前来骚扰东边的那头狼吃掉,而去恐吓、威胁、殴打东边的狼。而那头被送交给上帝的狮子,则难过得流下了眼泪。

西边的羊群在经历了重重磨难后,终于过上了自由自在的生活。东边的那群羊的处境却越来越悲惨了。那只狼因为没有竞争对手,羊群又无法更换它,它就胡作非为,每天都要咬死几十只羊,这只狼早已不吃羊肉了,它只喝羊心里的血。此外,它还不准羊叫,哪只羊叫就立刻咬死哪只。更可恨的是,那只狼为了不让它肯定打不过的西边那头狮子来寻它的晦气,竟定时向西边的狮子提供从东边羊群里精挑细选出来的肥羊,讨好从来吃不到活羊的狮子。东边的羊群只能在心中哀叹:"早知道这样,还不如要两头狮子。"

你看明白了吗?你要更改你的选择吗?从中悟出了什么道理?

9.3 股票期权:高层管理者激励约束机制的重要实现形式

随着公司股权的日益分散和管理技术的日益复杂化,世界各国的大公司为了合理激励公司管理人员,创新激励方式,纷纷推行了股票期权等形式的股权激励机制。

9.3.1 股票期权的定义

股票期权(stock option)一般是指经理股票期权(Employee Stock Owner,ESO),有时也翻译成股票期权制(executive stock options),即企业在与经理人签订合同时,授予经理人未来以签订合同时约定的价格购买一定数量公司普通股的选择权,经理人有权在一定时期后出售这些股票,获得股票市价和行权价之间的差价,但在合同期内,期权不可转让,也不能得到股息。公司给予其经营者的既不是现金报酬,也不是股票本身,而是一种权利。在这种情况下,经理人的个人利益就同公司股价表现紧密地联系起来。股票期权制度是上市公司的股东以股票期权方式来激励公司经理人员实现预定经营目标的一套办法。

股票期权是应用最广泛的前瞻性的激励机制,只有当公司的市场价值上升的时候,享有股票期权的人方能得益,股票期权使雇员认识到自己的工作表现直接影响到股票的价值,从而与自己的利益直接挂钩。这也是一种风险与机会并存的激励机制,对于准备上市的公司来说,这种方式最具激励作用,因为公司上市的那一天就是员工得到报偿的时候。比如一家新公司创建的时候,某员工得到股票期权1 000股,当时只是一张空头支票,但如果公司搞得好,在一两年内成功上市,假定原始股每股10美元,那位员工就得到1万美元的报偿。

实施股票期权虽然同股票的购买存在千丝万缕的联系,但是,股票期权同股票的直接购买或无偿赠与又有许多不同。

第一,对于行权人来说,股票期权所带来的收入是一种预期收入,它的价值取决于行权人经营企业的业绩。业绩好,行权人所获得的差价收益大;反之则小。而直接购买股票或无偿赠与所获得的收益与企业高级管理人员经营企业的业绩无关:直接购买股票的收益取决于股市行情;无偿赠与就是赠与收益。

第二,股票期权所追求的是对企业高级管理人员及业务骨干进行长期激励,同时,对股票期权持有者来说,它也包含着一定的风险,而直接购买股票和接受无偿赠与均不具有这些功能。

9.3.2 股票期权的特征

股票期权起源于美国。产生之始,股票期权主要不是为了激励经营者并使之关注企业的长期发展,而是对付高税率的一种变通手段。1952年,美国辉瑞制药公司为了避免公司主管们的现金薪酬被高额的所得税税率所征收,在员工中推出了全球第一个股票期权计划。20世纪80年代后期,该方式迅速成为美国各大上市公司的首选激励方式,90年代得到了突飞猛进的发展。以百事可乐为首的一些大公司开始扩大股票期权计划的覆盖范围,所有员工都可以参与股票期权计划。据统计,截至2012年,在《财富》杂志排名的前1 000家美国公司中,有90%以上的公司推行了经理股票期权;全球排名前500家的大型工业企业中至少有90%实行了股票期权制度;在美国的上市公司中有50%以上实施了对员工的股票期权制度。一般股票期权具有如下几个显著特征。

(1) 同普通的期权一样,股票期权也是一种权利,而不是义务。它是公司赋予持有者的一种特权,在股票期权的有效期内,持有者可以根据自己的意愿决定是否购买股票,公司不能任意进行干涉。

(2) 这种权利是公司无偿赠送给它的经营者的,也就是说,经营者在受聘期内按协议获得这一权利,而一种权利本身也就意味着一种"内在价值",期权的内在价值表现为它的"期权价"。

(3) 虽然股票期权是公司无偿赠送的,但是与这种权利相联系的公司股票却不是如此,它是不能免费得到的,经营者需要用钱去购买。实施股票期权时,必须按行权价购买股票,这种行权价在未来一定时期内对企业经营者来讲是固定不变的。持有这种权利的经营者,可以在特定时期内,以事先确定的行权价(授予期权时股票的公平市值)购买本公司股票。股票期权持有者在行权前,没有任何收益;行权时,如果股票价格上升超过了行权价,经营者将获得二者价格差带来的收益;行权时,如果股票价格跌至行权价格之下,经营者就会放弃行权,由此实现经营者与出资者利益的一致化。公司希望经营者通过有效的经营提高股价,从而获得收益,这也是股东的利益所在。

(4) 期权激励是事先约定的,而期权激励的结果却不是事先约定的。即期权赠予是可以事先约定的,与激励者的未来业绩无关;而期权激励的最终结果却与被激励者的业绩有关。也就是说,期权激励送给经营者的是供其行使的权利,它在形式上与激励者的业绩无关,无论经营好坏与否,一定的期权就已经事先赠予了;而期权激励的最终结果是由事后股票价格波动决定的。只有在行权价低于行权时本公司股票的市场价时,经营者才可以获利,二者差价越大,经营者获利越多。例如,若行权价格为30元,公司股票的市场价格为28元时,股票期权对经营者来说一文不值;如果公司股票的市场价格为38元时,经营者行使股票期权时每股可获利8元。

(5) 与基本工资年度奖金和福利等传统薪酬机制相比,随着股票期权等长期激励机制使用规模的扩大,整体薪酬的业绩弹性增大。工资、奖金和福利是公司支付的,而股票期权的收益直接来自于股票市场,与股票价格波动有关。因而,股票期权不会增加公司成本或降低利润,对企业没有消极影响,对经营者则具有激励作用。经营者可以根据股市行情和经验,自行决定在任何时间出售行权所得股票。

9.3.3 股票期权激励的原理

经理人和股东实际上是一个委托—代理的关系,股东委托经理人经营管理资产。但事实上,在委托—代理关系中,由于信息不对称,股东和经理人之间的契约并不完全,需要依赖经理人的"道德自律"。股东和经理人追求的目标是不一致的,股东希望其持有的股权价值最大化,经理人则希望自身效用最大化,因此股东和经理人之间存在"道德风险",需要通过激励约束机制来引导和限制经理人行为。

在不同的激励方式中,工资主要根据经理人的资历条件和公司情况预先确定,在一定时期内相对稳定,因此与公司的业绩的关系并不十分密切。奖金一般以财务指标的考核来确定经理人的收入,因此与公司的短期业绩表现关系密切,但与公司的长期价值关系不明显,经理人有可能为了短期的财务指标而牺牲公司的长期利益。但是,从股东投资角度来说,他关心的是公司长期价值的增加。尤其是对于成长型的公司来说,经理人的价值更多地在于实现公司长期价值的增加,而不仅仅是短期财务指标的实现。

为了使经理人关心股东利益,需要使经理人和股东的利益追求尽可能趋于一致。对此,股权激励是一个较好的解决方案。通过使经理人在一定时期内持有股权,享受股权的增值收益,并在一定程度上承担风险,可以使经理人在经营过程中更多地关心公司的长期价值。

股权激励对防止经理的短期行为,引导其长期行为具有较好的激励和约束作用。

9.4 EVA评价与激励系统:公司治理的新工具

随着"以价值为基础的管理"这一思想在企业界的兴起,各种计量公司价值增加的新方法也不断涌现。其中,经济增加值(EVA)的绩效考评与激励体系最为引人注目,在实际工作中使用得也最为广泛。许多具有市场领导地位的美、英公司都应用了 EVA 绩效考评与激励体系来完善企业的内部治理,美国著名杂志《财富》称 EVA 是当今最为炙手可热的财务理念,高盛公司认为:"与每股收益、股本回报率或自由现金流等其他传统的评估方法相比,EVA 能更准确地反映经济现实和会计结果。"EVA 已被中国资本市场以及广大投资者接受,成为普及的价值指标之一。

9.4.1 什么是 EVA

经济附加值(Economic Value Added,EVA)又称经济增加值,是美国思腾思特咨询公司[①](Stern Stewart & Co.)于 1982 年提出并实施的一套以经济增加值理念为基础的财务管理系统、决策机制及激励报酬制度。它是基于税后营业净利润和产生这些利润所需资本投入总成本的一种企业绩效财务评价方法。公司每年创造的经济增加值等于税后净营业利润与全部资本成本之间的差额。其中资本成本包括债务资本的成本,也包括股本资本的成本。目前,以可口可乐为代表的一些世界著名跨国公司大都使用 EVA 指标评价企业业绩。

从算术角度说,EVA 等于税后经营利润减去债务和股本成本,是所有成本被扣除后的剩余收入(residual income)。EVA 是对真正"经济"利润的评价,或者说,是表示净营运利润与投资者用同样资本投资其他风险相近的有价证券的最低回报相比,超出或低于后者的量值。

1. EVA 是股东衡量利润的方法

资本费用是 EVA 最突出最重要的一个方面。在传统的会计利润条件下,大多数公司都在赢利。但是,许多公司实际上是在损害股东财富,因为所得利润是小于全部资本成本的。EVA 纠正了这个错误,并明确指出,管理人员在运用资本时,必须为资本付费,就像付工资一样。考虑到包括净资产在内的所有资本的成本,EVA 显示了一个企业在每个报表时期创造或损害了的财富价值量。换句话说,EVA 是股东定义的利润。假设股东希望得到 10% 的投资回报率,他们认为只有当他们所分享的税后营运利润超出 10% 的资本金的时候,他们才是在"赚钱"。在此之前的任何事情,都只是为达到企业风险投资的可接受报酬的最低量而努力。

2. EVA 使决策与股东财富一致

思腾思特公司提出了 EVA 衡量指标,帮助管理人员在决策过程中运用两条基本财务原则。第一条原则,任何公司的财务指标必须是最大限度地增加股东财富。第二条原则,一个公司的价值取决于投资者对利润是超出还是低于资本成本的预期程度。从定义上来说,EVA 的可持续性增长将会带来公司市场价值的增值。这条途径在实践中几乎对

---

① 思腾思特是全球著名的管理咨询和资本顾问公司,是 EVA 经济增加值管理体系的创造者和商标持有人,也是最重要的 EVA 推动者。专业致力于协助客户实施以价值为基础的企业管理和公司金融体系,应用现代财务理念和管理方法,改善公司经营,加强客户业绩表现,提升企业价值。

所有组织都十分有效,从刚起步的公司到大型企业都是如此。EVA当前的绝对水平并不真正起决定性作用,重要的是 EVA 的增长,正是 EVA 的连续增长为股东财富带来连续增长。

9.4.2 EVA 体系的"4M"

思腾思特公司提出的"Four M"的概念可以最好地阐释 EVA 体系,即评价指标(measurement)、管理体系(management)、激励制度(motivation)以及理念体系(mindset)。

1. 评价指标

EVA 是衡量业绩最准确的尺度,对无论处于何种时间段的公司业绩,都可以作出最准确恰当的评价。在计算 EVA 的过程中,我们首先对传统收入概念进行一系列调整,从而消除会计运作产生的异常状况,并使其尽量与经济真实状况相吻合。思腾思特公司已经确认了达一百六十多种对 GAAP 所得收入及收支平衡表可能做的调整措施。这些措施涉及诸多方面,包括存货成本,货币贬值、坏账储备金、重组收费以及商誉的摊销,等等。尽管如此,在保证精确性的前提下,也要顾及简单易行,针对每个客户公司的具体情况,确认那些真正确实能够改善公司业绩的调整措施。基本的评判标准包括:调整能产生重大变化,有确切的可得数据,这些变化可为非财务主管理解。还有最重要的一条,就是这些变化能够对公司决策起到良好的影响作用,并且节省开支。

2. 管理体系

EVA 是衡量企业所有决策的单一指标。公司可以把 EVA 作为全面财务管理体系的基础,这套体系涵盖了所有指导营运、制定战略的政策方针、方法过程以及衡量指标。在 EVA 体系下,管理决策的所有方面全都囊括在内,包括战略企划、资本分配,并购或撤资的估价,制定年度计划,甚至包括每天的运作计划。总之,增加 EVA 是超越其他一切的公司最重要的目标。

从更重要的意义来说,成为一家 EVA 公司的过程是一个扬弃的过程。在这个过程中,公司将扬弃所有其他的财务衡量指标,否则这些指标会误导管理人员做出错误的决定。举例说,如果公司的既定目标是最大程度地提高净资产的回报率,那么一些高利润的部门不会太积极地进行投资,即使是对一些有吸引力的项目也不愿意,因为他们害怕会损害回报率。相反,业绩并不突出的部门会十分积极地对几乎任何事情投资,即使这些投资得到的回报低于公司的资本成本的。所有这些行为都会损害股东利益。与之大相径庭的是,统一着重于改善 EVA 将会确保所有的管理人员为股东的利益做出正确决策。

EVA 公司的管理人员需清楚明白增加价值只有三条基本途径:一是可以通过更有效地经营现有的业务和资本,提高经营收入;二是投资所期回报率超出公司资本成本的项目;三是可以通过出售对别人更有价值的资产或通过提高资本运用效率,比如加快流动资金的运转,加速资本回流,从而达到把资本沉淀从现存营运中解放出来的目的。

3. 激励制度

如今许多针对管理人员的激励报偿计划过多强调报偿,而对激励不够重视。无论奖金量是高还是低,都是通过每年讨价还价的预算计划确定的。在这种体制下,管理人员最强的动机是制定一个易于完成的预算任务,并且因为奖金是有上限的,他们不会超出预算太多,否则会使来年的期望值太高,甚至使其信誉受损。

EVA 使经理人为企业所有者着想,使他们从股东角度长远地看待问题,并得到像企业所有者一样的报偿。思腾思特公司提出现金奖励计划和内部杠杆收购计划。现金奖励计划能够让员工像企业主一样得到报酬,而内部杠杆收购计划则可以使员工对企业的所有者关系真实化。以 EVA 增加作为激励报偿的基础,正是 EVA 体系蓬勃生命力的源泉。因为使得 EVA 的增加最大化,就是使股东价值最大化。在 EVA 奖励制度之下,管理人员为自身谋取更多利益的唯一途径就是为股东创造更大的财富。这种奖励没有上限,管理人员创造 EVA 越多,就可得到越多的奖励。事实上,EVA 制度下,管理人员得到的奖励越多,股东所得的财富也越多。

4. 理念体系

如果 EVA 制度全面贯彻实施,EVA 财务管理制度和激励报偿制度将使公司的企业文化发生深远变化。在 EVA 制度下,所有财务营运功能都从同一基础出发,为公司各部门员工提供了一条相互交流的渠道。EVA 为各分支部门的交流合作提供了有利条件,为决策部门和营运部门建立了联系通道,并且根除了部门之间互有成见,互不信任的情况,这种互不信任特别会存在于运营部门与财务部门之间。

在此仅举一例。Harnischfeger 公司的 CFO 弗朗西斯·科比(Francis Corby)说,自从公司采用 EVA 之后,管理层并没有拒绝一个可行的资本投资要求。生产管理人员明白,如果新投资项目的收益低于资本成本,他们的奖金将受到影响,所以他们不会为了使项目通过而故意夸大项目的预期回报。实际上,EVA 是一套公司法人治理制度。这套制度自动引导所有的管理人员和普通员工,鼓励他们为股东的最大利益工作。EVA 制度还帮助决策权有效下放和分散,因为它使得每个管理人员有责任创造价值,并且对他们这样的做法给以奖励或惩罚。

9.4.3　EVA 提升公司治理水平

公司治理之所以重要,从本质讲是因为它直接影响到投资者(包括国家和个人)是否愿意把自己的钱交给管理者手中去。它是企业筹集资金过程中的一个至关重要的因素,运用 EVA 可以加强企业治理机制。

EVA 经济增加值的本质阐述的是企业经营产生的"经济"利润。相对于人们重视的企业"会计"利润而言,EVA——经济增加值理念认为企业所占用股东资本也是有成本的,所以在衡量企业业绩时,必须考虑到股东资本的成本。EVA 实质是股东考核企业经营水平,进行投资决策时的最好工具,同时也是企业经营者加强公司战略、财务管理、衡量员工业绩、设定奖罚机制的最佳武器。

如果说公司治理是企业的"宪法",那么EVA就是股东执行宪法的"警察",是企业经营者衡量自身及员工工作的"尺度",是实现全面战略、财务管理的"操作手册"。

公司治理的关键是企业经营者的利益与所有者的利益统一起来,也就是说,把企业的"内部人"变成股东的"自己人"。这需要股东和管理者用一样的语言、一样的标准去衡量管理者的业绩和制定他们的激励机制,而EVA正是最好的手段。

第一,应当明确企业存在的根本目的,即为股东创造最大的经济价值。也就是说,企业应当应用其筹集的资金创造高于资金成本的附加价值。这为企业的经营管理活动设定了目标并提供了衡量尺度。公司的董事会和管理层可以将EVA增加作为核心的计划工具。

第二,企业的经营管理者可以运用EVA作为战略及财务管理的上佳工具。由于EVA综合反映公司的经营活动,管理者可以通过对EVA驱动杠杆的分析和调节,有效地制定经营战略和企业的财务管理方案。例如,企业可以通过加快资金周转速度提高资金回报率;或通过调整资本架构,降低资本成本。

第三,企业股东和管理层可以运用EVA制定经营者和员工的激励报酬体系。由于EVA相较会计核算方法更真实地反映了企业经营的经济绩效。通过EVA管理系统可以设计一套真正有效的激励机制,把企业经营者和员工的利益与股东利益完全统一起来,也只有这样,才可能把企业"内部人"变成股东"自己人"。

最后,企业股东和管理者可以通过EVA基础知识培训加强员工沟通和管理、改善企业文化。企业管理者进而还可以用EVA作为与投资者交流的最好语言。

EVA概念简单易懂,同时又揭示了企业经营活动的本质,通过EVA管理体系的实施,企业管理者可以有效地制定目标、激励员工,将企业的资源和精力集中到财富的创造上去。

案例分析

王石带头兑现股权激励 万科7高管大赚四成

2011年10月17日以后,万科A的名字在深交所网站"上市公司董监高持股变动情况表"中,连续出现7次。

深交所公布的信息显示,2013年1月24日,王石持有万科A股份数量增加了80万股,成交均价为8.66元/股。与一般增持不同的是,这一成交均价明显低于当天11.95元的收盘价。背后的原因,则是因为当初被列入股权激励计划的王石,在进入首个行权期的近6个月后,终于选择行权。

另外,与王石一起行动的还有六位万科高管,分别是董事郁亮(220万股)、董事肖莉(50万股)、财务总监王文金(88万股)以及丁长峰(85万股)、莫军(30万股)、周卫军(54.52万股)三位执行副总裁。总的来看,七位万科高管在1月24日合计行权607.52万股。

在第一个行权期内,股权激励对象可行权的期权数量合计为3849.58万份。其中王石持有264万份,为万科高管中最多者,而他在24日仅通过行权增持80万股。与之相比,虽然郁亮可行权的期权只有 220 万份,但却选择在 24 日全部行权。对于万科 A 多位高管携手行权,一些业内人士的评价是"时机很好"。

2011 年 4 月,万科股权激励计划正式获批,首个行权期自 2012 年 7 月 12 日开始,截止日为 2014 年 4 月 24 日,可行权数量为持有期权的 40%。

在 2012 年 7 月 12 日进入行权期的首个交易日中,万科 A 的股价一度逼近 10 元关口,但受累于整个市场的低迷,公司股价走势急转直下,最低一度下探至 7.60 元,激励对象此时行权无异于是"主动买套"。直至 2011 年 12 月一波反弹的到来,万科 A 才真正收复 8.66 元/股的行权价关口。加上近期 B 转 H 股方案的实施,万科 A 再度迎来一波大涨。

需要指出的是,万科 A 是在 1 月 21 日复牌,而王石等高管选择行权的日子在三天后的 1 月 24 日。万科 A 的股权激励方案曾规定,重大交易或重大事项决定过程中至该事项公告后 2 个交易日不得行权。换句话说,王石等万科高管在"窗口期"过后,就立刻选择了行权。相对于 8.66 元/股的行权价,以万科 A 昨日收盘价 12.06 元计算,增持高管已经浮盈 39.26%,浮盈金额高达 2 066 万元。

实际上,早在 2006 年万科就曾经启动了为期 3 年的股权激励,但是由于房地产行业受到严厉调控,加上股价大幅下挫,激励成果并不明显。因此,万科新的股权激励方案备受关注。由于受益于 B 转 H 利好的推动,万科的股权激励终于赢得了一个不错的开局。

(资料来源:每日经济新闻,2013 年 1 月 29 日)

本章小结

激励是组织通过设计适当的外部奖酬形式和工作环境,以一定的行为规范和惩罚性措施,借助信息沟通,来激发、引导、保持和归化组织成员的行为,以有效地实现组织及其成员个人目标的系统活动。本章主要介绍了高层管理人员的主要激励方式,包括薪酬激励、荣誉激励、经营控制权激励、剩余支配权激励和知识激励,其中股票期权激励是高层管理者激励约束机制的主要表现形式,要重点掌握和了解。现实生活中,人们可能还会用到如目标激励、参与激励、淘汰激励等方式,本章没有作相关介绍。企业在与经理人签订合同时,授予经理人未来以签订合同时约定的价格购买一定数量公司普通股的选择权,经理人有权在一定时期后出售这些股票,获得股票市价和行权价之间的差价,但在合同期内,期权不可转让,也不能得到股息。在这种情况下,经理人的个人利益就同公司股价表现紧密地联系起来。

约束机制是指为规范组织成员行为,便于组织有序运转,充分发挥其作用而经法定程序制定和颁布执行的具体规范性要求、标准的规章制度和手段的总称。约束包括国家的法律、法规,行业标准,组织内部的规章制度,以及各种形式的监督等,主要有监督约束、合同约束、声誉约束、结构约束和市场约束等。

EVA 评价与激励系统作为公司治理的新工具,可以提升公司治理水平,构建以经济增加值理念为基础的财务管理系统、决策机制及激励报酬制度。EVA 是基于税后营业净利润和产生这些利润所需资本投入总成本的一种企业绩效财务评价方法,包括评价指标、管理体系、激励制度以及理念体系等。

复习思考题

1. 激励机制和约束机制的主要内容分别是什么?
2. 为什么企业需要建立激励和约束机制?
3. 股票期权具体是如何来激励高层管理者的?
4. 详细说明 EVA 是如何帮助企业提升公司治理水平的?

第 10 章 内部审计、会计与公司治理

学习目的

通过本章学习,你应该能够:
1. 了解内部审计、会计与公司治理之间的关系;
2. 掌握内部审计和会计在公司治理中发挥的作用;
3. 知道会计师和审计委员会或审计师在企业中的主要职责;
4. 了解如何通过内部审计和会计来完善公司治理。

关键词

内部审计　审计委员会　会计控制　会计信息

引导案例

毕马威丑闻

2009 年 6 月 16 日,全球"四大"之一的毕马威会计师事务所公开承认,自己的一些前合伙人有不法行为,向客户推销避税产品,滥用规则,给美国国库造成 14 亿美元的损失。

事实上,毕马威的违规行为早已在有关部门的密切注视之下。2003 年,美国国会参议院的一个下属委员会、司法部、国家税务局对毕马威的相关调查就已经展开,因此,市场对个中"案由"并不惊讶。

针对此次事件,毕马威表示,对违法行为负全责,对美国司法部的调查完全予以合作。此举意在换取后者对其不以重罪起诉而代之以经济处罚,进而避免类似安达信的命运。

毕马威 2009 年可谓流年不利,4 月 20 日刚刚与美国证监会达成和解,同意支付 2 250 万美元以逃脱美国证监会的指控——美国证监会在 2003 年 1 月起诉毕马威及其合作伙伴,允许施乐公司自行操纵其会计账目,造成施乐公司对外公布的财政结果与实际数字存在 30 亿美元左右的缺口。

毕马威丑闻接踵而至,但并非孤例。根据美国上市公司会计监督理事会在 2008 年 8 月 26 日发布的报告,四大会计公司即毕马威、普华永道、安永和德勤在 2003 年均有违反美国公认会计原则的行为,包括为各自公司客户提供低报债务的不当建议;在为客户账户

进行审计时,亦未能完成尽职调查的义务。

根据美国参议院一个下属委员会的调查报告,毕马威在1997年开始以"冒进的市场策略"推销避税产品以来,总共给大约350位富人提供了服务,并且赚取了约1.24亿美元的利润。毕马威推销的四种避税产品包括债券相关发行溢价结构,该方案的目标客户是年收入和资本利得一般在2 000万美元以上的富人,其具体的避税方法是,通过编织一张错综复杂的债务网,想办法增加纳税人的损失和其他列支费用,以降低纳税人的应纳税额,从而达到减少纳税的目的。其余是外国杠杆投资项目、离岸投资组合策略和公司贡献战略组合策略S—Corporation Cle Contribution Strategy(SC2)。美国国税局认定,前三类产品涉及的许多规则属滥用或非法避税手段,最后一类游走于法规的灰色地带,正在审议之中。不过,毕马威声称,在2002年前已经全部停止此四类产品的推销。

结合上述案例,谈谈审计、会计对于一个企业公司治理的重要性。

10.1 内部审计与公司治理

目前,公司治理越来越受到广泛的关注和重视,人们认识到,只有建立一套完整的治理系统,才能彻底解决舞弊、腐败和管理不当的问题,在这一系统中,内部审计是必不可少的组成部分。随着当代企业经营管理环境的变化、风险的增多、内部治理的加强以及组织机构的重整,内部审计工作应在改进风险管理和完善治理结构等方面发挥积极的审查、评价及促进作用,由此赋予了内部审计人员更多的职责和使命。

10.1.1 内部审计对公司治理的意义

1. 内部审计的内容

内部审计是企业内部控制制度的重要组成部分,而一个企业是否能健康发展,是否能以最少的成本产生最大的效益,是否做到人尽其才、物尽其用等,都在一定的程度上取决于企业的内部控制是否有效。

国际内部审计师协会[①](IIA)2001年在其发布的《内部审计实务框架标准》中对内部审计定义:"内部审计是用来增加组织价值和改善组织运营的独立、客观的保证和咨询活动。它以系统的、专业的方法对风险管理、控制及治理过程的有效性进行评价和改善,帮助组织实现其目标"。这一定义既将内部审计和风险管理、内部控制和公司治理联系起来了,又同时指出了现在内部审计的职能:增加组织价值帮助组织实现其目标。我国内部审计过去侧重于包括揭露错误和舞弊行为在内的财务会计事项的审计,属于消极的防弊职能。随着经济的发展和社会的进步及现代公司管理制度的完善,内部审计的职能也在不

---

① 国际内部审计师协会(Institute of Internal Auditors,IIA)是由内部审计人员组成的国际性审计职业团体。成立于1941年。其前身为美国内部审计师协会。其会员称之为国际注册内部审计师。

断地发生着改变。内部审计除了要具有过去的防弊职能外,也应该具有增值兴利的职能。内部审计的内容也相应要扩宽,不再局限于对财务收支有关的经济活动的监督审计,而是变成对整个部门、单位的经济效益、内部控制和风险评价进行监督审计,还要提出改进管理的建议,以达到使组织增值的目的。

内部审计是一项独立、客观的保证和咨询活动,其目的在于增加价值和改进组织的经营。它通过系统化、规范化的方法,评价和改进风险管理、控制和管理过程的效果,帮助组织实现其目标。

2. 内部审计影响公司治理

公司治理协调现代公司制度下公司内部不同利益关系之间的利益和行为,是所有权与经营权分离后为调整其利益、矛盾而派生出来的一种机制。公司治理的健全性、合理性是开展审计监督工作的基础,公司治理结构层次高低制约着内部审计的发展。

从西方发达的市场经验看,内部审计作为实现内部控制的关键因素,是公司治理结构的有机组成部分。内部审计在公司治理中处于极其重要而又特殊的地位:一方面,内部审计可以有效帮助公司预防和减少损失,当内部审计成本小于损失的减少时,公司价值就会增加;另一方面,由于内部审计的存在,客观上会对公司的经营管理者产生威慑作用,使其不得不维持良好的控制制度,并努力改善工作。内部控制的发展离不开公司治理的推动,公司治理的优化也离不开有效的内部控制作为保障。安然事件后,各公司董事会更加看重内部审计与公司治理的良性互动关系。

内部审计是对组织中各类业务和控制进行独立评价,以确定是否遵循公认的方针和程序,是否符合规定的标准,是否有效和经济地使用了资源,是否正在实现组织的目标。随着现代公司规模的日益膨胀,内部审计也显得越来越重要。通过内部审计的监督、评价、控制和服务职能,从而起到防护性和建设性的作用。防护性的作用是指通过内审的监督和控制活动,可以揭露和制约各种不道德和不规范的行为产生,防止给企业造成各种不良后果;建设性作用是指通过被审查活动的检查和评价,针对管理和控制中存在的问题和不足,提出具有促进性的意见和改进方案,以改善企业的经营管理,提高企业的经济效益。

一般而言,公司的内部审计人员同其他员工一样,都是属于公司的正式职员。其职责是对公司的管理控制过程及系统进行审计,通常由管理层聘用,因而在很大程度上是受管理层牵制的。目前,这一现象开始发生变化,即内部审计师越来越多地向董事会中的审计委员会进行定期报告,由于审计委员会是由独立董事控制的,使得受管理层的牵制程度得以降低。

内部审计部门处于企业的董事会、总经理与各职能部门之间,内部审计人员不从事具体业务活动,独立于业务管理部门,能够充当企业长期风险策略与各种决策的协调人,这使得他们可以从全局出发、从客观的角度对风险进行识别,及时建议管理部门采取措施控制风险。通过对长期计划与短期计划的调节,内部审计人员可以调控、指导企业的风险管理策略。内部审计作为内部控制的重要组成部分,在风险管理中发挥着不可替代的独特作用。内部审计的地位与其发挥的作用紧密相关。内部审计的地位越高,权威性越大,就越可能发挥较大作用。反过来,内部审计在整个组织的经营和管理中发挥的作用越大,那么,内部审计在本单位中的权威性和地位就越高。明确内部审计在企业在公司治理结构中的地位和作用,对于理解内部审计和更好地开展内部审计工作十分重要。

10.1.2 审计委员会及对公司治理的意义

审计委员会被认为是董事会的最重要的下属委员会之一。美国纽约股票交易所建议每个公司应设有审计委员会。按照《纽约股票交易所上市规则》,建议每个公司应建立审计委员会,委员会的成员仅限于外部董事。

随着我国经济的发展,国内资本市场的法律、法规也在逐步地完善,审计委员会制度也被逐渐引入我国,中国证监会发布的《上市公司治理准则》第54条也对上市公司审计委员会的职责做出了明确的要求。审计委员会可以更加有效地帮助董事会和外部人员了解公司的财务状况和公司所发布的财务信息的细节,有助于公司财务透明度的增加,有了审计委员会对公司的财务记录进行认真地审计,相信有审计委员会的公司比较不容易发生财务舞弊的事件。

审计委员会主要由3~5名独立董事组成,这些独立董事不在公司管理层内任职,与公司间不存在经济利益关系,主要依靠其相互信誉来行事。对审计委员会的组成人员的专业素质也有特定要求,如成员要了解会计和审计知识。在工作过程中,审计委员会需要反复同内部审计人员、外部审计人员、公司管理层进行沟通,另就自身工作总结向董事会呈递工作报告。一般说来,审计委员会的工作报告属于公司内部治理的范畴,不需要对外披露。

审计委员会的主要职责包括:

1. 董事会及其审计委员会对内部审计工作的范围和审计活动提供常规指导

审核内部审计章程,提名或审批内部审计负责人的聘用或解聘事宜等是在董事会及其审计委员会的指导下,公司内部审计可以从战略管理的高度来开展有关的内部审计工作,主要包括认定和评价与管理当局业绩有关的指标,有关战略制定过程是否符合科学的程序,管理当局是否建立了应有的道德标准,是否遵守了法律和政府的规定等,并向董事会及其审计委员会汇报审计结果。

2. 协助监事会实施治理

在公司治理中,监事会是一个重要的机构。监事会是代表股东、债权人、公司员工和其他利益相关者对管理当局进行监督,以防止管理当局利用手中的权力来侵害公司利益相关者的利益。内部审计可以协助监事会开展公司治理审计揭露管理当局对财务报表有重要影响的错误,查出管理当局不符合法律、法规和公司章程的行为以及贪污、舞弊行为,提出改进措施,促进管理当局完成其受托责任。

3. 协助管理当局实施治理

管理当局是公司的经营管理者,对委托人的财产保值、增值负责。为了完成其受托责任,管理当局必须借助内部审计加强内部监督和管理。内部审计通过协助管理当局设计战略目标、编制年度预算、分析年度决算、完善组织机构、设计管理跨度、制定公司政策、建立公司文化等方面加强公司经营管理。一方面,内部审计通过努力帮助组织预防和减少损失,当内部审计的成本小于损失的减少时,公司价值增加。另一方面,内部审计的存在,客观上会对组织内的经营管理者和其他职能部门产生威慑作用使其不得不维持良好的控制系统,并努力改善工作绩效。

审计委员会的主要目标是督促提供有效的财务报告,并控制、识别与管理许多因素对公司财务状况带来的风险。公司面临的风险涉及竞争、环境、财务、法律、运营、监管、战略与技术等方面。审计委员会本身无法监管所有这些风险,应该由各方(包括董事会其他委员会)共同合作。

10.1.3 强化公司内部审计的方法

目前,不少企业的内部审计基础薄弱,无论其定性定位、体制机制或方式方法等,都无法适应现代企业制度要求与公司治理的需要。为使内部审计在公司治理中的作用得到真正的发挥,应从以下方面完善与发展内部审计:

1. 不断加强内部审计法制建设

随着《审计法》《内部审计准则》的颁布实施,为规范内部审计工作提供了法律保障。为了适应我国蓬勃发展的市场经济需要,还应根据内部审计中出现的各种新问题,对内部审计法规适时地进行修订、补充和完善,使内部审计工作有法可依,有章可循。

2. 健全企业内部管理制度

公司内部管理制度是内部审计机构开展内部审计工作的重要依据,内部审计制度越健全,企业制度执行情况越好,内部审计工作越容易开展,作用就越容易发挥。因此,要建立、健全企业内部管理制度,为内部审计创造良好的内部环境,奠定良好的制度基础。

3. 强化内部审计的独立性和权威性

从审计的独立性来看,内部审计机构的地位越来越高,审计的控制作用就发挥得越好,从有效性来看,内部审计直接由企业管理的最高权力机构领导,更便于内部审计工作的开展。提高内部审计的地位,增强内部审计的独立性和权威性,是内部审计发挥作用的重要前提,从而使内部审计机构和内部审计人员从实质上和形式上保持独立。

4. 扩大内部审计的职能及作用

内部审计的主要职能应从传统的查错防弊的财务审计向为企业内部的管理、决策和效益服务的管理审计转变,应将管理审计与财务审计结合起来,以形成完整的内部审计监督与评价机制。内部审计的目标应侧重于加强企业管理,提高经济效益。将效益作为内部审计追求的目标,将管理作为内部审计的切入点,既符合企业追求市场价值最大化的要求,也可以更好地发挥企业内部审计的优势。

5. 采用先进的审计方法，拓展新的审计领域

传统的内部审计方法已难以适应市场经济进一步发展及现代企业制度建立的这种变化，必须逐步建立和完善内部审计方法体系，实现审计手段、审计方法的科学化、现代化。内部审计在有效开展传统财务审计的基础上，可向下列领域拓展：如内部控制审计、管理审计、经济责任审计、风险管理审计等。从多层次、多角度形成一个纵横交错的、严密的审计网络。

6. 提高内部审计人员业务素质，增强内部审计竞争力

目前企业内部审计人员知识结构比较单一，企业应根据自身在市场竞争中的战略地位与内部审计的发展要求，尽快培养出一批高素质的内部审计人才。要保证审计人员具备适当的专业知识以满足业务发展的需求，重视和加强各相关专业如财务会计、市场营销、经营管理、法律、计算机等知识的培训，为内部审计人员知识结构多元化发展提供条件。加强对内部审计人员的后续考核，不断进行知识的更新，增强内部审计竞争力，以适应现代企业内部审计的要求。

现代企业处于蓬勃发展的市场经济中，在不断进行体制改革，同时也面临着机遇和挑战，也同样存在着风险管理、内部治理、内部控制等管理内容。因此，企业单位的内部审计更应遵循对现代企业公司治理的要求，尽管目前内、外部环境和条件可能尚未具备，但作为企业单位的内部审计机构和内部审计人员，要具有公司治理与风险管理意识，应不断完善与发展内部审计，转换审计职能，拓展内部审计范畴，改革内部审计技术，提升内部审计价值，变革内部审计管理模式，从思想意识上、业务素质上做充分准备。只有这样，才能在市场经济竞争日益激烈的今天，充分发挥内部审计的作用，显示出内部审计的有效性和必要性。

10.2 会计与公司治理

纵观会计发展历史，会计已经从简单地记录事项并向所有者报告管理者经营业绩的阶段演变到向组织内部和外部的利益相关者提供有用的决策信息。作为企业管理系统的一部分，它同公司的管理结构和治理结构是密不可分的。

在公司治理结构中，会计是联结权力和利益的纽带，是公司治理的一个重要方面。公司治理结构要取得好的效果，关键要看委托方和代理方信息掌握的程度，即要尽可能地减少信息的不对称性，使所有者、债权人等掌握更多的信息。企业作为一个契约的结合体，它包括签约、履约、计量、评价以及再签约这一系列过程。在这一系列过程中，计量和评价的工作是由会计来完成的。会计作为一个信息控制系统，它在减少信息的不对称方面起着至关重要的作用，是企业作为一个合约结构得以运行的关键一环。它通过一个企业的财务状况、经营成果、现金流量信息的揭示，对企业经营者的业绩进行评价，从而反映经营者受托责任的履行情况。一个有效的信息控制系统，包括审计在内，能把责权利三者有机地结合起来，使得公司治理结构的安排充分发挥其效率，从而促进公司的正常运转。正是因为会计在公司治理中的关键地位,因而,不断完善和发展会计和会计模式,是促进公司治理结构逐步走向成熟的重要环节。

在一个管理有序、治理完善的企业中,会计必然运作良好,它为企业内部、外部决策者提供可靠、相关的会计信息。从经验来看,那些提供虚假会计信息的企业一般都在企业管理上比较薄弱,缺乏有效的公司治理结构。会计职责的履行和作用的发挥离不开企业管理和治理结构,只有将会计置于公司治理中加以考虑,才能更好理解会计在经济生活中的角色和地位,才能找出现实中所存在问题的症结,寻求对症之药。

10.2.1 从公司治理结构角度看会计信息失真

会计信息失真是由于公司经营者蓄意隐瞒公司真实信息所导致的,这损害了公司所有者的权益。导致公司信息失真的原因是多方面的,但最根本的原因是公司内部治理结构的缺陷。公司的治理结构缺陷主要表现为董事会结构不合理、独立董事不独立以及监事会监督不到位等。

1. 董事会结构不合理——信息披露由内部控制人决定

董事会结构不合理为信息失真提供了生存的土壤。上市公司的董事会结构不合理表现在两个方面:一是董事会中大股东的代表占绝大多数,董事会完全由大股东掌控,董事会的制衡功能丧失;二是董事会和经理层人员重叠,出现了自己监督自己的现象,董事会的监督功能被削弱。

当董事会两大主要功能——制衡功能和监督功能都丧失时,董事会就形同虚设,上市公司由内部人——经理人员掌控。由于经理人员的目标是自身利益最大化,与上市公司的股东利益最大化的目标存在偏差,信息披露必然按照有利于经理人员利益的要求披露。当公司经营状况不佳时,逐利的经理人员必然会提供虚假的信息为自己牟取最大利益。

2. 监事会作用有限——对信息披露的监督作用难以发挥

根据《公司法》规定,监事会和董事会是股东大会下的两个执行机构,监事会在地位上是和董事会平行的。但在实际运作中,一些监事会已经沦为董事会的下级机构。加之一些上市公司的监事会成员主要来自股东代表和职工代表,他们在行政关系上受制于董事会和兼任公司管理层的董事,监事会没有独立性,监督董事会的作用也就难以发挥。

3. 独立董事不独立——对信息披露未起到应有的监督作用

由于相关的法律、法规、规章制度不健全,对于独立董事的选聘、责任和权力界定、监督和评价、激励制度等方面的规定尚不完善。在独立董事的选聘上,目前主要是由董事会推荐,股东大会通过。在目前的"一股独大"的股权结构下,独立董事选择最终是大股东决定,中小股东在这方面的发言权流于形式,独立董事从产生就已经丧失了部分独立性。

10.2.2 公司治理角度下的会计职能

公司治理理论认为,公司治理机制辐射两个方面的内容:一是企业与股东及其他利益相关者之间的责权利分配,在这一层中,股东要授权给管理当局管理企业,采取措施保证管理当局从股东利益出发管理企业,并在管理当局损害股东权力时有权采取必要行动;二是企业董事会及高级管理层为履行对股东的承诺,承担自己应有职责所形成的责权利,在内部各部门及有关人员之间进行责权利分配。其中,第一层是股东与管理者之间的治理机制,是企业所有权与经营权相分离的结果,是建立现代企业制度的必然要求;第二层是各级管理者之间的管理约束机制,是现代企业科学管理、科学运行的必然要求。因此,将第一层称为公司治理,而将第二层称为公司管理。

无论是公司治理还是公司管理都要求会计在其中充当重要的角色。对公司治理而言,外部股东希望通过参阅会计信息判断经营者受托责任的履行情况,以做出理性的决策,此时会计充当着信息提供者的角色,因此许多学者将会计定位于经济信息系统,当前的信息系统理论即发源于此。对公司管理而言,高层管理者希望通过会计核算来监督下层经营者的工作情况、企业运作状况等,此时会计充当着内部管理手段的角色,便产生了会计管理系统理论。

10.2.3 会计对公司治理的意义

在公司治理中,会计是联结权力和利益的纽带,是公司治理的一个核心。而上述各种具体的内部治理机制,要取得有效的结果,关键还要看双方信息掌握的程度,即要尽可能地减少信息的不对称性,使所有者、债权人等掌握更多的信息。当委托代理关系建立时,委托代理双方的信息是对称的(完全信息);但在随后代理人选择行动(如工作努力不努力),委托人只能观察到结果,而不能直接观察到代理人行动本身和经营环境的状态本身。委托人面临的主要问题就是如何设计一个激励合同以诱使代理人从自身利益出发选择对委托人最有利的行动。这里有个基本的假定,即代理人的结果是可观察到的。会计就充当这一角色,即借助会计的反映职能,通过对一个企业的财务状况、经营成果和现金流量信息的揭示,来对经营者的业绩进行评价,从而反映经营者的受托责任的履行情况。财务会计的基本产品是财务报告,财务报告作为对经营者的一份业绩评价,犹如经营者的总结报告。

会计通过一系列制度的制定,工作组织的规划,程序的编排以及采取恰当的措施来保证会计主体的财产不受损失和有效使用,保证会计数据的完整可靠,保证国家财经政策和内部管理制度的贯彻执行。作为内部控制的核心,会计通过人员素质控制、组织机构控制、业务处理控制、会计记录控制等来实现其目的。按照《会计法》的要求进行会计核算、提供真实和完整的财务报告,保证投资者、债权人及其他利益相关人员做出合理的决策。同时,通过规范会计行为,保证会计信息真实可靠,有助于加强企业经济和财务管理,有助于资源的优化配置,提高企业的经济效益。

加强会计控制与加强公司治理,两者的最终目的是一致的,都是为了建立和健全公司治理结构。完善的治理结构能有效地维护所有者及其他各方的合法权益,使投资者充满信心,使整个经济健康发展。加强会计控制是健全公司治理结构的必要手段,严格的会计控制能合理保证会计信息的真实可靠,规范企业会计行为,各部门权责明确,相互制约相互影响。加强企业的会计监督,能有效地保证所有者的利益,实现企业价值的最大化。

本章小结

内部审计是一项独立、客观的保证和咨询活动,其目的在于增加价值和改进组织的经营。它通过系统化、规范化的方法,评价和改进风险管理、控制和管理过程的效果,帮助组织实现其目标,有效的内部审计是公司治理的重要保证。内部审计人员一般不从事具体业务活动,独立于业务管理部门,能够充当企业长期风险策略与各种决策的协调人,从全局出发,从客观的角度对风险进行识别,及时建议管理部门采取措施控制风险。董事会内部一般会设立审计委员会,主要负责公司内、外部审计的沟通、监督和核查工作。

在一个管理有序、治理完善的企业中,会计必然运作良好,它为企业内部、外部决策者提供可靠、相关的会计信息。会计控制通过一系列制度的制定,工作组织的规划、程序的编排以及采取恰当的措施,来保证会计主体的财产不受损失和有效使用,保证会计数据的完整可靠,保证国家财经政策和内部管理制度的贯彻执行。作为内部控制的核心,会计控制通过人员素质控制、组织机构控制、业务处理控制、会计记录控制等来实现其目的。

案例分析

绿大地——中小板首例欺诈发行股票案

2013年2月7日,昆明市中级人民法院对绿大地欺诈发行股票案做出一审判决,认定云南绿大地生物科技股份有限公司(简称绿大地)犯欺诈发行股票罪、伪造金融票证罪、故意销毁会计凭证罪,判处罚金1040万元;公司原实际控制人何学葵被判处有期徒刑10年,原财务总监蒋凯西、原财务顾问庞明星、原出纳主管赵海丽、原大客户中心负责人赵海艳等人分别被判处6年至2年3个月不等的有期徒刑并处相应罚金。

2013年2月20日,该案被告何学葵等对判决结果提出上诉,一审判决未能生效,正移交云南省高级人民法院。该案最终判决时间和判决结果存在不确定性。

2013年4月3日,该公司收到云南省高级人民法院《刑事裁定书》【(2013)云高刑终字第365号】。驳回上诉,维持原判。本裁定为终审裁定。

村庄里的造假故事,上市前虚增收入3个亿

绿大地于2007年12月21日在深圳证券交易所首次发行股票并上市,募集资金达3.46亿元。公诉机关指控称,2004年至2009年间,绿大地在不具备首次公开发行股票并上市的情况下,未达到在深圳证券交易所发行股票并上市的目的,经过被告人何学葵、蒋凯西、庞明星的共谋、策划,由被告人赵海丽、赵海艳登记注册了一批由绿大地实际控制或者掌握银行账户的关联公司,并利用相关银行账户操控资金流转,采用伪造合同、发票、工商登记资料等手段,少付多列,将款项支付给其控制的公司组成人员,虚构交易业务、虚增资产、虚增收入。

其中,在上市前的2004年至2007年6月间,绿大地使用虚假的合同、财务资料,虚增马龙县旧县村委会960亩荒山使用权、马龙县马鸣乡3 500亩荒山使用权以及马鸣基地围墙、灌溉系统、土壤改良工程等项目的资产共计7 011.4万元。绿大地还采用虚假苗木交易销售，编造虚假会计资料，或通过绿大地控制的公司将销售款转回等手段，虚增营业收入总计2.96亿元。绿大地的招股说明书包含了上述虚假内容。

根据云南云审司法鉴定中心的司法鉴字(2011)第07号《司法会计鉴定意见书》（下称"司法鉴定"）证实，绿大地存在以下几种虚增的情况。

虚增一：2004年2月，绿大地购买马龙县旧县村委会土地960亩，金额为955.20万元，虚增土地成本900.20万元。

虚增二：2005年4月，绿大地购买马龙县马鸣土地四宗，共计3 500亩，金额为3 360.00万元，虚增土地成本3 190.00万元。

虚增三：截至2007年6月30日，绿大地在马龙县马鸣基地灌溉系统、灌溉管网等项目上价值虚增797.20万元。

虚增四：2007年1至3月，绿大地对马鸣乡基地土壤改良价值虚增2 124.00万元。

难以停下的系统，上市后虚增收入2.5亿元

通过虚增业绩上市的绿大地并没有停下脚步，上市后还通过伪造合同等方式来虚增业绩。据公诉机关指控，2007年至2009年间，绿大地通过伪造合同和会计资料，虚增马龙县月望乡猫猫洞9 000亩荒山土地使用权、月望基地土壤改良及灌溉系统工程、云南省文山州广南县12 380亩林业用地土地使用权的资产共计2.88亿元。

绿大地还采用虚假苗木交易销售，编造虚假会计资料或通过受其控制的公司将销售款转回等手段，虚增收入共计2.5亿元。绿大地披露的年度报告中包含了上述虚假内容。

司法鉴定证实，在绿大地上市后有以下几种虚增的情况。

虚增一：2008年，绿大地会计报告披露的购买马龙县月望乡9 000亩土地使用权价值8 370.00万元。经司法机关鉴定，确认购买马龙县月望乡9 000亩土地使用权价值虚增8 370.00万元。

虚增二：2008年，绿大地会计报告披露，购建月望基地灌溉系统4 270.00万元，经鉴定虚增购建月望基地灌溉系统3 438.02万元。

虚增三：2008年，绿大地会计报告披露的月望基地土壤改良投入为4 527.30万元，经鉴定虚增价值4 527.30万元。

虚增四：2009年，绿大地会计报告披露的购置广南林地使用权价值11 011.05万元，经鉴定虚增林地使用权价值10 407.06万元。

司法鉴定意见书认为，绿大地2007年度会计报告披露营业收入25 746.55万元，其中虚增收入9 659.90万元；2008年度会计报告披露营业收入34 194.76万元，其中虚增收入8 564.68万元；2009年度会计报告披露营业收入43 949.59万元，其中虚增收入6 856.09万元。自2007年至2009年累计虚增收入25 080.68万元。

证监局急刹车，五度变脸虚增数据

2009年下半年，绿大地的资金链逐渐绷紧。何学葵的自救方案就是定向增发。根据绿大地在当年8月份的增发方案，公司拟定向增发2 500万股，价格不低于18.64元，融资4.66亿元。为使这次增发成功,绿大地通过编造假账的手法,将花了600多万元购买的广南林地使用权,虚增至1亿元。

事实上,监管部门已经注意到了绿大地的财务异常。2009年8月,当地证监局的一次巡检和离职财务人员的举报,击碎了绿大地的造假美梦。只不过当时外界所不知道的是,当地证监局不但驳回了绿大地的增发申请,更提出了严厉的整改意见。

外界对绿大地财务问题的关注,大多源自2010年3月证监会稽查组的进驻调查。

身为财务专家的郑亚光表示,其实财务造假并非外界所想象的那么容易。"比如你要虚增销售业绩,除了销售额之外,相关的物流、存货、银行周转都会出现相应的变化,要修改所有的相关数据,使虚增的销售额看起来合理是很难的。"

这些虚增的业绩引起了监管层的注意,审计和监管机构也正从多处"不合理"的数据变化中发现了财务造假的线索。何学葵在那段时间也从信心十足转而心惊胆战,甚至一度在公司内部提出要按照监管部门的整改意见进行调账。

博弈数月之后,2009年度绿大地公司业绩五度变脸,由预增过亿元,最终报出了1.5亿元的巨亏。

绿大地业绩之所以变脸,公告称一是思茅基地受干旱影响导致苗木受损,受损的苗木主要是外购半成品苗木,其适应性和抗干旱能力相对较差。本次受损苗木共计11.11万株,金额为3 509.35万元。二是为加快公司自主繁育品种的培育力度,公司于2009年下半年以来,针对市场需求的变化趋势,逐步实施了苗木品种、规格结构的调整,对部分市场增值空间不大、附加值不高的外购苗木进行了销售,从而降低了当期苗木销售的毛利率,影响了公司的净利润水平。

2010年4月28日,净利润被修正为-12 796万元,同比减少247.47%。公司公告称,净利润被修正的原因,一是公司对所有基地的苗木存货进行了全面的盘点和清查,发现公司的苗木存货因持续旱灾影响出现大批死亡,共计损失8 551.58万元,计入营业外支出,影响了公司2009年度利润。二是公司2009年第四季度的苗木销售中,受干旱天气所带来的不利影响,其中部分苗木销售后质量受损死亡率高,从而导致收入减少8 378.14万元,影响公司净利润6 956.68万元。三是在自查过程中,公司聘请中联资产评估有限公司对公司月望基地及广南基地土地价值进行减值测试,经评估,月望的土地使用权及相关的土地改良投入、广南基地林地使用权合计减值5 830.05万元。

两天后的2010年4月30日,绿大地2009年年报正式出炉,净利润再度被改,实际数值为-15 123万元,同比减少301.03%。公司公告称,这次变脸的原因是,中联资产评估有限公司对公司月望基地及广南基地土地价值进行减值测试。经评估,月望的土地使用权及相关的土地改良投入、广南基地林地使用权减值,计提无形资产减值准备5 830.05万元;2009年秋季以来,云南省遭遇百年不遇的持续干旱天气,给公司苗木生产及苗木的存活率带来了极大的危害。同时,因公司生产管理不善,导致病虫害不断蔓延,造成马鸣基地和思茅基地死亡苗木损失15 508.26万元。

上市仅仅3年多的时间,绿大地就已经更换了三任财务总监,并三次更换审计机构,且每次都是在年报披露前夕。上市公司、承销商和保荐代表人为从资本市场攫取大量资金,在上市公司年报等方面进行盈余操纵。要根治上市公司财务造假的"毒瘤",迫切需要加强公司内部审计工作和提升会计人员职业道德水准,完善相关法制建设,建立政府监管机制。

(资料来源:证券市场周刊,作者:赵静,时间:2013年2月25日)

复习思考题

1. 内部审计和会计与公司治理之间具有怎样的关系?
2. 内部审计是如何在公司治理中发挥作用的?
3. 企业中设立审计委员会的目的及其主要职责分别是什么?
4. 不完善的内部审计和会计会对企业造成怎样的不好影响?
5. 如何完善内部审计和会计来有效地帮助企业进行公司治理?

第11章 企业文化与公司治理

学习目的

通过本章学习,你应该能够:
1. 了解企业文化的内涵、构成及主要作用;
2. 掌握公司治理文化体系的构成、作用机制和建设途径;
3. 明确企业文化在公司治理中的重要意义;
4. 分析我国企业公司治理文化所存在的缺陷与不足之处。

关键词

企业文化　治理文化　有形治理结构　文化建设

引导案例

工程师文化毁掉了摩托罗拉?

摩托罗拉公司(Motorola Inc),原名 Galvin Manufacturing Corporation,成立于1928年。1947年,改名为 Motorola,从20世纪30年代开始作为商标使用。总部设在美国伊利诺伊州绍姆堡,位于芝加哥市郊。世界《财富》百强企业之一,是全球芯片制造、电子通信的领导者。

谷歌公司2011年8月15日宣布与摩托罗拉移动签署最终协议,将以每股40美元的现金收购后者,总价约125亿美元,该交易已得到两家公司董事会的批准。2012年2月14日谷歌收购摩托罗拉获欧盟和美国批准。2012年8月13日,摩托罗拉移动宣布全球裁员20%,并关闭1/3办事处。

作为手机的伟大发明者和曾经的行业霸主,摩托罗拉沦落到今天"山河破碎"的地步,实在出乎很多人意料。

摩托罗拉作为一个全球性的企业,其存亡兴衰牵涉无数用户和产业链的利益。为摩托罗拉把脉诊断,共同寻找复兴之道,成为众多业界人士的共识。

让摩托罗拉沦落的真正原因究竟在哪里呢?

一位熟悉摩托罗拉的业内资深人士指出:病根在于摩托罗拉的工程师文化。

成也萧何,败也萧何。工程师文化的严谨务实,讲技术,求创新,重专业等优点为摩托罗拉当初的迅速崛起立下了汗马功劳,在相当长的一段时间内保证了摩托罗拉在通信行业的领先地位。

但工程师文化是一把"双刃剑",在创业和发展初期,工程师文化的积极面是拉动摩托罗拉快速奔跑的马车。随着摩托罗拉功成名就,机构变得臃肿庞大,消极面就开始显露出来,技压"积极面",成为摩托罗拉负重前行的羁绊。工程师文化过于注重细节而导致过分拘泥于细节,过分重视技术而忽略市场运作,过于讲究程序而导致手续复杂,效率低下等原因,成为摩托罗拉的"致命内伤"。

这些工程师文化中"致命内伤",成为摩托罗拉从行业领导者成为跟随者,从行业跟随者成为落伍者的根本原因。甚至有人怀疑,摩托罗拉的工程师文化与手机行业已经水火不容,格格不入。

要想在手机行业日子过得风光,有两个基本点:要么在技术上领先于人,成为真正的技术领跑者;要么在市场上反应灵活快捷,成为真正的适应者。苹果的iPhone手机和加拿大RIM公司的黑莓手机在全球畅销,就属于技术领跑者的情况。早期的摩托罗拉手机之所以独占鳌头,也是在于"技术领先于人"。目前,一些活得比较滋润的中小型国产手机,甚至"山寨机",就是凭借超强的市场反应速度取胜。

如果摩托罗拉一直可以在技术上领先一步的话,还是照样可以吃香喝辣的。但遗憾的是,曾经让摩托罗拉引以为傲的技术,现在也落在了对手后面,先是在从模拟化到数字化的浪潮中,摩托罗拉错失良机,被苹果迎头赶上,并被远远抛在身后,随后又被三星、索爱和LG赶超。就拿摩托罗拉2008年6月份发布的号称其旗舰产品的ZINE5来说,摩托罗拉被对手远远地甩在了身后。ZINE主打卖点是500万像素的拍照功能。可索尼爱立信500万像素的K858在2007年12月份就上市了,比摩托罗拉早了整整半年,而索尼爱立信的800万像素的手机已经铁定在下半年登场。业内人士分析认为:摩托罗拉800万像素的手机要在2008年登台亮相恐怕比较困难。对摩托罗拉来讲,市场形势更是不容乐观。ZINE5的价格定位在三千五左右,可市场上500万像素的手机已经跌破三千了。如此看来,摩托罗拉全球CEO格雷戈·布朗寄望于2008年研发一些"伟大产品,狠狠地震撼一下消费者",以此"扭转MOTO手机命运"的美好愿望极有可能再次"竹篮打水——一场空"。

工程师文化存在的手续繁杂导致的效率低下,在摩托罗拉处理危机公关和售后服务上得到了淋漓尽致的表现。2007年发生在甘肃的摩托罗拉手机爆炸致人死亡事件,打了摩托罗拉一个措手不及。这件事,让摩托罗拉在中国消费者中的质量神话开始破灭。虽然最后不了了之,但摩托罗拉处理危机公关的拖沓和傲慢给中国人留下了难以磨灭的印象,成为很多企业在处理危机公关时的"反面教材"。据很多用户反映,摩托罗拉的售后服务同样存在手续繁杂,耗时太久,问题无法得到及时解决的弊端,这致使很多摩托罗拉的客户流失到了竞争对手那儿。

或许摩托罗拉已经意识到工程师文化中的负面因素对其产生的不利影响,摩托罗拉已经在努力做出改变了。但"江山易改,本性难移"。对一个企业来说,企业文化是一种根深蒂固的"本性"的东西。而摩托罗拉工程师文化中的消极面如同生长在内脏里面的"毒瘤",深植在肌体之内。要想从根本上加以根治,并非短期内就能心想事成的,毕竟摩托罗拉的"盘子"实在太大,而"毒瘤"在摩托罗拉体内已经"长大成形,盘根错节"了,找到一位妙手回春,能够术到病除的"华佗",并不是一件很容易的事。

根据上述案例,谈谈你对企业文化重要性的认识。

(资料来源:企业文化,作者:曾高飞,2008年第9期)

11.1 企业文化

钓过螃蟹的人或许都知道,篓子中放了一群螃蟹,不必盖上盖子,螃蟹是爬不出去的,因为只要有一只想往上爬,其他螃蟹便会纷纷攀附在它的身上,结果是把它拉下来,最后没有一只出得去。因此,企业管理者都有一个紧迫的任务,就是要建立组织共同的价值取向,这比任何制度、规则、程序和标准都有效。建立一套制度、程序并不难,但如果各个成员的价值取向不一致,结果对这些制度、程序、标准的执行总是处于被动、无奈甚至敷衍的局面。

公司治理的模式是由人设计的,也是靠人去执行和完善的。人既是公司治理的主体,也是公司治理的客体。在知识经济条件下,人才是一种很重要的资源要素。如果企业能够建立起统一的公司治理文化,大股东与董事会之间、董事会与高级经理层之间、股东(大)会与监事会之间、董事会与监事会之间、经理层与会计人员之间、经理层与监事会之间钩心斗角、串通舞弊等现象就能得到有效的遏制。因此现代企业应注重公司治理文化的建设,加强对人力资源的管理与控制。

11.1.1 企业文化的内涵

企业文化就像恒温状态下的真菌,你很难用手捕捉到它,然而它却是无所不在的。确切地说,企业文化是在一定的社会历史条件下,一个企业或一些经济组织长期形成而被公众普遍认同的价值观念、企业精神、行为准则、文化环境、产品品牌以及经营战略等的集合体,是一种凝聚人心以实现自我价值、提升企业竞争力的无形力量和资本。企业文化属于亚文化范畴,是整个社会文化体系中的一个有机的组成部分,具有很强的继承性、时代性和层次性。

根据企业文化的含义,企业文化的基本内容包括企业目标、企业精神、企业价值观、企业规章制度和道德规范,以及企业内部环境和企业的外部形象等。科学地制定企业发展方向、目标及规划,是企业发展的前提,而企业文化的核心,是企业发展的精神支柱,是激励职工奋发向上,积极为企业做贡献的强大动力,是企业"积土成山,风雨兴焉"的精神粮食。企业价值观是企业职工在长期共同努力中形成的文化观念,是用来判断事物的好坏、是非的标准,是追求优异,不断创新的坚强后盾。严格的规章制度是企业高效率指挥和生产经营活动正常运行的保证,特别是生产性企业,没有严格的规章制度,就难以完成生产任务,保证产品质量。良好的企业内部环境不仅能使企业职工心情舒畅,工作积极,而且可以使企业职工受到熏陶,培育职工文明、高尚的精神情操。企业外部形象是企业产品、服务质量、经营作风在顾客心目中和社会公众上的总体形象,这是最能引起人们的思想或感情活动的。企业质量、信誉、知名度等方面综合而成的企业风貌和特征,是企业的外在表现,对企业的生存和发展至关重要。

魏杰[①]对于企业文化的内涵从以下几个角度进行了阐释,这是目前国内关于企业文化内涵最全面的解释。

1. 企业文化从形式上看是属于思想范畴的概念

企业文化属于人的思想范畴,是人的价值理念。这种价值理念和社会道德是属于同一种范畴的。治理社会,我国首先提出要依法治国,人们要遵守法律,但是完善的法律也有失效的时候。法律失效了靠什么约束?靠社会道德约束,所以既要依法治国,同时也要以德治国。管理企业也是一样,首先依靠企业制度,但制度再完善也会有失效的时候,企业制度失效了靠什么约束?靠文化约束。

由此可见,企业文化是和社会道德一样,都是一种内在价值理念,都是一种内在约束。即人们在思想理念上的自我约束,因而都是对外在约束的一种补充,只不过社会道德是对社会有作用,而企业文化是对企业有作用,它们发生作用的领域不同而已。所以从形式上看,企业文化是属于思想范畴的概念,正因为如此企业文化才显得极为重要。例如:财务制度失效了,但是一个人如果有"不是我的钱就不拿"的价值理念,那么即使企业制度对他没有了约束,他也不会拿不是他自己的钱。相反,如果一个人有着"不拿白不拿"的价值理念,那么财务制度一旦失效,他就会去犯错误。

2. 企业文化从内容上看是反映企业行为的价值理念

企业文化在内容上,是对企业的现实运行过程的反映。具体来讲,企业文化就是企业的制度安排,以及企业的战略选择在人的价值理念上的反映。或者说,企业所有的相关活动,都会反映到人的价值理念上,从而形成了企业文化。

从内容上讲,企业文化是与企业的活动有关的价值理念,而不是别的方面的价值理念,它是反映了企业现实运行过程的全部活动的价值理念,是企业制度安排和战略选择在人的价值理念上的反映。例如,一个企业如果在制度安排上要拉开员工的收入差距,那么这个企业在企业文化上就应该有等级差别的理念。

3. 企业文化从性质上看是属于付诸于实践的价值理念

价值理念实际上可以分为两大类,一类就是信奉和倡导的价值理念,另一类就是必须付诸实践的价值理念。企业文化既属于企业信奉和倡导的价值理念,又属于必须付诸实践的价值理念。企业文化约束员工的行为,是真正的在企业运行过程中起作用的价值理念。

---

① 魏杰:著名经济学家。清华大学中国经济研究中心常务副主任,清华大学经济管理学院教授,博士生导师。

因此，我们在谈到企业文化的时候，就应该明白，它其实已经对企业发生作用了。企业文化没有付诸实践就失去了它应有的作用，就是一纸空文。

4. 企业文化从属性上看是属于企业性质的价值理念

文化可以说是与物质相对应的范畴，因而文化的内容是极其丰富的。也就是说，对于价值理念来说，如果从其拥有的主体上划分类别的话，可以分为自然人的价值理念、民族的价值理念、国家的价值理念、法人的价值理念和企业的价值理念，而企业文化则是属于企业的价值理念，是企业的灵魂。

5. 企业文化从作用上看是属于规范企业行为的价值理念

企业文化作为企业的价值理念，是对企业真正发挥作用的价值理念；企业文化对企业的行为以及员工行为起到非常好的规范作用。例如：企业文化中关于责、权、利对称性管理理念，规范着员工的责、权、利关系；企业中的共享、共担理念，规范着企业与员工在风险承担及利益享受上的相互关系。

总之，企业文化的核心是企业的价值理念，其核心要素是企业共同的价值观念。

11.1.2　企业文化与有形治理结构的结合

企业文化作为一种"无形制度"存在于员工的意识中，为引导员工的态度和行为朝同一方向努力。因此，企业对企业文化的投资往往能减少巨额的人力资源管理费用，但要使企业文化这种无形制度充分发挥作用，需要与有形的治理结构相结合。有形的治理结构是指公司股东、股东（大）会、董事会、监事会以及经理等治理机关在运行过程中的正式制度安排和行为规范。企业文化要做到能与有形的治理结构兼容。这种制度兼容性是影响公司治理结构运行成本的一个重要的因素。当公司治理的正式制度——有形治理结构的制度安排被察觉到是与参加公司治理各方之间形成的非正式制度企业文化相一致时，参与公司治理的主体会受到一种自我激励，这种激励通过正式制度的确立而变得更加明确，并与非正式制度互相强化。由于在非正式制度与正式制度具有一致性的时候，监督和强化机制能以一种非正式的方式取得预期的效果。在这种情况下，用来使人们遵守规范而给予的社会报酬的成本是较低的。同时，非正式制度和正式制度的一致也将提高公司治理结构的稳定性，从而降低风险成本；反之，将会导致较高的交易成本。

没有强大的企业文化，没有卓越的企业价值观、企业精神和哲学信仰，再高明的管理战略也无法成功。现代企业竞争实质上是企业文化的较量和竞争，随着知识经济和全球化的发展，企业文化软实力作用至关重要，公司素质靠文化来提升、公司形象靠文化来塑造、公司竞争力靠文化来增强，培育和提高企业文化软实力，是公司治理的重要任务。

11.2　公司治理文化

以往的公司治理都侧重从机制和机构方面来研究，实际上，制度与文化是两个并存的方面，二者必须结合才能更好的进行公司治理。当企业文化与有形的治理结构结合后，就有了公司治理文化。

公司治理文化是指公司利益相关者(股东、董事、监事、经理人员、员工等)在参与公司治理过程中逐步形成的有关公司治理的理念、目标、哲学、道德伦理、行为规范及制度安排等。公司治理文化与其他文化一样,是在公司治理实践中逐步形成的,具有历史特征;由于公司治理文化往往决定了公司的行为准则,在很大程度上决定了公司治理实践,具有实践特征;同时,由于我国公司治理文化是在社会文化土壤中诞生、发展的,不可避免带有中国传统文化色彩,具有社会特征。

11.2.1 公司治理文化体系

公司治理文化是公司文化的一种,是在公司文化大环境中产生的。理论上,一般将公司文化分为以下三个层次:精神文化层、制度文化层和物质文化层。

1. 精神文化层

精神文化层就好比一个人的世界观,即你对事物的认识、看法以及评价标准。对于企业,就是指企业的领导和员工共同拥有的基本信念、价值标准、职业道德及精神风貌。企业文化中有无精神文化层是衡量一个企业是否形成了自己的企业文化的标志和标准。精神文化层包括以下五个方面。

(1) 企业最高目标。它是企业全体员工的共同追求,有了明确的最高目标就可以充分发动企业的各级组织和干部员工,增强他们的积极性、主动性和创造性,使广大员工将自己的岗位工作与实现企业奋斗目标联系起来,把企业的生产经营发展转化为每一位员工的具体责任。

(2) 企业哲学。它在有的企业又被称为企业经营哲学,是企业领导者为实现企业目标而在整个生产经营管理活动中坚守的基本信念,是企业领导者对企业发展战略的哲学思考。

(3) 企业价值观。企业价值观包括两方面:一是核心价值观,二是附属价值观。核心价值观是长期稳定、不能轻易改变的。例如海尔的"永远不断创新""真诚到永远",自海尔成立至今,这个核心价值观都未曾动摇过。而附属价值观,如企业的经营理念、管理理念等,则要不断调整以适应环境的变迁。

(4) 企业精神。它是企业有意识培养的员工群体精神风貌,是对企业现有的观念意识、传统习惯、行为方式中的积极因素进行总结、提炼及倡导的结果,是全体员工实践中体现出来的气质。

(5) 企业风气。它是指企业及其员工在生产经营活动中逐步形成的,一种带有普遍性、相对稳定的行为心理状态,是影响整个企业活动的重要因素。企业风气是企业文化的直观表现,企业文化是企业风气的本质内涵,人们总是通过企业全体员工的言行举止感受到企业风气的存在,并通过它体会出企业全体员工所共同遵守的价值观念,从而深刻地感受到该企业的企业文化。

2. 制度文化层

这是企业文化的中间层次,主要是指对企业组织和企业员工的行为产生规范性、约束性影响的部分,它集中体现了企业文化的符号层和观念层对员工和企业组织行为的要求。制度文化层规定了企业成员在共同的生产经营活动中应当遵守的行为准则,它主要包括以下三个方面。

(1) 一般制度。这是指企业中存在的一些带有普遍意义的工作制度和管理制度,以及各种责任制度。这些成文的制度与约定及不成文的企业规范和习惯,对企业员工的行为起着约束的作用,保证整个企业能够分工协作,井然有序、高效地运转,如计划制度、人事制度、生产管理制度、财务管理制度、工作管理制度、薪酬福利制度、奖励惩罚制度和岗位责任制度等。

(2) 特殊制度。主要是指企业的非程序化制度,如员工评议干部制度,总结表彰会制度、干部员工平等对话制度、企业成立周年庆典制度等。与工作制度、管理制度及责任制度等一般制度相比,特殊制度更能够反映一个企业的管理特点和文化特色。

(3) 行为规范。在一个企业内,往往有的行为是允许并且受到鼓励的,而有些行为则是企业三令五申禁止的,这就是企业的行为规范。和学校里的日常行为规范一样,企业的行为规范也规定了哪些行为是允许的,哪些行为是禁止的。例如,在中兴通信就有五条高压线,就是被禁止的五件大事,一旦触犯了,不论是谁,都会被解雇。企业为了使管理、生产、运作等各方面更加有序、有效,必定都要制定行为规范,达到约束员工行为的目的。

3. 物质文化层

这是企业文化的表层部分,它是企业创造的物质文化,是形成精神文化层和制度文化层的条件。从物质文化层中往往能折射出企业的经营思想、管理哲学、工作作风和审美意识。它主要包括下述几个方面:

(1) 企业名称、标志、标准字、标准色。这是企业物质文化的最集中的外在体现。

(2) 企业外貌。自然环境、建筑风格、办公室和车间的设计及布置方式、绿化美化情况、污染的治理等是人们对企业的第一印象,这些无一不是企业文化的反映。

(3) 产品的特色、式样、外观和包装。产品的这些要素是企业文化的具体反映。

(4) 厂徽、厂旗、厂歌、厂服、厂花。这些因素中包含了很强烈的企业物质文化内容,是企业文化的一个较为形象化的反映。

(5) 企业造型和纪念性建筑。包括厂区雕塑、纪念碑、纪念墙、纪念林等。

(6) 企业纪念品。

(7) 企业的文化传播网络。包括企业自办的报纸、刊物、招贴画等。

综上所述,企业文化的三个层次是紧密联系的:物质文化层是企业文化的外在表现和载体,是制度文化层和精神文化层的物质基础;制度文化层则约束和规范着物质文化层及精神文化层的建设,没有严格的规章制度,企业文化建设无从谈起;精神文化层是形成物质文化层和制度文化层的思想基础,也是企业文化的核心和灵魂。

11.2.2 公司治理文化的作用机制

自2002年7月美国开始实施《萨班斯法案》①(Sarbanes-Oxley Act)以来,良好的公司法人治理状况,越来越被国际资本市场和全球投资人看作是公司改善经营业绩、提高投资回报、走向国际化的一个重要依据。Mckinesy顾问公司2002年在美国的一项调查表明,在财务状况类似的情况下,投资人愿为"治理良好"的美国企业多付14%的溢价。在欧洲,前东欧国家加入欧盟的前提是,必须对企业进行公司法人治理改革,特别是提高审计质量和增加财务透明度。公司治理的状况,往往要通过治理结构和治理机制反映出来,但这并不能说明,只要拥有了健全的公司治理结构和治理机制就能保证企业长期发展和更好地生存下去。其原因主要在于,公司治理结构和公司治理机制不具备企业竞争力要素的难以模仿性特征。德隆集团曾经号称是"中国第一民企",企业按照现代企业制度要求建立了规范的公司治理结构和治理机制,然而企业的公司治理文化的缺陷,使得德隆的金融整合盲目性很大,而且不够彻底,这就导致了德隆产融模式的模糊和德隆的战略与执行发生系统性紊乱,最后导致了企业的失败。

美国斯坦福大学的 James C. Collins 和 Jerry I. Porras 在《基业长青》②(Built to last: Successful Habits of Visionary Companies)一书中通过实证研究发现,福特、强生等国际知名大公司,经过了百年历史之后,股东已经换了,员工已经换了,产品也换过不知道多少代和多少种类,组织的创建者及其后任的领袖们也早已经不在了,但以公司名称为代表的一个文化性的符号体系,以董事会为核心的一套制度、管理和运作规则体系,却是所有知名大公司所共有的特性,是公司得以永存的保证。

GE的前CEO杰克·韦尔奇(Jack Welch)先生认为,企业的竞争力是存在于完成企业工作的人的心灵和脑海中的。企业不是一个等级森严的机构,而是一个交际型体系结构和自我实现的组织。在企业中,知识和思想超越了等级和惯例。他将价值观看成为GE的"宪法",并通过价值观来衡量公司治理效率和员工。在收购公司时,他优先考虑将GE的文化注入新公司,将价值观融入GE的治理体系,通过维持一个一致的战略构想。正如Welch先生所说的,"我给GE留下的最大的财富是GE文化"。

成熟的公司治理文化是良好的公司治理状况的重要标志。公司治理文化的作用主要体现在三方面:

(1) 公司治理文化是理顺治理中几种关系的有效途径。主要体现在:营造和谐的公司治理文化,使诸利益相关者能从公司利益出发,秉承公司传统理念,发扬公司精神,以使企业健康、有序发展。和谐是公司成长的基础,为公司各项工作的开展奠定了良好基础,故理顺公司诸多关系,就要营造和谐的公司治理文化。

(2) 公司治理文化可以推进公司治理结构改革与企业发展。我国公司治理改革并不

---

① 萨班斯法案是美国立法机构根据安然有限公司、世界通信公司等财务欺诈事件破产暴露出来的公司和证券监管问题所立的监管法规,简称《SOX法案》,或《索克思法案》,该法案对《证券法》《证券交易法》做出大幅修订,在公司治理、会计职业监管、证券市场监管等方面作出了许多新的规定。

② 吉姆·柯林斯(James C. Collins)的经典畅销书,在书中描绘优秀公司实现向卓越公司跨越的宏伟蓝图。

重视公司治理文化建设,公司治理结构与制度的变迁缺乏相应的治理文化支撑。我国公司治理中的正式制度仍十分"落后"。我国许多公司,包括大量民营公司的治理结构中正式制度形同虚设,仅仅起着"装饰"的作用。另外,关注公司长期发展的成熟的股东文化十分缺乏,资本市场的投机色彩浓重。

(3) 良好的公司治理文化可以保证公司治理的高效运作。公司治理的高效运作,不仅取决于符合高效要求的制度安排,还取决于公司的行为习惯及决策方式。由精神文化层、制度文化层、物质文化层构成的公司治理文化体系影响着公司治理的高效运作。一个公司的办事效率、决策成本、反应速度是一个公司运作效率的直接体现,而这诸多因素归根结底要受着文化的影响,故建立良好的公司治理文化,在行为方式、决策方式、反应速度上有一套成文或不成文的规则,在很大程度上保证了公司治理的高效运作。

公司治理文化直接影响着公司治理结构和公司治理机制的有效性,是构成企业竞争力的核心要素之一,但是,对企业竞争力与公司治理文化之间的关联性却往往被企业所忽视。文化是一种"非正式制度安排",虽然抽象,然而给人们思想留下深刻的烙印,影响着人的行动。企业竞争力最终要依赖组织文化的整合机制来体现,这是今后需要重视和研究的重要方向之一。公司治理文化的作用机理如图11.1所示。

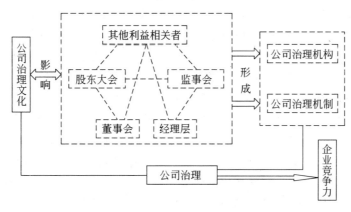

图 11.1 公司治理文化的作用机理

11.2.3 我国公司治理文化的建设途径

没有良好的公司治理,不能造就优秀的上市公司。没有先进的治理文化,就不会有良好的公司治理。积极构建先进的公司治理文化,推进上市公司治理,提升上市公司质量,可以实现公司做强做大做长,可以促进资本市场持续健康稳定发展。从实践来看,大力构建先进的公司治理文化,是推进公司治理的当务之急。推进公司治理,制度建设和文化建设相辅相成,缺一不可。随着时间的推移,公司治理文化建设的作用,会日益体现在治理实践上,其重要性、迫切性也会凸显出来。

1. 树立良好的公司治理理念

随着各国政府逐步放松管制以及全球经济一体化,公司治理文化的国别差异日渐缩小,不同公司之间的差异日益扩大,市场力量在公司治理结构选择过程中发挥越来越重要的作用。只有公司在激烈的市场竞争中取胜,公司股东、经营者以及其他利益相关者的利益最大化才能实现。因此,公司必须树立适应市场竞争,以增强市场竞争力为目标的治理理念。不同的公司必须根据各自的治理环境因素,建设符合自身实际的公司治理文化。

儒家文化是我国重要的民族文化传统,它在东亚现代化中所获得的成功雄辩地证明了儒家文化中一些优秀成分可以促进现代公司治理的形成以及市场经济的发展。其人文精神中所包含的集体主义、重视秩序、自律和教育等的价值观念,在经过现代的转化之后,无疑将成为我国公司治理结构的文化基础。"义利统一"是儒家的核心价值观之一。"仁"可以作为公司治理的核心理念,实施以人为本的管理。"义"的准则要求董事会不做危害股东利益的事,经理层不做违反董事会决议的事。董事会、经理层在讲求自身利益的同时讲究"义利统一",做新时代儒商。营造良好的公司治理文化,就要树立"义""利"统一观,遵循"先义后利""以义求利""君子爱财,取之有道"等价值准则,宣扬"重义轻利""舍生取义"的精神。

2. 培育系统思考观念,创建学习型企业

美国知名学者彼得·圣吉[①]博士认为,企业面临困境的主要原因之一是企业员工没有系统思考观念,只注重部门、本单位利益。为此,彼得·圣吉博士撰写《第五项修炼》一书,将系统思考列为企业进行五项修炼中重要的一项。系统思考是解决复杂问题的工具、技术和方法的集合;是一套适当的、用来理解复杂系统及其相关性的工具包;同时也是促使协同工作的行动框架。如今,系统思考观念和学习型组织的概念已被我国大多数企业接受,并频频出现于政府文件中。在公司治理方面,由于股东、董事会、经理层往往只考虑自身利益,缺少系统思考观念,导致股东注重短期利益,看问题不长远;董事会注重战略发展,与股东、经理层观念不同;经理层注重执行难度,不敢挑战更高的目标等。学习型组织可以在一定程度上解决公司治理文化的建设问题,它是关于组织的概念和雇员作用的一种态度或理念,是用一种新的思维方式对组织的思考。在学习型组织中,每个人都要参与识别和解决问题,使组织能够进行不断的尝试,改善和提高组织的文化素养。

3. 树立诚信契约观,完善公司治理制度

股东、董事会、经理层是一种基于委托代理理论的契约关系。在两权分离的条件下,公司治理的核心问题就是以保证股东为主体的利益相关者为前提的一整套有关公司治理权利安排、责任分工以及激励约束的制度安排。股东将经营权委托给董事会,董事会代理管理经营权,董事会聘任经理层具体执行经营。所以诚信契约观是公司治理文化的一部分,关系到整个公司上下的利益角逐和权力分配,并最终影响到公司的发展。

同时,股东、董事会、经理层的利益关系协调上,公司治理制度起到了最终约束作用。这就要求在公司治理结构中,加强制度建设,通过制度明确股东、股东大会、董事、董事会、

[①] 彼得·圣吉(Peter M. Senge)是美国麻省理工大学(MIT)斯隆管理学院资深教授,国际组织学习协会(SoL)创始人、主席,学习型组织之父,当代最杰出的新管理大师之一。

监事、监事会、经理层的权利与责任,并形成有效的相互制衡、科学决策以及激励与监督机制。目前,我国公司治理的制度化建设相对滞后,许多涉及利益相关者的问题缺乏制度保障,如中小股东以及员工利益的保护,公司存在信息披露不规范等。因此,必须加强公司治理的制度建设,从而形成有效且规范的公司治理结构与机制。

本章小结

企业文化是在一定的社会历史条件下,一个企业或一些经济组织长期形成而被公众普遍认同的价值观念、企业精神、行为准则、文化环境、产品品牌以及经营战略等的集合体,是一种凝聚人心以实现自我价值、提升企业竞争力的无形力量和资本。这种无形制度要想发挥作用,还必须与有形的治理机构结合起来,于是便产生了公司治理文化。

公司治理文化是指公司利益相关者在参与公司治理过程中逐步形成的有关公司治理的理念、目标、哲学、道德伦理、行为规范、制度安排等及其治理实践。其文化体系包括精神、制度和物质文化层三方面,由于企业中存在各种各样的不良文化,在公司治理过程中,要意识到公司治理文化对于一个企业的重要作用,建立企业适合自己的有特色的优秀企业文化。

一则小故事

石匠的不同回答

有个人经过一个建筑工地,问那里的石匠们在做什么,三个石匠有三个不同的回答。

第一个石匠回答:我在做养家糊口的事,混口饭吃。

第二个石匠回答:我在做最棒的石匠工作。

第三个石匠回答:我正在盖一座教堂。

一些管理学家常认为这三个回答反映了各自的目标和期望水平,第一个自我期望低,不求上进;第二个石匠的自我期望很高,但个人意识太强,特立独行;只有第三个石匠能够将自我期望和组织目标结合起来。

如果我们进一步拓展,视三个石匠在不同的组织中,则不难看出第三个石匠所在组织的组织文化建设得最好,它使员工对组织产生了强烈的归属感,把自己的工作当成一项事业来做,从员工的回答中我们看到了企业的发展远景。这充分说明良好的组织文化建设不仅能对员工产生激励和凝聚作用,而且能达到组织和员工的共同发展。

案例分析

万科——把人当作第一要务

万科创始人和掌门人王石名言:"人才是一条理性的河流,哪里有低谷就流向哪里。"

万科企业股份有限公司成立于1984年5月,是目前中国最大的专业住宅开发企业。1988年万科进入住宅行业,1993年将大众住宅开发确定为公司核心业务,2006年业务覆盖到以珠三角、长三角、环渤海三大城市经济圈为重点的二十多个城市。经过多年努力，万科逐渐确立了在住宅行业的竞争优势："万科"成为行业第一个全国驰名商标。

以理念奠基、视道德伦理重于商业利益，是万科的最大特色。万科认为，坚守价值底线、拒绝利益诱惑，坚持以专业能力从市场获取公平回报，致力于规范、透明的企业文化建设和稳健、专注的发展模式是万科获得成功的基石。凭借公司治理和道德准则上的表现，万科载誉不断。

优秀的企业文化

万科公司给自己的定位是：做中国地产行业的领跑者。万科对内平等，对外开放，致力于建设"阳光照亮的体制"，万科把人才视为资本，倡导"健康丰盛的人生"，万科企业文化案例为业界所推崇。

企业竞争到一定阶段，企业之间的差异会直接体现在企业文化上。实际上，企业文化很大程度上反映出一个企业家的思想境界。从王石领导的万科企业文化可以看出企业文化与企业家视角下的浓郁的人文情怀是分不开的，万科"阳光照亮的体制"让其"创造健康丰盛的人生"不断成为现实，企业家的思想境界正影响着企业的健康和进步。

万科的文化一直坚持简单、规范、透明。万科绝不会要求员工在公司内外采用不同的价值标准和行为准则。万科秉承"人才是万科的资本"的用人理念，使员工和公司、客户、合作伙伴之间一直保持平等、双赢的关系。二十多年来，万科一直保持行业领跑者的地位，实现了企业的稳定发展，而其中，起到有力支持因素的就是万科的一克拉文化。

一克拉文化的体现

20多年来，万科一克拉文化所体现的以人为本的管理思想逐步渗透到日常的管理工作中，万科一贯主张"健康丰盛的人生"，重视工作与生活的平衡；为员工提供可持续发展的空间和机会；倡导简单人际关系，致力于营造能充分发挥员工才干的工作氛围。通过不断的探索和努力，万科建立了一支富有激情、忠于职守、精于专业、勤于工作的职业经理团队，形成了追求创新、不断进取、蓬勃向上的公司氛围以及有自我特色的用人之道。实践证明，万科的一克拉文化所展现的用人原则是万科多年来稳步发展的动因。

培养可持续发展的职业经理队伍

万科寻找人才及其对人才吸引的法宝，首推的是公司本身的发展所能给员工提供的众多机会，但最重要的一点是："万科充满理想主义色彩的企业文化是职业经理人难于抵挡的诱惑"。

毕业于上海交通大学的张朋坦言，2000年找工作时，放弃在上海的工作机会，选择到万科来，就是冲着万科动人的一句话——"致力于培养职业经理"。

万科的人才理念是一个相当完整的体系，其中最主要的一条就是培养职业经理。对人才的基本要求都是围绕这一理念展开的。所谓"职业"的概念就是"以此谋生，精于此业"，职业经理人自然就是要以管理为生，精于管理。从初级管理层到决策管理层的全部管理人员组成公司的职业经理队伍，职业经理承担了公司的主要管理任务。

万科的人力资源管理模式表明,职业经理是万科发展的依托。

万科认为,职业经理是现代企业生存、扩张所必需的第四种要素,即人、财、物等资源投入基础上的企业家才能。为此,万科于1998年就提出"职业经理年",对职业经理进行培训和开发,以实现职业经理在万科的可持续发展,同时推动整个公司的经营能力和管理能力的提高。在管理架构上,公司致力于规范化的管理,通过合理授权等一系列措施,为将职业经理的专业素质直接转化为生产力创造了广阔空间,提供了制度保障。

万科创业者很早就完成了转化为职业经理人的定位,很早就在企业内部建立了完善的经理人制度,从而避免了许多民营企业创始合伙人之间的冲突和震荡,使管理团队得以长期稳定,并且形成了系统的经理人文化,理性的创业者和优秀的职业经理团队使万科在管理上能够集中精力,做细做深做透,不仅能在本地区积聚优势,而且建成了跨地区管理的高效体系。

在市场经济条件下,企业处于激烈竞争的环境中,经营面临巨大风险和挑战。企业的竞争压力或决策风险必然由企业的员工,特别是企业的各级管理者承担。管理者不仅应对企业经营管理成效和股东利益负责,也应对企业的全体员工负责。这就要求在企业的每个岗位,特别是各级管理岗位所配备的人必须充分发挥其应有的作用,以保证整个企业战略目标的实现。

为了实现战略目标,万科建立了完善的以职业经理人制度为主体的人力资源管理体系。万科对职业经理人的素质要求很高,对职业经理人的选择、使用是"优化组合、优胜劣汰、能上能下"的原则。公司主要采用有效的定期业绩评价体系,兼用其他辅助手段,对职业经理的工作和能力进行检验,将业绩直接与职位积分和当事者利益(工资、奖金等)挂钩,积分又直接与职业经理的职位升降挂钩。公司的政策鼓励称职的职业经理为公司长期服务,不合格的职业经理将被淘汰。这就是职业经理人面临的高风险。公司每次阶段性业绩考核都可能出现因工作不佳等原因被降薪降职的职业经理,同时,也有众多受到表彰奖励的职业经理。

另外,根据职业经理的级别及所担负职责的不同,公司根据计划授权体系对不同职业经理给予相应程度的授权:如战略参与权、信息知情权、专业管辖范围内的决策权、人力物力财力的分配与使用权,使责任与权力对等,增强了职业经理的责任感和使命感。授权不仅是企业经营管理的需要,更重要的是表示了公司重视职业经理作用和地位的态度,公司还为那些在工作中表现出色的职业经理提供了广阔的发展空间。

为培养职业经理后备力量和提高现任职业经理水平,公司积极给经理后备人选提供并创造条件和机会。首先,公司设计各种培训以提高职业经理人的自身素质,安排职业经理到有声望的专业院校进行高级培训或专业研修,以提高他们在管理和专业技能方面的水平。其次,公司对于职业经理普遍寄予较高期望,公司为职业经理每一次设立比上一个更高的目标,帮助他们逐步提高自己,并借此开发经理的潜在能力。在企业发展的同时,公司会为能够胜任更高职位的职业经理提供事业发展的机会。

公司实行的职业经理体制是高风险、高回报的体制。所谓高回报表现在,公司不仅向职业经理提供较高的工资报酬,还提供较高的其他福利待遇,比如提供各种培训机会、优惠购买住房、长期住房补贴、通信费用合理报销等。职业经理人的风险与回报是互相作用、互相支撑的对应统一关系。为将市场经济规律引入公司的管理机制,实现人才市场化,公司正在推行职业经理职位货币化,即职位越高待遇相应越高,因此高职位和高回报、高风险是一致的,这种回报是对承担高风险的职业经理人的一种认可、保障和激励。

从职业经理人角度分析,在人们经过双向选择进入公司担当职业经理的同时,高风险和高回报就一起降临在他们身上,高风险和高回报共同满足职业经理人的物质、心理和情感等不同层次的需要。高风险的作用是考验和筛选人才,而高回报能够吸引和保留优秀人才,并使职业经理人更加认可此高风险的职业。两者都与万科"以人为本"的理念一致,两者是互相作用、互相补充、互相促进的对应统一关系,两者的共同运用使得职业经理人的能力和素质不断提高。

万科的职业经理人制度不仅为万科自己培养了许多合格的经理人,而且为社会提供了大量的职业经理人。像北京华远房地产公司总经理郭钧,合生创展房地产的北京负责人姚牧民等都是万科职业经理人制度的"产物",足见万科职业经理人制度的成功。

王石本人也一直把自己当成职业经理人发展,而不是以企业家自居。在王石的观念中,企业家与职业经理人两者之间的区别就是一个是所有者,一个是管理者,他认为自己是一个管理者,所以是个职业经理人。在提倡职业经理人的万科,规范化被称为企业的生命线。而职业经理人最离不开的是职业道德。万科人力资源总监解冻说:万科招人的首要原则即是"德才兼备,以德为先",然后还有专业技能、团队精神、学习能力、理性等因素。

(本文摘自柏明顿人力资源管理咨询公司首席顾问胡八一所著《一克拉文化——20家著名企业的用人之道》)

结合上述案例,请分析和评价一下万科的企业文化。

复习思考题

1. 优秀的企业文化对于一个企业有怎样的作用?
2. 为什么要把企业文化与有形的治理结构结合起来?
3. 公司治理文化体系的构成及其作用机制分别是什么?
4. 你能否举出一个实例来说明公司治理文化对于一个企业的重要性?

第 12 章 资本市场与公司治理

学习目的

通过本章学习,你应该能够:
1. 把握资本市场与公司治理两者之间的相互影响关系;
2. 掌握接管、并购的相关知识并能应用到具体实例中;
3. 了解管理层收购的方式、动机。

关键词

资本市场　接管　并购　资本结构　管理层收购

引导案例

谷歌斥资 5 000 万激励中小企业尝试搜索营销

2009 年 9 月 7 日消息,谷歌全球副总裁刘允博士在北京举办的"赢在谷歌"企业营销论坛发布会上宣布了一项总额达 5 000 万人民币的中小企业网络营销激励计划。借助该计划,企业可以免费试用谷歌搜索引擎营销,零成本体验到谷歌国际化的搜索营销平台和强大的技术优势所带来的营销机遇。

谷歌全球副总裁刘允博士表示:"谷歌是一个非常优秀的搜索引擎,但不仅仅是搜索引擎。"的确,从全球范围来看,作为搜索引擎经济的领导者——谷歌某种意义上已经成为商业引擎。

互联网的日趋发达和人们购买决策网络化等诸多因素,使得搜索营销变得越来越重要。而对中国的中小企业来说,在经济全球化的背景下,如何根据目前的市场变化,发挥搜索营销的优势已成为企业能否有效寻找客户、迅速发展壮大的关键因素,谷歌该项激励计划意在帮助中国中小企业借助互联网赢得商机、开拓市场。

同时为了配合这项计划,谷歌开通了 400 个咨询电话,除了在网上直接申请之外,企业还可以通过免费咨询电话了解更多该计划的详情,这无疑为中国企业更多了解谷歌搜索营销平台的优势提供了便利。

你认为谷歌为什么要激励中小企业尝试搜索营销?

12.1 资本市场

12.1.1 资本市场概述

资本市场(capital market)是长期资金市场。是指证券融资和经营一年以上的资金借贷和证券交易的场所,也称中长期资金市场。资本市场按融通资金方式的不同,又可分为银行中长期信贷市场和证券市场。

若以金融工具的基本性质分类,资本市场可区分为股权市场及债券市场,前者是指股票市场,后者则指债券市场。股票市场上主要流通的凭证即为公司股票,持有股票的股东,除非是公司结束营业,其股权资产只有每年的股息收入,对公司资产不具有立即请求权。债权市场内流通的各债务工具,包括各种债券、商业本票、存单及贷款等,其基本特点为有一定期限、有较确定的收益率、具有全额请求权。

资本市场是一种市场形式,而不是指一个物理地点,它是指所有在这个市场上交易的人、机构以及他们之间的关系。

12.1.2 资本市场对公司治理的贡献

理想的公司治理要达到两个目的:一是令管理者获得经营和创新的自由,使股东和公司保持适当的距离,减少股东作为所有者对公司经营管理的过分干预。二是形成对管理者的有效激励和监督,使其按照股东利益最大化的原则行事。激励和监督机制的有效性取决于对管理层表现的评价,并根据评价实施激励和监督,使得不合理的管理者能被替换。

资本市场作为出资人监控、约束、筛选经理,委托人监控代理人的外部市场之一,在企业监控中发挥着重要的作用。也就是说,资本市场的监控机制作为弥补企业内部治理机制缺陷的一种外部制度安排,是监督代理人行为的有效途径。

资本市场在改善公司治理中的作用源于股票的两个重要特点:股份的无限制可转让性与股份作为控制权体现的投票权的功能。股票的投票权是股东行使最终控制权的依据;股份的无限制可转让性促进资本市场效率提高,使资本市场可以更有效地反映投资者的判断和意向,同时又可以在必要时使分散的投票权聚集起来,强制性地对管理层做出整顿,令管理者为其机会主义行为付出代价,其他在位者也不得不心存警惕,谨慎行事。资本市场对公司治理的贡献表现在以下几个方面。

1. 资本市场的价格发现功能

资本市场的价格发现功能实现了对公司管理层经营能力的评价。

由于所有者和管理者在对公司的经营状况上存在信息不对称,对管理者表现的评价是公司治理的一个难题,无论是管理激励或监督约束都依赖于评价的有效和公平。由于存在"道德风险"因素,管理者披露的信息往往并不真实。资本市场是一个集综合性、动态性于一体的评价"信号",根据有效资本市场假说,资本市场的价格包容一切。公司股票的市场价格提供了公司管理效率的信息,对公司经理决策的预期反映在股票价格上,出资者观察股价获得公司经营的信息,降低了出资者获取公司经营信息、评价经理人员经营业绩的成本。资本市场降低了出资者对公司经理的监督成本,经理市场对经理的评价也往往参照资本市场上公司股票的表现。以上功能主要通过股票的定价机制来体现,股票的定价机制是指在股票市场上通过股票价格的高低及其波动情况来反映公司的经营状况,衡量企业经理人员的才能及努力程度,从而监控经理人员的行为,这种机制可以弥补出资人在监控企业经理人员时的信息劣势,改善企业经营管理。

资本市场的价格提供了投资者对公司的评价,这一评价对公司治理是极为重要的。公司经理人员相对投资者而言拥有更多的企业经营现状及前景的信息,投资者要想得到这些信息需要支付高昂的信息成本,因此就很难对公司的经营进行监督。资本市场具有价格发现机制,从而降低了投资者的信息成本,投资者只要观察股价就可得到市场参与者对公司经营前景与企业家才能的评价,从而降低了投资者对公司经理的监督成本。同时资本市场的股价机制给公司经理人员以压力,促使经理努力工作,用良好的经营业绩来维持股票价格。具有良好业绩增长前景的公司,其股票价格往往较高,显示出投资者对管理层的较高评价,而管理和经营较差的公司常会在市场上引发股票抛售,这对管理层是一个警告,促使其采取整顿措施。虽然股票市场上存在不同程度的投机因素,特别是新兴证券市场,但总的来讲,资本市场的评价功能仍能得到不同程度的发挥。

2. 资本市场的激励约束功能

资本市场的激励约束功能是通过资本市场的报酬机制实现的。

股东希望经营者采取行动之前考虑行动的预期效益是否超过预期成本,如从事哪个项目或放弃哪个项目,但是经营者考虑的是采取这个行动能给其个人带来的收益和成本比较。那么把经营者的福利和股东财富相联系的报酬合同会协调经营者私人收益及股东的收益与成本。报酬合同可通过多种机制提供激励,如以业绩为基础的奖金和工资调整,股票期权报酬合同等。

股东以股票价格为基础设计管理者的报酬合同,付给管理人员部分现金和公司的股票买入期权,如果公司业绩好,则股票价格上升,管理人员行使期权合同就可获得丰厚收入,反之,管理不善使公司股票在市场表现不佳,则管理人员只有微薄的薪金收入。股票期权制度是资本市场定价机制在管理机制中的一个重要应用,这种激励制度的普遍实施与资本市场的深化有密切关系。

3. 资本市场的收购兼并功能

资本市场的收购兼并功能是通过资本市场上的接管机制实现的,接管机制是监管和筛选不合理管理者的根本性手段。

资本市场的定价机制对解决代理成本只能起到被动的辅助作用,特别是对于具有机会主义行为的管理者来说,这种机制是无能为力的,因此需要一种主动的力量来直接介入公司治理，更换管理层，改组公司。接管就是这样一种机制，具体的将在后面为读者进行详细介绍。

4. 资本市场的流动性功能

资本市场产生的最初目的是为出资者提供基本的流动性便利，以解决出资者可能遇到的流动性不足的问题。这一点在股票市场表现得最为明显。投资者在资本市场购买了金融工具以后，在一定条件下，也可以出售所持有的金融工具，这种出售的可能性或便利性，就是资本市场的流动性功能。资本市场流动性功能的发挥对于资本市场的高效运作特别是监控机制的运作、对于投资者风险的控制和分散，对于企业产权的重组，都发挥着基础性的作用。

资本市场的有效性对上述功能的发挥有着决定性影响。所谓有效性，按照有效市场理论是指股价能反映市场上的所有信息并且资本市场具有较强的流动性。只有在资本市场有效的情况下，股价才能较好地反映管理者的水平和努力程度；股价才能正确反映企业的价值，接管者也才能根据股价作出是否接管的决策，并在市场上以有利的价格收集到足够的股票，发起接管活动；股票期权也才能实现把经营者的福利和股东财富相联系的目的。

12.2 资本结构与公司治理的关系

资本结构对于现代公司的重要性，不仅体现在融资成本与公司的市场价值方面，更重要的是影响公司的治理结构。资本结构影响所有权的安排，股权和债权均对企业形成不同的控制权形式，共同构成公司治理结构的基本内容。

12.2.1 股权结构的治理效应

股东在公司治理中处于相对中心或主导的地位，股东的性质、状态，股权的设置情况等，均会从根本上影响公司治理。股权结构是指一个公司内不同股东所持有公司股份的比例，其性质主要由股权的集中度和流动性决定。因此，下面从股权集中度、流动性和股东性质三个方面来分析股权结构的治理效应。

1. 股权集中度

股权集中度是指股权集中或分散的程度，分为股权高度集中、股权高度分散和股权适度集中三种类型。股权集中度通常是用第一大股东的持股比例 A 来衡量的。一般来说，当 $A<30\%$ 时，为股权高度分散；当 $30\%\leqslant A\leqslant50\%$ 时，为股权适度集中，即相对控制；当 $50\%<A<100\%$ 时，为股权高度集中，即绝对控制。不同的股权集中度对公司治理机制的影响程度不同，从而影响公司的价值。

由表 12.1 可见，公司股权高度分散时，经营者激励和监督机制相对较弱，接管机制相对较强。这是因为在股权分散的结构中,中小股东的监督成本相对较高,所得利益不能使其产生足够的动机,"搭便车"的心理不能激励中小股东推翻现任经营者从而提出新代理人,经营者被更换的可能性较小。公司股权高度集中时,经营激励和监督作用相对明显,但是并购接管机制和代理权竞争机制的作用相对较弱。由于大股东对公司有着不可动摇的控制权,那么监督带来的收益远远大于所付出的成本,他们有动力去监督和激励经营者的行为。另外,由于掌握公司完全的信息,他们也有足够的能力对经营者实施监督和激励。公司股权适度集中时,经营激励和兼并收购情况都趋于复杂。相对控股股东一般情况下存在一定的激励和动机去监督经营者,但控股股东的代理人或其本人也有可能会出现侵占其他股东权益的行为。这种行为会对他个人产生收益而给公司带来损失,且个人收益大于其应按比例承担的公司损失。但是,由于相对控股股东拥有较大数量的股份,他们就有动力也有能力去发现经营者在经营过程中存在的问题和公司的经营状况,并高度关注经营者的更换。同时,他们也有可能争取到其他股东的支持,从而获得代理人的争夺权,使经理人员被更换的可能性变大。

表 12.1 股权结构与公司治理机制的关系

股权结构 治理机制	股权很集中 有绝对控股权股东	股权很分散	股权有一定集中度,有相对 控股股东和其他大股东存在
激励机制	好	差	一般
外部接管市场	差	好	一般
代理权竞争	差	差	好
监督机制	一般	差	好
公司业绩	较好	最差	最好

可见,股权集中度对公司治理机制作用的发挥具有正面或负面的影响,从而会导致不同的公司治理效率——适度集中的股权结构可能最有助于经营者在经营不佳时能被及时撤换,也更利于公司治理机制的发挥,带来更高的公司治理效率。

2. 股权流动性

流动性是决定一个市场是否有效而稳定的根本性因素,证券资产的流动性是指该资产变现的能力,反映的是一种公共属性。流动性好的市场通常被认为是证券的买卖成本较低,能够提供交易但是对价格影响较小的市场。股权流动性主要通过股票市场外部治理机制和大股东直接监管两个方面来影响公司的治理效应。

1) 股权流动性与股票市场外部治理

在市场经济中,"优胜劣汰"是所有企业都必须遵循的生存规律,一个充分竞争的股票市场会对公司治理起到一定的外部控制作用。股票市场在公司治理中主要有两个作用:一是提供客观反映和准确评价上市公司经营状况和经营者努力程度的信息,通过包含这些企业信息的股票价格变动来给企业经营管理人员施加压力;二是公司收益能够在股票市场上通过股权转让进行较容易的转移,股东采取"用脚投票"的方式,使经营者感到来自外部市场被收购接管的压力,从而约束和控制经营者。股权具有充分的流动性是竞争的股票市场发挥其外部治理功效的前提条件,股权流动性越高,可以使股票价格更准确地反映经营信息和公司业绩,更客观地评价经营者经营能力和努力水平,也更有利于兼并收购机制发挥作用。

2) 股权流动性与大股东直接监管

股权流动性对于大股东监管的影响是不确定的:一方面,股权流动性高可防止大股东"被套牢",使大股东能在股票市场上方便地出售股票。当企业经营效益不佳时,大股东可能会选择放弃企业,卖出所持有的股票,这样中小股东"搭便车"的行为会更加严重,最终削弱大股东的直接监管。而当股权流动性较差时,大股东和公司命运紧紧联系在一起,如果他们想通过抛售股票从中摆脱出来,流动性不足的股票市场将无力支撑如此大的抛售压力,股票价格将大幅下跌,大股东会因此遭受巨大损失。为了避免和减少这样的损失,大股东最好的做法就是在事前对经营者进行严格的监督和干预。另一方面,高股权流动性将有利于大股东集中股份和实施监管。作为经济理性人,大股东在选择是否实行监管活动时始终贯彻收益最大化的原则。在股票首次公开发行时,大股东不一定会选择较大的初始股份,只有当大股东实施干预会带来收益时,才会通过股票市场买入适量的股份,使其总股份达到监管要求的水平。

3. 股东性质

不同类型股东持股的目的和参与公司治理的方式大相径庭,而他们的行为取向将直接影响到公司治理的效率。在我国,股东构成主要包括个人股、法人股、国家股和外资股。由于我国上市公司中只有极少数有外资股东,且所占比例小,这里将只重点介绍个人股、法人股和国家股。

个人股持股者是自然人,由于自身财富的约束,只能拥有很小份额的股份,其持股目的是为了赚取股利或通过股票升值而获利。从公司治理角度讲,个人股东一般没有监控积极性,"用手投票"的积极性弱化,一般通过"用脚投票"的方式对经营者进行间接约束。

法人股包括一般法人股股东和机构投资者。一般法人股股东持股不是为了买卖股票获取短期利润或享受股利,而是为了及时从企业获得大量相关信息,保持长期稳定的业务关系,一般不会因短期股利分配的多少或股价变动而抛出股票,具有很大的稳定性。因此,他们会采取"用手投票"的方式参与公司治理,即通过在股东大会上行使选举权和表决权对经营者实施直接约束。通常情况下,一般法人股股东持有相当数量的股份,实施内部监控的积极性高,参与公司治理的能力较强。机构投资者并不是公司股权的真正所有者,而只是机构性的代理人,代替本基金的所有者来运用资金。因此,机构投资者的持股目的并不是为了维持与企业间长期稳定的合作关系,而是为了从证券市场获利,在公司治理中的作用很小。然而,20世纪80年代以来,在美国,由于企业经理层的反收购措施妨碍了机构投资者以高价出售股份给恶意收购者。同时,他们在资本市场上的比例越来越大,由于对公司经理层不满而抛售股票的行为变得既不实际也不明智,而买入尚未涉足的公司股票又面临着较大的风险。在这种情况下,越来越多的机构投资者开始采取长期投资策略,采用私下交谈、代理投票和提出股东提案等方式参与公司治理,在公司治理中发挥了积极的作用。可见,机构投资者的治理能力是很有潜力的,但目前仍然难以达到一般法人股股东的治理能力。

国家股是指有权代表国家行使资产管理权力的部门或机构以国有资产投入公司所形成的股份。从经济学角度看,国家持股的主要目的是实现政府调节国民经济,克服市场失灵可能带来的损失。具体来看,各国采用国家控股、参股进行经营的目的和动机各不相同。因此,国家股在公司治理中发挥的作用也不尽相同。以我国为例,国家股在股权结构中占有很大比例,持股目的主要是为了调节和控制国民经济。国家股的不可自由流通性,决定了只能采取"用手投票"的方式参与公司治理。

综上所述,个人股参与公司治理的能力较弱,对公司治理效率的影响不大;法人股参与公司治理的能力较强,可以对公司治理效率产生正面影响;而国家股在目前的制度框架下,会对公司治理效率产生负面影响。

12.2.2 债务的治理效应

企业债务从来源上可分为两大类:银行债务和企业债券。在企业陷入财务困境时,经营者与银行的协商较容易达成,银行有可能出于银企关系或其他原因同意企业的延期支付请求。企业债券则由于债券持有人较分散,经理人与债券持有人之间关于延期支付的协商几乎无法达成。因此,企业债券对经营者的约束力比银行债务更强。债务的治理效应,即负债对公司治理效率的影响。在负债与破产(清算)机制相连的约束机制下,不管是银行债务还是企业债券对公司治理结构都有着积极的作用,主要表现在以下几个方面。

1. 对经营者的激励机制

与股权融资相比,负债对经营者具有更大的激励作用,促使其最大限度的发挥主观能动性,为股东财富最大化而努力工作。根据资本结构代理成本理论,股东与经理层的利益冲突导致的代理成本,同债权人与股东的利益冲突以及与债权相伴随的破产成本,随着股权—债务比率的变动,会呈现出此消彼长的关系。债务的增加对股权代理成本的影响表现为:假设企业投资总额固定,且经理层投入到企业中的股权资金也固定,引入负债可以降低企业对外部股权资金的需要,间接提高经理层的持股比例,使经理层与股东的目标函数趋于一致。同时,负债也会降低股东的代理成本,缓和股东与经理层之间的冲突。

此外,负债在某种程度上也可作为一种担保机制,督促经理人员努力工作。假定经理层在企业中持股比例为零或接近于零(符合大型或超大型企业的情况),此时债务可被视为一种担保机制,能够激励经理人员努力工作,节制个人消费,对投资管理与决策更加负责,从而降低两权分离而产生的代理成本。由于负债与企业破产的风险正相关,经理人员的效用依赖于他的经理职位,从而依赖于企业的生存,一旦企业破产,经理将失去任职的一切好处。对经理来说,要在较高的私人收益与较高的因破产而丧失的所有任职好处的风险之间进行权衡。负债越多,经理层持股比例越高,这种缓和效应就越突出。

2. 对经营者的约束机制

债务约束有加重公司破产的可能。因为债务是需要还本付息的,公司一旦经营不好,就会面临破产。尤其当公司的清算价值大于续存价值时,公司破产可能更有利于投资者的利益,但是经营者考虑到自己的利益一般不愿意让公司破产。这时,如果存在硬的债务约束,债权人对公司的控制可以通过受法律保护的破产程序,把企业的剩余控制权和剩余索取权由股东转移给债权人,从而由债权人对企业及其经营者实施控制。

债务融资会降低公司的投资能力,在一定程度上也会抑制经理们的过度投资和盲目投资。一方面,当公司有较多经营盈余时,股东一般希望将盈余资金以股息的形式返还,而经理们一般更愿意用来投资。因为通过发行股票所筹集的资金无须偿还,并且红利约束是软性的,所以即使投资机会较少时,经理们也希望通过兼并和收购扩张增加自己的控制权。但对股东来说,这种支出是低效且存在风险的。另一方面,通过负债筹集的资金必须按期还本付息,否则将面临诉讼与破产。债务筹资增大了公司的债务比例,这将减少经理人员随意支配现金的行为,进而抑制经理们追求扩张的过度投资行为,在一定程度上降低代理成本。负债也可以通过偿债减少和限制公司利用现有闲置资金,进行不赢利的或者低效率的盲目投资和扩张行为。

债务有信号传递的功能。在信息不对称时,缺乏信息的一方会在市场上搜寻信息,而拥有信息优势的一方也会通过渠道向别人传递其优势信息。在经营者与所有者之间存在的信息不对称,影响到所有者对经营者激励和约束的成效,而债务的引入,在一定程度上可以减少所有者与经营者之间信息不对称的程度。债权人把资金贷放给债务人时,要充分考察债务人的品质和能力,只有获利能力强、前景好的企业才能顺利举债,所以企业负债率的高低,向所有者传递了企业经营状况的好坏,有利于利害相关人正确的评价企业和企业经营者,形成更有利的经营激励机制。

总之,对上市公司来说,债务融资在公司治理结构方面拥有股权融资无法替代的功能。尤其是对那些在货币市场和资本市场上崭露头角的公司来说,债务融资更有其无法替代的优越性。

12.2.3 资本结构对公司治理的综合影响

根据资本结构理论,资本结构对公司治理的综合影响集中表现在以下几个方面。

1. 影响经营者努力水平和行为选择

在股权融资中经营者存在的低努力水平、非经营性消费、过度投资和投资不足等道德风险行为,可以通过适当提高经营者持股比例和负债融资比例加以抑制;在负债融资中股东和经营者存在的股利政策操作、债权价值稀释、负债过度和投资不足等道德风险行为,可以通过发行可转换公司债券、股票优先认股权、可赎回公司债券以及选择合理的债权期限等措施加以抑制。总之,合理的安排公司资本结构有助于抑制经营者的道德风险,促使他们努力工作和选择正确行为,从而降低股东和债权人的代理成本。

2. 影响投资者行为取向

在信息不对称情况下,外部投资者把负债融资程度当作是向市场传递企业未来经营业绩好坏的一个信号。因此,当企业提高负债融资比例时,就表明经营者预期企业未来有更好的经营业绩,再加之企业融资顺序应遵循先内部融资,其次负债融资,最后股票融资。在信息不对称的情况下,公司资本结构就成为向市场传递有关公司价值的一种信号机制,通过对资本结构的选择和调整,就可以影响投资者的决策行为,从而影响公司的现金流量和市场价值。

3. 规定公司剩余索取权和控制权分配

当企业有偿债能力时,股东对企业有控制权;当企业没有偿债能力时,债权人对企业有控制权。如果让经营者持股,把经营者的人力资本权益化,以纳入资本结构之中,使经营者能够对称性地参与企业剩余索取权和控制权的分配。此外,公司资本结构与外部接管市场、代理权竞争等公司治理机制也有着密切的联系。所有这些方面表明,公司资本结构决定着公司所有权安排的对象结构、权力结构、状态依存和实现机制。

综上所述,公司资本结构是公司治理结构的重要方面。公司治理结构是否有效很大程度上取决于资本结构是否合理。

12.3 接管与并购

12.3.1 接管

接管是指收购者通过在股票市场上购买目标公司股票的方式,在达到控股后改换原来的管理层,获得对目标企业的控制权。公司内部的各种控制和激励机制都未能有效发挥时,在股东抛售股票即"用脚投票"基础上形成的接管机制,将成为股东解决经理人员代理问题的最后防线。

"接管"作为一种公司治理机制的概念,是由美国经济学家 Henry Manne 在 1965 年的论文中首先提出来的。他指出,公司控制权市场的基本前提是公司管理效率和公司股票价格高度相关。换句话说,接管对管理者行为的约束依赖于资本市场正确反映管理者表现的能力。假设这种相关关系存在,没有最大化公司价值的经理,将会在公司被第三方收购之后遭到淘汰,收购者中将会以高于公司市场价格,低于公司经营效率好时的公司价值购买股票。

接管机制的作用机理是:当经理的行动偏离所有者目标时,股价下跌公司面临被接管的危险,而接管往往伴随着经理人员的更迭。一般来说,经理都会预见到这种结果。从而促使他们追求所有者的目标。接管向小股东提供了保护,股东在某一企业中所占股份很小,则不足以对经理实行有效的监督。但由于股份可以自由买卖,当小股东对公司经营不满,对公司未来预期持悲观态度而抛售手中的股票时,将导致企业的股票价格下跌,有能力的企业家或其他公司买进足够多的股份,就会接管该企业,赶走在任经理。接管保证了公司管理者之间的有效竞争,对经营者形成压力。

接管在公司治理中发挥作用主要有两个途径,一是如果乙公司因管理效率低而使股价处于较低水平,公司价值为 V,甲公司的管理者要比乙公司的管理者更有效率,甲公司购买乙公司股票达到控股地位,改组乙公司高层领导层。如果甲公司以价格 V 收购乙公司,乙公司的管理效率将被提高到甲公司的水平,公司价值可提高 m,达到 $V+m$,甲公司就可以获得改进公司经理管理的全部收益 m。二是接管者入主后更换管理人员,使原有的管理人员在公司中积累起来的专门运用于该公司的知识、经验等人力资本贬值,甚至化为乌有。企业家人力资本的贬值,意味着企业家未来收入的减少。因此,接管具有强烈的溢出效应,外部接管的潜在威胁迫使公司经营者为股东的利益工作,改善公司经营管理,以避免接管的发生。

在机构投资者占据主要的,至少是相当重要的地位后,由于机构投资者掌握着上市公司相当大份额的股票,从而有能力影响公司决策,这样,产生了一种较为温和的接管方式——积极股东行动。股票具有收益性与参与性的特征,大部分投资者购买股票的目的是让渡资金的控制、使用权给企业家,以期取得比投资者自行进行经营更高的收益,或是为获取价差收益,而不是参与公司经营,这样的股东被称为消极股东;通过参与公司决策,对公司进行改革,以期取得更高收益的投资者为积极股东。理性投资者只有当预期收益超过预期成本时,才会有积极性成为积极股东。个人股东受财力所限,一般在公司中所占份额小,没有足够的激励去监督企业,而机构投资者规模巨大,其监督成本与收益的不对称程度较个人投资者小,即使被免费搭车,也是得大于失。而且由于机构投资者作为整体持股量占整个资本市场的一半以上,无法像其他个人投资者那样方便地卖出所持股份,只能利用其大股东的身份介入公司管理,加强对企业家的监督和约束。

12.3.2 并购

并购的内涵非常广泛,一般是指兼并(merger)和收购(acquisition)。这两者概念是有所区别的。兼并又称吸收合并,指两家或者更多的独立企业、公司合并组成一家企业,通常由一家占优势的公司吸收一家或者多家公司。收购指一家企业用现金或者有价证券购买另一家企业的股票或者资产,以获得对该企业的全部资产或者某项资产的所有权,或对该企业的控制权。

可见,两者的主要区别在于,前者指一个企业与其他企业合为一体,后者指并非合为一体,仅仅是一方对另一方居于主导地位。但在实际工作,人们习惯将兼并和收购合在一起使用,英文缩写为 M&A。中文简译为并购。

产生并购行为最基本的动机就是寻求企业的发展,促进公司治理水平提升。寻求扩张的企业面临着内部扩张和通过并购发展两种选择。内部扩张可能是一个缓慢而不确定的过程,通过并购发展则要迅速得多,尽管它会带来自身的不确定性。具体到理论方面,并购发生的最常见的动机就是——协同效应(synergy)。并购交易的支持者通常会以达成某种协同效应作为支付特定并购价格的理由。并购产生的协同效应包括——经营协同效应(operating synergy)和财务协同效应(financial synergy)。

在具体实务中,并购的动因,归纳起来主要有以下几类:

(1) 扩大生产经营规模,降低成本费用。通过并购,企业规模得到扩大,能够形成有效的规模效应。规模效应能够带来资源的充分利用和整合,降低管理、原料、生产等各个环节的成本,从而降低总成本。

(2) 提高市场份额,提升行业战略地位。规模大的企业,伴随生产力的提高,销售网络的完善,市场份额将会有比较大的提高。从而确立企业在行业中的领导地位。

（3）取得充足廉价的生产原料和劳动力,增强企业的竞争力。通过并购实现企业的规模扩大,成为原料的主要客户,能够大大增强企业的谈判能力,从而为企业获得廉价的生产资料提供可能。同时,高效的管理,人力资源的充分利用和企业的知名度都有助于企业降低劳动力成本。从而提高企业的整体竞争力。

（4）实施品牌经营战略,提高企业的知名度,以获取超额利润。品牌是价值的动力,同样的产品,甚至是同样的质量,名牌产品的价值远远高于普通产品。并购能够有效提高品牌知名度,提高企业产品的附加值,获得更多的利润。

（5）为实现公司发展的战略,通过并购取得先进的生产技术,管理经验,经营网络,专业人才等各类资源。并购活动收购的不仅是企业的资产,而且获得了被收购企业的人力资源、管理资源、技术资源、销售资源等。这些都有助于企业整体竞争力的提高,对公司发展战略的实现有很大帮助。

（6）通过收购跨入新的行业,实施多元化战略,分散投资风险。这种情况出现在混合并购模式中,随着行业竞争的加剧,企业通过对其他行业的投资,不仅能有效扩充企业的经营范围,获取更广泛的市场和利润,而且能够分散因本行业竞争带来的风险。

12.4 管理层收购

所谓管理层收购(Management Buy-Outs,MBO)是指:公司的经理层利用借贷所融资本或股权交易收购本公司的一种行为,从而引起公司所有权、控制权、剩余索取权、资产等变化,以改变公司所有制结构。通过收购使企业的经营者变成了企业的所有者。由于管理层收购在激励内部人员积极性、降低代理成本、改善企业经营状况等方面起到了积极的作用,因而它成为20世纪七八十年代流行于欧美国家的一种企业收购方式。国际上对管理层收购目标公司设立的条件是:企业具有比较强且稳定的现金流生产能力,企业经营管理层在企业管理岗位上工作年限较长、经验丰富,企业债务比较低,企业具有较大的成本下降、提高经营利润的潜力空间和能力。

12.4.1 管理层收购的动机

最早出现于英国的MBO,只是杠杆收购[①](LBO)的一种方式,通常用于非上市公司或非核心资产剥离时的收购。即便是上市公司的MBO,待其完成后也将摘牌转成非上市公司,当然,一定时间后也可以再度上市。不过,那时就和新发行股票(IPO)没什么不同了。

1. 公司股东选择管理层收购的动因

（1）解决代理成本问题。管理层收购是公司原有股东或所有者为了更好地保护自己

---

① 杠杆收购(Leveraged Buy-out,LBO)是指公司或个体利用自己的资产作为债务抵押,收购另一家公司的策略。交易过程中,收购方的现金开支降低到最小程度。

的利益与寻求股东利益最优化,解决委托—代理问题、道德风险和降低监督成本而逐渐形成的一种解决方案。代理成本问题主要表现为以下几个方面。

① 企业所有者以管理者为代理人,行使其对企业的控制权。管理者有充分的自由代表股东进行经营决策,如监督力度不够时,在一定程度上会导致管理者置股东利益于不顾,而追求自身利益的结果。

② 对于上市公司,由于股东分散,每个股东又只拥有整个股本的一小部分,直接行使监督权更是难上加难,管理者基本上处于无约束状态,有可能在行政上耗费大量的资源。股东们对此种状况常常又无能为力,企业也只能忍受某些无效率的行为并承担相应的成本。

③ 多种经营的大集团公司代理成本过高的问题更突出。集团拥有众多分公司、子公司和分支机构,这些下属机构的管理者所追求的利益常常发生冲突。总部如要直接监督他们,则必须耗费大量的财力、人力和物力,既不现实又未必奏效,一般只能借助于机械的标准化经营指标进行考核。而当指标未达标时,公司总部也常常因为种种原因无力直接干预。

④ 此外,臃肿庞杂的机构带来层出不穷的内部管理矛盾,如巨额费用、官僚主义作风、烦琐的管理机构以及企业文化的冲突。特别是当集团公司涉足与其本身业务不相关的行业时,矛盾与冲突更加尖锐,代理成本更加增大。

(2) MBO能够有效地促进企业结构和产业结构的调整。具体地讲,MBO对企业结构调整有如下几个方面的影响:

① 通过MBO,企业甩掉了缺乏赢利能力或发展后劲不足的分支部分,得以集中资源,深入拓展构建企业核心竞争力。许多跨国公司在世界范围内从事经营活动,常借助MBO分离、分拆或剥离其多余的分支机构。

② MBO还提供了企业转移经营重点的途径,有效地促进了产业结构的调整,使企业可以从一个行业成功地退出,转入有高预期和发展潜力的行业。

③ 企业可以利用MBO改组或卖出不合适的分支机构。企业各部门间的适应程度受环境、技术条件和产品市场生命周期的影响,随着时间的推移,最初相容的部门也可能变得不适应需要。于是MBO在企业生命周期的各个阶段将不断用来调整结构,使企业适应动态的市场,保持旺盛的发展能力。

④ 目标企业的股东可以从MBO收购活动中获得现金收入,从而购买有赢利能力的资产,从事新的投资项目,减少对外部融资的依赖和财务成本。

⑤ 集团公司实施MBO,原母公司与原下属企业间由内部依赖关系变为外部的市场关系。

⑥ 加强了所有权与经营权的联系,管理者成为所有者兼经营者。

2. 管理者选择管理层收购的动因

(1) 创业尝试。就像职业球员都想拥有自己的球队一样,职业经理人都想自己当老板。自己成为公司的真正老板,不受约束地施展经营管理雄心,是职业经理们的最大愿望。

(2) 对公司远景的信心。职业经理们觉得自己的公司有前景，想成为公司的所有者。

(3) 更好的经济回报。职业经理要求的是远比工资、奖金要多得多的经营回报，而这一要求只有当其成为公司所有者时才有可能。

(4) 发挥才干的机会。职业经理往往只负责公司日常经营，战略规划和发展则是董事会的事，许多职业经理的才干被埋没。管理者收购满足了他们施展才华的要求。

(5) 摆脱公开上市制度的约束，施展自己的才能。有些经营者认为证券监督机构对上市公司制订的法规制度束缚了他们的手脚。而通过管理者收购可以使上市公司成为非上市公司，从而摆脱上市制度的约束。

12.4.2　几种常见的收购方式

任何进行收购的公司都必须在决策时充分考虑采用何种方式完成收购，不同的收购方式不仅仅是支付方式的差别，而且与公司的自身财务、资本结构密切相关。

1. 收购资产

收购资产指管理层收购目标公司大部分或全部的资产。收购资产目标在于获得公司某项或某些有价值的资产，收购资产优于收购股权的地方在于调查范围小，只需要确认资产归属和资产本身的价值即可，不好的地方在于某些资产的转移受到严格限制或者该资产的运营与某些资质相关，这就需要用股权的方式来解决。收购资产一般采取评估方式，有成本法和收益法两种估值模型。收购过程中，双方要签订收购意向协议、收购合同明确价格、交割手续办理等，涉及国有资产需要进行评估，并购后要对目标企业进行整合。收购股权侧重于公司本身的预期价值，公司价值的核心是创造现金流的能力，与资产相关但是不相等，某些时候差异比较大，所以不同的公司不同的行业会有完全不同的溢价比例。

2. 收购股权

收购股权是指管理层从目标公司的股东那里直接购买控股权益或全部股票。如果目标公司有为数不多的股东或其本身就是一个子公司，购买目标公司股权的谈判过程就比较简单，直接与目标公司的大股东进行并购谈判，商议买卖条件即可。如果目标公司是个公开发行股票的公司，收购程序就相当复杂。其操作方式为目标公司的管理团队通过大量的债务融资收购该目标公司所有的发行股票。通过二级市场出资购买目标公司股票是一种简便易行的方法，但因为受到有关证券法规信息披露原则的制约，如购进目标公司股份达到一定比例后持股情况再有变化都需履行相应的报告及公告义务，在持有目标公司股份达到相当比例时，更要向目标公司股东发出公开收购要约，所有这些要求都易被人利用哄抬股价，而使并购成本激增。

3. 综合证券收购

综合证券收购是指收购主体对目标提出收购要约时，其出价有现金、股票、公司债券、认股权证、可转换债券等多种形式的组合。这是从管理层在进行收购时的出资方式来分类的，综合起来看，管理层若在收购目标公司时能够采用综合证券收购。既可以避免支付更多的现金,造成新组建公司的财务状况恶化,又可以防止控股权的转移。因此,综合证券收购在各种收购方式中的比例近年来呈现逐年上升的趋势。

收购公司还可以发行无表决权的优先股来支付价款,优先股虽在股利方面享有优先权,但不会影响原股东对公司的控制权,这是这种支付方式的一个突出特点。

案例分析

可口可乐汇源并购继续,汇源股价引争议

2008年9月3日,全球饮料巨头可口可乐宣布,欲以每股12.2港元,共计179.2亿港元(约24亿美元)的价格全面收购汇源果汁。

根据2008年8月1日起施行的《国务院关于经营者集中申报标准的规定》第三条规定,经营者集中达到下列标准之一的,经营者应当事先向国务院商务主管部门申报,未申报的不得实施集中:参与集中的所有经营者上一会计年度在全球范围内的营业额合计超过100亿元,并且其中至少两个经营者上一会计年度在中国境内的营业额均超过4亿元;参与集中的所有经营者上一会计年度在中国境内的营业额合计超过20亿元,并且其中至少两个经营者上一会计年度在中国境内的营业额均超过4亿元。可口可乐收购汇源符合上述标准,须向商务部反垄断局提出反垄断审查申请。

2008年9月份,可口可乐已向商务部提交了反垄断审查申报材料。但根据《反垄断法》规定,反垄断局审查后认为申报材料不合格。可口可乐又于9月、10月、11月先后提交了补充材料。自2008年11月19日最后一次提交补充材料后就未被要求进一步提交补充材料,并于11月20日正式进入反垄断调查程序。

对于可口可乐并购汇源的反垄断调查进展,商务部发言人姚坚2009年3月16日表示,商务部在11月20日正式立案启动反垄断调查程序以来,到目前为止第一阶段的审查工作已经完毕,正在进行第二阶段的审查,暂定审批时间为3月20日。

不过,若因情况变化,也可适当延期。但可口可乐收购汇源的收购要约有一个先决条件是在200天之内获得监管机构批准,这一条件的最终结点是2009年3月23日。若23日仍未获得批准,可能预示着收购流产。

由于全球股价低迷,汇源股价2009年3月16日收盘价为10.50港元,已比可口可乐当初的收购价格低了近14%。外界猜测,由于股价下跌,可口可乐董事会内部对高价"喝下"汇源存争议。

可口可乐中国公司表示,可口可乐董事会一直全力支持汇源的收购建议。可口可乐中国公司副总裁李小筠明确表示,不会因股市低迷而对汇源的收购要约重新定价。但对可口可乐董事会内部是否会有反对意见,可口可乐并未做出明确回应。

在日前公布的可口可乐年报中,可口可乐管理层表示,任何未解决的法律程序都不会影响公司的整体财务状况。可口可乐还计划,除了24亿美元收购汇源,未来3年还将在中国再投资20亿美元,建造新工厂和配送基础设施,发展营销网络和研发业务。

结合有关并购知识,分析上述案例中可口可乐对汇源的并购行为动因。

本章小结

资本市场是证券融资和经营一年以上的资金借贷和证券交易的场所。资本市场作为出资人监控、约束、筛选经理,委托人监控代理人的外部市场之一,在企业监控中发挥着重要的作用,主要体现在资本市场的价格发现、收购兼并、激励约束与流动性功能。资本结构影响所有权的安排,股权和债权均对企业形成不同的控制权形式,其重要性,不仅体现在融资成本与公司的市场价值方面,更重要的是影响公司的治理结构。

接管是指收购者通过在股票市场上购买目标公司股票的方式,在达到控股后改换原来的管理层,获得对目标企业的控制权。公司内部的各种控制和激励机制都未能有效发挥时,在股东抛售股票即"用脚投票"基础上形成的接管机制,将成为股东解决经理人员代理问题的最后防线。为了寻求企业发展,企业常常会考虑到并购,一般包括兼并和收购,但这两者是完全不同的概念。

公司的经理层利用借贷所融资本或股权交易收购本公司,从而引起公司所有权、控制权、剩余索取权、资产等变化,来改变公司所有制结构的这种行为叫管理层收购,它在激励内部人员积极性、降低代理成本、改善企业经营状况等方面起到了积极的作用,一般可以选择收购公司的股票、资产或综合债券等。

复习思考题

1. 资本机构和公司治理存在怎样的关系?
2. 并购一般包括哪两种?他们的区别是什么?
3. 企业之间发生接管和并购的原因可能是什么?
4. 管理层收购的动机是什么?一般存在哪几种方式?

第 13 章 职业经理人市场与公司治理

学习目的

通过本章学习,你应该能够:
1. 知道职业经理人和职业经理人市场的界定;
2. 了解影响职业经理人市场的主要因素;
3. 掌握委托代理问题的产生原因及其解决办法;
4. 理解股权激励与职业经理人市场之间的关系。

关键词

职业经理人　职业经理人市场　委托代理　股权激励

引导案例

毕业于名牌大学的柯亮,今年33岁,凭借着企业管理硕士文凭进入一家著名外企。工作两年后,不甘心还是一名小职员的他经朋友介绍去了一家创业期的民营企业,并被委以重任,做了人事主管。经过四五年的打拼,公司壮大起来,柯亮也升为公司副总,令他郁闷的是另一位副总是老板的亲戚,常常有意无意地和他起冲突,职业发展也遇到瓶颈。柯亮想离开这个单位,可又舍不得这几年打拼的成绩。可是很多成功人士的辞职再创业事迹再一次让柯亮动心,他想:"金融危机正在渐渐远去,何不动手自己创业?"可家里人反对他离开这家公司,毕竟企业现在发展良好,工资待遇也不错。到底是离开还是坚守呢?柯亮陷入矛盾中。如果你是故事中的主人公柯亮,你会做出怎样的选择呢,你又是如何看待柯亮的辞职创业?

13.1 职业经理人市场

职业经理人市场是为适应社会主义市场经济发展的内在需求而产生的一种新的人力资源配置方式。职业经理人市场应具有的特征也就是建立完善职业经理人市场应有的要求,对职业经理人市场有以下的界定。

13.1.1 职业经理人市场的界定

《新帕尔格累夫经济学大辞典①》将人才市场定义为"一个可以像交换任何商品一样地交换服务而无须考虑其来源的市场",既然职业经理人市场是人才市场的组成部分,那么它就应该是市场参与主体(经理人和企业)交换服务的市场,市场的供给方是职业经理人,需求方则是企业,双方交易的实质就是职业经理人所具备的经营管理能力。

从历史上看,职业经理人市场是从普通人才市场中孕育并逐渐剥离出来的高级人才市场。职业经理人市场是以市场经济规律实现经理人供需双方合理流动、密切协调,以经理人人力资本交易为对象,遵循市场交易规则、市场组织规则、市场行为规则,选拔、培养、吸纳或淘汰企业经营者,为职业经理人自主择业、施展才华提供渠道和条件,实现职业经理人的合理配置的一种机制和制度。职业经理人市场化配置是指职业经理人人才已经职业化,企业所有权与经营权分离的条件下,职业经理人人才与企业在市场上相互选择的过程。企业与职业经理人之间是自主平等的聘用与被聘用的关系或称交易关系,企业通过聘用经营者实现自己的目标,同时,它向经营者支付报酬;职业经理人人才则通过运用自身人力资本完成企业使命,并从企业获得报酬。

职业经理人市场包括内部市场和外部市场,内部市场是指企业从内部,依据晋升机制选拔经理人的途径。外部市场是指从企业外部聘任职业经理人,外部市场的运作模式主要有两种,一是政府建设的高级人才市场,二是市场化运作的猎头公司。由于内部职业经理市场交易规则与过程相对简单,故不将其纳入考察范围。本书中所讲的职业经理人市场如无特别说明,均指的是外部职业经理人市场。

13.1.2 影响职业经理人市场发展的因素

经理人逐步职业化、市场化、专业化是企业发展的客观需要,选择职业经理人进行企业经营管理是企业发展的一种大趋势,职业经理人市场建设是一项人才建设工程。应完善配套制度,建立规范有序的职业经理人市场机制。一方面,要建立完善的职业经理人市场,形成一批为企业主和职业经理人服务的社会中介组织,使其承担为企业主进行职业经理人的搜寻、登记、评价、推荐和跟踪考察工作,进而建立全面翔实的职业经理人档案和数据库,供企业主和职业经理人之间进行双向选择;另一方面,要构建职业经理人信用评价

---

① 由世界34个国家的900多名知名学者(包括13位当时在世的诺贝尔经济学奖获得者中的12位)撰写,涉及经济学各个领域的中要问题和最新发展,堪称最权威的经济百科全书。

体系,成立职业经理人信用评价机构,改善市场信用环境,中介机构要依据国家有关法律、法规收集整理相关信息,建立起职业经理人的档案资料库,企业聘用职业经理人前,可以查询相关职业经理人的职业档案,了解其职业声誉。

1. 制度因素

人才市场和其他要素市场一样,是完整的市场体系的一个局部,是市场体系链条上的一个重要环节,人才市场的健全和完善与否反映一个国家的市场体系是否健全,也是一个国家的市场经济是否成熟的重要标志。职业经理人是市场经济的人格化,市场配置资源功能要通过职业经理人对企业资源的整合来实现。

市场经济体制不成熟,体现在微观基础上是现代企业制度的不完善,而建立企业经理职业化机制必须依靠现代企业制度的确立,也就是说现代企业制度是企业经理职业化机制生存的主要因素。

2. 法律因素

社会主义市场经济同时也是法制经济,它需要完备的法律法规体系为其服务,并对企业经营者的行为规范加以约束。经理人作为一种特殊行为主体,他以其所享有的特殊权能——经理权为其产生和存在的基础。西方发达国家都不同程度地对经理人及经理权有专门立法。在西方国家,商法中关于经理人或经理权的规定是《公司法》和相关企业法中关于经理制度规定的基础,它确定了公司等相关企业制度中经理职位的法律性质和权限范围,是其他法律法规中关于经理制度的立法依据。而在我国,尚无这方面的专门立法,只是《公司法》等才有涉及。

有效的职业经理人市场需要一系列完善的法律、法规,以保障人力资本的供应者和需求者两方面的合法权益不受侵犯,创造一个市场公平、公开、公正的竞争环境,实现市场的规范有效运作。按照立法的原则与程序来讲,当社会上形成了一个阶层的时候,就应该对这个阶层立法,比如说教师有教师法,律师有律师法,等等。职业经理人作为一个极其重要的社会群体,在经济发展中的地位和作用越来越重要。没有相应的约束法律,结果可能会导致经理人一方面损害企业的利益可以不承担法律责任,另一方面经理人的合法权益又得不到法律的保障。

3. 文化因素

受传统家文化影响,我国家族管理具有深厚的传统倾向,宁肯高负债,也不出让股权,宁肯管理效率低,也不聘请外人进入;宁肯放弃市场选择人才的诸多机会,也要努力培养自己的子女接班,等等。企业对外部资源尤其是外部人力资源归根到底难以形成真正的信任,因为,民营企业老板对外部人力资源的使用往往是建立在个人关系、个人友谊的基础之上,没有制度的保证,往往听话时就是"家人",不听话时就成了"外人",因此一旦这种个人关系出现裂痕、或老板出现自然更替之时,对外部人力资源的使用可能便告终止,从而导致家族企业出现不稳定,这就是民营家族制企业可以做大做强、但不会走得太远的根源。它注定了民营家族化企业终究需要进行"革命"性的变革,以经理控制的现代企业制度来代替传统的家族制。

这些文化上的因素都制约着我国企业特别是民营资本引入经理人,严重制约了自身的发展并对培育我国经理人市场产生了负面影响。

4. 信用因素

从历史的维度而言,中国传统的信用,本质上是一种道德观念,为自给自足的以身份为基础的熟人社会的私人信用,缺乏以契约文化为基础的社会信用。私人信用由于儒家建立起一套制度化的法律和实践系统,通过传播逐渐深入到习俗之中,通过权力、真理和制度之间相互配合,使得人们接受了这一观念。进入市场经济时代,这种制度上对道德过分倚重的惯性仍在持续,这必然导致道德失重,面对没有法律约束的权力和利益的诱惑,道德对信用体系的支持显得力不从心。所以,信用缺乏的根源在于转型社会缺乏一种契约文化的支撑。人们在相互交往中的失信行为实质上是对市场秩序的破坏,是调整社会交往关系规则的失效。市场经济是信用经济,而信用不可能孤立地产生和存续,它需要一定契约文化的培育。也就是说,信用只有在一种良性的契约文化中才能得以健康成长。

应当构建市场和企业投资人认可的职业经理人资质评价体系。一方面,充分发挥行业协会等社会中介组织的作用,使其在职业经理人的信用评价、人才测评、尽职调查、继续教育、管理培训等方面发挥更多作用;另一方面,支持各类中介组织开展调查研究、综合提炼,形成符合我国企业特点的通用(或行业)职业经理人胜任力模型,同时支持各类测评机构开展独立性的职业经理人测评。

13.1.3 激励机制与职业经理人市场

职业经理人是中国企业发展的必然选择,发展壮大中国职业经理人队伍,企业就要建立有效的激励约束机制,主要机制如下。

1. 市场选择机制

充分的市场选择机制可以保证经理人的素质,并对职业经理人行为产生长期的约束引导作用。以行政任命或其他非市场选择的方法确定的职业经理人,很难与股东的长期利益保持一致,很难使激励约束机制发挥作用。对这样的职业经理人提供股权激励是没有依据的,也不符合股东的利益。职业经理人市场提供了很好的市场选择机制,良好的市场竞争状态将淘汰不合格的职业经理人,在这种机制下职业经理人的价值是市场确定的,职业经理人在经营过程中会考虑自身在经理市场中的价值定位而避免采取投机、偷懒等行为。在这种环境下股权激励才可能是经济和有效的。

2. 市场评价机制

没有客观有效的市场评价,很难对公司的价值和职业经理人的业绩作出合理评价。在市场过度操纵、政府的过多干预和社会审计体系不能保证客观公正的情况下,资本市场是缺乏效率的,很难通过股价来确定公司的长期价值,也就很难通过股权激励的方式来评价和激励职业经理人。没有合理公正的市场评价机制,职业经理人的市场选择和激励约束就无从谈起。股权激励作为一种激励手段当然也就不可能发挥作用。

3. 控制约束机制

控制约束机制是对职业经理人行为的限制,包括法律、法规政策,公司规定,公司控制管理系统。良好的控制约束机制,能防止经理人的不利于公司的行为,保证公司的健康发展。约束机制的作用是激励机制无法替代的。国内一些国有企业经营者的问题,不仅仅是激励问题,很大程度上是约束的问题,加强法人治理结构的建设将有助于提高约束机制的效率。

4. 综合激励机制

综合激励机制是通过综合的手段对职业经理人行为进行引导,具体包括工资、奖金、股权激励、晋升、培训、福利、良好工作环境等。不同的激励方式其激励导向和效果是不同的,不同的企业、不同的经理人、不同的环境和不同的业务对应的最佳激励方法也是不同的。公司需要根据不同的情况设计激励组合。其中股权激励的形式、大小均取决于关于激励成本和收益的综合考虑。

5. 股权激励机制

股权激励手段的有效性在很大程度上取决于职业经理人市场的建立、健全,只有在合适的条件下,股权激励才能发挥其引导职业经理人长期行为的积极作用。职业经理人的行为是否符合股东的长期利益,除了其内在的利益驱动以外,同时受到各种外在机制的影响,经理人的行为最终是其内在利益驱动和外在影响的平衡结果。股权激励只是各种外在因素的一部分,它的适用需要有各种机制环境的支持,这些机制可以归纳为市场选择机制、市场评价机制、控制约束机制、综合激励机制和政府提供的政策法律环境。

6. 政策环境机制

政府有义务通过法律、法规、管理制度等形式为各项机制的形成和强化提供政策支持,创造良好的政策环境,不合适的政策将妨碍各种机制发挥作用。目前国内的股权激励中,在操作方面主要面临股票来源、股票出售途径等具体的法律适用问题,在市场环境方面,政府也需要通过加强资本市场监管、消除不合理的垄断保护、政企分开、改革经营者任用方式等手段来创造良好的政策环境。

13.2 我国职业经理人市场的现状

企业的发展离不开一个成熟而有效的职业经理人市场,然而我国职业经理人市场相对于我国经济发展来讲是滞后的,并且存在许多问题,具体表现如下。

1. 职业经理人供不应求

从作为需求方的企业来看,中国经济的高速发展,寻找优秀的职业经理人成为国内企业强烈的内在需求;随着中国加入世贸组织,大批的跨国公司涌入中国,他们或设立办事处,或设立分公司,或设立子公司,需要大批首席代表或者公司经理,这个层面的高级管理人才缺口极大。站在供方的角度来看,中国总体的商业环境还不成熟,从本土企业成长起来的职业经理人不仅数量少,而且周期长,同时各个企业都处于发展阶段,管理水平普遍不规范,造成了本土职业经理人很不成熟;我国MBA教育开办的时间不是很长,培养手段落后,MBA毕业生要成为优秀的职业经理人需要假以时日。以上原因使得我国职业经理人供不应求。

2. 猎头公司发展滞后

在国外,高级人才流动的主要渠道就是猎头公司。猎头公司大体可以分为高端和低端两个层次。高端猎头公司往往与企业的人力资源规划和咨询结合在一起,而且在高层职业经理人的遴选上会辅以科学的人力资源测评体系和手段,以便使整个搜寻过程更科学更准确。而低端的猎头公司则注重"价格战",很多时候往往变成一般的人力资源服务。而在国内猎头公司很多,像北京就有几百家,但几乎还处于自然发展的阶段,还没有形成"巨头",也没有激烈的竞争。这样使得职业经理人交易受阻。

3. 评判标准缺失

职业经理人以让渡其专业的经营管理知识和技能为生计,企业聘用职业经理人,首先必须能够判断其经营管理才能的高下,然后再看他是否适合本企业的需求。但是如何判断职业经理人的才能,却是一个很难解决的难题。

在欧美发达国家,职业经理人的市场相对成熟,评价一个职业经理人的标准可以是多维度的。最主要的维度是资本市场,以公司股票的上涨程度作为评价的标准,再加上诚信度等,因为西方有成熟的资本市场和完善的诚信档案记录等,股票价格和诚信档案可以分别反映职业经理人的经营管理能力和信誉。

但是在国内,资本市场根本无法反映企业的价值,就更无法作为评判职业经理人管理能力价值参照。国内没有建立基本的信用体系,也无法查证经理人的信誉,一些专业的评选也还刚刚起步。对很多企业来说,唯一可以相信的,就是别人已经做过的筛选。换句话说,一个职业经理人的从业经历对他以后的职业生涯产生巨大的影响,而不是业绩。

4. 法律缺失,监管不严

到目前为止,政府还没有制定出职业经理人市场的有效游戏规则,使违约者违约成本过低,而违约收益可能很高,这样可能导致企业和职业经理人的行为都比较放纵,影响市场声誉,进而影响职业经理人市场的成长和完善。

13.3 发展我国职业经理人市场的对策

完善职业经理人制度是公司治理的一个重要命题,而完善职业经理人市场是完善职业经理人制度的基本前提。目前,职业经理人市场不完善成为制约职业经理人制度完善的最大因素,也是影响我国经济发展的一个重要因素。根据我国目前的实际并结合对大量企业的调查研究,认为完善我国职业经理人市场应该做好以下几项工作。

1. 企业经理的职业化

企业经理的职业化是培育职业经理人的关键所在。使企业经理职业化可从两个方面着手:第一,企业经理的选拔应该职业化。国有企业应该在这个方面带好头,起到示范作用。第二,企业经理本身的职业化。首先,企业经理要有良好的职业文化和职业精神;其次,企业经理要使自己具备职业经理人基本标准,即掌握现代的经营管理知识,有灵活运用自己的经营管理知识经营管理企业的能力。要使企业经理本身职业化,政府有关部门和企业建立全国甚至世界范围内的职业经理人信息库,开展量体裁衣式的职业经理人培训,大力发展MBA教育,巩固和完善已有的职业经理人认证制度。

2. 完善职业经理人评价体系

完善职业经理人评价体系对于保证职业经理人的素质至关重要,因此职业经理人必须有自己的评价体系和评价指标。职业经理人的评价体系和评价指标中最主要的是与市场紧密相关的经营指标,如资产数量、赢利、技术创新速度、市场占有率、负债率、存货周转速度、资产收益率、经营哲学等,还有每股收益、每股净资产、每股派息等。应组织有关专家和优秀企业家尽快建立有中国特色的、又符合国际规范的职业经理人评价体系。这种体系要克服指标设置过分笼统、内容比较抽象,定量标准太少,定性标准太多,容易受人为因素的影响等缺点,要将职业经理人的教育背景、知识构成、工作经验和个人特长等考虑进去,增强可操作性。

3. 规范公司治理结构

规范公司治理结构是确保职业经理人需求、成长的制度环境,是职业经理人市场存在的土壤。规范公司治理结构,首先,必须建立一套完善的组织机构。包括股东(大)会、董事会、监事会以及高层经理人员组成的执行机构,但又不局限于组织机构,而且包含着融资结构的选择和安排。公司治理结构本身就是所有者、董事会和高级管理人员组成的一种组织结构。在这种结构中,上述三者之间形成一定的制衡关系。其次,培育一套良好的财务结构。从金融的角度来看,公司治理结构、债权资本和股权资本的组合比例直接决定着公司的财务结构,因此,对公司控制权的控制和对职业经理人的约束,既可以通过董事会和监事会的组织系统和活动,也可以通过债务比率来进行,这样一来,债务和资本权益的权衡和选择,也是一种重要的控制手段。最后,打造灵活的运营机制。规范公司治理不仅要建立一套静态的组织机构和制度安排,而且要建立一个实际运行以及监督指导的过程。公司就是利益相关者的利益共同体,公司的治理就是委托人和代理人即所有者和职业经理人之间的互动和博弈。因此,公司治理结构的组织机构安排固然重要,但是更重要的是这些机构实际上在做什么,如何做,以及为什么这样做或那样做,这才是治理结构的本质和要害。在这里,既要注意治理结构在正规的监管层面上如何运作,也要注意其在非正规的层面上(包括传统习俗、商业文化和道德规范)如何发挥作用。

4. 创造保护职业经理人成长的社会环境

市场经济从某种意义上说是一种法制经济,它应该在法制轨道上运行,用法律来界定和调整各种关系,靠法律来保障经济的正常运行。国家有关部门制定相关政策和法律,一方面保护职业经理人合法的经济利益,建立保护职业经理人改革创新的社会环境;另一方面形成相应的约束机制,违法者应承担法律和社会的责任,从而从法律上制约违法行为,达到创造保护职业经理人成长的社会环境的目的。

> 一则小故事

一只兔子吃掉了狼和野猪

一天,一只兔子在山洞前写文章,一只狼走了过来,问:"兔子啊,你在干什么?"

答曰:"写文章。"问:"什么题目?"答曰:"《浅谈兔子是怎样吃掉狼的》。"

狼哈哈大笑,表示不信,于是兔子把狼领进山洞。

过了一会儿,兔子独自走出山洞,继续写文章。

一只野猪走了过来,问:"兔子你在写什么?"答:"文章。"问:"题目是什么?"

答:"《浅谈兔子是如何把野猪吃掉的》。"野猪不信,于是同样的事情发生。

最后,在山洞里,一只狮子在一堆白骨之间,满意的剔着牙读着兔子交给它的文章。

题目:《一只动物,能力大小关键要看你的老板是谁》。

这只兔子有次不小心告诉了他的一个兔子朋友,这消息逐渐在森林中传播;

狮子知道后非常生气,它告诉兔子:"如果这个星期没有食物进洞,我就吃你。"

于是兔子继续在洞口写文章。

一只小鹿走过来,"兔子,你在干什么啊?"

"写文章。""什么题目?""《浅谈兔子是怎样吃掉狼的》。"

"哈哈,这个事情全森林都知道啊,你别糊弄我了,我是不会进洞的。"

"我马上要退休了,狮子说要找个人顶替我,难道你不想这篇文章的兔子变成小鹿吗?"

小鹿想了想,终于忍不住诱惑,跟随兔子走进洞里。

过了一会儿,兔子独自走出山洞,继续写文章;一只小马走过来,同样的事情发生了。

最后,在山洞里,一只狮子在一堆白骨之间,满意的剔着牙读着兔子交给它的文章。

题目是:《如何发展下线动物为老板提供食物》。

随着时间的推移,狮子越长越大,兔子的食物已远远不能填饱肚子。

一日,它告诉兔子:"我的食物量要加倍,例如:原来4天一只小鹿,现在要2天一只,如果一周之内改变不了局面我就吃你。"

于是,兔子离开洞口,跑进森林深处,它见到一只狼,"你相信兔子能轻松吃掉狼吗?"

狼哈哈大笑,表示不信,于是兔子把狼领进山洞。

过了一会,兔子独自走出山洞,继续进入森林深处。

这回它碰到一只野猪,"你相信兔子能轻松吃掉野猪吗"。野猪不信,于是同样的事情发生了。

原来森林深处的动物并不知道兔子和狮子的故事。

最后,在山洞里,一只狮子在一堆白骨之间,满意的别着牙读着兔子交给它的文章。

题目是:《如何实现由坐商到行商的转型——为老板提供更多的食物》

时间飞快,转眼之间,兔子在森林里的名气越来越大,因为大家都知道它有一个很厉害的老板。

这只小兔开始横行霸道,欺上欺下,没有动物敢惹,它时时想起和乌龟赛跑的羞辱。

它找到乌龟说:"三天之内,见我老板!"扬长而去。

乌龟难过地哭了。

这时却碰到了一位猎人,乌龟把这事告诉了他,猎人哈哈大笑。

于是森林里发生了一件重大事情,猎人披着狮子皮和乌龟一起在吃兔子火锅。

地下丢了半张纸片歪歪扭扭地写着:山外青山楼外楼,强中还有强中手啊!

在很长一段时间里森林里恢复了往日的宁静,兔子吃狼的故事似乎快要被大家忘记了。

不过一只年轻的老虎在听说了这个故事后,被激发了灵感。

于是他抓住了一只羚羊,对羚羊说,如果你可以像以前的兔子那样为我带来食物那我就不吃你。

于是,羚羊无奈的答应了老虎,而老虎也悠然自得地进了山洞。

可是三天过去了,也没有见羚羊领一只动物进洞。他实在憋不住了,想出来看看情况。

羚羊早已不在了,他异常愤怒。正在他暴跳如雷的时候突然发现了羚羊写的一篇文章。

题目是:《想要做好老板先要懂得怎样留住员工》。

这则小故事对您有什么启发?

案例分析

保时捷前CEO魏德金因涉嫌市场操纵被捕

保时捷前首席执行官文德林·魏德金(Wendelin·Wiedeking)因为在保时捷收购大众过程中,涉嫌市场操纵,于2009年9月21日被斯特加特当地检察机关逮捕,他将在拘留所中度过57岁的生日。

2002年8月28日,当魏德金庆祝50岁生日的时候,现场汽车界大腕云集,当时这位"打工皇帝"谈到自己的职业生涯时表示:"自己需要保持顽固的脾气。"

事实上,如果不是一直顽固地要让保时捷成为德国第一、世界第一,魏德金也许不会落到现在这步田地,这位聪明绝顶的老先生有点太顽固了。

传统的颠覆者

2008年虽然是汽车界最落魄的一年,却是魏德金颇为得意的一年,他成为全球工业界收入最高的职业经理人之一,其年收入估计为 8 900 万～1.03 亿美元。这一巨额薪酬的背后,是魏德金给保时捷带来的前所未有的辉煌。

1991 年,魏德金正式进入保时捷董事会。彼时的保时捷正处在破产边缘,全年的销量仅 14 362 辆,亏损高达 1.33 亿美元。当时,这家跑车制造商就像个烫手的山芋,逐渐滑向深渊,关键时刻,魏德金接住了它,更凭借着一己之力扭转了保时捷的命运。

加入保时捷后,魏德金不断地颠覆人们对保时捷的既定印象。除了对传统 911 系列进行改进以外,魏德金还组织开发了 SUV 卡宴(Cayenne)车型。为此,魏德金得罪了众多粉丝。一位拳击手(Boxter)车型的拥有者向 CBN 记者抱怨:"他做的这些新车让保时捷的气质被彻底消灭了。"但他也承认现在的保时捷是一个成功的保时捷。

2002 年,魏德金突破传统跑车,为保时捷带来了 SUV 产品;此后,2008 年魏德金带领保时捷走入四门轿车领域,推出了帕拉米拉(Panamera)车型。

时间证明魏德金是正确的,帕拉米拉带领保时捷进入了垂涎已久的商务用车领域,而卡宴的销量更是占保时捷总销量的三分之一,为保时捷的迅速发展做出了重大贡献。

魏德金加入后的第四个年头,在裁掉了 700 多家供应商后,1995 年,保时捷扭亏为盈,年收入、销量和利润重新回到了赢利的状态。此后十多年里,奇迹般地成为了利润最高的豪华跑车制造商,魏德金也成为汽车业界薪酬最高的职业经理人。

魏德金明白,光靠产品推陈出新是无法做到汽车"霸主"的,在汽车制造商云集的德国,保时捷无论多么"大",还是得排在大众、宝马、奔驰、欧宝之后,屈居第五。于是,魏德金开始酝酿吞并大众的计划,他要吃掉"第一名"。

"蛇吞象"并非是魏德金一时的冲动之举,在长达十多年的精心策划和准备后,魏德金终于在 2005 年展开了行动。

吃掉"第一名"

事实证明,魏德金玩法极为高明。他利用家族企业的组织结构优势,集中局部优势财力,冒险性大量举债,联合了美林、德意志银行等操盘手,通过不同的账户对大众进行收购,以逃避德国证券法中持股超过 5% 需要公示的规定。

2007 年 3 月,保时捷在完成对大众持股 31.5% 后,突然对外公布了其收购计划。此后,保时捷不断增持大众股权,并将目标锁定全面控股。2008 年 10 月 26 日,保时捷公告称,已持有大众汽车普通股 42.6%,并附加 31.5% 的大众汽车普通股的期权。

当时的公告似乎有点故弄玄虚:"鉴于目前市场对大众汽车股票的投机氛围日趋严重,以及做空力量强大,公司只能果断公布目前持有的大众汽车股票和期权最新数量。"保时捷最后一次提醒市场的时候,它已经掌握了 75% 的大众汽车股权,加上第二大股东下萨克森州政府所持有的 20.1%,市场上可供交易的大众汽车普通股只剩下约 5%。

这让市场更加疯狂,在"无股可买"的传闻下,大众汽车股价从 200 欧元飙升到 1 000 欧元,市值一度高达 3 700 亿美元,超过埃克森美孚的 3 430 亿美元,成为全球市值第一的上市公司。

而保时捷通过以美林为首的银团在市场买进大众汽车普通股后,又通过加拿大 Maple·Bank 按照约定价格以期权形式交割这些股票的期权。

这种有争议的期权战略,使得这家 911 跑车制造商看起来就像一家对冲基金。在

2008 财年，保时捷在大众期权交易上获利 68 亿欧元（合 97 亿美元），而汽车销售净利润仅为 10 亿欧元。

若不是突如其来的金融危机，魏德金很可能将成功控制大众汽车。但由于全球银行收紧信贷，公司本身赢利能力受到严重影响，原定 2008 年年底的控股目标不得不一再推迟，直到 2009 年 7 月，无援的保时捷让大众汽车找到了反向收购的机会。

现在只能说，如果没有金融危机，汽车史上将会诞生一场最成功的并购。但这场突如其来的金融危机让一位伟大职业经理人吃掉"第一名"的梦想落了空。2009 年 8 月 2 日被迫辞职时，保时捷批准了 5 000 万欧元的"遣散费"，以肯定魏德金对保时捷所做的一切。

因为强硬专制的管理风格以及对员工的慷慨大方，魏德金在员工中享有极大的威望，同时也得了一个"双面老板"的称呼。在魏德金的告别会上，很多员工冒雨来为他送行，更有人泪洒当场。受访的员工对着镜头说，保时捷应该继续为自由而斗争，不应该让魏德金离开。

但由于魏德金涉嫌操纵股价，他的被捕成为这一连串事件的一个意外结局，保时捷"中兴"大戏落幕。超级跑车公司，从法拉利到兰博基尼，再到阿斯顿·马丁，在这个时代似乎难以摆脱委身于人的命运。

根据上述案例分析魏德金进行市场操纵的原因，并深刻体会经理人和企业之间复杂的关系。

本章小结

经理人市场是以市场经济规律实现经理人供需双方合理流动、密切协调，以经理人人力资本交易为对象，遵循市场交易原则、市场组织原则、市场行为规则，选拔、培养、吸纳或淘汰企业经营者，为经理人自主择业、施展才华提供渠道和条件，实现经理人的合理配置的一种机制和制度。在分析经理人市场时，应从制度因素、法律因素、文化因素和信用因素四个方面进行讨论。

股份制公司的出现，导致所有者和经营者的分离，由于信息的不对称和不确定，从而产生了委托代理问题，如何更好地解决代理问题，是公司治理中经常会遇到的。股权激励手段的有效性在很大程度上取决于经理人市场的建立和健全，只有在合适的条件下，股权激励才能发挥其引导经理人长期行为的积极作用。经理人的行为是否符合股东的长期利益，除了其内在的利益驱动以外，同时受到各种外在机制的影响，经理人的行为最终是其内在利益驱动和外在影响的平衡结果。

复习思考题

1. 经理人市场是如何界定的？
2. 影响经理人市场的因素包括哪几方面？具体应该如何进行分析？
3. 请详细阐述一下经理人市场中的委托代理问题？
4. 请分析一下股权激励与经理人市场之间的关系？

第 14 章 利益相关者的监督

学习目的

通过本章的学习,你应该能够:
1. 掌握利益相关者的组成要素,与企业社会责任、公司治理之间的关系;
2. 理解利益相关者理论对企业的影响及其与公司治理的关系;
3. 把握机构投资者的界定、行为特征、参与的方式、地位及其作用;
4. 了解机构投资者对公司治理解结构的具体影响;
5. 知道机构投资者参与公司治理存在的问题及解决方法。

关键词

利益相关者　机构投资者　社会责任　治理机构　治理机制

引导案例

投资基金是在替谁投票?

在中国平安 2008 年 3 月 5 日召开的临时股东大会上,备受市场争议的该公司巨额再融资议案获得了 92% 以上的赞成票。这次中国平安的股东大会很特别,首先是参与人数之多可谓空前,有 8 934 名股东代表参加现场投票和网上投票,代表股数高达 56.97 亿股,而中国平安总股数不过 73 亿股。

造成这种局面出现的关键性因素在于投资基金的"倒戈"。本来,2008 年 1 月 21 日中国平安巨额再融资方案出台之后,以投资基金为代表的机构投资者对中国平安的再融资方案是坚决抵制的。他们不仅对中国平安的股票实行"用脚投票",通过大肆抛售中国平安的股票来打压该公司的股价,而且一批持有中国平安 A 股的基金经理计划联手在临时股东会上提出对中国平安增发的反对意见。以致许多中小投资者对投资基金寄予了厚望,希望投资基金成为维护中小投资者利益的代言人。但春节过后,包括董事长马明哲在内的中国平安高层团队集中力量,对深圳、北京、上海所在地的各大基金公司进行重点公关,以致投资基金在中国平安再融资问题上的态度发生了变化。结果,在 3 月 5 日的临时股东大会上,只有诺安基金和大成基金两家基金公司投出了反对票,而更多的投资基金则投出了赞成票。

一个明显的事实是,作为广大的中小投资者是坚决反对中国平安的再融资方案的。根据人民网于 2008 年 2 月 20 日 14 时至 2 月 21 日 9 时就平安融资问题进行的调查,在近 20 万人次的投票中,超过 97% 的调查参与者反对通过平安融资计划。而在中国平安再融资方案通过后,搜狐网进行的调查显示,有 94% 以上的参与者反对平安融资方案通过。

14.1 利益相关者与公司治理

利益相关者理论(stakeholder theory)是对传统的"股东至上主义"治理模式的挑战。自 20 世纪 60 年代,由斯坦福研究院首次命名并给出定义后,利益相关者理论得到众多学科,如管理学、企业伦理学、法学和社会学学者的关注,并在理论研究和实证研究方面取得很大发展。

不只有股东是剩余风险的承担者,雇员、债权人、供应商都可能是风险的承担者。因为在企业中股东投入了专用性物质资产,而其他利益相关者在企业中投入了关系专用性资产,这里所提到的关系专用性资产主要指专用性的人力资本,从而都成为企业的"投资者",共同拥有剩余索取权和剩余控制权,进而共同拥有所有权。

从所有权来看,出资者投资形成的资产和债权人的债权,以及公司营运过程中的财产增值和无形资产共同组成公司的法人财产。公司凭借法人财产获得相对独立的法人财产权,由此得以成为人格化的永续的独立法人实体。显然,公司行为的物质基础是法人财产,而不是股东的财产,其权利基础是法人财产权,而不是股权。因此,企业的目标只能是确保法人财产的保值与增值,那些投资于法人财产的保值与增值的利益相关者就应该享有法人财产的收益。所以,公司应归利益相关者共同所有,他们通过剩余索取权的合理分配来实现自身的权益,通过控制权的分配来相互牵制、约束,从而达到长期稳定合作的目的。

20 世纪 60 年代末以后,坚守股东中心理论的英美等国经济迅速滑坡,而奉行利益相关者理论的德、日等国经济迅速崛起。研究者认为产生这种局面的原因之一在于"股东中心理论使企业经理始终处于严重的短期目标压力之中,往往无暇顾及公司的长远发展;而利益相关者理论使企业的经营活动注重公司利益相关者的利益要求,并充分融合人本主义管理思想"。

20 世纪 70 年代全球开始关注企业的社会责任(corporate social responsibility),过去那种认为企业只是生产产品和劳务的工具的传统观点受到了普遍的批评,人们开始意识到企业不仅仅要承担经济责任,还要承担法律、环境保护、道德和慈善等方面的社会责任。而这一思想和利益相关者理论的要求不谋而合,即企业在进行获利活动的同时,关注社会公众、社区、自然环境等其他利益相关者的利益。

将利益相关者纳入公司治理中使企业更着重于对长期目标的追求和持续的发展,而无须因为股东利益最大化的目标只注重短期效益。同时，由于利益相关者的利益得到了维护，他们反过来会更加关注企业的发展，从而减少了监督激励成本和机会主义行为，他们和企业形成一种基于信任的长期稳定的合作关系，将大大减少交易成本和由于信息不对称带来的成本。良好的声誉、独特的组织文化和客户供应商之间的战略伙伴关系形成企业稀缺的、有价值的、竞争对手难于模仿或难以替代的资产，这些资产使企业创造了超越对手的竞争优势。从战略角度考察，利益相关者理论强调对战略管理来自于市场条件的一个主要挑战，这种挑战结合了生态关注、全球观点、企业社会责任和市场参与各方之间的长期承诺和合作。

14.2 机构投资者

14.2.1 机构投资者的行为特征

对机构投资者来说，其身份是复杂的。首先，它是独立的法人，它有健全的组织机构和独立的经营目标；其次，它可能是上市公司的重要股东，但它又不是上市公司的一个一般意义上的重要股东，更不是个人投资者在数量上的简单汇集，而是基于委托代理关系的有机组合，是投资者和决策人的一种集合。因此，可以说，机构投资者是由众多投资者的委托资金组成的一种社会化的集合投资者，是职业的、大型的、独立的专业投资机构。

机构投资者作为独立的法人以及上市公司的大股东，其对公司治理的作用有以下三点。

第一，控股股东利用其对上市公司的控制权，促使上市公司对其进行"利益输送"，逐步掏空上市公司，这势必会影响到上市公司的正常经营活动，也侵害了包括机构投资者在内的中小股东的利益。机构投资者为了维护自身在上市公司的利益，会对控股股东的掏空活动进行监督。而且，机构投资者通常持有较多的股份，或者通过联合其他机构投资者等手段有能力在股东大会、董事会上发挥其监督职能，这将有利于缓解当前上市公司内部存在的因控股股东与中小股东之间利益冲突而产生的严重代理问题。

第二，目前我国资本市场和经理人市场尚处于发展时期，监督体系尚有许多不完善之处，因此，外部市场对公司管理人员的监督十分有限。与此同时，很多自然人股东出于精力和成本的考虑，对公司的监督也十分有限。在这种情况下，机构股东通过与公司管理层私下沟通、公开发表反对意见等方式监控管理层的行为，可能成为外部市场监督公司的一种有效替代机制。

第三，机构投资者可以通过私下协议的方式直接要求企业修改管理层薪酬计划。此外，即使当机构投资者选择出售股票而不是直接通过参与治理改变企业时，他们也会对公司治理产生间接影响：股价下跌的压力、对其他投资者的信号作用以及股东组成的变化等。这种间接影响的存在也引申出机构投资者与管理层报酬之间关系的"顾客效应"假说，即机构投资者可以通过他们的偏好和交易间接地影响企业。

由于机构投资者具有多重身份，因此，它的行为特征也表现出多样性，必须分开进行分析。

1. 独立法人的行为特征

机构投资者作为专门从事投资活动的独立法人,必须有其明确的赢利目标,而且,为了实现这一目标,它必须有健全的研究、决策机构。为此,其行为特征表现为:第一,收益偏好。机构投资者对获取投资收益表现出很强的内在偏好,其原因是:一方面,机构投资者面临着其他金融中介机构的竞争,只有获取一定的收益,才能维持机构本身的生存和发展;另一方面,机构投资者是众多委托人的代理人,必须满足资金所有人的收益要求,否则,资金所有人将改变其资金的代理人,这样,没有收益的机构投资者将失去其赖以生存的基础——客户。第二,建立完善的决策系统。机构投资者是专门从事投资活动的法人,它的收益来自于它所选定的最佳投资组合。如何确定最佳的投资组合?一是有健全的决策机构,二是有合理的决策程序。机构投资者的组织机构是由一批具有专业知识的人员构成,而且,它还在机构内部建立了既有分工,又有合作的决策程序:收集信息——分析、处理信息,挖掘有价值的信息——依据信息做出投资决策——执行投资决策。这是机构投资者作为"精明投资者"的法人,所必须采取的行动。唯有如此,才能面对瞬息万变、风险巨大的投资市场而做出正确的决策。

2. 作为代理人的行为特征

机构投资者是通过契约关系接受个人投资者的委托,获取个人投资者的资金进行投资,一方面具有一般投资者寻求收益最大化的特征;另一方面又涉及委托代理问题,受监管法律法规制约,行为约束较强、较全面。同时,这种委托代理关系是建立在契约基础上的市场选择行为,没有良好声誉的受托主体,其代理主体的角色便失去了持续性,直到被市场淘汰。因而,监管法规的约束和市场的自然选择,使机构投资者必须遵循诚信、谨慎、勤勉的原则,并表现如下行为特征:

① 合法经营。从金融资产的买卖到投票权的代理,各国监管法规都要求机构投资者要尽最大努力为其委托人负责,对由不可抗力所造成的失信或损失要做出诚实、明确、合理的解释,特别是要求机构投资者不得利用其受托人的权利及委托人的资产谋取私利,在涉及受益人利益的交易和决策中不能掺杂仅出于机构投资者私人利益的考虑。如果违规经营,要受到法规的制裁。

② 分散投资。现代投资组合理论认为,合理地进行分散化投资可以在给定风险水平下,产生比未充分分散化的投资组合更高的收益。因为分散化投资,可以降低单个行业和单个企业的非系统性风险,也有利于机构投资者及时发现、调整、转换风险。分散化投资的目的在于保证投资的流动性、合理性收益,并使委托人获得满意的收益,否则要遭受市场的淘汰。

③ 创新理财品种。机构投资者在业务上要不断创新,及时设计更多、更方便的交易品种来足委托人的需要。要保证受托资产获得一个较高的、合理的收益水平,不能放过任何增加委托人财富的机会,更不能损害委托人的利益。

3. 作为重要股东的行为特征

与中小股东相比较,机构投资者具有更高的理性。机构投资者不但在知和能方面所受到的限制要少,而且在获取和利用信息方面也有更多优势:首先,机构投资者拥有或雇有获取特定信息和挖掘有价值信息的专有人才,因而获取有价值信息的能力较强;其次,机构投资者的社会经济网络较广,可能拥有一些不为个人投资者所具备的信息来源渠道;再次,机构投资者更有财力利用现代化的信息处理设施;最后,机构投资者能够规模利用信息从而降低单位信息获取成本。机构投资者的理性介于理想的完全理性与中小股东的有限理性之间。所以,机构投资者的行为与中小股东的行为差异较大。

① 介入公司治理的积极行动。过去,机构投资者可以通过持有较多的股份,达到控制公司的目的,为避免外界对公司的不良揣测而引起股市的波动,它们并不直接干预公司的管理活动。但是,随着公司规模的扩大和股权的分散化,机构投资者以股权控制公司的重要性下降,不安定性增加。特别是公司出现问题而"用脚投票"不利时,它们可能直接介入公司的治理。

当然,机构投资者介入公司治理的活动是有限度的,在充满风险与不确定性的世界中,机构投资者对所持权益的收益不会常常得到满足。首先,当所持股份的收益性不能体现时,机构投资者更有可能选择积极行为策略。但由于积极行为通常有成本完全内化而收益部分外化的集体行动问题,因此,机构投资者并不热衷于公司治理活动,它是被迫做出积极行为决策。其次,在做出积极行为的决策后,机构投资者还必须设计好具体的战术决策。一般来说,机构投资者针对某特定股份公司的治理活动具有由弱到强的渐进性。机构投资者总是先就公司的具体困境问题与股份公司的董事会进行私下接触协商,与其一道寻找走出困境的良方。如果这些不为外界所知的积极行为能够奏效,则机构投资者的积极行为到此为止。如果股份公司的董事会不能很好合作,则机构投资者将实施进一步的积极行为,即在股东大会和董事会上提交代理权提案。尽管有些提案需要多次提交后才有可能获得通过,但只要股份公司在接到提案后能够改善公司绩效和优化治理结构,机构投资者的积极行为也就到此为止。但如果代理权提案手段因管理层的不合作而仍不能解决股份公司面临的困境问题,那么机构投资者就有可能使用代价最为昂贵的积极行为方式——联合其他机构投资者或配合其他公司与管理层展开代理权争夺战,组建新的董事会,以更换不称职的原管理者。最后,机构投资者不是将投资组合中所有绩效差或治理有问题的公司都列为治理参与目标,而是从中筛选出几家或十几家绩效很差或治理混乱的公司作为重点介入对象;在介入时机的选取上,机构投资者不是在股份公司业绩一开始出现滑坡就积极行动起来,而是在充分考虑经济过程自身波动性的基础上,分析业绩滑坡原因,而且只有公司的问题发展到较为严重而其自身不能解决的时候,才有可能介入公司治理;在介入手段的选取上,机构投资者偏好温和的协商方式,除非没有协商的可能性,否则一般不会使用更为严厉的措施。

② 追求规模收益。正如前面所分析的,机构投资者作为公司的重要股东,具有参与公司治理活动的主观动机和客观优势,虽然它的积极行动也必须付出代价,即监督、谈判费用,但是与中小股东相比,它所持股份的平均治理成本更低。而且,机构投资者通常同

时持有众多公司的股份,这种"知识分享"进一步减少了机构投资者参与公司治理的单位成本。此外,机构投资者有很强的信息分析、处理优势,其信息成本的分摊更加合理,因此,它更能获得投资的规模收益。

14.2.2 机构投资者介入公司治理的两种基本方式

机构投资者介入上市公司治理的方式根源于公司治理机制,公司治理机制的不同表现在治理方式的多样化。治理机制通常包括内部治理机制和外部治理机制,前者体现为内部监控,以对公司董事会、股东大会的介入参与为主,通过影响着公司决策控制和决策管理而直接对管理层实施监督;后者体现为外部监控,借助于公司控制权市场及经理人市场的存在形成对管理者的压力威胁和间接监督约束。

基于内外两种治理机制,从广义上讲,机构投资者介入公司治理的方式可分为"用脚投票"和"用手投票"两种基本方式。这两种基本方式的目的是相同的,但投资取向和发挥作用的效果、途径是不同的,其中,"用脚投票"方式属非积极行动主义方式,它指的是股东通过在证券市场出售所持股票来表达持股意愿,通过直接影响公司股票价格来表达对公司内部治理或经营业绩的意见。这种外部控制模式,对资本市场、经理市场和商品市场的依赖程度极高。因为抛售会导致股价下跌,降低公司在资本市场中的投资价值,影响公司的再融资能力,从而间接上解聘经营者,"用脚投票"也可以表现为通过资本市场的兼并收购将劣势公司驱逐出市场,形成对其他公司治理的警示效应,从而间接地影响着公司治理。由于其间接性特征,习惯上又只把"用手投票"看作介入公司治理的行为,而"用脚投票"不属于介入公司治理行为。此处,把二者都列为两种基本介入公司治理方式,但主要讨论一下"用手投票"方式。

"用手投票"(积极行动主义)方式通常包括了以下几种具体途径。

1. 递交股东提案

在西方发达资本市场,递交股东提案的方式已成为极其普遍和主要的机构股东介入公司治理方式,尤其在美国。如早在 1987—1994 年,美国机构投资者共递交了 463 项关于公司治理的议案。1987—1993 年间,仅五家最大的养老基金(Taa-Cref, Calpers, Calstrs, Swib, Nyc)就递交了 266 份提案,占这一时期提案总数的 18%。

在购进公司股票以后,机构投资者可以以公司股东的身份参加股东大会,向上市公司提出问题,对上市公司的运作发表评论,并向股东大会提出建议报告。股东提案的投票结果与提交者的身份、提案的内容、公司的所有权结构与业绩有关。因为许多机构投资者把机构持股水平为确定目标企业的标准,从而机构持股水平较高的企业更有可能获得股东提案,持股比例更高的机构投资者提案通过的可能性也更高。另外,如果目标企业内部人持股比例较低,业绩较差,而且提案内容与秘密投票有关,那么提案也会得到较高的赞成票。

股东提案仅仅是建议性的,也就是说,即使获赞成票较多,经营者也没有义务采取行动,但当机构股东提案获支持率较高时,机构投资者与公司经验者的谈判就有了坚强后盾。

2. 委托投票权争夺

委托投票权的争夺（又称投反对票方式）保证了不能出席股东大会的股东能够行使自己的权利，同时也使公司经营者和持异议集团可以通过收集不能出席股东大会的股东的投票权，增强影响投票结果的能力。

委托投票权的争夺取胜的成功受目标公司的股东数量和结构影响。从以往的美国情形看，一般情况下，管理者比持异议者对请求表决的提案更有准备，信息更完全，须"追踪"的股东数量越多，管理者的优势越强，持异议集团取胜的可能性越低。从股权结构看，小股东出于"理性的冷漠"和"搭便车"心理，倾向于对代表权争夺不闻不问，因此，小股东比例过高对持异议集团不利，股权结构中小股东越多，持异议集团失败的可能性越大。现在，许多机构投资者积极投身于代理投票争夺，不仅建立了机构内部的代理投票管理部门，还雇用专业咨询公司加强对代理投票的研究，大大提高了持异议集团取胜的可能性。据统计，在1984—1990年间，美国共发生了192起委托投票权争夺战，在74%的案例中，机构投资者获得了胜利。

机构投资者争夺委托投票权利并非想取得对目标公司的完全控制，争夺战有时本身就能实现机构投资者所希望的改变。研究表明，不论代理权争夺是否完全成功，都有利于目标公司股东。

3. 私下协商

私下协商方式（又称关系投资方式）是指机构投资者以非公开方式与经营者协商、讨论，并联合其他投资者共同关注目标公司的治理。

与递交股东提案等比，它在节约成本、争取时间和避免股价波动等方面的好处是不言而喻的，并且运用时不用说服其他机构采取共同的投票战略（这通常很困难），故备受机构投资者青睐。随着机构投资者力量的壮大，提案通过率不断提高，公司管理层很少忽略机构投资者要求，常常在机构投资者正式提出议案以前就已作出了相应改变。所以，尽管提出议案和委托投票权争夺作为"可置信威胁"和"最后手段"仍是必不可少的，但机构投资者首先想到的常常是私下协商方式。只有证明这一方式无效后，机构投资者才采取其他积极干预的方式。

4. 定期公布目标公司名单

定期公布目标公司名单是大的机构投资者普遍采用的参与公司治理的方式，早在1987年，CALPERS就已经在《华尔街月刊》等媒体上定期公布目标公司名单，以此向公司管理层施加压力。

14.2.3 机构投资者参与公司治理的对策

尽管在各方的引导与扶持下，我国机构投资者近年来发展显著，但客观条件限制了其在参与公司治理机制方面作用的发挥。总的来说，我国机构投资者仍然种类较少，缺乏规模优势，且多以短期投资为主，因而更偏好于流动性需求，因持股比例相对市场总股本很小,难以发挥其影响公司治理机制的作用。另外,目前推动机构投资者参与公司治理的法律规范也有待健全。

1. 对机构投资者自身的治理结构进行优化

机构投资者作为一个无生命的组织,必须由自然人来行使权责,由于机构投资者与其受益人之间信托关系的存在,使得这些机构的领导人虽然掌握了主要股东所拥有的权力,但并不享受主要股份的收益,产生了权力与利益的脱位,因此,很难指望他们会主动履行主要股东的职责,代表小股东去认真地监督和控制企业经营者,况且在小股东和持股机构之间也有委托代理和信息不对称问题。只有当机构投资者具有一定的公司治理能力,才可能对公司进行积极管理,也才有助于公司价值的长期增长。为此,可以从以下三方面加以改善和提高。

① 提高机构投资者的管理人员素质。在机构投资者自身的治理结构中,对治理主体的人员选择是非常关键的,他们中的每一个人必须知识渊博,熟悉所从事职业应当具备的各种知识,并且愿意承担基于信托义务的各种责任。以美国教师退休基金会 TIAA-CREF 为例,它对全部资产都是实行积极内部管理,拥有分析人员、经济学家、有价证券管理人员及其他管理专家,且投资分析人员也是公司治理结构问题方面的专家。但是在我国现有的机构投资者中,大多只有证券管理人员,而有关的管理专家较少甚至没有。因此,应该努力提高我国机构投资者队伍中人员的专业素质,提高各个基金公司的高学历人员比例。

② 重视独立董事的作用。由于基金管理公司与被管理基金之间存在利益冲突,为防止基金受益人的利益受到损害,必须确保机构投资者的董事会中有足够的能独立于基金管理层的独立董事。在美国,投资基金 90% 都是公司型的,基于对投资基金的股东与管理投资基金的投资顾问(即基金管理公司)的股东是两个不同的群体而使投资顾问与投资基金本质上存在着利益冲突的认识,美国的监管当局要求每一个基金必须组建董事会且至少 40% 是独立董事,基金董事会负责基金的重大决策。

③ 加强信息披露。监管机构投资者的行为,核心是增加机构投资者参与市场的透明度。国家监管机构投资者业务及行为信息披露的真实性、完整性、及时性,使机构投资者的所有行为都处于监管当局和大众的视线之内。机构投资者违规就会导致处罚,导致投资者对其信心的丧失,这将是对机构投资者最大的约束。在法定的信息披露之外,还必须加强机构投资者的行业自律性监管和公众监管。我国的机构投资者应当借鉴国外的成功经验,制定所属行业的内部治理纲领,为改善内部治理提供指导。

2. 丰富机构投资者参与公司治理的手段

机构投资者参与公司治理的方式应当多样化,不仅可以主动参与,也可以间接发挥影响,既可以通过前面所述的实施投票权、征集代理权以及发起股东决议直接参与公司运行,也可以通过证券市场导向来推动公司绩效。我国机构投资者的力量薄弱,目前尚不具备主动参与的条件,应当利用自身的一些优势采取间接手段影响公司治理。上市公司为保持公司经营的透明度,维护公司在资本市场的形象,一般都较重视与机构投资者的沟通与联系。而机构投资者具有专业技术优势,且获取信息的渠道通畅,其投资动向会对广大散户产生较大影响。这些条件都有利于机构投资者发挥影响,促进国内股市投资结构的优化,规范证券市场的投资行为。

3. 健全和完善相关法律、法规

纵观美国机构投资者参与公司治理的历史,可以看出政府的推动起到了极其重要的作用。因此,我国也应结合具体国情,适当地放宽或解除投资机构、基金参与公司治理的某些法律、法规限制。

① 放松对机构投资者入市的制度约束。目前,我国的金融政策对于机构投资者的运作还有严格限制,比如对于基金的"双10%"①的限制,虽然该规定与国际惯例接轨。在短期内有利于机构投资者分散风险,防止其操纵股市,但从长期来看,投资的过度分散造成他们无力关注公司经营状况,参与公司治理不积极,过分追求资金流动性,甚至通过相关利益团体联合行动来操纵股价获利。只有放宽这些限制,才能使机构投资者成为公司主要股东和积极投资者,积极参与公司治理,并真正关注公司的长久发展。

② 完善征集代理投票权制度。征集代理投票权就是通过各种方式从目标公司的股东手中获得代理投票权。在市场经济发达国家的现代公司中,使用委托书行使投票代理权是很普遍的现象,所以股东大会的形态也由原先的股东亲自出席、共聚一堂、选举董事、讨论议案的形式转化为委托书征集的过程,这样,决定董事选任及其他议案能否通过的关键就转移到委托书的征集上来。

因此在我国,积极股东争夺代理投票权处于一个虽为合法但却没有具体实施规定的状况下。所以有必要完善我国《公司法》和《证券法》及其相关规定,明确界定征集代理投票权的概念、征集代理投票权的主体资格、规定征集代理投票权的程序、信息披露以及是否允许有偿代理征集等。

③ 完善其他相关法律、法规。如完善机构投资者投资法律,鼓励机构投资者在建立资产组合时,从注重长期效益出发,以利润最大化为目标;或对于已尽良善管理义务的营运人员,对其在投资中不可避免的或可能出现的风险可以免责,激励机构投资者的营运人员做风险中性而非风险逃避的投资,使其能够放心大胆地积极介入公司治理,对公司实施长期投资战略,从而充分发挥其在公司治理结构中的积极影响;或通过立法使机构投资者直接面对所持股份的公司,并把所有的机构投资者置于统一要求下,要求机构股东真正行使投票权,并对投票权保持积极有效的认真态度。另外,还可以通过法律的相应调整来强化机构投资者营运人的义务,并培养一个机构投资者营运人监督服务市场,引进竞争机制,调动机构投资者营运人的积极性。

4. 大力发展具有长期投资需求的机构投资者

① 继续推进养老基金和保险基金入市。在发达国家,由于养老基金和保险基金的投

---

① 按照国务院颁布的《证券投资基金管理暂行办法》中的规定,单只基金持有一家公司发行的股票,不得超过该基金资产净值的10%,同一基金管理人管理的全部基金持有一家公司发行的股票,不得超过该公司总股本的10%。

资行为通常具有持股周期长、追求长期稳定收益的特征,所以无论从规模上还是从其所占比重看,他们都是资本市场的主流投资者,也是最主要的以公司治理为导向的机构投资者。有关资料显示,美国养老基金占美国投资基金业的比重为55%。然而在我国,虽然说近年来我国的养老基金规模获得了一定的发展,但由于养老保险体制还很不完善、证券市场投资风险较高以及缺乏高质量的养老基金管理公司等原因,在相当长的一段时间内养老保险基金还很难大规模进入证券市场成为重要的机构投资者,所以应从完善社保基金法规、加强证券市场建设,以及完善我国目前养老保险所存在的运行障碍及自身体制等方面入手,为我国养老基金参与公司治理创造条件。

② 继续扩大 QFII 的规模。QFII 制度是指允许经核准的合格境外机构投资者,在一定规定和限制下汇入一定额度的外汇资金,并转换为当地货币,通过严格监管的专门账户投资当地证券市场,其资本利得、股息等经审核后可转为外汇汇出的一种市场开放模式。这是一种有限度地引进外资、开放资本市场的过渡性制度。我国的 QFII 制度始于 2002 年,2002 年 11 月 7 日,中国证监会与中国人民银行发布了《合格境外机构投资者境内证券投资管理暂行办法》,这一办法允许大型的、得到国际认可的金融机构在我国建立基金来申购和出售 A 股。作为资本市场开放的一项重要举措,QFII 制度自建立起,就以其全球配置理念和长期投资行为,促进了境内市场估值体系的完善,推动了市场的稳定发展。

QFII 制度的引入对我国资本市场的发展产生了重要的意义。一方面,QFII 积极支持股权分置改革,积极投资于股改公司,推动了上市公司改进公司治理。另一方面,QFII 发挥了境内机构难以替代的作用,从诸多方面推动了境内市场的制度完善和产品创新,并对境内市场中介机构在管理方法、内控机制、经营服务意识等方面的提高起到了积极的作用。因此,可以说 QFII 真正的目标不仅仅是推动市场,QFII 希望可以通过自身的努力和介入,提高中国国内企业公司治理等方面的水平。

我国要从发展市场经济的总目标出发,在更为广泛和更高要求的原则下大力发展机构投资者,建立以法人持股(特别是机构投资者持股为主)与个人股两者相结合的股权结构,并不断营造和完善机构投资者成为积极股东的法律环境,充分发挥机构投资者介入我国上市公司治理的积极作用。

14.3 社会公众对公司治理的影响

14.3.1 社会公众与公司治理

现代企业是一个开放的系统,在经营活动中必然与各方面发生联系,企业必须处理好与各方面公众间的各种关系。社会公众主要包括以下几类。

1. 客户

客户是公司产品或服务的消费者,公司价值和利润能否实现,在很大程度上取决于客户的选择。另外,客户选择公司的产品或服务,同时也就获得了一组权利。根据各国消费者权益保护的立法,这些权利主要包括以下几个方面。

(1) 安全权。即消费者在购买、使用商品和接受服务时享有人身、财产安全不受损害的权利,消费者有权要求经营者提供的商品或服务符合保障人身、财产安全的要求。安全权是消费者应享有的最重要的权利,在许多国家的立法中均得到体现。

(2) 知情权。在现实生活中,消费者的消费需求是千差万别的,满足某种需求的商品或服务也是多种多样的,消费者往往根据自己的需要、偏好、消费知识等,做出对自己最有利的选择。消费决策的做出通常是消费者的需求与对商品(或服务)状况的了解两方面因素结合的结果。消费者要做出最有利于自己的选择,必须对有关商品或服务的真实情况有所了解,为此需要享有知情权。法律从保护消费者的一般利益出发,规定消费者有权根据商品或者服务的不同情况,要求经营者提供商品的价格、产地、生产者、用途、性能、规格、等级、主要成分、生产日期、有效日期、检验合格证明、使用方法说明书、售后服务等有关情况,或者要求经营者提供服务的内容、规格、费用等情况。

(3) 自主选择权。消费者享有自主选择商品或服务的权利,也就是说,可以根据自己的需要和意愿选择商品或服务。具体包括以下几个方面。

① 消费者有权自主选择商品或者服务的经营者。
② 消费者有权自主选择商品品种或者服务方式。
③ 消费者有权自主决定购买或者不购买任何一种商品,接受或者不接受任何一项服务。
④ 消费者在自主选择商品时,有权进行比较、鉴别和挑选。

(4) 求偿权。消费者因购买、使用商品或者接受服务受到人身、财产损害的,享有依法获得赔偿的权利等。从另一方面看,如果公司产品和服务令消费者满意,通常消费者会形成一种对公司产品较强的偏好,形成客户的忠诚度。要改变或取消这种偏好往往会给消费者带来负效用。为了切实保护消费者的权利和利益不受侵害,消费者应拥有对公司的监督权。

2. 供应商

供应商是公司生产经营所需的机器设备、原材料、能源等生产资料的供给者,在公司生产经营的链条上,它是十分重要的上游环节。通常交易规模越大,交易合同期限越长,供应商资产专用性程度越高,供应商就越是与公司休戚相关。公司运营良好,产量增加,规模扩大,对供应商产品的需求就会增加,供应商的日子就好过;反之,公司减产、停产或破产,则会引起供应商的连锁反应,导致其利益受损。特别是对那些做了专用性投资的、与公司签订了长期合同的大宗供应商来说尤其如此。因此,供应商为维护自己的利益,应当享有对公司运营的监督权。

3. 社区居民

公司的经营不仅直接影响到所有者、交易者的利益,而且对公司所在社区的居民也有重大影响。通常情况下,公司的设立会从节约成本的角度出发来招聘当地居民,这就给当地带来了就业机会,增加居民收入。公司经营得好也就可以提供更多的就业岗位,居民收入会增加,福利会提高;公司经营不好,当地居民的生活水平就会下降。另外,公司的生产经营会直接影响当地的环境,尤其对于生产型企业而言这一问题更为突出。如果企业单纯追求赢利,不遵守环保法律、法规,大量排放废水、废气、废物等,或管理不严,跑、冒、滴、漏各种有害物质,则会对居民的身心健康产生影响,出现生态威胁问题。此外,公司作为社区的成员,也应更多地关注社会的公益事业与社区福利,防止因大量招雇外地工人而加剧当地公共交通、教育、住房、用水、用电、饮食等方面的矛盾,给居民生活带来不便等。因此,社区居民为维护自身利益,应享有监督公司活动的权利,公司也应像处理与投资者的关系那样高度重视与社区居民之间的沟通并付诸友善的行动。

4. 中介机构、社会舆论

所谓社会中介组织,是指在企业和政府、企业和市场、企业和企业之间发挥着服务、沟通、协调、公正、监督等作用的社会组织。社会中介组织具有自我管理、自主经营、自我约束的特点,以为企业和其他社会组织提供会计、审计、评估、交易、法律服务以及交易中介服务等为其主要经营内容,包括投资银行、会计师事务所、律师事务所、资信评级公司、券商、产权交易所等不同类型。社会中介组织的产生,在西方国家是源于市场分工的细化,而在新兴的市场经济国家则首先源于政府职能的转变——从"全能政府"的角色,转变为"小政府,大社会"这一行政管理模式,原来由政府承担的社会管理职能很大程度上需要向社会分化,由社会中一定的载体和媒介来承担。

由于中介组织具有独立、公正和权威的特点,可以超脱于政府和企业之外,对相关经济信息进行独立的测算、评价、核实和验证,依照国家法律、法规,做出客观公正的结论,对市场体系的运行和整个市场经济起到公正作用,维护市场公平竞争。因此,中介组织是政府实现产业政策,引导产业发展并对整个经济活动进行监督和调控的主要工具,也是政府调节经济的"无形的手"和不用付费的"经济警察"。在公司治理活动中,社会中介组织作为公司外部与公司打交道比较多的社会组织,可以通过向企业提供信息、法律、咨询等方面的服务,使企业提高经营管理的水平和效率,提高公司经营活动的专业性和合法性;同时,又可以对公司的某些行为做出评判,从而引起公司的重视或反思,起到推进公司治理的作用。投资银行是主要从事证券发行、承销、交易、企业重组、兼并与收购、投资分析、风险投资及项目融资等业务的非银行金融机构,是资本市场上的主要金融中介。在帮助企业进行这些金融业务的过程中,有益于建立产权明晰的企业制度、科学的激励机制与约束机制,推动企业的发展。

14.3.2 社会公众与企业的社会责任

企业的所有权和控制权要根据各个利益相关者提供的资本进行合理分配,而不能简单地将其分配给股东。通常,在市场非完全有效的环境下,企业只有积极承担一定的社会责任,取得各利益相关者的信任和支持,才能从各利益相关者那里获取各类所需资源,维持和扩大自身发展。基于利益相关者理论下的企业价值最大化目标越来越为广大企业和社会公众认可,社会公众对企业承担社会责任的要求与愿望也越来越强烈。要落实企业的社会责任,一方面,需要改革传统的以"股东利益至上"为本位的公司内部治理机制,以保障公司治理的制度安排和机构设置真正体现出社会公众参与公司治理的要求。另一方面,需要政府遵循市场价值规律和发挥宏观调控的作用,为公司营造良好的外部市场运作环境,以充分发挥市场作为资源配置基本手段的作用。

1. 内部治理机制构建

(1) 完善董事会制度。目前我国不少企业的董事会对履行社会责任并未起到实质性的作用,董事会制度的建设亟须完善。董事会作为公司治理的核心,在公司重大决策的审议和批示方面发挥着重要作用。因此,公司应完善董事会制度,实施有效的董事激励约束机制和声誉机制,以促使各董事积极参与到公司决策中来。与此同时还要实行董事长与总经理两职分离的制度,形成董事会内部成员的互相牵制状态,以代表各利益相关者的利益;增加独立董事的席位和增强独立董事的独立性。最终使董事会的决策既能改善公司治理、保证公司的正常运营和快速发展,又能代表社会公众的利益,促使社会责任的有效履行。

(2) 完善监事会制度。首先,需要保证监事会的独立性和代表性,这是监事会进行有效监督的基本前提,这就需要从不同的机构或部门中选用能代表员工、投资者、债权人、社区等利益相关者的监事,并建立岗位轮换制度;其次,赋予监事的监督权限和独立发表意见的权限,从有效保护各利益相关者利益的角度出发,保证监事会既能对企业的财务进行监督,也能对管理层的经营决策进行监督;最后,建立针对监事的激励与约束制度,力促监事更好地履行相应职责。

(3) 完善社会公众参与制度。利益相关者共同治理模式将职工、股东、债权人等利益相关者作为公司治理主体并赋予他们享有参与公司决策的权利,这更有助于保证公司社会责任的履行和实现。因此,应将完善社会公众参与制度作为公司内部治理的重要方面,一个行之有效的办法就是在监事会、董事会及其薪酬委员会、战略管理委员会、审计委员会等中合理配置能代表各利益相关者的成员。

(4) 改善股权结构。在我国,无论是国有企业还是民营企业,绝大多数企业都存在"一股独大"的局面,第一大股东或控股股东往往掌握着公司的控制权和现金流量权,甚至在董事会中担任要职,掌握着公司决策的权力。而且中小股东不仅持股比例很低,而且股权较分散,他们往往会受表决权的限制而不能保证自己的利益。这样股权的过度集中造成公司治理代表着大股东的利益。因此,要改变这种"大股东利益至上"的局面,就应形成多个股东股权制衡的股权结构。如银行或其他债权人作为公司最重要的资金来源,公司可以通过"债转股"方式降低还债风险和保障资金流的畅通,这样不仅分散了公司股权,还能保障债权人的利益,促使公司社会责任的有效履行。

(5) 成立专门的社会责任管理机构。公司治理和企业社会责任都同源于现代大公司的出现,在利益相关者理论的影响和引导下,二者具有共同的责任内涵。公司治理主要是解决受托责任和权责利配置等问题,企业社会责任则是围绕企业与社会的关系强调企业对社会责任和社会发展的问题。公司应成立社会责任管理机构,专职负责于协调各利益相关者的关系和利益。

2. 外部治理机制

公司的外部治理主要是围绕外部市场环境进行的管理或约束以及政府在市场经济中

的作用这两大方面。

（1）完善劳动力市场、产品市场、资本市场，提高市场运作水平随着社会公众对企业社会责任关注度的提高，各市场参与主体应遵循市场价值规律，坚持可持续发展战略，力促经济利益、环境利益和社会利益的全面发展。一方面，政府需要建立和健全法律、法规体系，确保市场的正常运转和资源优化配置的基础性作用。另一方面，赋予各利益相关者参与公司治理的权益，调动他们监督企业承担社会责任的积极性。在各利益相关者的参与公司治理和监控公司重大经营管理活动的情况下，既提高了市场化运作水平，也能确保公司和管理层作出符合社会公众利益最大化的决策，实现企业价值最大化。

（2）政府应建立、健全企业承担社会责任的法律、法规，提高企业的责任意识和道德观念。企业和社会是相互依存的关系，企业不仅是一个"理性经济人"，更是一个"社会生态经济人"。频频发生的食品安全事件，充分暴露了我国部分企业的社会责任意识不强和道德观念淡薄的现实，这不仅破坏了自然生态环境、浪费了有限资源，而且不利于我国建立资源节约型、环境友好型、人与自然和谐相处的社会形态，还影响了我国经济的可持续发展。企业承担社会责任的状况是企业道德水平和责任意识的直接反映，它的好坏直接影响其商品和服务在社会和市场上的形象和声誉。因此，政府建立、健全企业承担社会责任的法律、法规，提高社会各界的责任意识和道德观念已显得十分必要和刻不容缓。

案例分析

双汇社会责任报告照抄去年 只字不提瘦肉精

2011年4月28日，双汇发展发布了2010年年报。不过，对于因"瘦肉精"事件而处于风口浪尖的双汇而言，其同时发布的2010年社会责任报告比年报更吸引眼球。

在这份最新的社会责任报告中，双汇自己写道：公司把"产品质量无小事、食品安全大如天"作为产品质量安全管理理念，相继通过了ISO9001质量管理体系和HACCP食品安全管理体系认证，通过了QS食品安全卫生生产许可证，通过执行严格的质量标准，采取细致入微的质量控制措施，提升产品品质和服务质量，为消费者提供了安全的产品和优质的服务。

双汇同时还表示，该公司秉承"市场第一、客户至上"的理念，将供应商、客户和消费者作为企业存在的最大价值，把客户满意度作为衡量企业各项工作的准绳，致力于为客户提供超值服务。"公司在原料采购、生产过程、产品存放、产品出厂、产品运输、产品销售各个环节都设立关键控制点，进行严格的质量检验和监控，严把工艺管理，确保为消费者提供安全、放心的产品。"

报告一出，不禁令人哗然，因为"瘦肉精"事件正是发生在这样一家自称"在原料采购环节设立关键控制点、为消费者提供了安全产品"的厂商身上。

2011年3月15日，央视曝光了双汇旗下子公司济源双汇违规使用含"瘦肉精"的生猪原料，随后双汇把责任归至济源双汇一家身上。在双汇发展复牌前夜所发的事件调查报告中，该公司依旧强调，"瘦肉精"事件起源于旗下子公司济源双汇个别员工在采购环节执行《双汇集团"瘦肉精"的抽检与控制方案》时没有尽责，致使少量饲喂有"瘦肉精"的生猪注入济源工厂。虽然这一结果引发了公众对其弃卒保车意图的质疑,但即使是个别员工失职,也说明双汇在质量管控方面存在问题,但这一点在其昨日发布的社会责任报告中只字未提。而且,事件曝光至今,双汇始终没有对作为直接受害人的消费者做出任何承诺或采取任何补偿措施。

而全国政协经济委副主任、工信部前部长李毅中4月26日现身山东企业家年会时也谈起了双汇"瘦肉精"丑闻。他直言,2011年央视"3·15"晚会他也看了,深受触动,"双汇不仅搞坏了自己,也让工信部脸上无光"。

更值得注意的是,记者昨日查阅了双汇2008年和2009年的两份社会责任报告,除了具体事件和数字有所变化外,其他表述三年来均未做任何调整,全部套用照搬。

2010年,双汇发展实现净利润10.89亿元,同比上涨19.61%。双汇表示,因"瘦肉精"事件的影响,部分地区经销双汇产品的商场、超市、特约店出现了产品下架的情况,公司2011年一季度净利润增长幅度与以往同期正常水平相比,有所下降。数据显示,一季度该公司实现净利润2.65亿元,比去年同期上涨10.49%。

(资料来源:北京商报,2011年4月29日)

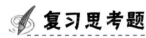

复习思考题

1. 利益相关者主要包括哪些?
2. 利益相关者跟企业的社会责任和公司治理有何关系?
3. 机构投资者是如何参与到公司治理中来的?其扮演的角色是什么?
4. 机构投资者对公司治理有何具体影响?请简要叙述。
5. 机构投资者参与公司治理一般存在哪些问题?该如何解决?

第15章 信息披露与会计透明度

学习目的

通过本章的学习,你应该能够:
1. 掌握信息披露的内容、途径、要求和基本特征;
2. 了解会计透明度的含义,分析和实现的过程;
3. 明确信息披露与公司治理之间的关系。

关键词

信息披露制度　会计透明度

引导案例

违规内幕交易佛山照明副总及家属被罚18万元

佛山照明昨晚发布公告称,公司2012于9月20日收到副总经理邹建平委托公司办公室主任郑元海转交的中国证监会行政处罚决定书,该书对邹建平、章敏芝(邹建平配偶)、周星夫(邹建平、章敏芝的女婿)在公司2009年筹划推动投资新能源项目期间利用内幕信息进行股票交易的行为做出行政处罚。证监会认定,邹建平知悉内幕信息后,在内幕信息公开前向章敏芝介绍佛山照明开展新能源项目情况,并建议章买入股票,其行为构成泄露内幕信息并建议他人买卖,章、周则在知悉内幕信息后,在内幕信息公开前买入股票,上述3人的行为构成违法。证监会决定对邹、章、周三人分别处以10万元、5万元和3万元的罚款。

邹建平全程参与投资新能源事项

2009年起,佛山照明筹划推动投资新能源项目。2009年5月15日,时任江苏富瑞药业副总经理的邹建平带碳酸锂项目专利持有人、华欧技术咨询及企划发展有限公司董事长黄某拜访佛山照明时任董事长、总经理钟某,建议佛山照明投资新能源。6月13日,邹建平等人前往青海考察并向钟某做汇报。7月1日,佛山照明经营管理会议研究碳酸锂项目,7月29日,时任副董事长庄坚毅与邹建平、钟某、黄某等人前往青海考察,随后决定投资该项目。7月底到8月初,佛山照明、华欧技术、锂能源控股、青海原点多次协商,就设立青海佛照锂能源开发有限公司一事达成一致,参与人员包括庄坚毅、邹建平、青海原点时任总经理王建辉、钟某、黄某以及锂能源控股时任法定代表人谭某。

8月18日,佛山照明第五届董事会第十七次会议上,钟某表示要加快发展新能源项目,8月22日,邹建平、钟某、黄某前往青海实地考察。8月31日发出拟于9月10日召开第五届董事会第十八次会议的通知,主要讨论审议关于投资参股占总股本38%的青海佛照锂能源开发有限公司的议案,9月10日停牌。停牌前在佛山照明只有邹建平、钟某及证券部几个人知情。当日股价涨幅7.30%,深证成分指数涨幅为1.04%。9月28日,佛山照明聘任邹建平为副总经理,主管新能源项目业务工作。2009年5月至11月初,佛山照明股价涨幅近40%。

邹建平配偶、女婿提前买入股票获利

中国证监会调查发现,章敏芝是邹建平的配偶,周星夫是邹建平、章敏芝的女婿。章敏芝账户于2000年4月6日在国联证券开立,于2009年7月20日、9月9日共买入"佛山照明"1.3万股,后于10月20日、11月3日和11月5日全部卖出,共获利9 622.54元。章敏芝账户对应三方存管银行账户与周星夫账户及邹建平证券账户对应三方存管银行有资金往来,其中与周星夫账户间的资金往来较为频繁。周星夫账户于2009年7月12日在国信证券开立,并于7月13日和9月9日共买入佛山照明股票4.22万股,后全部卖出共获利23 726.06元。

邹建平在接受调查时称,章敏芝账户交易资金是其家庭共有财产;章敏芝知道其在佛山照明推动新能源项目,其和章敏芝谈过项目基本情况,建议章多关注佛山照明股票。其也知道周星夫交易佛山照明股票一事,认为章周二人交流过佛山照明投资新能源项目的情况。

被认定内幕交易3人被罚18万元

证监会认为佛山照明动议、筹划、调研、决策与其他公司一起组建新能源项目合资企业,实现从制造型生产企业向新能源开发行业延伸属于证券法规定的"公司经营方针和范围的重大变化",构成内幕信息。而邹建平全程参与佛山照明投资新能源事项,对涉案内幕信息有非常准确、细致的了解,并在内幕信息公开前向章敏芝介绍情况,并建议其买入佛山照明股票,构成泄露内幕信息并建议他人买卖的违法行为。而章、周获悉内幕信息后,在内幕信息公开前买入股票,也构成违法行为。根据当事人违法行为的事实、性质、情节与社会危害程度,中国证监会决定:对邹建平处以10万元罚款。对章敏芝处以5万元罚款。对周星夫处以3万元罚款。

(资料来源:新快报,2012年09月24日)

15.1 信息披露概述

所谓信息披露,就是指证券市场上的有关当事人在证券发行、上市和交易等一系列环节中依照法律法规、证券主管机关的管理规则及证券交易场所的有关规定,以一定的方式向社会公众公布或向证券主管部门或自律机构提交、申报与证券有关的信息而形成的一整套行为规范和活动准则的总称。上市公司信息披露,其主要工作就是披露义务人将直接或间接地影响到投资者决策的重要信息以公开报告的形式提供给投资者、社会公众。"义务人"不仅包括上市公司,也包括其他负有信息披露义务的机构或个人,如发行人、上市公司的控制人等。

15.1.1 信息披露的起源

上市公司信息披露是证券市场发展到一定阶段,相互联系、相互作用的证券市场特性与上市公司特性在证券法律制度上的反映。世界各国证券立法莫不将上市公司的各种信息披露作为法律法规的重要内容,信息披露制度源于英国和美国。

英国的"南海泡沫事件"(South Sea Bubble)导致了1720年"诈欺防止法案"(Bubble Act of 1720)的出台,而后1844年英国合股公司法(The Joint Stock Companies Act 1844)中关于"招股说明书"(prospectus)的规定,首次确立了强制性信息披露原则(the principle of compulsory disclosure)。

但是,当今世界信息披露制度最完善、最成熟的立法在美国。美国关于信息披露的规定最初源于1911年堪萨斯州的《蓝天法》(Blue Sky Law)。1929年华尔街证券市场的大阵痛,以及阵痛前的非法投机、欺诈与操纵行为,促使了美国联邦政府1933年的《证券法》和1934年的《证券交易法》的颁布。在1933年的《证券法》中美国首次规定实行财务公开制度,这被认为是世界上最早的信息披露制度。

15.1.2 信息披露的内容

强制性信息披露制度的内容,主要是以我国《证券法》和证监会部门规章所构成。其基本框架由以下几个部分构成:入市报告,包括招股说明书和上市公告书披露的有关信息;定期报告,包括年度报告、中期报告(半年报告)和季度报告;临时报告,包括重大事件公告、收购与合并公告等。

1. 中期报告包括的内容

公司财务会计报告和经营情况;涉及公司的重大诉讼事项;已发行的股票、公司债券变动情况;提交股东大会审议的重要事项;国务院证券监督管理机构规定的其他事项。

2. 年度报告包括的内容

公司概况;公司财务会计报告和经营情况;董事、监事、高级管理人员简介及其持股情况;已发行的股票、公司债券情况,包括持有公司股份最多的前10名股东的名单和持股数额;公司的实际控制人;国务院证券监督管理机构规定的其他事项。

3. "重大事件"包括的内容

公司的经营方针和经营范围的重大变化;公司的重大投资行为和重大的购置财产的决定;公司订立重要合同,可能对公司的资产、负债、权益和经营成果产生重要影响。

上市公司披露信息的平面媒体主要是中国证监会指定的一些专业报刊,如《中国证券报》《上海证券报》《证券时报》《证券日报》和《证券市场》(周刊)等证券类报刊。1999年起,上市公司的定期报告全文则在上海证券交易所网站(www.sse.com.cn)和巨潮资讯网(www.cninfo.com.cn)发布。目前,上市公司的临时报告也可以在这两个网站中找到。投资者和社会公众可以通过指定报刊和网站,找到自己需要的信息。

15.1.3 信息披露的基本特征

信息披露在信息公开的时间上是个永续的过程,是定期与不定期的结合。各国企业股份化的经验证明,证券市场是股份制发展的必然结果,只有给股份持有人创设一个可以随时变现其股份的制度,股份制改造才能获得更为广泛的群众基础,才能更快地推广,从而实现资金规模化所产生的效益。

信息披露具有强制性。有关市场主体在一定的条件下披露信息是一项法定义务,披露者没有丝毫变更的余地。从证券发行的角度看,发行人通过证券发行的筹资行为与投资者购买证券的行为之间是一种契约关系,发行人从而应按照招募说明书中的承诺,在公司持续性经营阶段中履行依法披露信息的义务。从法律规定的角度看,发行人具有及时披露重要信息的强制义务。即使在颇具契约特征的证券发行阶段,法律对发行人的披露义务也作出了详尽的规定,具体表现在发行人须严格按照法律规定的格式和内容编制招募说明书。并且它必须对其中的所有信息的真实性、准确性和完整性承担责任。

信息披露具有权利义务的单向性。信息披露制度在法律上的另一个特点是权利义务的单向性,即信息披露人只承担信息披露的义务和责任,投资者只享有获得信息的权利。无论在证券发行阶段还是在交易阶段,发行人或特定条件下的其他披露主体均只承担披露义务,而不得要求对价。而无论是现实投资者或是潜在投资者均可依法要求有关披露主体提供必须披露的信息材料。

15.1.4 信息披露的要求

美国注册会计师协会(AICPA)财务报告特别委员会的综合报告《论改进企业报告:着眼于用户》在对信息披露的成本效益进行分析时,提到了有效信息,它认为:"有效信息,指有助于决策的信息,而不管其成本相对于收益是否过高。有效信息应当是可靠的、不带偏见的、不加粉饰的。"通过有效信息,决策人员可以更好地评价一个企业的发展前景。

因此上市公司会计信息的有效披露至少必须满足以下几点要求。

1. 真实性

真实性,即上市公司披露的会计信息必须如实反映企业的实际情况,无误导性陈述。披露的信息真实、可信,这是投资者使用信息的前提条件,也是建立信息披露制度的基本要求。对于违反上述规定,进行虚假、不实陈述的当事人,有可能会承担刑事、民事、行政责任,未尽职审查或出具不实文件的专业机构及人员,有可能受到停业、撤销从业资格、市场禁入等处罚,严重的将会受到刑事处罚。

2. 充分性

充分性原则要求所有可能影响投资者决策的信息均应得到披露,在披露某一具体信息时,必须对该信息的所有方面进行周密、全面、充分的揭示,对公司股价有利的信息要披露,对公司股价不利的诸种潜在或现实的风险因素也要披露。只有将公司此类信息全面披露出来,才能使投资者综合各方面的情况做出相应的判断。如果上市公司在披露时有所侧重、隐瞒、遗漏,则会导致投资者无法得到有关投资决策的全面信息,在极端的情况下有可能出现这样一种情况:被披露的各个信息是真实的,而在总体上却构成了整体的虚假性。

3. 及时性

任何信息均具有时效性,过时的信息无助于投资人做出决策并有可能延误投资的最佳时机。这一原则要求上市公司在遵守监管法律、法规的前提下,应以最快的速度公开强制性信息披露制度下所要求的各种信息,尤其是在公司经营和财务状况发生变化时,更应立即向社会公众公开其变化细节。换言之,上市公司在其存续期间向投资者披露的应当始终是最新的、及时的信息。各国法律对上市公司在信息产生后在哪一时间段内应予以公开均有规定,强制披露范围内的信息其公开的时间不能超过法定期限。该原则的意义在于保证投资者及时、有效地调整投资决策,改变投资方向,避免不必要的投资风险,而且还可以缩短信息披露的时间,节省监管成本。

15.2 信息披露体系

15.2.1 信息披露的法规体系

我国证券市场尚处于发展的初期阶段,对信息披露的管理主要是在借鉴美国等国家的经验基础上发展起来的。目前形成了以《证券法》《公司法》《股票发行与交易暂行条例》等法律、行政法规为主体,以《公开发行股票公司信息披露实施细则》《公开发行证券的公司信息披露内容与格式准则》)等相关部门规章、规范性文件为配套的上市公司信息披露基本规范。这些规范涵盖了首次披露(招股说明书)、上市公告书、定期报告(年报、半年报和季报)、临时报告(重大事件、并购信息披露)等基本环节对强制性信息披露的要求。其中,中国证监会发布的部门规章和规范性文件对于上市公司信息披露制度的建设与发展起到了很强的推动作用。

(1)《公开发行证券公司的信息披露内容与格式准则》。迄今,中国证监会已颁布了多个"内容与格式准则",内容涉及:招股说明书、上市公告书、年报、中报、配股说明书、要约收购报告书、上市公司收购报告书、上市公司股东持股变动报告书等。这一类规范根据上市公司主要披露类型设计,基本上与国际通行的规范接轨。

(2)《公开发行证券公司信息披露编报规则》。主要是针对"内容与格式准则"在特殊行业如何运用(如金融、能源、房地产等行业上市公司信息披露的特别规定)、在特定环节中如何运用(如,企业在改制上市、收购、兼并或大比例重组时如何编制模拟财务报告等)和"内容与格式准则"的具体化(如如何编制赢利预测资料等)。

(3)《公开发行证券公司信息披露规范解答》。这是针对监管工作中大量普遍存在的具体信息披露问题形成的结论性意见,在加以整理的基础上,形成正式的法规解释性文件。

(4) 2004年初,证监会发布了《进一步提高上市公司财务信息披露质量的通知》(规范性文件),就上市公司财务信息披露中损失准备的计提、关联方关系及关联交易价格的公允性、会计差错更正、审计范围、重大不确定性和资产评估事项提出具体要求,推进了上市公司真实、公允地反映其财务状况和经营成果。该规范要求上市公司不得为粉饰财务状况和经营成果,利用资产减值及会计估计变更调节各期利润,不得利用关联方交易调节利润,不得利用会计差错更正调节利润,上市公司不得限制注册会计师为确保经审计财务报告质量而依法实施必要的审计程序,不得以节省审计费用等理由限制注册会计师的审计范围。

15.2.2 信息披露体系的影响机制

与管理者作出的其他决策相同,信息披露体系同样能够对企业的业绩产生影响。信息披露体系对公司业绩的影响机制可以从三个角度进行分析:直接作用、治理和决策作用、对资本市场的作用(降低信息不对称)。

首先,信息披露体系的影响机制通过影响项目投资决策对公司业绩产生直接影响。公司的财务信息、治理信息以及其他相关信息的披露可以帮助管理者和投资人更好地进行投资项目的分析和选择。如果不考虑代理问题的影响,管理者与股东利益一致的情况下,透明的信息可以帮助投资人做出更准确的决策,投资人可以对投资项目的现状和未来做出更恰当的评价,降低预期误差,选择更好的方案,从而提高企业的业绩。同时从社会层面来看,透明度的提高,使投资人和管理者可以对即将进入的领域,如进入新的行业、选择并购对象等根据现有行业和企业的信息更加低成本和准确地进行决策,从而可以促使社会资源流向更好的投资机会,实现优化资源配置,提高资源使用效率的作用。因此,信息披露体系透明度的提高可以直接促进公司层面和社会层面经济效率的提高。

其次,信息披露体系的影响机制是通过公司治理状况的改善对业绩产生影响。虽然信息披露体系本身是公司治理的重要原则之一。但是实际上,信息披露体系一方面受到公司治理结构的影响;另一方面,信息披露体系作为一种重要的约束力量,对促进公司治理结构的改善同样具有重要作用。信息披露体系的透明度可以降低投资者与管理者之间的信息不对称,以及大股东与中小股东之间的信息不对称。代理理论认为:为了激励管理者追求价值最大化的投资政策,需要来自外部投资者和契约条件的压力。而这种压力需要有一定的透明度作保障,信息披露透明度是股东监督和运用自己的合法权益的重要机制,通过提高透明度可以改善治理状况,缓解代理冲突,减少管理人员采纳负的净现值的项目的可能性。从这个角度来说,信息披露体系可以通过对管理者和大股东行为进行约束,从而从外部机制上为改善公司治理提供动力。通过规范管理者的行为,促使其有效地运用资产,减少资产的侵占。可见,通过对公司治理行为的影响,信息披露体系也可以对公司的业绩产生间接影响。

最后,信息披露体系的影响机制是通过降低投资者与管理者、大股东与中小股东之间的信息不对称,减少逆向选择和流动性风险,从而降低资本成本。公司证券的流动性会对资本成本产生影响,如果公司拥有更加透明的信息披露体系,可以减少公众投资者与知情投资者交易受损失的风险,因此可以吸引更多资金进行投资,从而降低投资者的流动性风险。通过降低信息不对称程度,信息披露体系透明度的提高也可以降低公司权益资本成本,从而影响公司业绩。

15.2.3 信息披露体系的完善

公司信息披露的义务人,包括董事、监事、高管、关联人等,如果都能关心公司信息披露的规范和及时性,则信息披露工作会大大改善。因此,公司有必要建立信息披露工作责任体系及一套相应的制度。

完善信息披露体系是对上市公司信息披露工作的具体规定,要从内容、形式、时间等方面对上市公司信息披露工作的强制性要求和约束。为此,应采取以下措施加以解决。

1. 完善立法

健全信息制度建设完善公司信息披露监管体系,首先是完善立法,创造良好的法治环境。信息披露制度的建立和完善需要一个漫长的过程,在这一过程中,应当吸收与中小股东利益相关的群体参与进来。为此,应着重解决以下几个问题:

(1) 完善信息披露制度体系建设,将没有的体制健全,不足的方面加以修改;

(2) 完善具体会计准则规定与《公司法》和《证券法》等法规之间存在的矛盾;

(3) 明确信息披露的内容与格式的具体要求,包括计量方式、金额等。通过法律手段强化管理者在信息披露中的法律责任,制定有关信息质量管理法规,使提供信息有法可依,有法可查。

2. 扩大会计信息披露的范围

目前,上市公司信息披露是以财务信息为主要内容的信息。但是,如果仅仅把信息披露理解为财务信息披露显然是比较片面的,在竞争日益激烈的市场经济环境下,仅对财务信息披露无法完整地揭示出企业的整体资源和核心竞争力,也难以揭示出企业所面临的风险和不确定性因素。为此,上市公司信息披露要增加对非财务信息的披露,提示与公司生产经营活动密切相关的各种信息。其主要内容包括:

(1) 反映公司经营业绩的相关指标,如产品市场占有率、客户满意度、员工人数及构成情况、员工工资待遇情况等指标;

(2) 预测性与前瞻性信息,特别是公司面临的机遇与承受风险方面的信息,包括经营活动相关风险、融资活动相关风险、与市场信用相关风险以及公司其他方面的风险;

(3) 社会责任信息的披露,如公司污染环境的状况以及公司对环境污染的治理方面的信息,公司在支持地方文化、教育事业和社会福利方面所做的社会贡献等方面的信息;

(4) 知识资本信息的披露,在新经济条件下,知识资本成为企业最重要、最核心的资源和要素,企业的竞争归根到底是知识资本质和量的竞争,因此要求上市公司在信息披露中要加强对知识资本信息的披露,主要包括科研水平、新产品的研发能力、企业经营战略与企业创新能力以及公司的文化氛围等。

非财务信息的披露有利于投资者客观准确地了解公司生产经营整体情况,从而做出理性的价值判断和投资决策,同时有利于促进上市公司加强管理,提高经营业绩和治理水平。

3. 制定信息披露质量标准

数据的真实、准确是信息披露最基本的要求。由于信息技术方面尚不成熟,原有的信息收集、传递和处理程序效率低下,信息滞后严重,影响了信息披露作用的发挥。因此,必须通过相应的措施来加快信息处理过程,提高信息质量:

(1) 统一信息披露的口径。要充分利用网络信息技术,建立一个网络信息平台,将政府及企业所提供的信息置于同一平台之上,在不同机构提供的数据之间建立联系。

(2) 统一信息披露内容。现有的信息披露制度没有解决许多可操作性的问题,如大股东应披露的信息必须包括哪些内容,对公开披露信息的虚假性、严重误导性或重大遗漏的界定等都没有明文规定,以致各上市公司的会计信息披露内容不一,相互间可比性差。

(3) 对不同行业实行有差异的、针对性更强的信息披露要求,尽快发布保险、银行、证券等特殊行业上市公司的持续信息披露特别规定。规范会计信息质量标准,可以避免上市公司为了自己的利益而对不同部门上报不同数据的舞弊现象的发生,从而使信息使用者获得更为真实的信息。

4. 加强信息披露的质量控制

我国还处于社会主义市场经济初级阶段,在这种经济体制下,市场发育还不完善、不规范,因此必须依靠强有力的行政手段来实施对会计信息披露的质量控制与监管:

(1) 设立以财政部为主,证监会主管的监管为核心,避免形成多头监管的不利局面,提高监管的权威性;

(2) 政府各职能部门披露的相关信息要由专门机构统一收集并进行科学的处理,确保各种信息的一致性,同时政府各部门还要披露有关的政策法规及相关部门的职责权限,帮助投资者在发生相关问题时知道有什么样的法律法规可依,通过哪些部门来维护自己的权益;

(3) 要充分发挥独立中介的作用,对于披露的会计信息要经过注册会计师的审计,而对于各种质量等方面的信息要经过相关评估机构的鉴证；

（4）要形成健全的信用机制，制定一整套较为完备的信用评分体系，建立公司的信用档案，充分发挥信用评级的激励和约束作用。

5. 改进公允价值计量的信息披露

公允价值是随着社会价格体系的变化而变化的。为了防止上市公司利用公允价值计量模式来操纵利润，误导市场和投资者，必须对公允价值计量的信息披露进行改进。

（1）要建立公开的市场价格体系，将每日交易价格公开；

（2）应建立全国联网的价格体系查询平台，有利于各种价格的查询；

（3）建立以公允价值计量资产的类别标准，以对是否采用公允价值计量的资产进行清晰地划分；

（4）建立对公允价值变动专人负责、定时按照既定途径收集数据的制度，以保证数据收集的及时性与稳定性，保证各类资产公允价值的取得途径证据真实、准确；

（5）建立董事会在财务报表日对公允价值变动进行审核的制度，明确与公允价值变动相关的管理程序及其责任。

6. 树立保护中小投资者的信息披露理念

树立投资者保护观是继续完善我国公司信息披露监管体系的现实要求，也是信息披露监管的特殊性。我国目前市场是一个以个人投资者为主体的市场，中小投资者缺乏有效的会计信息保护机制，且个人投资者的知识结构层次偏低，投资专长缺乏，抗风险能力有限，上市公司在市场中容易通过各种手段操纵利润，损害中小投资者利益。因此，应改革会计信息不对称现象，保护中小投资者的利益，在会计信息披露中，不仅考虑大股东利益，而且应特别考虑中小投资者利益，树立保护中小投资者理念，是目前我国市场所赋予监管部门的历史使命。

7. 加大违规信息披露惩罚力度

市场经济要求会计信息披露的客观性、可验证性和公开性，为此，要发挥证监会、证券交易所的核心监管力量，对上市公司的规范运作及上市公司披露的信息内容进行监管和审核，及时发现和查处信息披露中的各种违法违规行为。第一，及时发现，及时处置，及时查处，制定严厉的处罚制度，对于信息披露不及时、不真实的行为要加大处罚力度，提高上市公司相关各方违法违规成本；第二，如果由于信息的不真实而给国家及投资者造成损失的，要承担相应的法律责任；第三，发挥媒体和投资者的社会监督和市场监督力量；第四，完善我国司法诉讼制度，通过民事诉讼来惩处会计造假、会计信息的违规披露，加大公司高管的违规处罚力度，并通过发展集团诉讼制度，将小股民的力量集中起来，同心协力共同向虚假信息披露者进行索赔。

8. 增强注册会计师对信息披露的责任

注册会计师对会计信息披露的审计，应严格遵守独立审计准则及其他执业标准，保持超然独立的地位,才能使独立审计成为上市公司财务信息质量和财务信息披露的可靠保证,从而保护投资者的利益,促进证券市场的健康规范发展。要最大限度发挥注册会计师的作用,必须做好以下几个方面工作:第一,加快会计师事务所体制改革,改善执业环境;第二,制定相应的执业自律准则,大力提高注册会计师的风险意识、业务水平和职业道德水准;第三,建立注册会计师惩戒制度,加大对违规注册会计师惩罚的力度,采取有效措施提高审计质量。

会计信息披露制度的完善,对于市场经济的健康运行是不可缺少的,它是联系投资者和公司及其管理层的重要纽带。投资者根据公司披露完整、及时、透明的会计信息进行投资决策,公司管理层则通过披露会计信息传递公司的经营业绩、资源配置和财务风险等信息。只有有效地对公司会计信息披露进行监管,才能实现所有者、经营者和员工等利益相关者之间的合理关系,促进市场经济的健康发展,实现公司利益的最大化,保证社会的和谐进步。

15.2.4 信息披露体系的评价

为了更好的规范上市公司信息披露行为,提高上市公司信息披露质量,上海证券交易所和深圳证券交易所在2001年5月10日分别发布了《上海证券交易所上市公司信息披露工作核查办法》和《深圳证券交易所上市公司信息披露考核办法》(2001年5月11日起施行)。

按照《信息披露考核办法》,深交所开始对上市满六个月的上市公司的信息披露工作按年度进行考核,考核以上市公司该年度每一次信息披露行为为依据。从及时性、准确性、完整性、合法合规性四方面分等级对上市公司及董事会秘书的信息披露工作进行考核。在及时性方面,主要考核:是否按时编制和披露定期报告,是否按照有关法律、法规和《深圳证券交易所股票上市规则》规定的临时报告信息披露时限及时向深交所报告和公告。准确性方面主要考核:公告文稿是否有关键性错误;是否简洁、清晰、明了;是否存在歧义、误导或虚假陈述。完整性方面主要考核:提供文件是否齐备;公告格式是否符合要求;公告内容是否完整,是否存在重大遗漏。合法合规性主要考核:公告内容和所涉及的程序是否符合法律、法规和《深圳证券交易所股票上市规则》的规定。同时,考核还包括对上市公司及董事会秘书与证券交易所工作的配合情况,上市公司及董事会秘书受到的奖惩情况等。

为了增强信息披露核查的权威性,深交所通过内部培养、对外招聘等方式建立起一支高效、精干的监管队伍,同时规定将核查结果作为交易所评价上市公司信息披露工作的依据。2004年7月30日,深交所在其网站www.szse.cn的"诚信档案"中公布了所有深市上市公司三年来的信息披露考核结果。这是我国上市公司中唯一权威机构发布的公开信息披露评价记录。

15.3 会计透明度

巴塞尔银行监管委员会(Basle Committee on Banking Supervision)在1998年9月发

布的"增强银行透明度"研究报告中,将透明度定义为:公开披露可靠与及时的信息,有助于信息使用者准确评价一家银行的财务状况和业绩、经营活动、风险分布及风险管理实务。该报告进一步讨论认为,披露本身不必然导致透明。为实现透明,必须提供及时、准确、相关和充分的定性与定量信息披露,且这些披露必须建立在完善的计量原则之上。

15.3.1 会计透明度的提出

会计的目的在于向企业外部主要利益相关者(包括投资者、监管者、社会公众、雇员、主要的供应商和客户)提供对投资、信贷、监管或其他决策有用的信息。从经济学角度来看,会计信息有助于提高资本、资产和其他资源的配置效率,降低交易成本,有助于形成契约上的事后(ex-post)解决机制。

从20世纪70年代初期开始,关于会计信息质量的研究主要集中在相关性与可靠性的争论上。FASB(Financial Accounting Standard Board,美国财务会计准则委员会)的第二号概念结构公告"会计信息的质量特征"被认为是这一问题论争的集大成之作。该报告从财务报告的目标出发,提出了两条最基本的会计信息质量特征:相关性(relevance)与可靠性(reliability)。按照FASB的定义,相关性是"导致决策差别的能力",具体指信息的预测价值、反馈价值和及时性;可靠性是指会计信息值得使用者信赖,它又分为如实反映、可验证性和中立性。在此之后,加拿大、澳大利亚、国际会计准则委员会(IASC)、英国等也先后关注会计信息的质量问题,提出了类似的观点。

随着经济全球化和资本国际化流动的加剧,各国会计准则之间的差异及相关会计问题引起了人们对会计信息披露制度的完善及相关会计问题的普遍关注。信息披露制度成为各国证券法的核心内容之一,是确保公平、公开、公正的证券市场得以建立的一个重要前提。

1996年4月11日,美国证券交易委员会(SEC)发布了关于IASC"核心准则"的声明。在该声明中,SEC提出三项评价"核心准则"的要素,其中第二项是"高质量",SEC对"高质量"的具体解释是可比性、透明度和充分披露。这之后,SEC及其主席Arthur Levitt多次公开重申高质量会计准则问题,并将透明度作为一个核心概念加以使用。

1997年初东南亚金融危机爆发后,许多国际性组织在分析东南亚金融危机的原因时,将东南亚国家不透明的会计信息归为经济危机爆发的原因之一。联合国贸发局(UNCTAD)的调查报告直接讨论了会计信息披露对东南亚金融危机的影响。该报告认为,东南亚国家很多金融机构与公司的失败或近乎失败,其可能的原因有:高负债、私营部门对外汇日益增长的依赖、透明度和解释度的不足(lack of transparency and accountability)。透明度和解释度不足被认为是东南亚金融危机的直接诱因。该报告没有正面界定透明度,但对关联方借贷、外币债务、衍生工具、分部信息、或有负债、银行财务报表披露六个问题,比较了东南亚国家会计实务与国际会计准则的差异,发现这些国家会计信息披露明显低于国际会计准则的要求。由此可以推断:披露不足是透明度的一个重要标志。

15.3.2 会计透明度的质量特征

会计透明度概念的提出是对会计信息质量标准和一般意义上的会计信息披露要求的发展。会计透明度是一个关于会计信息质量的全面概念,包括会计准则的制订和执行、会计信息质量标准、信息披露与监管等。会计透明信息的质量特征包括:全面(comprehensiveness)、相关和及时(relevant and timeliness)、可靠(reliability)、可比(comparability)、重大(materiality)。

理解会计透明信息质量的特征应注意以下三层含义:

(1) 存在一套清晰、准确、正式、易理解、普遍认可的会计准则和有关会计信息披露各种监管制度体系,所有的会计准则和会计信息披露监管制度是协调一致而不是政出多门、相互矛盾的;

(2) 对会计准则的高度遵循,无论是公营部门还是私营部门、政府机构还是企业都能够严格遵循会计准则;

(3) 对外(含投资者、债权人、监管机构等)提供高频率的准确信息,能够便利地获取有关财务状况、经营成果、现金流量和经营风险水平的信息。

如果说,相关性与可靠性侧重于会计信息自身的质量标准,信息披露侧重的是实现会计信息质量标准的一种方式,那么会计透明度则是一个全面、综合性的概念,它不仅同时顾及了会计信息自身的质量标准以及实现会计信息质量标准的方式,而且还丰富了会计信息质量标准和实现会计信息质量标准的方式,是一套全面的会计信息质量标准和一个进行会计信息全面质量管理的"工具箱"。

15.3.3 会计透明度的分析

追求高透明度的会计信息既有成本也有效益。对高透明度会计的成本与效益分析,可从一个国家(地区)整体水平和单个企业两个不同的层次进行。其中,一个国家整体水平的会计透明度,主要取决于该国会计准则及相应法律、法规等的完善程度;单个企业的会计透明度,则更有赖于企业的对会计准则的遵循和自愿披露。

契约理论认为,企业是一系列契约的联结。维系企业存在的各种契约的订立、执行与监督,在相当程度上依赖于会计信息。以最基本的契约——企业所有者与经营者之间的契约为例,这种契约必定在一定程度上涉及会计信息。由于所有者通常不参与企业的日常经营管理;加之企业一旦达到一定规模后,经营活动环节相当多,不透明度增高;此外,外部市场环境复杂多变,这一切导致所有者和经营者之间严重的信息不对称。或者说,对所有者而言,信息不透明程度较高。所有者担心经营者会采取"机会主义"行为等来损害其利益,而理性经济人等表明,这种"机会主义"行为总是在发生。在一个有效的经理市场上,经营者为了保住自己的位置,就必须要让委托人相信他不会采取"机会主义"行为。为了取信于所有者,他们具有主动提供会计信息,以提高透明度、降低会计信息不对称程度的动机。

实践表明,得到广泛采用的财务会计信息披露制度,就是这一制度安排的结果。为了保证经营者所提供的会计信息的可信性,企业会聘请独立的注册会计师进行专业审计。本森(G·Benston)的研究表明,1926年(在美国SEC强制要求所有上市公司的财务报表必须经过独立审计之前)纽约证券交易所公开上市的公司中,82%的公司的财务报表已经接受会计师事务所的审计。

企业是一系列契约的联结,表明这种契约关系遍及与企业运行相关的全部环节,如企业与债权人之间、企业与材料供应商及产品销售商、企业内部高级管理者与其下属之间、管理者与员工之间,等等。同样,在这些契约订立、执行与监督的过程中,信息不对称现象仍然存在。在一个相对有效的市场环境中,任何有可能机会主义行事去损害契约关系另一方的利益的主体,都存在自愿降低信息不对称度、提高透明度的倾向。通过提高透明度,将有助于企业的真实价值被市场发现和认可,降低其在市场中运行的各种成本与风险。实证研究结果表明,如果市场充分了解并相信某企业,则其在市场中的融资成本相对要低。

当然,高透明度也会为企业带来负面的影响,如更高的信息提供成本、潜在的责任风险。当一家企业的真实经营状况不佳、各种经营风险也非常高时,提高透明度的一个可能结果,就是加速该企业的灭亡。企业求生的本能,使得其所有者和经营者都存在着降低会计信息透明度,甚至提供虚假信息以骗取市场信任的利益动机。正因为如此,市场安排不能自动实现高透明度,即便在发育较成熟的美国资本市场上,各种"数字游戏"仍然存在。

15.3.4 会计透明度的实现

尽管将会计透明度的内容界定为:一套清晰的会计准则;所有部门都高度遵循会计准则;对外提供高频率的准确信息。但是,追求高透明度可能会潜在性地限制或损害某些相关的利益团体,这些可能受高透明度会计信息影响的利益团体必然会为了自身利益,降低甚至放弃高透明度的会计信息。

理论上,影响企业是否执行高透明度会计准则的因素很多,我们姑且将其笼统称为"会计环境",它总体包括两部分:事前的制度安排,诱导企业自愿提供高透明的会计信息。比如,一个相对有效的市场环境会很快识别企业不透明的会计信息,并给予足够重的惩罚。事后的惩罚机制,使得任何已经提供不透明会计信息的尝试,会因相关机构的严惩而事实上不经济。

我国资本市场在短短十多年的发展历程中,暴露了很多会计信息不透明的案例。比如,红光实业(600083)1997年6月挂牌上市,但当年年末该公司就创下亏损近两亿元的纪录。中国证监会事后的调查显示,红光实业上市前实际上就是一个亏损公司,完全通过虚假会计信息骗取上市资格。如果上市前红光实业如实执行当时已有的《企业会计准则》和《股份制试点企业制度》,可以肯定,它将得不到上市资格;同样的案例还有郑百文(现已重组为三联商社,股票代码600898),这也是一个完全通过编制虚假会计信息骗取上市资格的公司;类似的案例每年都要发生数起。

就这些案例而言,会计信息不透明只是问题的表现方式,真正的原因都是超出会计准则与相关会计信息披露制度之外的,包括提供虚假会计信息的潜在利益激励、公司没有真正的治理结构、政府介入过多过深,等等。当然,法律责任的缺位使得事后的惩罚机制失去应有的威慑作用,也是其中一个重要的解释因素。具体而言,当企业在考虑不遵循现行会计准则、提供不透明的会计信息时,其潜在的收益是可预期的,包括"获取"稀缺的上市资格、配股资格等;同样,中介机构也会获得不菲的收益;从我国截至2000年年底的状况来看,潜在的风险很低,只有琼民源的负责人因提供虚假会计信息、红光的负责人因欺诈发行股票罪而入狱,相关的经济处罚低,更没有惩罚性赔偿、特别是对中小股东因会计信息不透明而产生的损失的赔偿。

换言之,一套清晰、准确的会计准则和相应的信息披露制度,只是为高透明度会计的实现提供了技术上的可能。只有当相关会计环境使得提供不透明会计信息的预期收益为负时,会计高透明度的实现才成为必要。

15.4 公司治理机制与信息披露

公司治理机制由内部治理机制和外部治理机制构成,内部治理机制一般包括:董事会、高管补偿与激励制度、股权结构及债务融资等。外部治理机制一般包括:企业控制权市场、法制基础与政治环境、产品市场的竞争程度和经理人市场的竞争程度等。现代公司治理理论认为,良好的公司治理机制有赖于内部治理机制和外部治理机制的有机结合。信息披露透明度则处于公司治理内部机制与外部机制的结合部分,它可以起到沟通内部机制与外部机制,使之协同运作的作用。公司治理结构的安排将影响其信息披露决策,进而影响其透明度。因为,透明度既是外部规范的结果,同时也是管理层决策的结果,外部规范只能对公司的基本信息披露行为进行规范,但仍有大量信息被管理者所掌控,这部分信息的披露决策取决于公司治理对管理层决策所作出的影响。同时,信息披露透明度对公司治理具有一定的反作用,透明度的增加对于改善公司的治理机制,规范大股东和管理者的行为,提高公司的市场形象具有积极意义。

15.4.1 公司治理是会计信息披露质量的有效保障

1. 内部治理机制对会计信息披露质量的提升

① 股权结构对会计信息披露质量的提升。有效的股权结构实现了委托人与代理人之间的权利制衡与权利分配,在很大程度上遏制了"内部人控制"现象的发生,实现剩余索取权与剩余控制权的相互匹配,不仅有利于制衡机制的有效运行,也有利于激励机制的正常发挥,使得代理人的目标效用函数与委托人相一致,因此从源头上杜绝了内部人控制会计信息恶意虚假披露的行为。

② 董事会对会计信息披露质量的提升。从董事会的产生到董事会的功能的发挥可以看出,董事会是监督代理人最直接的机制,因此,对于董事会功能的强化,其对会计信息披露的质量保证是不言而喻的。

③ 资本结构对会计信息披露质量的提升。适度的负债能形成"破产威胁"对经营者的外界压力,使得经理人要采取避险的态度按时还款,以此避免了经理人通过无效率甚至以损害股东利益为代价的投资活动来扩充其权力的机会主义,在一定程度上协调了股

东—代理人之间的利益冲突,将代理成本转移成债务成本,加强了对代理人的有效监督与约束,保证了会计信息的质量。

2. 外部治理机制对会计信息披露质量的提升

① 促进信息披露的及时性。信息披露的及时性要求是会计信息质量的比较重要的衡量标准,在公司治理结构中都有比较明确的要求,例如,证券监管机构要求上市公司在会计期间结束以后的一定时期内,对外披露其年度报告、半年报告和季报,并及时披露公司的重大事项等。在上市公司披露信息质量一定的情况下,及时性的要求对上市公司利益相关者的决策及其利益和行为的规范和协调具有十分重要的意义。

② 提升财务报告披露(特别是非经常财务业绩形成)的透明度。企业非经常财务业绩是相对于营业利润、投资收益这些常规财务业绩而言的,在会计上是指那些正常的经营活动、投资活动以外的,对长期资产的处置、置换并增值的活动所产生的业绩,对一个企业来说,这些活动是不应该经常发生的,但长期闲置资产的处置例外。换句话来说,企业的财务信息披露应披露完整的利润结构,而不能只披露财务业绩项目的绝对数。因为对一个处于成长期、正常运营的企业来说,常规财务业绩是支撑企业的重要资源,而一旦靠变卖家产来获取财务业绩的话,这里面的问题就很值得投资者思考了。因此,在上市公司治理结构中,证券监管机构对披露非财务业绩的形成过程以及对企业财务状况的影响的信息,目的就是要实现阳光下的会计活动的目标,在一定程度上帮助信息使用者评价企业业绩形成的合理性,有助于形成对企业未来的合理预测,作出理性的投资、信贷、供销等商务活动。

③ 提升财务战略信息的系统性。我国证券市场虽然形成时间不长,但在上市公司财务战略信息的系统性披露方面,证券监管机构已经形成了较为系统的披露要求体系。例如,对上市公司股权结构的信息披露、对企业发行股票信息的披露、对企业募集资金使用信息的披露、对关联方关系及其交易信息的披露、对企业重大资产重组和债务重组信息的披露、对企业中担保及项目的披露等,形成了较为系统、完备的财务战略信息披露体系。对上市公司财务战略信息的系统分析,有利于信息使用者对企业的前景作出客观的、理性的预测和评价,有助于提高他们相关活动的效率。

15.4.2 会计信息披露是公司治理成败的决定性因素

会计信息直接发挥着监督、评价和契约沟通的治理作用,要取得公司治理的有效结果,关键在于双方掌握信息的程度,也就是要尽可能地减少信息的不对称,降低代理人的"逆向选择"和"道德风险"。通过内部契约的订立,协调委托人与代理人之间的利益冲突,会计信息是这一系列协调机制中主要的输入控制变量,以此来约束经理人偏离股东目标的错误决策行为,并防止代理人恶意侵占股东财富。另外,借助于有效的对外信息披露及审计制度,会计信息支持了外部竞争性市场体系的有序运行,保证了接管等外部治理机制对经理偏离股东利益行为构成可置信的威胁。

1. 会计信息披露促进公司内部治理优化

① 有利于对董事会、经理人和职工的行为进行监督和评价。股东和债权人在缔约之前需要可靠、相关的会计信息对管理层的能力、业绩和道德水平进行评价,以便正确选择介入的对象、时机和方式。缔约后处于自身财务资本保值增值的要求对管理层的监控要依赖于公司的会计信息披露,对经营业绩和管理者实施事后评价,因此,高质量的会计信息有利于对董事会、经理人员和职工进行评价。

② 有利于设计实施激励机制。上市公司的激励机制主要是针对人力资本的所有者而言的。对高级管理人员工作的业绩和努力程度进行单独计量是很困难的,因此出让部分剩余索取权是有效率的。由于实践中关于经理人员的报酬方案的设计和实施多以净收益和股票价格为基础,可见,可靠、相关的会计信息有利于激励机制的推行。

2. 会计信息披露促进公司外部治理优化

① 会计信息与接管市场。任何一项接管活动从接管方对目标公司的搜寻、基本财务状况的评价,到接管行动正式开始后,对目标公司价值的估算、评定以及最终交易价格的达成等,都离不开对会计数据、财务信息的收集、加工、整理和运用。企业的接管除需要了解股价的信息以外,也得判断目标企业是否具备收购价值的信息,比方说现金流、潜在赢利的可能性等大多来自于会计信息系统。另外,会计信息披露能降低双方信息的不对称,从而减少了接管的谈判成本和交易成本。

② 会计信息与经理市场。经理市场上人才资本的现时定价,不仅依赖于之前各期的经营业绩,同时还依赖于定期公布的会计报告,因此可靠、相关的会计信息披露有利于委托人对经理人作出符合客观的评价,避免了将来可能的不必要的代理成本。

③ 会计信息与产品市场。产品市场的竞争尽管在控制和约束经理道德风险行为上具有迟缓性,但是这种约束力量却是具有根本意义的。产品市场竞争中的成败在判断经理经营业绩上具有基础性地位,但是它不可能像经理人市场和接管市场那样,直接完成对经理人的接管或替换,而是要通过企业定期的财务报告将基础信息传递给资本市场,进而通过接管市场和经理市场完成股东与代理人之间契约的变更或持续。

> 一则小故事

啄木鸟与松鼠

"笃、笃、笃!"啄木鸟啄木捉虫的声响,惊醒了在树洞里睡觉的松鼠,它跳出来指责啄木鸟说:"喂,别在这儿捣乱,快滚开吧,这片森林是我管辖的,棵棵树都长得郁郁葱葱,是绝不会有蛀木虫的!"

啄木鸟并不理会。"笃、笃、笃!"从树干中啄出一条蛀木虫!"笃、笃、笃!"又从树干中啄出一条蛀木虫,然后对松鼠说:"阁下,你看见了吧,蛀木虫是钻在树干中不易发现的,你只看到树木的葱郁,看不到蛀木虫的隐患危害,到它们把树干蛀空时,你管的这片森林,就会是另一番景象了!""呵!"松鼠见蛀木虫吃惊地说,"这些狡猾可恶的家伙,原来是钻进里面吃的,多亏你细心认真检查,把它们清除,不然,后果真不堪设想!"

从这个故事中你悟出了什么道理呢?

案例分析

大橡塑公司治理闹笑话:搬迁评估报告不敢见人

如果投资者试图知道大橡塑搬迁补偿的依据,他们最后会发现,到处都找不到相应的评估报告。而在相关媒体的连续追问下,大橡塑不得不发布含糊其词的澄清公告,当中不小心泄露了"天机"。

一份秘而不宣的评估报告,由一家没有证券从业资质的评估机构出具,然后堂而皇之地出现在1月25日召开的股东大会上,作为股东投票表决的依据。这真可以算是上市公司治理的经典笑话了。

秘而不宣的评估报告

大橡塑1月9日发布的《大连橡胶塑料机械股份有限公司关联交易公告》显示:根据大连市土地储备中心委托大连恒源房地产土地评估有限公司出具的房地产估价报告,公司将获得补偿款36 931.5万元。在这份公告末尾的备查文件目录中,印有《大连恒源房地产土地评估有限公司出具的房地产估价报告》的字样,不过大橡塑并未公开这份评估报告。

1月23日晚间,大橡塑发布的澄清公告,其中部分泄露了评估报告的内容:公司周水子厂区租用土地挂牌前,大连市土地储备中心委托大连恒源房地产土地评估有限公司出具了房地产估价报告,其中出让土地价值为1.83亿元;地上物损失合计评估价为3.69亿元,总计约为5.5亿元。评估报告的信息仅限于此,其他具体内容,投资者不得而知。对于估报告采用何种评估法、价格的依据是什么等具体细节,却直接忽略。

对于大橡塑对评估报告遮遮掩掩的行为,有市场人士表示:上市公司出售旧厂区的资产,却不向投资者公告评估报告,这样的行为是否合理;到底是什么样的评估报告,需要如此之保密?

另外,对于此次资产评估的价格,市场亦有怀疑的声音。从评估界人士处获悉:目前土地交易信息公开程度较高,首选评估方法是市场法。对此,有投资者表示:大橡塑市区老厂房地块拍卖起拍价为8.9亿,实际成交价格10.7亿元。由上可以算出,大橡塑的拍卖起拍价比评估价高出60%;市场成交价比评估价格约高95%。这样的评估结果是否公正合理?

此外,这次大橡塑搬迁补偿属于与大股东大连国投集团之间的关联交易。但奇怪的是,评估机构并非由大橡塑或者大连国投委托,而是由大连土地储备中心委托的机构完成评估。

这又产生一个疑问,土地挂牌前5.5亿元评估,最终仅一半土地的出售价格就达到10.7亿元,大连土地储备中心在这次交易中充当了什么角色?

对于上述的种种疑问,大橡塑在公告里都没有答案。其只是表示:我公司将召开的

2013年第一次临时股东大会审议事项为《关于签署搬迁补偿协议书的议案》。此协议的签署完全依据政府部门出具的相关评估报告,依据充分,程序合法,未有损害公司及中小股东利益的情形。

评估机构资质存疑

涉及上市公司的土地和资产价值评估,需要怎样的机构去完成？对此,从投行人士处获悉,评估机构需要证券行业从业资格。一家具有证券业资格的评估机构负责人亦表示,只要资产是属于上市公司,就必须由具有证券业资格的评估机构出具评估报告。

此外,这次搬迁补偿属于大橡塑和大股东之间的关联交易,而根据《上海证券交易所股票上市规则》要求,上市公司与关联人发生的交易(上市公司提供担保、受赠现金资产、单纯减免上市公司义务的债务除外)金额在3 000万元以上,且占上市公司最近一期经审计净资产绝对值5%以上的关联交易,除应当及时披露外,还应当比照第9.7条的规定,提供具有执行证券、期货相关业务资格的证券服务机构,对交易标的出具的审计或者评估报告,并将该交易提交股东大会审议。

由此看来,对于大橡塑旧厂区的土地和资产需具有证券业资格的评估机构予以评估。事实上,此前其他上市公司遇到类似情况聘请的评估机构均为有证券业资格。

以亚盛集团为例,该公司1月16日发布《关于转让工业用地土地使用权及建(构)筑物的关联交易公告》显示:"以具有证券从业资格的评估机构北方亚事资产评估有限公司对该宗用地上的建(构)筑物所出具的北方亚事评报字[2012]第424号资产评估报告所确认的评估结果作为依据。"

那么,大连土地储备中心聘请的大连恒源房地产土地评估有限公司是否具备证券业从业资格？

找到了一份大连恒源房地产土地评估有限公司的企业介绍:大连恒源房地产土地评估有限公司于1997年9月成立,是大连市最早成立的专业房地产评估机构之一,现拥有辽宁省建设厅颁发的贰级"房地产价格评估机构资格"以及辽宁省国土资源厅颁发的壹级"土地评估资格",十余年来,公司在房地产价格评估、土地价格评估、房地产市场可行性研究、贷款项目评估、房地产营销策划等专业服务方面,取得了良好业绩,是一家集人才、技术、经验于一体的资深房地产专业评估机构。

在这份介绍中,只是强调了大连恒源房地产土地评估有限公司拥有辽宁省建设厅颁发的贰级"房地产价格评估机构资格"以及辽宁省国土资源厅颁发的壹级"土地评估资格",并无介绍是否具有证券业资格。

随后,登录了证监会网站查询。在证监会网站找到了《具有证券期货相关业务资格的资产评估机构名录》。在这份名录中,共记录了70家评估机构的名字,大连恒源房地产土地评估有限公司不在其中。

如此机构出具的评估报告并用于股东大会,这样的行为是否合规？最终的结果能否让投资者信服？大橡塑是否知晓机构的资质问题,为什么没有拒绝？

(资料来源:21世纪经济报道,作者:马军,2013年1月27日)

本章小结

上市公司信息披露是公众公司向投资者和社会公众全面沟通信息的桥梁,通过大众媒体定期发布各类临时公告和定期报告。真实、全面、及时、充分地进行信息披露至关重要,只有这样,才能对那些持价值投资理念的投资者真正有帮助。信息披露的完整性和充足度是形成股票市场有效性的必要和充分条件,不仅是对上市公司的客观要求,更是对市场监管的客观要求。

巴塞尔监督委员会提出披露本身不必然导致透明,为实现透明,必须提供及时、准确、相关和充分的定性与定量信息披露,且这些信息披露必须建立在完善的计量原则之上。透明信息的质量特征包括全面、相关和及时、可靠、可比、重大。公司治理结构的安排将影响其信息披露决策,进而影响其透明度,同时,信息披露透明度对公司治理具有一定的反作用,透明度的增加对于改善公司的治理机制,规范大股东和管理者的行为,提高公司的市场形象具有积极意义。

复习思考题

1. 公司治理中企业为什么要强调信息披露和透明度?
2. 证券市场中信息披露存在哪些问题?
3. 公司治理和信息披露透明度之间存在怎样的关系?
4. 信息披露如果不透明的话会对企业造成哪些影响?

第四篇 公司治理模式

公司治理是一种机制或制度安排,通过这种制度安排,使所有者和经营者的责、权、利得到均衡。其核心是在法律、法规和管理的框架下,构建一套科学合理的公司权力安排、责任分工和约束机制,保证以股东为主体的利益相关者的利益。

公司治理模式的比较研究始于人们对经典公司治理模式的质疑。在20世纪80年代,日本经济没有出现问题时,德日公司治理模式广受推崇,随着日本经济的衰退,人们改变了看法。在20世纪90年代,英美公司治理模式受到高度肯定，但2001年以来接连不断涌现出的安然公司、世通公司和施乐公司等的假账丑闻也使人们对英美公司治理模式产生怀疑。因此，对是否存在最优的公司治理模式的比较研究方兴未艾。

对于公司治理的模式选择而言，其影响因素有很多，最主要的有文化背景、法律制度环境、企业的资本结构和资本市场的有效性等。这四个因素对各国公司的治理模式存在不同程度的影响，反映了在一定的内外部环境条件作用下，各国在公司治理模式选择上有不同的侧重点。其中，由文化背景和相关法律制度环境所带来的经济现象反映出东西方国家的企业在公司治理上的差异，而企业的资本结构更是直接反映了股权结构的分散和集中程度，对公司内部治理产生巨大的影响，同样，资本市场的有效性也反映了在外部公开市场上各因素的影响程度，体现了公司外部治理体制的不同。

由于历史传统、文化背景、经济发展道路与政治法律制度的不同，不同的市场经济国家经过长期的公司发展历程和企业制度演变，形成了各具特色的公司治理模式，主要分为以英美国家为代表的外部监控治理模式，德日为代表的内部治理模式和东南亚及东亚国家的家族治理模式。这三种公司治理模式可以称为经典的公司治理模式。

本篇在对三种典型公司治理模式进行讨论的基础上，对一般性的公司治理模式设计进行了基本分析。

第16章 英美公司治理模式

学习目的

通过本章的学习,你应该能够:
1. 掌握英美公司治理模式的内部和外部治理特征;
2. 能够从优缺点两方面来评价英美公司治理模式。

关键词

英美公司治理模式　股东主权

引导案例

花旗将外包部分投资服务业务

据国外媒体报道,花旗集团正在进一步转移多年以来的业务重心,不再将经纪部门和银行业务部门"嫁接"在一起,而是将部分面向美国分行客户的投资服务业务外包给外部顾问公司,并将最多550名员工转移到新的工作岗位上。

根据这项新计划,花旗集团将开始把某些分行中正与550名经纪人进行交易的部分富有客户转给独立的金融顾问公司。目前,花旗集团在美国拥有1 000多家分行。根据这一计划,花旗集团每将一名客户带给独立顾问公司,后者都需向该集团支付介绍费。

分析师称,花旗集团在旗下财富管理业务部门中采取的这一举动强调表明了该集团的愿望,即集中致力于规模比较大的业务,并在低增长的美国零售银行市场上对其集团战略进行全面的改革。花旗集团财富管理业务部门目前管理着大约300亿美元的客户资金。

此外,花旗集团还将对其现有的经纪人进行重新培训,使其成为基于服务费的金融顾问内部团队的一部分,并帮助客户在内部顾问和外部顾问之间作出选择。金融顾问公司收取客户服务费的方式是根据每名客户所持资产来征收,经纪人则根据交易及产品价值来向客户收取佣金。

花旗集团计划在2011年以前取消所有以佣金为基础的薪酬支付方式。花旗集团官员称,此举将有助于该集团更好地为客户服务,原因是定价更加透明、利益冲突的风险更小、地域性的覆盖范围更广。该集团个人银行和财富管理部门的负责人德伯拉·迈克惠特妮(Deborah McWhinney)称,基于服务费的定价结构将消除经纪人推销特定产品的刺激性动力。

目前,花旗集团有34%的股份由美国政府持有,该集团此前已经在2009年1月份将旗下美邦(Smith Barney)部门的多数股份出售给了摩根士丹利,预计将在未来几年中剥离该部门的剩余股份。

16.1 英美公司治理模式的起源

16.1.1 形成背景

英国是最早产生公司的国家之一。在英国公司形成、发展的几百年历史中,公司治理从最初的孕育到发展成熟经历了漫长的历程。公司治理中责任、监督、利益保护等概念的古老渊源可以追溯到12、13世纪的英格兰。18世纪早期,英国的商贸活动首先盛行于独资企业和小型的合资企业。1844年通过了股份《公司法》,股份公司的正式形成和快速发展是公司治理开始走向成熟的基础,因为股份公司带来的是所有权和经营权的分离,由此而产生的多种权力和利益关系是公司治理结构和治理机制设计的主要出发点。

而美国是一个没有经历封建社会的国家,地处北美,远离其他大陆,资本主义的发展进程没有受到干扰,因此资本主义市场发展比较充分。美国是现代市场经济最为发达的国家,早在1791年就由汉密尔顿①创立了第一个具有现代企业特征的股份公司SUM(Society for Establishing Useful Manufacture)。1863年的《国家银行法》和1977年《麦克逊登法案》规定银行不得跨州设立分行,形成分散的银行体系,这种分散的银行体系不可能形成大的银行集团。同时,1933年《格拉斯-斯蒂格尔法案》将商业银行分离开,并对他们所持的股份进行限制。在不可能通过银行大规模融资的条件下,企业也只有通过证券市场进行直接融资。在企业所有权方面,体现出"股东利益至上",企业的最终控制权体现在股东大会上。因此,美国公司治理模式的形成是有其独特的文化、政治、经济、制度背景的。

16.1.2 英美公司治理模式的产生原因

英美现代公司的发展是在19世纪中后期。科学技术的发展导致了经济规模的迅速扩大,这就需要把众多的劳动力和资本集中在一种单一的组织之中,组成一个富有成效的实体。在这种背景下,股份公司成为最适当的形式。在股份公司发展的初期,所有权与经营权的分离是不可避免的。尤其随着经济的发展,公司经营规模、范围的扩大,专业化的

---

① 亚历山大·汉密尔顿 Alexander Hamilton(1757—1804):美国的开国元勋之一,也是宪法的起草人之一,他是财经专家,是美国的第一任财政部长。

经理阶层的出现,更加快了所有者与经营者的分离速度。由此而产生的利益冲突便也出现了。公司作为法人,是市场经济的主体,它要求经营者追求公司利益的最大化。而公司的经营者作为自然人,也在追求自身利益的最大化。经营者为了满足自己的利益,就有可能滥用权力损害公司的利益,进而损害公司所有者的利益。这种利益的冲突可以说是公司治理形成的内在因素,也是各种公司治理模式共同的产生原因。

16.2 英美公司治理模式的特点

16.2.1 英美公司内部治理结构特点

以英美为代表的外部监控模式,主要盛行于英国、美国、加拿大等国。在自由放任的资本主义经济制度下,英美国家形成了高度发达的证券市场和反对金融势力聚集的传统。公司的目标在于实现股东利益的最大化,是典型的股东主权型模式。英美模式的公司内部的权力分配主要是通过公司的基本章程来限定并规范它们之间的关系的。各国现代企业的治理结构虽然都基本遵循决策、执行、监督三权分立的框架,但在具体设置和权利分配上却存在着差异。

1. 股东(大)会

从理论上讲,股东(大)会是公司的最高权力机构。但是,英美公司的股东非常分散,而且相当一部分股东是只有少量股份的股东,其实施治理权的成本很高,因此,不可能将股东(大)会作为公司的常设机构,或经常就公司发展的重大事宜召开股东代表大会,以便作出有关决策。在这种情况下,股东(大)会就将其决策权委托给一部分大股东或有权威的人来行使,这些人组成了董事会。股东(大)会与董事会之间的关系实际上是一种委托代理的关系。股东们将公司日常决策的权利委托给了由董事组成的董事会,而董事会则向股东承诺使公司健康经营并获得满意的利润。

2. 董事会

董事会是股东(大)会的常设机构。董事会的职权是由股东(大)会授予的。关于董事会人数、职权和作用,各国《公司法》均有较为明确的规定,英美也不例外。除《公司法》的有关规定以外,各个公司也都在公司章程中对有关董事会的事宜进行说明。公司性质的不同,董事会的构成也不同。在谈到公司治理问题时,常常要根据不同性质的公司进行分析。为了更好地完成其职权,董事会除了注意人员构成之外还要注意董事会的内部管理。英美公司的董事会在内部管理上有两个鲜明的特点:

(1) 在董事会内部设立不同的委员会,以便协助董事会更好地进行决策。一般而言,英美公司的董事会大都附设执行委员会、任免委员会、报酬委员会、审计委员会等一些委员会。这些委员会一般都是由董事长直接领导,有的实际上行使了董事会的大部分决策职能,因为有的公司董事太多,如果按正常程序进行决策,则很难应付千变万化的市场环境。也有可能因为决策者既是董事长同时也是最大股东,对公司事务有着巨大的影响力,所以不愿让太多的人分享他的决策权。在这种情况下,董事会是股东(大)会的常设机构,而执行委员会又成为董事会的常设机构。除这样一些具有明显管理决策职能的委员会外,有的公司还设有一些辅助性委员会,如审计委员会,主要是帮助董事会加强其对有关法律和公司内部审计的了解,使董事会中的非执行董事把注意力转向财务控制的问题,从而使财务管理真正起到一种机制的作用,增进董事会对财务报告和选择性会计原则的了解;报酬委员会,主要是决定公司高级人才的报酬问题;董事长的直属委员会,由董事长随时召集讨论特殊问题并向董事会提交会议记录和建议的委员会,尽管它是直属于董事长的,但它始终是对整个董事会负责,而并不只是按董事长的意图行事。近年来,美国的有些公司又成立了公司治理委员会,用以专业解决公司治理问题。

(2) 将公司的董事分成内部董事和外部董事。内部董事是指公司现在的职员,以及过去曾经是公司的职员,现在仍与公司保持着重要的商业联系的人员。外部董事包括三种人,一是与本公司有着紧密的业务和私人联系的外部人员;二是本公司聘请的外部人员;三是其他公司的经理人员。外部董事一般在公司董事会中占多数,但一般不在公司中任职;内部董事一般都在公司中担任重要职务,是公司经营管理的核心成员,美国大多数公司企业的内部董事人数为三人,很少有超过五人的。外部董事有的是私人投资者,它通过在股票市场上购买公司股票而成为公司大股东,但他们往往对于公司的具体业务并不了解。大部分外部董事作为其他公司的代表进入公司董事会,而这些公司又常常是法人持股者。自20世纪70年代以来,英美公司中的外部董事比例呈上升趋势。按理讲,外部董事比例的增加会加强董事会对经营者的监督与控制,但是,英美大公司中同时存在的一个普遍现象是公司首席执行官兼任董事会主席。这种双重身份实际上使董事会丧失了独立性,其结果是董事会难以发挥监督职能。

3. 首席执行官(CEO)

从理论上讲,董事会有权将部分经营管理权力转交给代理人代为执行。这个代理人就是公司政策执行机构的最高负责人,这个人一般被称为首席执行官,即 CEO。在多数情况下,首席执行官是由董事长兼任的,即使不是由董事长兼任,担任此职的人也几乎必然是公司的执行董事并且是公司董事长的继承人。但是,由于公司的经营管理日益复杂化,经理职能也日益专业化,大多数公司又在首席执行官之下为其设一助手,负责公司的日常业务,这就是首席运营官,即 COO(chief operation officer)。在大多数公司,这一职务由公司总裁(president)兼任,而总裁是仅次于首席执行官的公司第二号行政负责人。也有的公司由董事长同时兼任公司的首席执行官和总裁,并常设一名首席运营官协助董事长兼首席执行官的工作。此外,公司还设有其他一些行政职务,如首席财务官等。在英美公司的行政序列中,以首席执行官的地位最高,其次为公司总裁,再次为首席运营官,接下来是首席财务官。在总裁以下,各公司还常常设有多名负责具体业务的副总裁,包括执行副总裁和资深副总裁。这些副总裁一般都负责公司的一个重要业务分部,或者是作为公司董事长和首席执行官的代表担任重要子公司的董事长兼首席执行官。由于首席执行官是作为公司董事会的代理人而产生,授予他何种权利、多大的权利以及在何种情况下授予,是由各公司董事会决定的。首席执行官的设立,体现了公司经营权的进一步集中。

CEO在公司中的职能与地位既不同于董事长,也不同于总经理。他既行使董事会的部分职权,又拥有总经理的全部权力。他既是行政一把手,又作为董事会的成员是股东权益的代言人。他的设立标志着原来董事会的部分决策权,如战略的拟定、CEO的挑选和培养等,转移到了经理层手中,实现了公司决策层与执行层的有效联结。

4. 审计机构

需要注意的是,英美公司中没有监事会,而是由公司聘请专门的审计事务所负责有关公司财务状况的年度审计报告。公司董事会内部虽然也设立审计委员会,但它只是起协助董事会或总公司监督子公司财务状况和投资状况等的作用。由于英、美等国是股票市场非常发达的国家,股票交易又在很大程度上依赖于公司财务状况的真实披露,而公司自设的审计机构难免在信息发布的及时性和真实性方面有所偏差,所以,英、美等国很早便出现了由独立会计师承办的审计事务所,由有关企业聘请他们对公司经营状况进行独立审计并发布审计报告,以示公正。英、美等国公司每年的财务报告书都附有审计事务所主管审计师签发的审计报告。政府的审计机构也在每年定期或不定期地对公司经营状况进行审计并对审计事务所的任职资格进行审查。这种独立审计制度既杜绝了公司的偷税漏税行为,又在很大程度上保证了公司财务状况信息的真实披露,有助于公司的守法经营。

16.2.2 英美公司外部治理结构特点

由于英美国家资本市场发达,企业融资以股权资本为主,并且股权相对分散,较少受到政府、工会、管理机构或银行的影响,存在活跃的"公司控制权市场",所以英美公司采用市场主导型公司治理模式,主要依靠高效运行的资本市场来监督和激励企业经营者,外部市场监控在公司治理中发挥着主导作用。英美模式的主要特征有以下几个方面。

1. 股权相对分散,流动性强

依靠发达的资本市场,机构投资者和个人是美国公司的基本持股者,而主要持股者是机构,如各类基金,商业银行的信托机构、人寿保险公司、共同基金以及各类基金会和慈善机构等,其中退休基金的规模最大,信托机构次之。机构代表个人进行投资,而个人通过购买和持有基金份额来分享机构所获得的收益。个人直接投资者与公司的所有投资者相比则显得微不足道,股东非常分散,从股权结构来看,最大的股东是机构投资者。目前,机构投资者已成为美国最大的股权所有者,在英国工业部门中也已经是占首位的所有者。这些个人与机构投资者主要关心的是能否获得足够的短期投资回报。但近年来,许多大型机构投资者积极主动地参与公司运作,大力推动公司治理结构的改善,并在国际层面上推进这一领域的合作。

2. 一元制公司治理结构

英美国家公司没有监事会,董事会履行监事会的职责,是单层委员会制。董事会有两个鲜明的特点:一是董事会下设一些专业委员会来完成其职能。二是董事分为内部董事和外部董事两种。英美国家的内部董事一般是在公司中担任要职,是公司经营管理的核心;外部董事一般在公司董事中占多数,但通常不在公司中任职。

3. 经理、首席执行官(CEO)的股票期权激励机制

公司股东为了减少代理成本,抑制执行层的短期治理行为,美国公司对经营者主要采取"股票期权制"(Executive Stock Option,ESO)的激励方法。当公司股价上扬时,经营者就可以行使股票期权,在市场上抛售股票以取得价差收益。美国拥有发达的资本市场,股权分散且流动性强,主要通过外部资本市场对企业进行监督(外部治理)。由于股权高度分散化,证券市场上的并购活动比较活跃,经营者如果不努力创造业绩使公司的股价上升则可能导致公司被并购,而其自身也可能面临终身找不到工作的风险。所以股东对经营者的约束主要采取外部约束的方式,也就是"用脚投票"。另外,机构投资者为了分散投资风险往往采取投资组合的方式来进行投资,他们主要关注的是股价上升所带来的收益,对公司治理不甚关心,这也导致了只能依靠市场竞争机制对经营者进行有效的监督和约束。

4. 企业融资以股本为主,资产负债率低

美国绝大多数企业中,由股东持股的股份公司占公司总数的95%以上,其资产负债率一般在35%~40%之间,大大低于德国和日本60%左右的资产负债率。同时,在英美公司融资结构中单个债权人(主要是指银行)在企业中的债权比重,也大大低于德国和日本。

16.3 英美公司治理模式的评价

16.3.1 英美公司治理结构模式的优点

在英、美等国家的上市公司中,其控股股东的持股比例一般比较低。由于股权分散,股东严密监督企业经营者所付出的代价比较大,获取的收益却因持股比例小而受到限制。同时,个别股东的监控行为又使其他没有参与监督的股东赚取了"不劳而获"的额外利润。在这种情况下,股东更多地倾向于"用脚投票",即通过市场机制,以购入或抛售持有的上市公司股票的行为,来行使自己的监督权和实现自身利益最大化。英、美公司治理模式强调市场机制在公司治理结构中的作用。

这种公司治理模式的优点在于:股东通过市场机制来监督公司的经营和实现利益最大化,资本流动性比较强,可以有效实现资本的优化配置,并保障小股东的利益。因为如果公司经营不善,业绩不佳,股东就会在股票市场上抛售该公司的股票,把资本投入到其他有生命力、有前途的公司,从而既达到了股东利益最大化的要求,也实现了资本的优化配置。当公司的行为损害了小股东利益的时候,小股东同样可以通过发达的证券市场来减少自己的损失。

16.3.2　英美公司治理模式的缺点

在英美公司治理模式中,公司治理机制主要有股东大会、董事会、代理权争夺、敌意收购。由于股权的高度分散,使股东通过股东大会行使权力的成本很高,股东对经理人的有效监控主要是通过董事会这一内部机制,以及通过控制权市场如代理权争夺和接受敌意收购,股东在股票市场抛出股票这一外部机制来实现。在此主要讨论股东大会和董事会的作用。通常股东选出董事会作为他们的代表,来负责监督高级管理层并批准公司的有关决策,在这种情况下,董事会可以撤换公司的高级管理人员。但在实践中,董事会的作用值得怀疑。董事分执行董事和非执行董事,或内部董事和外部董事,一方面执行董事不可能自己监督自己;另一方面非执行董事由于种种原因无法胜任监督的工作和履行董事的责任。首先,他们在公司没有重大经济利益,因此从公司的业绩提高中得不到什么好处。其次,一个企业的非执行董事通常是工商界的专业人士,可能是别的公司的执行主管和执行董事,或投资银行、律师事务所、会计事务所和管理顾问公司的合伙人,他们没有时间去考虑他们担任非执行董事的公司的事务,没有时间也没有动机收集除了该管理层所提供的信息之外的其他信息,而且非执行董事可能把自己担任的董事职务归结为公司管理层的信任,因此通常会对管理层表示认同甚至忠诚,而不是监管并希望继续被委派为董事,获得更多名誉。针对董事会的结构和功能,已经有不少建议和措施,如在董事会给公司雇员保留一定的名额,董事会主席应该是独立的,与企业总裁分别由不同的人担任,设立一个选举非执行董事的程序,审计和报酬委员会应该主要或全部由非执行董事组成等。

英美公司治理模式中的分散股东结构也带来一些问题,一方面,所有权对经营权的控制是通过股东大会上的投票方式来决定,根据投票的多少来决定企业的重大事件,使拥有大多数投票权的所有者支配股东大会,而处于少数地位的所有者丧失了对经营权的约束,股东们的利益也被排除在外,因此,无法反映不同利益方面的相互制衡,弱化了所有权对经营权的约束。另一方面,如果股权过于分散,搭便车现象(Flee Rider)会比较严重,因为股东参与公司治理时,是要付一定的治理成本的,如果股东认为这个治理成本不足以从对经营权加强监管而得到的利润中得以补偿,他们会放弃对企业的监控,而是寄希望于其他的股东过问公司的经营。股权越分散,单个股东所持股份越少,"搭便车"的股东就越多。现实生活中小股东关心企业真正价值的动机和能力是十分弱的,大多数投资者和股东从来没有参加过股东大会,即使在股东大会召开时,也有相当一部分人放弃了这一权利。

本章小结

由于历史传统、文化背景、经济发展道路与政治法律制度的不同,经过长期的发展和演变,形成了以英美国家为代表的外部监控治理模式,以德日为代表的内部治理模式和东南亚及东亚国家的家族治理模式这三种经典的公司治理模式。

在自由放任的资本主义经济制度下,英美国家形成了高度发达的证券市场和反对金融势力聚集的传统。公司的目标在于实现股东利益的最大化,是典型的股东主权型模式。其内部治理结构设置上一般存在股东大会、董事会、经理等。由于资本市场发达,企业融资以股权资本为主,并且股权相对分散,较少受到政府、工会、管理机构或银行的影响,存在活跃的"公司控制权市场",所以英美公司采用市场主导型公司治理模式,主要依靠高效运行的资本市场来监督和激励企业经营者,外部市场监控在公司治理中发挥着主导作用,特别强调会计信息的公开披露,强调财务报告的决策有用性。但是由于经营者的利益与股东的利益往往不一致,不受监督的经营者可能会为了自身的利益而损害了股东的利益,从而产生"内部人控制"现象,所以要从正反两方面来正确看待英美公司治理的模式。

案例分析

亚马逊能否成为网上沃尔玛

亚马逊从网上书店转型为网上百货商店,将不可避免地对传统大型零售商和专业零售商造成巨大冲击。

扩张

在纽约曼哈顿西区亚马逊 60.5 万平方英尺(约合 5.6 万平方米)的配送中心区,102 台空调的嗡嗡声和电动推车的喇叭声混成一片,但该中心员工却几乎始终都可以听到特瑞·琼斯(Terry Jones)的喊叫声。

琼斯是亚马逊配送中心一名时薪 12 美元的"内部支持伙伴",当他操纵着手推车穿过拥挤的过道,会大声叫喊道:"推车来了,请小心!"琼斯解释称,他不过是在遵守亚马逊严格的安全制度前提下,让自己的工作变得"更为开心"。

但零售商们理应对这种叫喊保持警惕:作为网上最大的零售商,亚马逊正在挑战,甚至可能取代他们的位置。1995 年,杰夫·贝佐斯(Jeffrey P. Bezos)创建了网络书店亚马逊,但今天,该网站正计划跨越边界,成为网络上的百货商店。2009 年该网站在全球范围内包括图书、电影、音乐在内的媒体类产品销售收入,首次被其他商品的销售收入所超越。

换句话说,在这个日益数字化的时代,亚马逊正迅速成为全球化的百货商店。在该网站上,用户不但可以在图书、CD 和 DVD 的旁边看到尿布、乐高玩具和电钻等商品,更有可能看到汽车配件,甚至神秘的鹿角兔标本等商品。

网络零售解决方案供应商 ChannelAdvisor CEO 斯科特·温格(Scot Wingo)认为:"在人们的心目中,亚马逊已经从一家'网上书店'转变成网络百货商店,而后者将是更为广阔的领域。"他预计,未来 10 年电子商务市场在整体零售市场中的份额将增长至 15%。温格指出:"如果亚马逊在此期间一直在扩大它们的市场份额——坦率而言,我没有看到任何阻碍其增长的因素——那将是相当可怕的。"

野心

实际上,亚马逊早在 2006 年开始就在抢占电子商务的市场份额,尤其是从 eBay 的手中争夺用户。但该网站在此领域的进展之快,却正对整个零售市场造成冲击。沃尔玛等零售巨头正在谨慎地模仿亚马逊的战略,而令运动商品和珠宝产品的专业零售商担心的则是,会不会步小型书店以及独立音像租赁店的后尘,最终走向消亡。

尽管亚马逊自身的媒体产品业务出现迟滞现象，但该网站的扩张战略却帮助其在经济衰退中逆势而起。2008年，用户很少购买图书、CD和DVD，而更多地是选择下载此类内容。例如，在截至2009年6月份的一个季度中，亚马逊媒体类产品的全球销售收入仅增长了1%，为24亿美元，其中以视频游戏的下滑尤为明显，但同一时期其他产品的销售收入却增长了35%，达20.7亿美元，亚马逊在财报中将这些商品统称为"电子产品和日用百货"。

除了使用股票、31亿美元所持现金以及有价证券进行收购外，亚马逊还推动用户加入"亚马逊金牌会员"（Amazon Prime）服务，此类会员只需每年缴纳79美元的会费，即可获得免费配送以及快速送达服务，从而鼓励他们购买更多种类的产品，以推进亚马逊向网络百货商店的转型。

此外，亚马逊还吸引越来越多的小型零售商将产品放到其网站，并收取约15%的分成，此类第三方交易约占该网站整体销售收入的30%。亚马逊还在全球继续扩建物流网络，希望通过设在全球范围内的超过25家配送中心，将商品以最快的速度送给用户。亚马逊下周将继续实施该战略，推出系列自有品牌的音视频线和空白光盘产品，扩展自有品牌的贴牌业务。该网站已提供了包括厨具和户外家具等数百种贴牌产品，以此与厂商建立更为紧密的关系，并在竞争中进一步降低产品价格。

亚马逊高层对公司向普通商品零售转型显得有些平静，称自公司1997年上市前宣称将成为地球上商品最丰富的网站之后，这一转型就是命中注定的。他们有足够的理由这么认为：在互联网泡沫破灭后，就有分析师提出，亚马逊可能因库存种类如此多的商品而破产。

高效库存管理

在亚马逊多家配送中心内部，普通零售商店的规则并不适用于这里。普通商店会将电视与其他电器、洗发水和个人护理用品放在一起，但与之不同，在琼斯工作的中心，即亚马逊所谓的"凤凰3号"仓库中，星战玩偶和睡袋放在一起，炸面包片的旁边则是《甲壳虫：摇滚乐队》（Beatles: Rock Band）视频游戏。在贵重商品区域，一款情趣用品则挤在罗塞塔石碑（Rosetta Stone）西班牙语CD和iPod Nano之间。在占地面积更大的"凤凰5号"配送中心，存放的则是体积更大或更重的商品。在三星54英寸液晶高清电视旁，是一个装满帮宝适纸尿裤的大箱子，而过道对面则是一款价值为879美元的皮划艇。

亚马逊表示，将不同物品堆放在一起的目的是为了减少员工选择物品时出现的错误几率，但这似乎不太可能发生，每款商品、每个搁架、铲车、推车以及配送中心的员工号牌上都有条形码。商品的搬运都通过软件编程，计算出从搁架到发货区的最佳路线，并将要经过的下一个过道和区域信息发送到员工所持的无线条形码扫描器上。

亚马逊也从先进的库存管理方法以及与供应商谈判获得优惠付款条件的能力中获益匪浅。亚马逊销售大量的商品，并且可以精确预测用户的需求。该网站的商品周转周期一般为65天，短于向供应商付款的期限。这使得亚马逊可以节省巨大的采购和存储成本，并极大地优化了该公司的现金流。

竞争策略

或许有其他方式可以击败亚马逊,竞争对手和分析师曾讨论过的一个策略是重点关注特定分类中的高端奢侈品牌,例如拉尔夫·劳伦(Ralph Lauren)服装、香奈儿香水或威尔逊音响等,这些企业因担心价格方面的影响,而拒绝在亚马逊上销售其产品。

就鞋类而言,耐克或许是最好的例子。耐克坚决拒绝在亚马逊和大多数其他网络零售商销售其运动鞋,只在 2008 年年末才允许 Zappos.com 销售部分鞋品。与亚马逊不同,Zappos 并不将自己定位于一家折扣零售商。但现在该网站已被亚马逊收购,据耐克内部知情人士透露,耐克正在重新考虑与 Zappos 的合作。这或许能让隆巴尔迪感到些许欣慰,耐克运动鞋是他的商店销量最高的产品之一。

如果看看位于亚利桑那州的多家大型亚马逊配送中心,可以发现亚马逊的野心并不小。在"凤凰 5 号"配送中心,亚马逊扩建的 30 万平方英尺(约合 2.7 万平方米)使该中心成为美国最大的配送中心之一。

亚马逊北美订单保证总监韦格纳承诺——也许是在向竞争对手下挑战书——新增的仓库已为节日旺季做好了准备。

根据上述案例,分析亚马逊采取了哪些措施来完成其业务转型,总结一下美国企业的经营特点。

复习思考题

1. 英美公司治理模式形成的背景是什么?
2. 英美公司治理模式的内部治理结构和外部治理结构分别具有什么特点?
3. 英美公司治理模式存在哪些优缺点?

第17章 德日公司治理模式

学习目的

通过本章的学习,你应该能够:
1. 掌握德日公司治理模式的内部和外部治理特征;
2. 从优缺点两方面来评价德日公司治理模式。

关键词

德日公司治理模式　内部治理　集权

引导案例

铃木汽车:开展清理员工抽屉运动

日本的上市企业在2009年一季度的经常性利润与上年同期相比骤减了约60%,这促使更多的日本企业致力于通过削减经营成本来提高收益水平,节能降耗在日本企业中已蔚然成风。在日本有着"轻型汽车之雄"称号的铃木汽车株式会社会长铃木修笑着说,"这次全力以赴地削减成本,我才注意到,原来富士山的高度是3 776米。"

为什么要这么说呢?原来铃木汽车将2008年全公司消耗的复印纸用量换算了一下后,居然超过了3 776米,堆起来比富士山还高。铃木修会长指着一张示意图对他的同僚说:"我们去年用去了4 233万张复印纸,但光说数字大家没什么印象,边上画一张富士山的图,就非常直观明白,这个数量是何其大了。"铃木会长最擅长的一个招数就是可以将浪费的量"可视化"。

2009年1月,当公司的员工还沉浸在新年气氛中的时候,铃木会长又发动了一次清点桌子抽屉的运动。规定每个人的份额只能是一块擦字橡皮,一支铅笔,红色和黑色的圆珠笔各一支,订书机是两人合用一个,除此以外的文具用品一概回收。这些回收上来的文具用品,铃木会长称之为"战利品",被堆放在公司总部的大会议室里,让大家都来参观,看看集中在一起居然有那么多可有可无的文具用品。

"从今天起,购买备用品须事先得到我的批准。"铃木会长决定,削减经营成本从最起码的小事做起。

请评价一下铃木清理员工抽屉的运动。

17.1 德日公司治理模式的起源

17.1.1 形成背景

德国公司主要以银行和职工持股为特征,对外部资本的依赖性很强;日本公司主要以"债权人相机治理"和法人交叉持股为特征,因此德、日都以内部治理模式为主。

德、日两个国家都倾向于集权。18世纪中叶德国兴起资本主义,19世纪30年代才开始工业革命,这些都要晚于英、法等国。俾斯麦[①]统一德国后就积极创办银行,促进了银行的建立和发展。19世纪下半叶,德国为了赶超英国经济,需要大量的资本,只有银行才能承担这样的历史使命。德国的一些大型银行都是在1871年德国重建的过程中设立的,它们最初充当了风险投资公司的角色,为政府建立现代工业的目标服务,为企业提供融资。但是当需要偿还贷款时,德国的银行没有简单地向企业收取现金,而是把企业变成了股份公司,把自己的债权转化为向大众出售的股权,银行资本随之渗透到经济的各个领域,银行和工业企业之间建立起密切的关系。在德国,各种类型规模的企业均有自己的主办银行,但一般来说,主办银行主要体现在大银行和大企业之间。德国的资本市场不是很发达,政府对证券市场的限制十分严格,对非金融企业直接融资采取歧视性法律监管。德国企业发行股票和长期债券必须事先得到联邦经济部的批准,另外企业在国外发行证券也受到严格的限制,如商业票据和国内债券的发行直到1989年才获允许。

第二次世界大战期间,日本前财阀与银行关系密切,银行支持财阀建立。第二次世界大战后,由于美国占领的最高统帅部强行解散财阀,并出售财阀的股票和实行《格拉斯-斯蒂格尔法》,股票迅速从个人手中流向银行等金融机构。日本为了加入世界经济合作组织,不得不开放本国的市场,为了防止外国的企业对本国企业进行兼并,日本政府大力鼓励企业之间的相互持股,这样企业之间形成一个整体,出现了企业集团,有效地阻止外国企业对日本企业的侵入。日本资本市场一直不发达,日本的债券市场长期以来只对少数国有企业和电子行业开放,而且债券发行委员会通过一套详细的会计准则对企业债券的发行设置了严格的限制条件。因此,1950年以后,日本公司所需的资金已不再从股票市场筹集,而是由城市银行(私人金融机构)提供,城市银行的贷款则靠日本银行贷款支持。

德、日两国政府对金融机构的管制较为松散,德国全能银行可以无限制地持有非金融机构的股权。日本规定商业银行最高可以持有企业股份的5%,保险公司最高可以持有企

[①] 奥托·冯·俾斯麦(Otto Von Bismarck),生于1815年4月1日,死于1898年,普鲁士宰相兼外交大臣,是德国近代史上杰出的政治家和外交家,被称为"铁血宰相"。

股份的10%,而投资基金在这方面没有限制。

17.1.2 德日公司治理模式的产生原因

德国和日本都是存在着集权传统的国家,并在历史发展过程中逐渐形成了其崇尚"共同主义"和群体意识的独特文化价值观。而且,德、日两国均属于后起的资本主义国家,生存与发展存在着巨大的压力。尤其是在第二次世界大战后,德国和日本作为战败国能够迅速恢复经济发展水平,其政治和经济的高度集中和共同主义的意识发挥了巨大的积极作用。影响德日模式的形成因素主要包括两国的历史传统、社会文化习俗、资本市场发育水平和法律监管政策等,其中最主要的是监管政策。德国和日本对银行等金融机构持股的鼓励和弱式监管导致了以主银行制度为核心的治理结构,而对资本市场的严格监管导致了资本市场的不发达。

17.2 德日公司治理模式的特点

17.2.1 德日公司治理模式外部治理的特征

在德国和日本,政府对经济干预较多,多用产业政策影响经济的发展。政府在某个时期首先制定一个经济发展战略或经济的发展计划,根据计划或战略制定产业政策,政府根据产业政策制定具体的经济政策,鼓励某些产业的发展,同时限制某些产业的发展,政府和企业之间以合作为主。从历史上看,德、日两国的证券市场对企业控制权的影响很弱。直到1995年,德国才有802家上市公司,市值仅占GDP的24%,而同期美国为9 566家,市值占GDP的105%。第二次世界大战后,德国只发生了为数不多的恶意收购活动,至今无一例是由管理层发动的杠杆收购[①]。并购活动比较少的原因:一是认为并购活动的成本太高,因为员工与企业的联系比较密切,收购容易导致员工的不满;二是除了并购活动外,还有其他更为方便的方法来替换管理层。相比较,银行或股东召开股东(大)会或董事会的成本更小,企业之间交叉持股,如果收购某一企业就会遭到其他相关联企业的抵制。一般来说,收购不容易发生。因此,在德日公司治理模式的国家里,存在一个比较弱的外部控制权市场。

17.2.2 德日公司治理模式内部治理的特征

以德日为代表的内部监控模式,主要盛行于日本、德国、瑞士等国。德、日国家一方面重视银行对企业的资金支持;另一方面加强了企业之间的紧密合作。同时它们倾向于统治权的集中,在文化价值观上强调共同主义,具有强烈的群体意识和凝聚力量,这样就形成了其特有的公司融资结构及其股权结构,是典型的共同治理型模式,该模式也被称为是银行控制主导型,其本质特征表现在以下方面。

---

① 杠杆收购(Leveraged Buy-out, LBO)是指公司或个体利用自己的资产作为债务抵押,收购另一家公司的策略。交易过程中,收购方的现金开支降低到了最小程度。

1. 商业银行是公司的主要股东

目前,德、日两国的银行处于公司治理的核心地位。在经济发展过程中,银行深深涉足其关联公司的经营事务中,形成了颇具特色的主银行体系。所谓主银行是指在某企业接受贷款中居第一位的银行,而由主银行提供的贷款叫作系列贷款,包括长期贷款和短期贷款。

日本的主银行制是一个多面体,主要包括三个基本层面:一是银企关系层面,即企业与主银行之间在融资、持股、信息交流和管理等方面结成的关系;二是银银关系层面,即指银行之间基于企业的联系而形成的关系;三是政银关系层面,即指政府管制当局与银行业之间的关系。这三层关系相互交错、相互制约,共同构成一个有机的整体,或称为以银行为中心的、通过企业的相互持股而结成的网络。在德国,政府很早就认识到通过银行的作用来促进经济的增长。开始银行仅仅是公司的债权人,只从事向企业提供贷款业务,但当银行所贷款的公司拖欠银行贷款时,银行就变成了该公司的大股东。银行可以自己持有一家公司多少股份,在德国没有法律的限制,但其金额不得超过银行资本的15%。一般情况下,德国银行持有的股份占一家公司股份总额的10%以下。

另外,德国银行还进行间接持股,即兼作个人股东所持股票的保管人。德国大部分个人股东平时都把其股票交给自己所信任的银行保管,股东可把他们的投票权转让给银行来行使,这种转让只须在储存协议书上签署授权书就可以了,股东和银行的利益分配一般被事先固定下来。这样银行得到了大量的委托投票权,能够代表储户行使股票投票权。

商业银行虽然是德日公司的最大股东,呈现公司股权相对集中的特征,但是二者仍然存在一些区别。在日本的企业集团中,银行作为集团的核心,通常拥有集团内企业较大的股份,并且控制了这些企业外部融资的主要渠道。德国公司则更依赖于大股东的直接控制,由于大公司的股权十分集中,而使得大股东有足够的动力去监控经理阶层。另外,由于德国公司更多地依赖于内部资金融通,所以德国银行不像日本银行那样能够通过控制外部资金来源对企业施加有效的影响。

2. 法人持股或法人相互持股

法人持股,特别是法人相互持股是德日公司股权结构的基本特征,这一特征在日本公司中更为突出。第二次世界大战后,股权所有主体多元化和股东数量迅速增长是日本企业股权结构分散化的重要表现。但在多元化的股权结构中,股权并没有向个人集中而是向法人集中,由此形成了日本企业股权法人化现象,构成了法人持股的一大特征。

由于德、日在法律上对法人相互持股没有限制,因此德日公司法人之间相互持股非常普遍。法人相互持股有两种形态,一种是垂直持股,如丰田、住友公司,它们通过建立母子公司的关系,达到密切生产、技术、流通和服务等方面相互协作的目的。另一种是环状持股,如三菱公司、第一劝银集团等,其目的是相互之间建立起稳定的资产和经营关系。

总之,公司相互持股加强了关联企业之间的联系,使企业之间相互依存、相互渗透、相互制约,在一定程度上结成了"命运共同体"。

3. 严密的股东监控机制

德日公司的股东监控机制是一种"主动性"或"积极性"的模式,即公司股东主要通过一个能信赖的中介组织或股东当中有行使股东权力的人或组织,通常是一家银行来代替他们控制与监督公司经理的行为,从而达到参与公司控制与监督的目的,如果股东们对公司经理不满意,不像英、美两国公司那样只是"用脚投票",而是直接"用手投票"。但是德、日公司的监控机制的特征有所不同。

(1) 德国公司监控机制的特征。德国公司监控机制的特征表现在两个方面:

一是德国公司的业务执行职能和监督职能相分离,并成立了与之相对应的两种管理机构,即执行董事会和监督董事会,亦称双层董事会。依照法律,在股份公司中必须设立双层董事会。监督董事会是公司股东、职工利益的代表机构和监督机构。德国《公司法》规定,监督董事会的主要权责,一是任命和解聘执行董事,监督执行董事是否按公司章程经营;二是对诸如超量贷款而引起公司资本增减等公司的重要经营事项作出决策;三是审核公司的账簿,核对公司资产,并在必要时召集股东大会。德国公司监事会的成员一般要求有比较突出的专业特长和丰富的管理经验,监事会主席由监事会成员选举,须经2/3以上成员投赞成票而确定,监事会主席在表决时有两票决定权。由此看来,德国公司的监事会是一个实实在在的股东行使控制与监督权力的机构,因为它拥有对公司经理和其他高级管理人员的聘任权与解雇权。这样无论从组织机构形式上,还是从授予的权力上,都保证了股东确实能发挥其应有的控制与监督职能。由于银行本身持有大量的投票权和股票代理权,因而在公司监事会的选举中必然占有主动的地位。

如果公司经理和高层管理人员管理不善,银行在监事会的代表就会同其他代表一起要求改组执行董事会,并更换主要经理人员。由此可见,德国在监事会成员的选举、监事会职能的确定上都为股东行使控制与监督权提供了可能性,而银行直接持有公司股票,则使股东有效行使权力成为现实。

二是德国监控机制有别于其他国家的重要特征是职工参与决定制度。由于德国在历史上曾是空想社会主义和工人运动极为活跃的国家,早在200年前早期社会主义者就提出职工民主管理的有关理论。1848年,在法兰克福国民议事会讨论《营业法》时就提议在企业建立工人委员会作为参与决定的机构。1891年重新修订的《营业法》首次在法律上承认工人委员会。德国魏玛共和国①时期制定的著名的《魏玛宪法》也有关于工人和职员要平等地与企业家共同决定工资和劳动条件,工人和职员在企业应拥有法定代表并通过他们来保护自身的社会经济利益等规定。尤其在第二次世界大战以后,随着资本所有权和经营权的分离,德国职工参与意识进一步兴起,德国颁布了一系列关于参与决定的法规。目前,在德国实行职工参与制的企业共有雇员1 860万,占雇员总数的85%。在德国的职工参与中,可以分为三种形式。其一是在拥有职工2 000名以上的股份有限公司、合资合作公司、有限责任公司,监事会的人数定为20名。职工进入监事会的代表中,职工和

---

① 魏玛共和国(德语:Weimarer Republik)是形容1919—1933年期间统治德国的共和政体之历史名词。由于共和国的宪法(一般称之为《魏玛宪法》)是在魏玛召开的国民议会上通过的,因此这个共和政府被称为魏玛共和国。

高级职员是按比例选举的,但每一群体至少有一名代表。其二是拥有1 000名以上职工的股份有限公司、有限责任公司等企业的参与决定涉及董事会和监事会。董事会中要求有一名劳工经理参加。监事会的人数定为11人,席位分配的过程是,劳资双方分别提出4名代表和1名"其他成员",再加1名双方都能接受的"中立的"第三方。其中的"其他人员"规定为不允许与劳资双方有任何依赖关系,也不能来自那些与本企业有利害关系的企业。其三是雇工500名以上的股份公司、合资合作公司等。规定雇员代表在监事会中占1/3,在监事会席位总数多于1个席位时,至少要有1名工人代表和1名职工代表。职工代表由工人委员会提出候选人名单,再由职工直接选举。

这样职工通过选派职工代表进入监事会参与公司重大经营决策,即所谓"监事会参与决定",使得企业决策比较公开,这有利于对公司经营的监督,同时还有利于公司的稳定和持续发展。因为职工在监事会中占有一定的席位,在一定程度上减少了公司被兼并接管的可能性。这也是德国公司很少受到外国投资者接管威胁的主要原因之一,从而保护了经理人员做出长期投资的积极性。

(2) 日本公司监控机制的特征。日本银行及其法人股东通过积极获取经营信息对公司主管实行严密的监督。一方面,银行作为公司的主要股东,在赢利情况良好的条件下,银行只是作为"平静的商业伙伴"而存在。另一方面,如果公司赢利开始下降,主银行由于所处的特殊地位,能够很早就通过营业往来账户、短期信贷、与公司最高管理层商业伙伴的长期个人交往等途径获取信息,及时发现问题。如果情况继续恶化,主银行就可以通过召开股东大会或董事会来更换公司的最高领导层。日本的董事会与美国很相似,基本上是实行业务执行机构与决策机构合二为一。但是日本董事会的股东代表特别少,从总体上看,具有股东身份的仅占9.4%(主要股东为5.7%,股东代表为3.7%),而在上市公司特别是大公司中,具有股东身份的仅占3.9%,其余大部分都是内部高、中层的经理管理人员等,从董事会成员构成可以看出,董事会不是股东真正行使监控权力的机构。另外,从表面上看,日本公司董事会也没有银行的代表,实际上并非如此,在日本公司董事会中,有一名以上的董事常常是公司主银行的前任主管,这是日本商业银行的通行做法。这位前任主管实际上就是为主银行收集信息,并对公司主管实行严密监控,当对公司主管经理的经营业绩不满意时,就可以利用股东大会罢免这些经理人员。日本公司还通过定期举行的"经理俱乐部"会议对公司主管施加影响。尽管"经理俱乐部"会议是非正式的公司治理结构,但它实际上是银行和其他主要法人股东真正行使权力的场所。在"经理俱乐部"会议上,包括银行和法人股东在内的负责人与公司经理一道讨论公司的投资项目、经理的人选以及重大的公司政策等。

17.3　德日公司治理模式评价

17.3.1　德日公司治理结构模式的优点

德、日公司的股票的集中程度比较大,一般都是集中在银行或法人股东手里,而且股份的持有通常都具有较高的稳定性。在这样的股权结构下,股东主要通过参与公司的日常管理决策来实现对公司的监督控制。德日公司治理结构模式强调组织机制在公司治理结构中的作用。这种公司治理模式有以下优点。

1. 有助于实现"最优的所有权安排"

现代公司的本质是一系列的合同关系，公司治理其实也是要体现在一系列的合同关系之中。股东与公司、其他利益相关者与公司的关系，都体现为一系列的合同，但这些合同是不同的：一部分是涉及剩余收益权和剩余控制权的，一部分是没有这些权利的。所谓"最优的所有权安排"，就是说明剩余索取权和剩余控制权的安排要相对应。在治理结构层次上，剩余索取权表现为收益分配和投票权的安排要相对应，剩余控制权不仅表现为股东是否有投票权，而且更重要的是股东是否有行使投票权的能力以及对公司有重大事务产生的影响力。在德国和日本的公司中，银行既是最大的股东，又是债权人，从理论上实现了所有权与经营权的统一，避免了因所有权与经营权分离而导致的"代理问题"，降低了交易费用。同时，贷款融资和长期持股相结合有助于克服利益冲突，一来可以控制银企关系中的道德风险；二来可以减轻公司股东和债权人之间的冲突。作为股东，德国和日本的银行有着丰富的专业知识和经验，有着一般股东所没有的精力和时间，可以通过监事会和董事会直接参与公司的日常经营决策。作为债权人，银行为了贷款的安全性和有效性，必然会积极、及时地获取和掌握公司生产经营的有关信息，并对其贷款进行事前、事中和事后的监督。当公司经营陷入困境时，银行会从资金、人员等方面帮助公司渡过难关。

2. 能有效避免经理人员的短期行为

首先，作为主要股东的银行是一个专注于长期投资的股东，决定了公司经理及整个公司行为都是一种长期行为。银行关注的是长期收益和投资安全，其持有的公司股票很少出手交易，这对公司的长远发展十分有利。美国国家科学基金会的研究表明，德国公司在研究、厂房设备方面的投资都远远超过了美国。其次，公司法人交叉持股形成了相互控制、相互依赖的协调关系，形成了促进公司长远稳定发展的强大推动力。一旦有联系的企业发生困难，其他成员会尽力分担、帮助，如放宽支付条件、收购过剩产品、安置员工就业等。再次，有效提高了员工的参与治理热情和对企业的忠诚度。终身雇佣制和内部提拔制使员工致力于企业的长远发展。

3. 能获得更好的交易效率

首先，德日两国公司倾向于间接融资，向银行大量借款，意味着其债务成本低，公司流动性困扰小，因而更容易解决公司长期投资所需的资金及短期所遇到的财务困难问题。其次，金融机构在企业中同时持有大量的股权和债权，有利于减少债务融资引起的代理成本。因此，日本企业的平均负债率高于美国企业。另外，金融机构所拥有的信息和管理优势有利于提高企业资产的经营效率和获利能力。在日本，凡是金融机构持有较大比例股权的企业，其生产力和获利能力都比较高。在德国，大企业的获利能力与德国前三大银行在企业中拥有的投资权比例也存在正相关性。再次，相互持股的法人股权结构可节约交易费用，提高了交易效率。在集团内部，法人股权所有者力图维持企业间长期稳定的交易关系,扩大交易量,节约交易费用。正如 1990 年日本经济白皮书所指出的那样,稳定交易、建立长期关系,可以避免一次次寻找对象、决定交易条件,由此节约了交易费用,提高了交易效率。

17.3.2 德日公司治理结构模式的缺点

在 1990 年之前,德国和日本的公司治理结构模式一直受到赞扬。有学者甚至认为,德国和日本经济的快速发展都是由于其独特的治理结构和高效的治理效率。但是,从 1992 年开始,日本经济一直停滞不前,毫无复苏的迹象。在 1997 年亚洲金融危机以后,日本公司的治理模式更成为亟待改进的代名词;1993 年,德国发生了历史上最严重的一次经济衰退,导致德日公司机构主导型的治理模式开始引起人们的反思。德日公司治理结构模式出现问题是必然的,因为它本身存在固有的缺陷。

1. 对银行等利益相关者的强调,阻碍了公司治理机制的发展

在一个健全的控制权市场中,接管活动会有效地限制经理的腐败行为,降低无效经营,改善公司的业绩。但在德国和日本的公司中,银行参与治理实际上是对公司控制权市场的代替,这抑制了其他治理机制的健全发展,比如对接管的阻碍、信息披露非常不透明等。银行稳定地持有公司的股份,接管机制几乎不能发挥作用。实际上,德国和日本公司发生接管的概率极小。

2. 监督力量微弱

由于资本市场不发达,来自公司外部的监督力量十分微弱,外界很难从极少的信息披露中看出公司决策的制定过程。银行的监管动力也不足。纯粹的投资者只有通过昂贵的监管才能增加其股份的价值,股东持有的股份越高,他越有动力这么做。银行的动机却那么不明显。实际上,银行由于有抵押或账目监督等手段,它对管理层的干预往往只是到了他们的决策威胁到公司生存时才显得紧要。这时,股东利益已经由于公司既往经营失误而发生损害。

3. 法人交叉持股和主银行制度使得企业的产业创新能力下降

稳固的所有权结构使企业安于现状,其产业的创新能力下降,日本的经济危机就是很好的例子。日本经济迟迟不能复苏,部分原因就是日本企业的产业创新能力极低,没能完成从工业经济向知识经济的转型。德国和日本的公司由于施行终身雇佣制及董事会的特殊选举办法,导致公司内部产生"论资排辈"的现象。虽然晋升到董事会的潜在可能性为公司的雇员忠于公司并努力为公司工作创造了重要的激励机制,但是这样的董事会结构倾向于在董事会内部创造一个等级结构,这会削弱董事会监督董事的工作,特别是董事会主席的工作作用。这种等级结构使得在董事长和资深董事之间以及资深董事和资历较浅的董事之间的层级差别日益强化,不利于董事做出独立的决策。另外,终身雇佣制及递延报酬抑制了公司员工的创新,不利于人力资源的合理配置。

本章小结

以德、日为代表的内部治理模式,主要盛行于日本、德国、瑞士等国,该模式一方面重视银行对企业的资金支持;另一方面加强了企业之间的紧密合作。同时它们倾向于统治权的集中,在文化价值观上强调共同主义,具有强烈的群体意识和凝聚力量,这样就形成了其特有的公司融资结构及其股权结构,是典型的共同治理型模式。

德、日两国的银行处于公司治理的核心地位。在经济发展过程中,银行深深涉足其关联公司的经营事务中,形成了颇具特色的主银行体系。它存在一个比较弱的外部控制权市场,并购行为也不常发生。由于交叉持股、股票的流动性差,很容易发生泡沫经济。

案例分析

丰田:把湿抹布拧干

丰田汽车2008年4～6月期的决算数据表明,公司的经营状况变得十分严峻。该季度合并销售额比去年同期减少了4.7%,为6.2万亿日元,纯利润比去年同期减少了28.1%,为3 500亿日元。丰田汽车自2002年开始公布季度业绩以来,这次首次出现了减益结果。

原材料价格持续上涨是使丰田汽车经营业绩下滑的重要因素。2008年春季,日本市场上的钢材价格每吨上涨了将近3万日元,已突破10万日元,单就这项原材料,丰田汽车一年的生产成本就上升了3 000亿日元。为此,丰田汽车从2008年春季开始,大力推行一项名为"紧急成本削减活动",从设计环节开始着手,通过提高零部件的小型化、轻型化,以及原材料的利用率,以此来进一步降低生产成本,提高产品的市场竞争力。它们用一个十分形象的比喻,叫做将湿抹布再拧干,不留任何水分!

将学习的眼光转向大自然

人的大脑是如何控制身体的各种机能的?每年飞越喜马拉雅山脉的候鸟有着怎样的特征?丰田汽车的开发团队眼下正在进行这类研究。他们的研究活动也是正在全公司大张旗鼓开展的"原价改善活动"(Value Innovation,VI)的一项重要内容。在物价持续上涨的形势下,如何吸收成本上涨因素,保持市场竞争力?丰田将学习的眼光转到了自然界。

一天,丰田汽车负责新技术、新工艺开发的高原勇被负责技术开发的专务董事(现副会长)冈本一雄问及是否了解一种叫蓑羽鹤的鸟,一时茫然无绪。当时,冈本一雄向他推荐了达尔文的《物种起源》让其阅读。

在遥远的喜马拉雅山脉,每年都有大约16万只蓑羽鹤从珠穆朗玛峰顶飞过。那里空气稀薄,气温只有零下40摄氏度。那么,蓑羽鹤为什么能飞越环境这样恶劣的地方?经过探究,高原勇明白,蓑羽鹤为了能飞过海拔8 000多米的山脉,先是锻炼翅膀的肌肉,减轻体重,以减小飞翔时的空气阻力;其次,在高空稀薄的空气中有效吸收氧气,便于向肌肉输送血液;还有,提高血液中的血红蛋白的浓度,保持旺盛的体力以克服恶劣的气候条件。

肌肉、呼吸器官、循环系统的协调进化，使得其能够飞越"世界屋脊"。

汽车也是一样，不仅是发动机，而且可以通过减轻车体重量提高燃油费率。从通过各种机能的不断协调来促进进化这点而言，汽车和动物有着共通之处。受此启发，高原勇开始从自然界现象的研究着手，来寻找降低成本的良策。

作为丰田汽车在全公司开展的 VI 推进小组组长和眼下正在开展的紧急成本削减活动的主要负责人，他的工作业绩使他在公司内部有了一个"降低成本先生"的外号。

VI 的从生物生态特点汲取智慧的思想已开始融入丰田的汽车产品中。经过整体改造的高级轿车"皇冠"便是一例。按照以往"皇冠"级车型的标准，控制车身的 ECU（发动机控制组件）要达到 60 个，而现在只有过去的四分之一。之所以能够实现大幅度的削减，智慧来自于将 ECU 的功能集中整合于"4 群"的新创意。而 4 群的概念正是研究人脑功能获得的结果。

人的脑组织按照不同的功能可分为间脑、大脑顶叶和枕叶、大脑前额叶和颞叶、小脑和脑干四个部分，它们各司其职，在机能上相互配合成为一个统一的整体。丰田汽车的研发人员将人脑的工作原理运用到汽车上，把掌控自律神经中枢的间脑看成是汽车的动力管理系统；把掌控感觉中枢的顶叶和视觉中枢的枕叶看成是汽车的安全控制系统；把主管运动中枢、语言中枢的前额叶和记忆中枢、听觉中枢的颞叶看成是汽车的复合媒体；而把主管协调运动的小脑和维持生命的脑干看成是汽车的运动控制系统。这样的产品研发思路大大提高了功能整合水平，从而降低了产品成本。

VI 的两个基点：小型化和系统化

VI 的基本出发点有以下两个方面。一个是要求零部件更轻、更小，部件构成更少；另一个是在设计的时候，不是仅从单个零部件来考虑，而是将其作为一个较大的系统来对待。

前者的例子可以举出驾驶席的防撞气囊部件。防撞气囊部件中有一个可自动为气囊充气的气筒，它一般与气囊的气袋一起被收纳于方向盘中轴内。如果在保持性能不变的情况下缩小体积，那么不但成本可以降低，而且方向盘的设计也变得更为容易。这个零部件原来有一个拳头那么大，经改良后，现在已减少了 35% 的体积，将来的目标是小到 10 枚 500 日元硬币相叠之后的体积。

若能从零部件上减去多余的"赘肉"，做到小型、简洁化，可以实现提高设计自由度和减少成本两方面的效果。因此，丰田汽车将这个 VI 活动叫做"提高设计素质的产品制造"活动，由此也可窥见丰田汽车将降低成本上溯到源流阶段的用意。

另一个"不是以单个零部件，而是立足于系统来对待"的例子可以举出"帘式侧气囊"的设计改进。这个装置的设计要求是，汽车不但在受到来自侧面的撞击，而且在发生倾翻事故时，侧面的气囊也要及时打开。因此，这个装置中配有一个能感应汽车倾斜度的传感器。但过去负责气囊和传感器设计的是两个人，各自都追求高性能的结果是，车上用上了即使倾斜度只有 10~20 度时也能检测的传感器。

但如果将整个装置当做一个系统来看待的话，就给出了不同的答案。研发人员发现，只要能够缩短气袋膨胀的时间，即使使用反应稍慢的传感器也完全来得及。因此他们一方面在气袋折叠方式等方面开动脑筋提高自动膨胀的速度;另一方面将传感器换成倾斜角度达到30度左右才感知的低成本产品。

提高原材料利用率

贯彻VI思想,还大大提高了零部件加工的原材料利用率。原材料加工利用率是一种显示进货的原材料中有效利用了多少百分比的指标。以前,丰田各种车型车体零部件的原材料利用率差距很大,同一种零部件,只因为车型不一样,有的竟然相差40个百分点。根据VI的要求,车体开发室主任吉冈秀幸进行了深入的调查。他做的第一件事情就是使原材料利用率"可见化"。"可见化"这个词是丰田用语,是指发现的问题单靠文字描述还不够,还要使其直观化,做成图表或绘图,能够一目了然。

车体零部件的原材料大多是钢材。对于通过零部件的优化追求降低生产成本的汽车制造商来说,提高钢材的利用率是个不可忽视的问题。"这个差距究竟是怎么产生的?"吉冈秀幸与自己的部下一起将丰田所有汽车的车型图纸都找出来寻找原因,于是问题便显现出来了。

比如,钢板的加工方法就是一例。将钢板压制成型,一种叫卷压加工,其特点是在压制零部件需用的那部分钢板时得压住周围一圈钢板,这部分钢板在压制完成后就废弃不用了,这种方法适用于进行曲线加工等比较复杂的形状压制。还有一种叫折弯加工法,加工时不需要留下四周多余的部分钢板,所以原材料利用率很高。但这种加工方法不适用于复杂形状的压制。通过仔细查阅图纸,他们发现在设计的时候有的可以采用折弯加工法的,为图省力,结果也选择了卷压加工法。

通过调查,他们还发现另一个问题,那就是不遵守基本的工序数要求,特别是外包的零部件加工,问题更为突出。

在丰田汽车,内制零部件4道工序完成是基本的要求,但调查后发现需要7道甚至8道工序完成的外包零部件。工序一多,就需要相应的模具,出现次品的概率也提高了。

设计上的"赘肉"就这样慢慢地形成了。为了"减肥",吉冈秀幸首先给开发团队定出了明确的目标,要求开发新车时,所有的车体零部件都要以现有车型最高的原材料利用率为基准。以前设计新车时虽然也设定有目标,但那是以相同的现有车型为中心;而现在,按照VI的要求,则是在现有所有的丰田车型的原材料利用率"可见化"的基础上,以最高的车型为指标。

以VI为指导,着力于原材料利用率提高的效果十分明显。以汽车底部使用的车架侧梁为例,过去是用卷压加工法压制,现在改用折弯加工法,原材料利用率一下子从70%提高到81%,提高幅度达11个百分点,仅此一项,一年为丰田节省的钢板就十分可观。

集团企业也加入VI行列

从新的视点出发致力开展原价改善的VI活动还波及丰田的集团企业。

正如前面所介绍的那样,VI的一个基本出发点是,不是从单个的零部件,而是立足于系统的观点来看待。抱着这样的观念设计产品还能发现新的原先不易发现的产品"赘肉",加以"瘦身"。

专业生产汽车坐席的丰田纺织公司也在积极地推行 VI 活动。在产品开发中,他们按照 VI 的思想重新进行了设计项目的分工,目标在于最大限度地提高电动坐席中使用的线束布线效率。

现在的高级轿车中,使用电动坐席的越来越多,电动坐席底部需要配置马达和相连的电线。以前在电动坐席的设计中,坐席的设计和电线如何配线是分别进行的,坐席的骨架和外面覆盖的面子是由坐席制造商负责设计;而内部的线束配置则由丰田汽车考虑,而且线束如何布线是生产电动坐席的最后一道工序。这样造成的结果就是坐席内留下的多余空间都爬满了电线。现在通过推行 VI 活动,这样的设计分工体制得到了改革,丰田汽车将原先自己负责的配线部分也移交给丰田纺织公司来管,与坐席的骨架形成一体来进行设计。

最终的目的是改革意识培养新人

丰田开展 VI 活动还有一个目的,就是"意识改革"和"人才培育"。通过提高设计素质,而不是简单地依靠采购供应环节上的工作来取得原价改善的效果,这是开发的题中应有之义。丰田要培养的就是具备这样的意识和能力的人。这样的思想也贯穿于从原材料价格上涨的春季开始的"紧急成本削减活动"中。丰田汽车已经从它设在全世界各个据点收集了几千个事例,现在正在仔细调查所有的削减方案。这个活动一开始,丰田的经营决策层就发出指示:"让新手去做!"

面对所有的原材料都大幅度上涨的紧急事态,按照通常的认识,理应由知识和经验丰富的"老把式"来独当一面;但丰田却反而让年轻人冲在前面,担当重任。很明显,那是因为丰田汽车并不是把原价改善获益的源泉停留在只被一部分员工掌握的知识技巧的水平上,而是要让全体员工共同拥有,成为共同的财富,使得这样的活动不会成为一阵风吹过,最后不了了之,这是很有远见的策略。

根据上述案例,分析丰田公司运用哪些措施来降低它的成本?从中总结一下日本企业在公司治理方面的特点。

复习思考题

1. 德日公司治理模式形成的背景是什么?
2. 德日公司治理模式的内部治理和外部治理分别具有什么特点?
3. 德日公司治理模式存在哪些优缺点?

第 18 章 东亚家族治理模式

学习目的

通过本章的学习,你应该能够:
1. 掌握家族模式的基本特征;
2. 知道从优缺点两方面来评价家族治理模式;
3. 明确国外三种治理模式之间的相同点与不同点;
4. 把握公司治理模式的发展方向。

关键词

家族模式　集权　控股　趋同

引导案例

科德宝:一个家族企业的国际化管理

位于上海青浦工业园区的科德宝集团总投资 2 亿元的新工厂于 2009 年 3 月 6 日举行了开幕庆典。科德宝特种化工公司总裁及首席执行官文汉德把公司的 10 名优秀员工请上主席台,这 10 名团队骨干大都有博士头衔。作为一家源于德国的家族企业,科德宝在 1849 年以一家制革厂起家,如今已发展成为销售额超过 530 亿元人民币、业务遍及全球的工业集团。其管理和经营的独到之处,显然值得探访一番。

管理董事会由 4 名职业经理人组成

科德宝亚洲区人力资源总监顾乐表示,科德宝之所以是一个家族企业,是因为企业的股权百分之百由家族成员拥有,企业股权不允许对外转让或出售。而在管理和经营上,这个家族企业早已国际化了。

科德宝在最初创业——第一代、第二代的时候,也曾经有家族成员很强的个人管理色彩;但是到了第三代的时候,开始不断地把企业的领导权交到职业经理人手里;到了第七代、第八代的时候,科德宝已经不是完全由家族成员来管理企业。在 3 万多名员工中,只有不到 10 名家族成员。而科德宝的管理董事会,是由 4 名非家族成员的职业经理人组成的,其中有一名职业经理人是发言人——相当于董事长的角色。至今还没有一名家族成员进入管理董事会,家族成员通常是在监事会中发挥作用。

正是由于在企业里建立起非常合理的架构,29年前,科德宝做出了一项正确决策,在中国开设第一家子公司,随后开始了欣欣向荣的"中国式发展"。文汉德自豪地告诉记者,中国的汽车行业已经成为科德宝最大的客户群,其销售额占集团总销售额的40%。科德宝的密封技术和设备,还在长江江底隧道这一重点工程中中标。

员工把企业当成一个大家庭

谈到家族企业对员工的好处,科德宝的员工不必担心哪一天早上起来,这个企业已经被卖掉了。

最让人称道的是,科德宝在全球有自己的培训系统,每个加盟科德宝的员工,至少要经过2年良好的职业培训。这种职业培训不一定是课程,而是通过一整套的办法,其中包括在工作中的自我培训,从同事那里学到的东西,工作的轮换和海外的培训项目,等等。任何一个员工加盟科德宝之后,企业都会不断关注他的职业发展,使他感觉到自己有了第二个家。例如,现年35岁的魏志延,如今已经担任了科德宝克鲁勃润滑剂(上海)有限公司的总经理。魏志延说,他1994年和1997年获得清华大学的本科和MBA学位之后,在慕尼黑的克鲁勃润滑剂公司开始了职业生涯。他选择科德宝,是因为他觉得,这家公司会为他这样一位刚从学校毕业的新人进行投资,进行职业导向培训。

在科德宝,有员工的家庭日。还是在8年前,在科德宝成立150年的时候,就启动了这样一个项目:科德宝每一位员工的孩子,如果是在14～20岁之间的话,可以选择到世界上任何一个地方的科德宝员工的家里,去生活一到两个星期,所有的费用由企业来出。在过去的几年里,这个项目的开展,给科德宝的员工带来了价值和快乐,大家把这个企业当成一个大家庭。

共享的"工具箱"

科德宝在中国的14个生产基地和26家分支机构中雇用了3 400多名员工,而每个子公司在中国的运营都有自己一套独立的体系。为了整合这些子公司,展现科德宝的整体形象和一致的理念,文汉德出任了科德宝集团中国地区代表。

从上述案例中,您能得出柯德宝的成功之处吗?

18.1 东亚家族治理模式的起源与发展

家族治理模式是公司治理最原始的形式,是指企业所有权与经营权没有实现分离,所有权和经营权均集中于一个人或一个家族,企业的主要控制权在家族成员中配置的一种治理模式。东亚家族模式是介于内部监管模式和外部监管模式中间的一种治理模式,如东亚的韩国及东南亚的新加坡、印度尼西亚、马来西亚、菲律宾等国的公司都属于这种模式。

18.1.1 东亚家族治理模式的产生原因

第二次世界大战结束后,随着西方殖民体系的崩溃,东亚国家相继摆脱了外国列强的殖民统治,从20世纪50年代起纷纷走上了利用本国企业发展工业化的道路。与发达资本主义国家相比,东亚各国由于没有经历与西方国家相同的资本原始积累过程,用于创建和发展企业的资金来源严重短缺,因此东亚各国的企业经历了与西方国家公司不同的创建和发展道路,形成了以家族为主导的资本结构和公司治理模式。

由于经济发展历史短暂,市场体系发育不全,在这种情况下,家族便成为监控公司的有效选择,公司股权由家族控制。同时,因为家族观念非常强,他们都希望自己能开拓一番事业并传给后人。

由于东亚家族企业的兴起与发展是特定政治经济环境下的产物,因此也与这些国家的法律制度建设、文化传统和资本市场发育水平相关。

首先,东亚及东南亚国家的家族企业均形成于殖民体系崩溃后的国家重建中,是在不发达的国家工业基础上发展起来的。此时,不论是东南亚各国还是韩国政府,都推出一系列发展经济的政策,使家族企业有了发展机遇。尤其在韩国,政府一直对家族企业进行大量的财政支持和政策优惠,为家族企业的跨越式发展创造了条件。

其次,东南亚国家有着相似的文化传统与价值理念,韩国也由于历史原因深受中华文化影响,对中华文化尤其是儒家文化有着很深的认同。儒家文化的理念包括重视"家文化",重视亲缘、姻缘等裙带关系,认为家族权力的传递应基于血缘关系等,这些在东南亚家族企业的创办和成长过程中得到了明显的体现,并在企业运营过程中形成了家族成员共同治理企业的家族治理模式。而且,东南亚的华人在创办企业中受到当地土著人的歧视,更倾向于团结家族成员,用"自己人"控制、经营企业以保守企业的经营秘密。实际上,东南亚的家族企业是靠家族关系和企业关系共同维护的。

再次,银行无法介入公司内部进行控制。随着东南亚国家推行的金融事业的发展,银行被建立起来。但是,银行无论在审查企业与项目,还是在监控贷款上都没有能力,企业虽然能够从银行获得贷款,可银行却不能通过介入到公司内部控制的层面来维护贷款的回收,所以,银行不能介入到公司治理机制中。比如在韩国,银行的首席执行官是由政府任命的,银行的行为必须接受政府的领导与干预,往往不能独立于政府的影响之外。在这样的制度环境下,企业的家族化就很难被摆脱,其他金融机构也不会在公司治理机制中扮演重要角色。此外,在这些国家中,证券市场都不够发达,所以,公司治理还是由家族成员来完成。

18.1.2 东亚家族治理模式的发展历程

不同于英美公司治理的"外部市场控制模式",家族治理模式与德日机构主导型的模式有点类似,都是属于某种意义上的"内部人模式"。所不同的是,家族治理模式中的"内部人"是家族成员,而德日模式中的"内部人"是企业联盟和银行等机构。家族治理模式的形成和发展历程与其所在国家的政治经济制度、资本市场发育水平、文化传统、监管政策和政府角色有着密切的关系。以下将分别考察在东南亚和韩国的家族企业成长过程中，其所有权与经营权是如何配置，逐渐形成家族治理模式的。

1. 东南亚家族企业的发展历程

在20世纪50年代前，东南亚是西方列强的殖民地。从20世纪50年代起，西方殖民者开始在中国沿海地区招募劳工移居东南亚，华人为了谋生纷纷"下南洋"。经过一段时期的努力积累，华人创办了家族企业，其中一些企业生存了下来。随着业务量的增加，生存下来的企业规模开始扩大，创办者吸收同族的兄弟亲戚进入公司帮助自己管理企业，家族企业初步形成。在这一时期，企业的所有权基本由创办者控制，创办者既是企业的所有者又是企业的经营者，家族其他成员则充当协助管理的角色。当然，也有企业创办伊始即是由家族的兄弟姐妹共同出资的企业，如1948年马来西亚郭氏兄弟公司（郭鹤年家族）等。

20世纪50至70年代，西方殖民体系陆续崩溃，东南亚各国取得国家自主权，华人创办企业在西方资本撤出后有了更宽广的生存空间。此时，西方国家在第二次世界大战后逐渐将劳动密集型产业向发展中国家转移，而新独立的东南亚各国政府均大力发展经济，华人家族企业经过十几年的积累已颇具实力，进入快速成长期，通过并购、控股、参股的方式进入原来被西方资本垄断的行业，并逐步在一些国家经济中占据了主导地位。这时，家族企业的所有权状况也有所变化：

第一，家族企业创办者开始对所有权进行分割，把过去由自己单独控制的所有权分成多份赠予家族的兄弟，形成企业所有权在家族内部的多元化；

第二，企业创办者家族的兄弟开始执掌企业的核心业务，家族第二代成长起来并进入企业工作；

第三，独立创业并经营的企业进入到第二代接班的阶段，出现了第一代和第二代共同执掌企业的局面。进入企业的第二代陆续分得企业所有权，使得企业所有权状况更加多元化。

进入20世纪80年代以来，东南亚华人家族企业经营的产业层次不断提高，在越来越多的高新技术产业引领风骚，多元化经营的范围进一步扩大。许多家族企业开始推行跨国公司战略，企业的国际化程度不断提高。随着与国外资本市场的对接，家族企业公开化和社会化程度不断提高，企业所有权不再为家族全部拥有，一些机构投资者和个人投资者相继拥有公司的部分所有权，来自家族外的高级经营管理人才开始大量进入企业。但是，家族成员仍然控制着企业的所有权，并且企业的领导权开始由第二代向第三代交接，企业的主要经营管理权仍掌握在家族成员手中。

2. 韩国家族企业的发展历程

在过去的40年中，韩国经济的快速增长已经成为一个成功的经济发展的典范。1960年韩国人均收入仅有80美元，到1996年增加到10 543美元，增长超过了120倍。同东南亚国家一样，韩国经济增长的核心发动机是家族式企业。但是，与东南亚国家明显不同的是,政府在韩国家族企业公司治理中扮演了重要的角色。

韩国的家族企业初创于20世纪60年代。朝鲜半岛战争结束后,韩国在美国的援助下进行重建,韩国的家族企业也进入初创期。一方面,有些韩国人利用战争爆发前已有的资金积累或继承的遗产开始创办企业;另一方面,李承晚政权把第二次世界大战后没收的日本资产通过分散付款的方式以极低的价格出售给了企业家、军政人员等,许多家族企业因此起家。这一时期的韩国家族企业,与东南亚家族企业初创时一样,所有权由企业创业者或参与创业的家族成员拥有,经营权由家族成员共同控制。从20世纪70年代开始,政府一直以政策性借款(低利率)的形式为某些行业的家族企业提供大量的财政支持,并且陆续推行出口主导战略、重工业化战略、高新技术战略等,有效地促进了经济的快速增长,韩国企业也因此获得了超常规的发展。20世纪60年代后期,韩国的家族企业集团的下属核心企业纷纷上市,企业所有权开始社会化,但控股权仍在家族成员手中。同时,随着多元化战略的实施,韩国家族企业所控制的系列企业不断增多,有血缘、亲缘和姻缘关系的家族成员大量进入企业,控制了家族企业集团中系列核心企业的经营权。20世纪70年代末80年代初,韩国部分家族企业进入第一代、第二代接班阶段。进入20世纪90年代以来,韩国政府实施了"通过自由竞争,诱导产业结构升级和资源的有效配置"的新产业政策,主张企业自己在竞争中选择"优势产业"作为主力产业,经政府批准后予以重点扶持。1997年金融危机过后,韩国政府开始主导对最大的5家家族企业进行重组,同时在中型家族式企业(排在第六或更低的位置)中实施能力测试计划,视测试结果进行整顿。此外,韩国政府还推进资本市场自由化,彻底消除了对外国资本所有权和外国证券投资的限制,此举使家族企业所有权更加多元化。但是,家族仍然没有放弃对所有权的控制,但部分经营管理权开始向家族外优秀的专业经营管理人才转移。

18.2 东亚家族治理模式的特点

家族模式与德日模式有相近之处,突出特点是稳定和个人(或家族)控股。内部人管理和经理人员高比例持股,使得公司利益和个人利益趋于同步,实现双重激励,这是家族公司的主要控制方式和行为特征。

18.2.1 东亚家族治理模式内部治理的特征

1. 企业所有权或股权主要由家族成员控制

在韩国和东南亚的家族企业中,家族成员控制企业的所有权或股权表现为五种情况。第一种情况是,企业的初始所有权由单一创业者拥有,当创业者退休后,企业的所有权传递给子女,由其子女共同拥有。第二种情况是,企业的初始所有权由参与创业的兄弟姐妹或堂兄弟姐妹共同拥有,待企业由创业者的第二代经营时,企业的所有权则由创业者的兄弟姐妹的子女或堂兄弟姐妹的子女共同拥有。第三种情况是,企业的所有权由合资创业的具有血缘、姻缘和亲缘的家族成员共同控制,然后顺延传递给创业者第二代或第三代的家族成员,并由他们共同控制。第四种情况是,家族创业者或家族企业与家族外其他创业者或企业共同合资创办企业时,由家族创业者或家族企业控股,待企业股权传递给家族第二代或第三代后,形成由家族成员共同控股的局面。第五种情况是,一些原来处于封闭状态的家族企业,迫于企业公开化或社会化的压力,把企业的部分股权转让给家族外的其他人或企业,或把企业进行改造公开上市,从而形成家族企业产权多元化的格局,但这些股权已经多元化的家族企业的所有权仍然主要由家族成员控制。上述五种情况中的每一种情况,在韩国和东南亚的家族企业中都大量存在着,而且上述五种情况包括了韩国和东南亚家族企业所有权或股权由家族成员控制的基本概况。

2. 企业主要经营管理权掌握在家族成员手中

在韩国和东南亚的家族企业,家族成员控制企业经营管理权主要分两种情况。一种情况是企业经营管理权主要由有血缘关系的家族成员控制;另一种情况是企业经营管理权主要由有血缘关系的家庭成员和有亲缘、姻缘关系的家族成员共同控制。

3. 企业决策家长化

由于受儒家伦理道德准则的影响,在韩国和东南亚家族企业中,企业的决策被纳入家族内部序列,企业的重大决策如创办新企业、开拓新业务、人事任免、决定企业的接班人等都由家族中的同时是企业创办人的家长一人做出,家族中其他成员做出的决策也须得到家长的首肯,即使这些家长已经退出企业经营的第一线,但由家族第二代成员作出的重大决策,也必须征询家长的意见或征得家长的同意。当家族企业的领导权传递给第二代或第三代后,前一代家长的决策权威也同时赋予第二代或第三代接班人,由他们作出的决策,前一辈的、同一辈的其他家族成员一般也必须服从或遵从。但与前一辈的家族家长相比,第二代或第三代家族家长的绝对决策权威已有所降低,这也是家族企业在第二代或第三代出现矛盾或冲突的根源所在。

4. 经营者激励约束双重化

在韩国和东南亚的家族企业中,经营者受到了来自家族利益和亲情的双重激励和约束。对于家族第一代创业者而言,他们的经营行为往往是为了光宗耀祖或使自己的家庭更好地生活,以及为自己的子孙后代留下一份产业。对于家族企业第二代经营者来说,发扬光大父辈留下的事业、保值增值作为企业股东的家族成员资产的责任、维持家族成员亲情的需要,是对他们的经营行为进行激励和约束的主要机制。因此,与非家族企业经营者相比,家族企业的经营者的道德风险、利己的个人主义倾向发生的可能性较低,用规范的制度对经营者进行监督和约束已经成为不必要。但这种建立在家族利益和亲情基础上的激励约束机制,使家族企业经营者所承受的压力更大,并为家族企业的解体留下了隐患。

18.2.2 东亚家族治理模式外部治理的特征

1. 企业员工管理家庭化

韩国和东南亚的家族企业不仅把儒家关于"和谐"和"泛爱众"的思想用于家族成员的

团结上,而且还推广应用于对员工的管理上,在企业中创造和培育一种家庭式的氛围,使员工产生一种归属感和成就感。例如,马来西亚的金狮集团,在经济不景气时不辞退员工,如果员工表现不佳,公司不会马上开除,而是采取与员工谈心等形式来分析问题和解决问题,这种家庭式的管理氛围在公司中产生了巨大的力量。印度尼西亚林绍良主持的中亚财团,对工龄在25年以上的超龄员工实行全薪退休制,使员工增加了对公司的忠诚感。再如,韩国的家族企业都为员工提供各种福利设施如宿舍、食堂、通勤班车、职工医院、浴池、托儿所、员工进修条件等。韩国和东南亚家族企业对员工的家庭式管理,不仅增强了员工对企业的忠诚感,提高了企业经营管理者和员工之间的亲和力和凝聚力,而且还减少和削弱了员工和企业间的摩擦和矛盾,保证了企业的顺利发展。

2. 来自银行的外部监督弱

在东南亚,许多家族企业都涉足银行业。其中,一些家族企业的最初创业就始于银行经营,然后把企业的事业领域再拓展到其他产业;也有一些家族企业虽然初始创业起步于非银行领域的其他产业,但当企业发展到一定程度后再逐步把企业的事业领域拓展到银行业。作为家族系列企业之一的银行与家族其他系列企业一样,都是实现家族利益的工具,因此,银行必须服从于家族的整体利益,为家族的其他系列企业服务。所以,属于家族的银行对同属于家族的系列企业基本上是软约束。许多没有涉足银行业的家族企业一般都采取由下属的系列企业之间相互担保的形式向银行融资,这种情况也使银行对家族企业的监督力度受到了削弱。在韩国,银行作为政府干预经济活动的一个重要手段,是由政府控制的。一个企业的生产经营活动只有符合政府的宏观经济政策和产业政策要求,才会获得银行的大量优惠贷款,否则就很难得到银行的贷款。所以,韩国的家族企业为了生存和发展,都纷纷围绕政府的宏观经济政策和产业政策从事创办企业和从事经营活动。这种情况使得韩国的家族企业得到了源源不断、没有银行约束的贷款。除筹资功能外,银行在韩国只是一个发放贷款的工具,而对贷款流向哪些企业,获得贷款企业的金融体质是否健康则很少关心,使得韩国家族企业受到来自银行的监督和约束力度较小。

3. 政府对企业的发展有较大的制约

韩国和东南亚的家族企业在发展过程中都受到了政府的制约。在东南亚某些国家,家族企业一般存在于华人中间,而华人又是这些国家的少数民族(新加坡除外),且掌握着国家的经济命脉;华人经济与当地土著经济之间存在着较大的差距。因此,华人家族企业经常受到政府设置的种种障碍的限制。为了企业的发展,华人家族企业被迫采取与政府及政府的公营企业合作,与政府公营企业合资以及在企业中安置政府退休官员和政府官员亲属任职等形式,来搞好与政府的关系。而在韩国,政府对家族企业的制约主要表现在政府对企业发展的引导和支持上。凡家族企业的经营活动符合国家宏观经济政策和产业政策要求的,政府会在金融、财政、税收等方面给予各种优惠政策进行引导和扶持,反之,政府会在金融、财政、税收等方面给予限制。因此,在韩国和东南亚,家族企业的发展都受到了政府的影响,在东南亚,政府对家族企业采取的主要措施是限制;在韩国,政府对家族企业采取的主要措施则是引导和扶持。

18.3 家族治理模式的评价

关于家族治理模式的有效性问题一直是学术界争论的热点之一。在亚洲金融危机发生之前,东南亚的家族治理模式因为带动了经济的高速增长而被看作"合理的存在",但1997年亚洲金融危机之后,东南亚国家很多家族企业内部结构和运作过程被曝光,家族治理模式才引起很多人的关注,相关的研究工作才逐渐走向深入。不可否认的是,东南亚国家企业的家族治理模式在各国企业成长和经济发展方面发挥了重要作用,但其自身独有的特征也有一定程度的负面作用。

18.3.1 东亚家族治理模式的优点

家族企业在所有企业组织形态中,有其特殊性。这种特殊性在于家族企业的所有权掌握在以血缘、亲缘为纽带的家族成员手中,但并不能由此推断家族企业就是一种低效率的企业形式。相反,作为一种制度安排,其本身的存在就说明了其存在的合理性,而家族企业的顽强生命力更是说明它与其他企业形式相比有其优越的一面。下面就家族企业的先天优势进行分析。

1. 所有权与经营权合一,可以减少委托代理成本

所有者是委托人,经营者是代理人,其委托代理问题产生的根源在于委托人与代理人之间双方效用函数的不一致与信息不对称。家族治理模式的产权制度是由家族或创业者持有企业全部或绝大部分股权,所有权整体上是清晰的,不存在所有者缺位问题,所有权与经营权合一,委托人与代理人身份合一,因此不存在委托人与代理人间效用函数不一致与信息不对称,因此能有效降低委托代理成本。同时,家族成员既是所有者又是经营者,这使家族成员自然地受到极强激励。

2. 利用家族人际关系,可以降低配置资源的市场契约或企业契约交易成本

家族企业利用血缘和亲缘关系,获得创办企业所需的物质资本和人力资本,可以降低企业创立成本。家族企业初始创业资本,一般来源于家庭积累或亲友资助,发展需要再投入资本时,也一般依靠内源融资,即除了靠企业自身积累外,就靠家族成员提供再投入,这样的融资方式,对中小企业而言,要比银行贷款或社会融资来得容易,因而成本较低。同样在创业初期,用人制度上偏重于血缘、亲缘等,也可以降低成本。

3. 利用家族人际关系,可以降低企业内部整合成本

把持企业各重要岗位的家族成员,作为企业的经营者,受到家族利益与亲情的双重激励与约束。家族成员的利益共享、风险共担机制使家族企业的生存发展与家族成员的利益紧密相连,在这样的利益要求驱动下,家族成员自然会减少机会主义行为,对企业有一种强烈的认同感和忠诚感,家族成员在企业家长领导下,具有极强的向心力,这也有助于增强企业凝聚力。血缘、亲缘关系产生的信任,要优于体制信任,家族成员间更容易相互配合,有利于强化企业内部沟通与协调,降低内部交易成本与监控成本,从而有效降低企业内部整合成本。

4. 决策与执行效率高

家族治理模式中的决策机制,一般为高度集权的家长制,企业家长往往集所有权与经营权于一身且具有高度权威,能凭借经验和才智迅速作出决策,并使各项决策能够顺利、及时地贯彻实施,从而及时把握商机。由于决策职能的专业化和集中化能够保证协调,保证实际知识的利用,保证职责的实施,同时由于组织内存在各自的部门认同现象,这使得在决策上需要一定程度的集权。在家族式治理的企业中,产权制度保证了一定程度的集权,这种集权有利于企业作出最优决策。由于决策者和所有者的位置重叠,决策者的任何失误所造成的后果最终还是要由自己来承担,因此其在作决策时必然选择对企业最优的方案。

5. 经营文化的同质性与继承性,可提高企业凝聚力与企业稳定程度

家族治理模式使家族企业带有浓厚家族文化氛围,在企业中形成显著家族色彩的价值观与经营理念,表现为企业内部的观念与情感认同,以及对外部文化的无意识抵制,这种企业文化随着经营时间的推移更被强化,如果家族企业能够在经营过程中脱离财产继承和人际关系争端,其经营文化的同质性与继承性将进一步被巩固,这种同质性与继承性有助于为企业带来高凝聚力与高稳定程度。

另外,在家族群体内部还有一种选择性刺激制度,即家族成员必须努力为家族的发展而奋斗,如果某个成员出现道德风险和逆向选择,他就可能会被族长开出族籍。在这种压力下家族企业中的家族成员一般都会比较自觉,为家族企业也是为家族的发展而努力工作。在信息不对称状况减弱和选择性刺激制度下,家族企业中的家族成员与企业签订契约的交易费用大大降低,而且由于家族成员具有共同的价值观和伦理观念以及他们之间存在着家族性的默契,所以企业主对员工的监督成本也很低。正是由于交易费用的降低,使得家族企业这种组织形式在一定的环境下能体现出相对其他组织形式的优势,这也是家族企业能普遍存在和顽强成长的主要原因。

18.3.2 东亚家族治理模式的缺点

家族治理模式利弊相生,不足之处也是在所难免,这种特殊性也导致了家族企业诸多根本性的内在缺陷。下面就家族企业的内在缺陷进行深入分析。

1. 所有权控制过于集中

东南亚的家族企业的显著特点之一就是其所有权高度集中在家族成员手中。但是,随着企业所有权结构多元化的推行和家族企业集团的部分企业上市,东南亚的家族企业开始不仅仅只有家族成员一种类型的股东,可是所有权仍然被掌握在家族成员手中,这样的后果即使中小股东的利益受到侵害,并且将不得不承受无法承受的风险。家族企业作决策时,企业最高领导人个人起到很大的作用,往往不会考虑中小股东的利益。在某些国家,中小股东持有股份的公司常常为受同一个家族控制的其他公司提供贷款担保或者直接借钱给这些企业,这给中小股东带来了无法忍受但又不得不承担的风险。此外,因为企业的所有权社会化和公开化程度低,企业融资渠道狭窄,企业所需资金只能通过间接融资——从银行借款获得,企业负债率较高,当银行拒绝融资时,企业会马上陷入困境。在韩国,就有些大型家族企业因负债过高而破产倒闭。

2. 债权人和外部股东无法起到监管作用

首先,银行无法发挥监督的作用,只是作为企业内部的一个企业或者政府控制下的提供贷款的角色,尽管韩国已经实行金融自由化并且国家对经济干预的范围也已经缩小,但政府干预银行的传统做法一直延续,银行的管理人员在决策制定过程中倾向于反映政府意图而不是对他们的股东负责任,而对政府大力扶持的家族企业,银行就不可能履行债权人的职责对其进行严格的监督和审查。其次,东南亚国家的资本市场极不发达,信用体系尚未建立。东南亚国家的资本市场仍处于发展初期,具有流动性较低,交易不活跃,缺乏透明度,披露也不够充分的特点,家族企业外部股东无法获得准确的信息来作出相应的投资决定,保护自己的权益。

3. 政府干预过于强大

东南亚国家的家族企业都受到过政府的强力干预,以韩国最为明显。政府在企业融资、资本市场监管、银行管理等过程中扮演了重要角色,在某种程度上帮助家族企业一直保持着其稳定的所有权结构。韩国政府为家族企业提供了大量财政支持,并与企业共担风险,在某种程度上阻碍了金融机构正确地监管借款人的可靠性和管理贷款风险。此外,韩国政府还制定相关法律控制外国投资者的持股比例,防止家族企业被恶意接管等。政府过于强势地参与,使债权人与债务人的关系扭曲,并使家族企业所有权公开化和社会化程度过低,导致外部监管无效。

4. 家族企业权力交接容易引起纷争

因为企业决策家族化的特点,家族企业存在着颇具象征意义的"接班",即所有权与控制权的权力交接。当家族企业领导权传递给第二代、第三代时,容易在家族成员间引起纷争,甚至可能导致企业分裂、解散和破产。泰国的暹罗集团、新加坡的杨协成集团都曾出现过这样的情况。此外,家族企业任人唯亲可能带来经营风险。家族成员参与经营管理企业必须具备相当的专业知识和能力,如果参与企业管理的家族成员能力较差,则会给企业带来经营上的风险,甚至导致企业破产。比如,韩国国际财团曾经是一个拥有 20 个系列公司的世界性大企业,却在 1985 年 2 月突然倒闭了。究其原因,比较重要的一个方面是,按其涉及的产业和经营活动的要求,国际财团应该由一批具有管理才能的高级经营专家组成,但该财团地领导核心却是由缺乏管理才能的家族成员所组成,结果导致企业经营失败,直至破产。

综上分析,家族式治理模式在理论上有其存在的充足理由,在实践中也被大量的运用,尤其是中国民营经济的崛起,使得中国的家族式治理更为普遍。但是,家族式治理也有其缺陷,特别是随着现代企业制度的推广,家族治理模式生存的舆论空间越来越狭窄。

18.4 公司治理模式的比较

18.4.1 国外公司治理模式的异同点比较

总的来说,由于经济、文化、社会等方面的差异以及历史传统和发展水平的不同,世界上很难存在唯一的最佳公司治理模式,随着经济全球化和三种模式的互动,这三种模式不断融合,互相吸取对方的优点,以进一步提高公司治理的有效性。虽然这三种治理模式的形式不同,但是,从根本上说,在降低代理成本、保持相关利益主体的利益均衡、促进企业尽可能提高运行效率和达到最优公司绩效等方面依然存在共性,具备一些共同的要素和原则。

① 问责机制(accountability & responsibility)。明确董事会的职责,强化董事会的诚信与勤勉义务,确保董事会对经理层的有效管理,建立、健全代理人的绩效评价和激励约束机制。

② 公平性原则。公司治理的框架应确认公司相关利益者的平等的合法权利和责任。

③ 透明性原则(transparency)。完善的治理结构要具备强有力的信息披露制度,向投资者(外部或内部)提供准确信息,通过特定方式(市场股价波动或内部分析报告)及时进行分析,以便相关利益者做出相应的评估和决策。

④ 竞争性原则(contestability)。合理匹配公司的剩余索取权和剩余控制权,以保持公司的可竞争性,这种竞争性可能来自外部的市场或内部的董事会和股东。

除了上述共同点之外,国外治理模式更多的是不同点,现在主要针对不同治理模式的股权结构、董事会结构、激励机制、股东对公司的评价和公司治理市场进行比较如下。

① 股权结构。英美模式的股票主要集中在机构投资者和个人投资者手里,股权分散,具有高度的流动性,持股的短期性使股票交易频繁,造成公司接管与兼并频繁发生;日德模式下股权相对集中,公司交叉持股现象普遍,银行在公司治理中的作用较大。银行既是公司债权人又是股东,还通过代理人进入董事会对公司经营者进行监督,股权的流动性较弱,公司接管与兼并也不经常发生;家族主导型模式下显然股权集中度高,对股东的控制力大,法人股东不轻易抛售股票。

② 董事会结构。英美模式属于"一元制",实行的是单层董事会结构,即在股东大会下不设立专门起监督作用的监事会,只设立董事会。在单层董事会中,真正起决定作用的是公司经理层,董事会没有足够的影响力监督与控制经理权力的行使;德日模式下一般由最高管理者挑选的高层经理出任内部董事,经理人员拥有极大的经营决策权,给代理人施加压力的是银行代表人;家族主导型模式下董事会虚化,起不到监督和决策作用,家族长老在董事会中一统天下。

③ 激励机制。在激励方面,英美模式主要是通过经济收入来实现,比如以工作表现为基础的工资、以财务数据为基础的奖金、以股价为基础的股票期权及以服务年限为基础的退休计划等;日德模式很大程度上为精神激励,常以荣誉、待遇等激励如职务晋升、终身雇用、荣誉称号来激励经理人员为公司的长远发展而努力工作;家族主导型模式下的经营者受家

族利益和亲情双重激励和约束,经营者的道德风险、利己主义倾向发生的可能性较低。

④ 股东对公司的评价。英美模式对公司的评价方式以企业利润为主。一方面是指股东从企业股息和红利的分配中获得收益;另一方面是指股东在证券市场上从公司股票增值中获得资本增值收益。德日模式对公司的评价目标是公司的长期、稳定发展,通过法人持股集体化来达到这一目的。家族主导型模式下股东对公司的评价着重在于公司的稳定性方面,因为家族式经营应对风险和不确定性的能力相对较低。

⑤ 公司治理市场。英美模式由于上市公司的数量较多,因而在企业经营不善时发生接管的频率很高;德日模式由于法律和规章制度限制,因而很少出现通过接管企业来实现管理层人事更迭的情况,敌意接管也很少见,公司治理市场比较沉闷;家族主导型模式下常常因为内部矛盾的激化导致公司自动瓦解,或者主动接管国有企业等其他类型的破产企业,不过,其管理层的人事安排较稳定。

以上几种公司治理模式各有其优缺点,在一定的客观条件下都有存在的必然性。美国拥有成熟的证券市场,股权分散且流动性强,所以在公司治理中通过外部资本市场实行外部治理机制,这样有利于扩大企业的融资渠道和减少所有者的投资风险,社会和市场在资源配置方面也具有较强的灵活性。但由于股权分散,股东的"搭便车"和"用脚投票"现象较普遍,所有者对经理人员的控制是暂时的,经营者常常将公司目标集中于公司的短期效益和股票价格的提升上。而德国和日本的证券市场相对不够发达,实施内部治理机制有利于公司的长期利益和稳定发展,也有利于保护各利益相关者的利益。不过,其经营者的行为决定了公司的行为,经营者的双重身份使得股东对其行为失去有效的监督。东南亚国家企业的家族主导型模式凝聚力强、稳定性高、企业决策迅速,适合新兴市场中的成长型企业。但家族企业的任人唯亲会带来经营风险,同时企业领导权在传递给第二代、第三代后可能导致企业分裂、解散或破产。另外,企业的社会化、透明度低也会制约企业的发展。所以各种治理模式的优劣不能一概而论,它必须与一国的国情和公司所处的各种外部环境相适应。

将上述比较结果进行总结,得到如下表18.1。

表 18.1 不同国家治理模式的比较

项 目	英美模式	德日模式	东亚家族模式
股权结构	相对分散,以机构投资者持股为主	相对集中,法人之间相互持股	相对集中,家族成员为主
董事会结构	一元制,单层董事会制度	二元制,双层董事会制度	董事会虚化
激励机制	股票期权激励机制	精神激励	家族利益和亲情双重激励
股东对公司的评价	以企业利润为主	公司的长期、稳定发展	公司的稳定性
公司治理市场	较为活跃,发生接管的频率很高	比较沉闷,很少出现管理层人事更迭,敌意接管现象	稳定,自动瓦解或主动接管

18.4.2 公司治理模式的发展方向：趋同化

以上三种治理模式各有利弊，都是基于本国或本地区特定的经济、社会和文化环境形成的一种有效的制度安排，但随着机构投资者的兴起和经济全球化的趋势，近年来全球公司治理结构出现了趋同的势头。

从美国的情况看，在过去的30年中其资本市场结构发生了根本性的变化，各种机构投资者（如各种退休基金、互助基金、保险基金等）持有资产占企业总资产的比例由1970年的12.4%上升到2008年的51%，这使得股东不能再以传统的"用脚投票"的方式来保护其资本的价值，因为他们所持有的大量股份不可能在不引起股价大跌的情况下抛出。鉴于这种情况，机构投资者转而采取积极干预的方法，向董事会施压，对经营不善的公司迫使董事会更换总裁，从而彻底改变公司的根本战略和关键人事，以确保新战略的迅速实施。董事会对总裁的制度约束出现了"硬化"的趋势，标志着美国的企业制度已经从事实上执掌全权的"经理人资本主义"转变为投资人对经理人实行有效制约的"投资人资本主义"。

在日本，20世纪90年代初"泡沫经济"崩溃之后，许多企业已开始逐步减少对银行的依赖，转向通过资本市场来满足筹资需求；同时由于政府对银行管制的放松，银行等金融机构出于自身利益的考虑也已开始逐步同企业分离，减少了对企业的直接控制，这两方面的因素使得日本企业的治理模式也在发生变革。

应该说世界上不存在唯一最佳的公司治理结构模式，我们应根据自己特定的经济、社会、文化背景和历史传统来建立和完善适合于我国国情的公司治理结构。但是鉴于世界经济一体化的趋势和我国已加入WTO，步入世界经济的大舞台，对全球公司治理结构的某些共同特征应有所把握，对成功的经验和案例应大胆地借鉴并作出尝试。建立有效的公司治理结构将是一个长期的过程，从长远来看，它将推动我国的市场经济体制改革向更高的层次发展。

本章小结

东亚家族模式是介于内部监管模式和外部监管模式中间的一种治理模式，由于市场体系发育不全，家族便成为监控公司的有效选择，公司股权由家族控制。内部人管理和经理人员高比例持股，使得公司利益和个人利益趋于同步，实现双重激励，是公司的主要控制方式和行为特征。

家族治理模式的特点是企业所有权或股权主要由家族成员控制，经营管理权一般掌握在家族成员手中，来自银行的外部监督弱，政府对企业的发展有较大的制约。但是由于所有权的过度集中，家族模式在监管方面，政府干预上也存在很多问题。不论是英美公司治理模式、德日公司治理模式，还是东亚家族治理模式，都存在优缺点，没有一种模式是万能的，企业要结合自身实际情况，选择有利于自己的治理模式。世界上很难存在唯一的最佳公司治理模式，随着经济全球化和三种模式的互动，这三种模式将不断融合，互相吸取对方的优点，进一步提高了公司治理的有效性。机构投资者的兴起和经济发展的趋势，近年来全球公司治理结构出现了趋同的势头。

案例分析

荣氏归来:一个百年家族的沉浮

荣智健,已不再是中信泰富董事长,但他,仍是荣氏家族的第四代传人。

2009年4月,一向在资本市场顺风顺水的荣智健,遭遇职业生涯最大挫败。一笔巨额投资亏损,让他不得不从中信泰富引退。

不过,和荣氏家族百多年来的跌宕起伏相比,这并非最惊险的一次。而对荣智健来说,他的使命是,重建荣氏家族对中国商界的影响力。

15年前,荣智健曾对媒体说过:"假如我不是荣毅仁的儿子,今天,我不可能做香港中信的副董事长兼总经理。但假如我仅仅是荣毅仁的儿子,而自己没有能力来经营,香港中信也不会发展成今天这样的规模。"

15年后,荣智健宣布辞职的当天,一位目击其离去的记者称,在汽车驶离中信泰富大厦很远以后,他似乎回头凝望了一眼。而在淡出公众视野5个月后,2009年9月,荣智健终于开口说话:年底之前,他将以个人名义成立一家公司,专营中国房地产及金融业务,且不排除会与中信集团合作发展。

第四代的挫败

1999年,荣智健接受《金融时报》采访时说:"你可以叫我赌徒,也可以叫我斗士。我不会否认自己有冒险欲望。"但这一次,他为自己的"冒险欲望"付出了代价。

2008年10月,中信泰富公告称,为了降低西澳洲铁矿项目面对的货币风险,签订若干杠杆式外汇买卖合同而导致亏损。2008年,中信泰富因此直接亏损146.32亿元港币。

这也是中信泰富19年来的第一次亏损。而荣智健是否被问责,具有重要意义。

首先,中信泰富是一家重量级的红筹公司,此举事关红筹公司在香港的形象。其次,对中信泰富来说,荣智健本人是重量级的人物,其拥有极深厚的人脉,事关投资者对红筹公司的投资信心。

在中信泰富首次披露损失时,荣智健曾将此次投资失误归咎于公司财务董事张立宪及财务总监周志贤,这两人随后被解雇。而对于荣智健37岁的女儿、中信泰富财务主管荣明方,则进行了职务调整,并降低了薪酬。

中信泰富大股东中信集团也曾出手施救。2008年11月,中信集团向中信泰富注资15亿美元,力图让其走出困境。中信集团持股中信泰富的比例也由从29%增至57.6%。

当时,一切似乎都在朝着积极的方向发展。

而在得到大股东中信集团支持后,荣智健一度公开表示,中信集团的支持,是一个积极的解决方案,"现在,(中信泰富)可摆脱这一不幸事件,继续朝未来迈进。"他称,对公司的前途充满信心,并表示没有退休的愿望。

不过,香港警方的介入调查,让事态变得不可控了。几天后,香港警方商业罪案调查科下令进入中信泰富公司搜查,逗留一小时后,运走大批文件,公司股票紧急停牌,造成的巨大社会影响。最终,荣智健作出了"退位让贤"的决定。

在荣智健回望中信泰富大厦的一瞬,他的祖辈、父辈亦在对他凝望。

荣家的轨迹

这仅仅是这个百年家族的又一次波折而已。

20世纪初,荣智健的祖父辈荣德生、荣宗敬,曾经登报宣告破产,荣氏企业最后依然存活下来;60年前,荣智健的父亲荣毅仁,曾因为倒卖物资被国民党当局关押,开庭审判那天刚好上海解放……

翻开历史的页章,无数凶险难度远超此事的时刻——呈现。在著名财经作家吴晓波看来,荣智健辞职,并不意味着荣氏家族的衰败。

作为中国企业史上仅存的几个百年家族之一,荣家于20世纪初崛起于无锡。无锡惠泉山麓的五里湖畔的荣巷,小桥流水、清风碧荷、吴侬软语、杏花缤纷,是一个典型的江南小镇。

从留下"固守稳健、谨慎行事、绝不投机"训诫的曾祖父荣熙泰算起,荣智健已是荣家的第四代传人。但荣氏家族真正发迹,还是始于荣智健的祖父荣德生及其兄长荣宗敬。

荣家兄弟白手创业,贵为中国面粉和棉纱大王,一度控制了中国将近一半的面粉和棉纺工厂,被称为是"中国的洛克菲勒",是晚清和民国时期最大的民族资本家。

1902—1949年,荣氏家族都是一个纯粹的私营资本企业。吴晓波指出,荣德生和荣宗敬这一辈,代表了早期中国"民族资本家"或者"民族企业家"最高点的成长状态。

荣氏家族的命运,在1949年迎来最重要的转折。1949年,在国民党政权崩溃前夕,荣氏家族内部出现了大震荡。家族中多人远走海外,而资金外流,更是使留在内地的荣氏企业元气大伤。不过,荣毅仁的父亲荣德生认为,其"生平未尝为非作恶,焉用逃往国外",在最后关头,荣德生和荣毅仁父子俩决定留在大陆。

显然,对于荣氏家族日后的发展来说,这一决定至关重要。主动选择留下的荣家,日后赢得了毛泽东"中国民族资本第一户"的赞誉。在上海解放后,荣毅仁率先支持"公私合营",将全部家产捐给了国家,这一举动对上海的私营工商业改造工作起了积极带头作用,也为他赢得"红色资本家"的称号。当时,北方的企业界代表人物是乐松生——百年药号同仁堂的总经理,荣、乐二人一时人称"北乐南荣"。而在荣氏企业面临困难之时,党和政府对荣氏企业也予以了大力扶持,帮助其实现了新的复苏。

"跟着共产党,这条路我走对了。"——荣毅仁曾这样评价他同中国共产党合作。1993年,荣毅仁当选为国家副主席。

而1978年中信集团的成立,更是荣氏家族的重要一笔。

改革开放初期,荣毅仁向邓小平提交了《建议设立国际投资信托公司的一些初步意见》,在邓小平的应允之下,中国国际信托投资公司(今中信集团的前身)成为了直属国务院的投资机构,成为中国在对外开放中的一个窗口,扮演了中国引进国际资本的中介角色。这也是中国日后成立一系列"窗口公司"的发端。

重建影响力

1942年出生于上海的荣智健,乃家中独子。他的舞台,是他的父亲创立的中信集团。

1986年，荣智健加入中信香港，香港中信又于1990年先后收购上市公司"泰富发展"及港资第一大贸易行大昌行，并于1991年正式更名为"中信泰富"。此后，中信泰富先后入股包括国泰、港龙、香港电讯等多间著名港企，并收购澳大利亚铁矿等，商业版图不断扩大。

　　正如前文所言，当时，就中信泰富的成就，荣智健对家族影响力的作用，认识颇为清醒。不过，他亦对自身的能力非常自信。虽然，其父荣毅仁一直以"固守稳健、谨慎行事、决不投机"的荣家祖训警戒自己，并借此在商场上建立了良好的信誉。但相比父辈，荣智健的风格迥然不同。

　　即便在富豪云集的香港，荣智健的奢华做派也非常突出。不过，在此次巨额投资亏损事件浮出水面后，荣智健的资产，已从2008年的35亿美元跌到7.5亿美元，损失高达75%。

　　荣氏家族在中信体系的出局，似乎是一个制度化的过程：中信集团为国资委直属企业，在一个国有垄断资本高度集中的集群中，私人得以拥有股份，且能以阳光化的方式成为中国首富，荣家确为仅有之孤例。

　　从荣氏家族的沉浮史中，分析评价一下家族模式在公司治理中存在的优缺点。

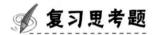

复习思考题

1. 东亚家族治理模式有何特征？
2. 从优缺点两方面来评价家族治理模式？
3. 国外治理模式有何异同点？
4. 公司治理模式的发展方向如何？是否存在最佳的公司治理模式？

第19章 公司治理模式设计

学习目的

通过本章的学习,你应该能够:
1. 掌握公司治理模式设计的核心和所要考虑的要素;
2. 了解两类董事与专业委员会设计原则以及提高董事会运行质量的方法;
3. 明确监事会各成员之间的选拔、监管方式与制度的建设;
4. 把握经理人选择的思路。

关键词

利益制衡　董事会　监事会　经理人

引导案例

美的集团整体上市获批

美的电器2013年7月30日晚间公告,美的集团换股吸收合并美的电器已获得证监会批复,这意味着该事项将进入实施阶段。同时,美的控股及7名自然人股东与美的集团签署赢利预测补偿协议,8名股东将就美的集团2013年可能未实现的利润差额进行现金补偿,由此美的集团2013年赢利实现更有保障。

此次美的集团发行A股,只是用于换股,不会募集资金。按照方案,美的集团A股发行价格为44.56元/股,美的电器换股价格为15.36元/股,换股比例为0.3447∶1,即1股美的电器股份可换取0.3447股美的集团股份。

换股完成后美的集团实现整体上市,是美的进入职业经理人时代以来在产业经营、组织管控、公司治理和资本价值等方面最关键和最基础的一步。

银河证券首席家电分析师袁浩然认为,美的集团发行定价在公司赢利的基础上充分考虑市场及行业情况,客观反映资产目前的市场状况,具备可靠的定价依据。同时公司拥有可靠的未来赢利保障,经过2012年的战略转型及经营调整,2013年业绩增长更为稳健,且美的控股等股东已签署赢利预测补充协议,对流通股东保障更为全面。

美的电器一季度实现营业收入219亿元,同比增长23.5%;实现归属于母公司净利润10.78亿元,同比增长23.8%;通过中国货币网查询,美的集团一季度实现营业总收入316亿元,同比增长20%;归属于母公司净利润10.2亿元,同比增长65%。按整体上市口径计算,归属于母公司净利润16.6亿元,同比增长46%。

美的集团借助本次整体上市,将通过规范组织设置、减少组织层级、实现组织扁平化,诊断及梳理现有制度及流程,建立市场导向的高效运营流程体系,打造敏捷型组织。重组完成后的美的集团将以一个完整主体呈现,是以消费者和市场导向的组织,现有架构是"集团—事业部"两级架构,事业部"9+2+1结构":9个终端消费品事业部+2个产业链核心部件事业部+1个国际运营平台,及全国网络布局物流公司共十三个经营单位,架构清晰精简。同时,美的集团现已形成实际控制人、战略投资者及中高级管理层共同持股的多元化股权结构,同时,解决了管理层中长期激励问题。美的集团坚持授权经营和分权管理原则,建立成熟的职业经理人管理体制,顺利完成创始人向职业经理人交班,充分发挥职业经理人积极性,为公司产业发展和扩张培养了经验丰富且年富力强的管理团队,这些人经历了行业周期的高低起伏和集团历次组织机构的重大改革,拥有丰富的行业和管理经验,享有良好业界口碑。对美的发展战略、管理文化有深刻的了解与认同。

综上所述,美的集团整体上市战略,不仅会推动公司形成可持续发展优势,长远来看,美的发展的基础将也更为坚实。

(资料来源:证券时报网,作者:甘霖,2013年7月31日)

19.1　利益制衡——公司治理结构设计的重心

现代公司的发展,理论上更强调所有权与经营权的分离,因而,公司内部制衡机制之法律设计必须适应不断完善的公司复杂的产权结构。大体而言,公司(特别是股份公司)内部制衡法律机制的设计面临着四个问题:一是如何达到所有者(股东)与经营者(董事经理)权利义务的均衡;二是如何在众多股东下,确认公司的意志而实现股东民主;三是经营者之间如何能彼此制衡而又不降低经营效率;四是如何防止经营者或大股东透过经营者,以多凌寡,侵害小股东之权益。

1. 股东(大)会与董事会的制衡机制

(1) 明确股东、股东(大)会与董事、董事会的权力定位。各国《公司法》都规定股东有出席股东(大)会并享有表决权和选举权、股份转让权、赢利分配和剩余索取权、质询权、监督权和诉权等权利;对于股东(大)会的权限一般在公司章程中有较明确的规定。随着董事权力的膨胀,各国《公司法》规定了董事注意义务、忠实义务;对于董事会的权限,英美法系和大陆法系国家都规定了较为广泛的管理权。

(2) 从强化程序规制上保证股东(大)会与董事会制衡的有效进行。董事会拥有管理公司事务的广泛权力,董事会成员的任何滥用权力行为,都有可能最终损害股东的利益。因此,必须在程序规制上予以强化,以保证股东对董事会能有效制约。这种程序规制的强化应包括两个方面:首先,强化股东积极参与股东(大)会决策,有效行使表决权和程序规制;其次,强化规范董事会行使权力的程序规制。一方面,需要对股东(大)会的召集制度、股东提案制度和股东表决制度进行完善和提高,推进股东主权主义运动。另一方面,需要强化董事的义务及规范董事行使权力的原则,实际上,过度限制董事权力的行使,必然使公司运作效率受到影响,这并不是十分明智的选择。但从程序上规范董事权力的行使,留给其足够的权力空间是必须的。

(3) 股东要能够行使司法救济手段。在董事会权力的行使侵犯股东权利时,股东如何行使有效的司法救济手段,也就是如何行使司法的干预成为股东(大)会与董事会制衡的最后阶段。但必须要承认的是,过度的司法干预将严重损害公司运作的基础,使大批颇有抱负的董事中的经营人才在难以捉摸的商业机会面前丧失敢于做出抉择的勇气。从这个意义上说,对公平的过度追求也有可能损害效率。因此,在股东(大)会和董事会制衡的司法手段上,一方面必须强调司法手段的必要性;另一方面也必须防止司法手段的滥用。

2. 监事会对董事会的制约

从西方国家《公司法》来看,公司(特别是股份公司)是否必须设置监事会,做法不一,并由此形成三种典型的公司领导体制模式,即单层制、双层制和复合制。表面上看,单层制和双层制之间具有较大差异,但是实际上两者的差别并不如想象中那么大。

在美国公司中,尽管无利害关系的外部董事能发挥类似监事会的职能,但不能因此而认为监事会是一个多余而浪费的机构。关于监事会的设置并无统一模式,不能就单层制、双层制的优势进行简单的判断。在商法中,《公司法》的国际性是较弱的,一个国家必须根据其传统和国情来选择、设计其法律制度。对外国公司法律制度借鉴时,不能盲目照搬。

为了完善强化监事会制衡机制,不仅依赖于执行的强化,而且有赖于立法的完善。综观各国的立法主要有以下3点。

(1) 确保监事会的独立性。各国《公司法》均规定监事由股东大会选举产生。为了防止多数股东同时控制董事会和监事会,使监事会中有代表少数股东利益的监事,乃至有职工代表参与监事会,以保持监事会的独立性,同时有的还采取累积投票制的方式选举监事。

(2) 完善监事会职权及行使方式。关于监事会的职权,国外《公司法》通常还规定:"监事会以公司的名义对董事提起诉讼。董事或董事长对外代表公司,但当董事或董事长侵犯公司利益时,不可能指望他们自己以公司名义来对自己提起诉讼,故由监事会或监事代表公司对董事提起诉讼是完全必要的。当董事为自身利益与公司交涉或对公司提起诉讼时,监事会代表公司。"如果监事必须要通过监事会作出决议来行使监督权,且无权单独检查公司财务,无权单独对公司董事、经理执行公司职务时违反法律、法规或公司章程的行为进行监督和纠正,则势必会降低监督的效率,减弱监督的力度。

(3) 强化监事的责任。在德国,监事和公司的关系被视为代理关系,因此,关于董事的责任也是适于监事的。在日本,监事和公司的关系适用委任的规定,因此监事负有善良管理者的注意义务。由于监事在执行业务时与公司没有利害关系,关于董事的忠实义务也就不适用于监事,对监事也没有禁止竞争义务和利益相反的限制,也没有股东的停止请求。德国法和日本法对监事的责任基本适用董事的责任。这主要是监事和董事的法律地位的类似性,决定了监事应负同样的责任。

3. 经营阶层内部的分权与制衡

(1) 董事会内部的分权与制衡。

① 独立董事制度。该制度原是英、美、法董事会的一大特色,后大陆法系国家也逐渐引进了独立董事制度。应该说,独立董事制度的设立,是促进董事会的独立性的重要因素。但在学界和实业界,在肯定独立董事制度所起重要作用的同时,对其持批评态度并认为根本起不到作用的也大有人在。正是由于独立董事制度在维护股东利益、制约董事会的内部控制及提高公司的运作效率上所发挥的作用,独立董事制度在英、美创设后,世界各国均普遍采纳了这一制度。在各种利益关系错综复杂的现代商业社会,能否切断独立董事的所有利益关系,本身是有很大疑问的,指望完全处于"真空状态"的独立董事是不可能最大限度地为股东利益服务的。因此要求缺乏利益驱动的独立董事为股东谋利,显然是不现实的。而给予缺乏利益驱动的独立董事适当的利益驱动可能会缓解这一矛盾,如适当增加独立董事的报酬,甚至给予一定的股权激励等。

② 董事会的监督。董事会作为一个整体,应对具体执行业务的董事有监督权。董事会对执行业务的董事的监督权,不会和监事会的监督权发生冲突。因为董事会是就业务执行有无违法或不当行为加以监督,其间各有职责之分工,实际上并无重叠或冲突之处。

③ 异议董事免责和表决的回避。通常,董事应当对董事会的决议承担责任,但经验证明,在表决曾明确表明异议并记载于会议记录的,该董事可免除责任。该规定在于使异议董事勇于检举揭发其他董事违法、不当行为,鼓励董事之间相互制衡。关于董事对表决的回避,是指董事对于董事会决议的事项,有自身利害关系,可能损害公司利益时,不得加入表决,并不得代表其他董事行使其表决权。

(2) 董事会和经理的分权与制衡。在公司内部,如果经理不受制约,就可能为了自己的利益而损害股东的利益。所以,在公司内部,既要形成对经理的激励,又要形成对经理的制约。董事会对经理的制衡机制表现在:董事会在选聘经理时,应对候选者进行全面、综合的考察,这是董事会对经理的事前制约。经理人选后,其经营水平和经营能力要接受实践检验,要通过汇报和其他形式接受董事会的定期和随时监督,这是董事会对经理的事中制约。董事会根据经理的表现,可留聘或解聘,这是董事会对经理的事后制约。董事会决定经理的报酬事项,激励经理努力工作,这是一种更大的利益制约。

对于董事会对经理制约的效果,也不可忽视。按照西方经济学的观点,经理市场有一定竞争性,经理是投入较多后形成的人力资本,由于投资回报的压力,以及资本追求利润最大化的动力,即使是已经取得经理职务的人员,也会十分珍惜其职位。而保住经理职位的唯一途径是使公司长期稳定和发展,提高公司利润水平,增强公司市场竞争力。当经理由于经营不善而对公司衰落负有责任,在经理被解聘的同时,也增添了一笔不可抹杀的失败记录。而有过市场失败的记录,再重新谋求到经理的位置时会遇到一定的压力。董事会的制约可以激励经理为了长远的利益而努力工作。

4. 多数股东与少数股东之间的制衡

在公司内部制衡中,也应防止大股东不当操纵。股份公司的民主是股份的民主,资本的民主,它以一股一票制为基本原则,每个股东(无表决权股东除外)所拥有的表决权同其持股数量成正比,这是由股份公司的"资合性"所决定的。而防止大股东不当操纵,维护小股东合法利益,是真正实现公司民主所面临的重大问题,也是完善股份有限公司内部制衡机制的一个重要方面。

在决定公司事务时,持有多数股份的股东(大股东)比持有少数股份的股东(小股东)拥有更多的发言权,这是无可非议的。但是,大股东不能滥用这种优势地位,直接或间接地为自己谋取私利,而损害小股东的利益。为促进股东之间的平等,使公司民主不流于形式,必须对大小股东相互制衡的法律机制予以完善。

19.2 董事会的设计

19.2.1 董事会的结构设计

董事会的结构系指执行董事(即内部董事)与非执行董事(即外部董事)的比例及董事会下的各种专门委员会。董事会的结构即董事会的组成。本节从两层意义上来考察董事会的结构。

1. 从执行董事与非执行董事的比例的角度

董事会的职能主要表现在经营决策和评价监督两个方面。一方面,作为法人财产权主体,董事会是公司的最高决策机构,负责公司的战略性经营决策;另一方面,董事会位于股东与经理中间,董事会受股东大会的委托,从事法人财产的经营决策,但具体的日常经营管理又是委托给经理人员来进行的,这样,董事会还有另外一个重要职能,即选择、评价和监督经营者。从某种角度来说,董事会的这两大职能是分别主要由执行董事和非执行董事来完成的。执行董事,既是一名董事又是公司的主要执行人员,他们主要承担经营决策职能;而非执行董事属于外部董事,不承担执行职责,他们的职责主要是完成董事会的第二大职能,即选择、评价和监督经营者(当然,执行董事与非执行董事的职责不能这样决然分开,这里只是一个大概的理论分工模式)。所以,保持董事会中执行董事与非执行董事之合理比例,是董事会正常履行其职能的需要,不仅如此,它同时更是权力制衡的需要,是防止董事会被执行人员控制和操纵之需要。从以上的分析可知,如何保证董事会能够有效运行,如何避免董事会成为一个占据控制地位的执行人员手中的"橡皮图章",董事会中执行董事与非执行董事之比例是一个关键问题。

规模较大的公司,一般经常在董事会下设立多种专门委员会(如执行委员会、财务委员会、报酬委员会、审计委员会、福利委员会等),专门委员会的设立有助于董事会工作的合理分工和高效率运行,有助于董事会更好地履行职能。当然,在实际工作中,这两种结构是交叉的。大型公司一般都在董事会下设立了专门委员会,其执行董事和非执行董事将分别进入各种专门委员会。有的专门委员会只由执行董事组成(主要是执行委员会);有的委员会只由非执行董事(而且是独立的非执行董事)组成(主要是审计委员会和报酬委员会);其他的专门委员会则一般由执行董事和非执行董事共同组成。以下就来考察董事会的这两重结构。

(1) 执行董事与非执行董事的比例。按照执行董事与非执行董事比例的不同,董事会有以下主要四种结构(表 19.1)。

表 19.1 董事会的四种结构

执行董事与非执行董事的比例	董事会结构或特征
全部为执行董事	执行董事董事会
执行董事＞非执行董事	多数执行董事董事会(英国上市公司)
执行董事＜非执行董事	非执行董事董事会(美国上市公司)
执行董事与非执行董事功能分离	双层董事会(德国、日本上市公司)

① 全部由执行董事构成的董事会。在这种董事会中,没有非执行董事,全体董事会成员同时又都是执行人员,董事会全部由执行董事组成。在业主型企业中,由企业所有者(出资者)控制企业的具体经营管理,在这里,不存在所有权与经营权的分离,股东既是董事会成员又是执行者,这种企业的董事会一般全部由执行董事组成。但随着企业规模的扩大和股份的分散,一旦家族企业演变为公众企业,所有权与经营权即行分离,这时,就会有非执行人员加入董事会的必要。甚至在大型家族企业中,由于家族执行人员缺乏必要的专业知识和经验,也会出现非执行人员加入董事会的情况。

② 多数由执行董事组成的董事会。这是英国公开上市公司的典型董事会结构模式。非执行人员被选举为董事,可能是为了代表公司中的重要利益相关者(如机构投资者);或者是股东预见到董事会需要这些非执行董事的专业知识、经验或外部关系;在有些情况下,非执行董事被用作制衡机制,以监督执行人员的经营管理活动保证他们的行为的规范化。之所以要保证执行董事占大多数,目的是为了确保实现企业的经营目标。近年来的实证研究数据表明,非执行董事的比例在逐渐增加,但其比例仍比较低。

③ 多数由非执行董事组成的董事会。这是美国上市公司的典型董事会结构模式。在美国,非执行董事占董事会比重的大多数,从理论上说,这将使得董事会不仅能够履行经营决策职能,同时能够比较客观和独立地履行评价与监督职能。但是,这里的一个重要问题是,即使是在非执行董事占控制地位的时候,独立性问题仍然存在。事实上,只有一部分外部董事如法律、工商管理、财务会计方面的专家才具有相当的独立性和客观性。独立性越强的外部董事,越能够有效地监督经理人员的行为,促进公司业绩的提高。而美国公司董事会中的许多外部董事不是独立的,他们或者分别代表某一方面,如大股东、供应人员,或者与公司现在的执行人员有某种亲缘关系,或者与公司的子公司有财务关联,等等。为了保障董事会的独立性,美国的纽约证券交易所要求所有上市公司在董事会中设立一个全部由独立外部董事组成的审计委员会,这种独立的审计委员会负责董事会与外部审计师的联系,以避免执行人员控制董事会和审计人员。美国证券交易委员会更是对

独立董事作了详细的定义。

④ 双层董事会模式。这是德国、日本公司董事会的典型结构模式,其他还有许多欧共体国家也是采取这种董事会结构模式。在这种结构模式中,执行董事与非执行董事的功能实行了完全的分离。监督董事会(supervisory board,简称为监事会)全部由非执行董事组成,它所承担的是董事会的第二大职能即评价与监督职能,而管理董事会(management board,简称为理事会)全部由执行董事组成,它所承担的是董事会的第一大职能即经营决策职能。很明显,在这里对执行人员的监督是外部化的,即独立于管理董事会,同时,又是专职化的,即作为监督董事会的主要职能。

2. 董事会下的各种专门委员会

在规模较大的公司特别是跨国公司,经常在董事会下设立若干专门委员会。其中最主要的是执行委员会和财务委员会。执行委员会一般由董事长、副董事长、总裁、执行副总裁以及某些重要经营管理部门的总经理组成,执行委员会负责对公司经营活动的全面指导,掌握公司除财务以外的其他各项重要决策,由董事长主持;财务委员会一般由董事长和几位董事组成,由主管财务的副总裁主持。财务委员会总揽公司的财政大权,负责制定公司的财务目标、筹资与投资决策以及公司盈利分配等事项。根据需要,公司还可以设立其他的专门委员会,如审计委员会、任免委员会、报酬委员会、提名委员会,此外,还有诸如福利委员会、退休金委员会、人力资源委员会、投资委员会等。

各种专门委员会的设立不仅有助于董事会工作的专门化和高效率,对于非执行董事占多数的公司董事会来说,它还有助于非执行董事了解公司的信息和发展动态,增进执行董事与非执行董事之间的相互了解,更使得非执行董事有条件、有机会就一些关键问题交换意见并形成客观的判断。

19.2.2 提升董事会质量的要素

董事会质量的高低是董事会能否有效运行的关键。董事会作为公司治理结构的核心,董事会作为公司法人财产权主体,行使经营决策职能和对经理人员的评价与监督职能。从董事会的地位和职能可知,董事会的质量如何,是关系到公司发展和广大股东利益的关键所在。董事会的质量关系到董事会能否有效运行,以及董事会能否为公司创造良好的业绩和为股东带来更多的回报。所以,董事会的质量是公司治理结构研究不可忽略的重要问题。一般地,提升董事会质量的指标有三个:董事会的独立性、董事的责任心、董事的质量。这三个指标也是后来人们研究董事会质量的经典标准。

1. 董事会的独立性

董事会的独立性强弱表现为:董事会中外部董事的多少,以及外部董事在审计委员会、提名委员会和报酬委员会中的比例;他们从公司领取收入的多少;他们与公司的关系(亲戚、过去的雇员、过去的咨询人员)等。董事会的独立性是董事会进行客观经营决策和客观评价与监督的基础,是关系到董事会有效运行的首要问题,因而也是衡量董事会质量高低的第一个指标。

一般地,执行董事(内部董事)不超过 2 名;董事会的审计委员会、提名委员会和报酬委员会中没有执行董事(内部董事);外部董事不直接或者间接从公司领取咨询费等费用,以及不存在连锁董事资格的董事会制度是具有较强独立性的,对于那些外部董事定期与公司总裁会面的公司,其董事会独立性更强。

2. 董事的责任心

董事的责任心在很大程度上会影响董事会的运行效率。这不仅表现为董事是否敬业,董事责任心的量化反映更多地可以通过董事与公司的利益关系程度来表现,具体地说就是通过董事是否持有公司股份及股份持有量的大小来表现。

一般地,公司董事拥有相当数额的公司股票、董事无任何养老金政策、每年定期选举一次董事会成员的董事会制度,其董事就会有较强的责任心。

3. 董事的质量

董事的质量是从整体来看董事会成员的素质。董事的质量在很大程度上会影响董事会的决策质量。

一般地,董事不能同时兼任 3 家以上公司的董事会成员;公司董事会中至少应有一名外部董事熟悉公司的主要业务;至少有一名董事应是与本公司的规模类似的公司的总经理;所有董事会成员应至少出席 75% 以上的公司会议;董事最好不超过 15 名的董事会制度,其董事的质量也较高。

19.3 监事会的设计

19.3.1 监事会组织机构设计

从《公司法》和建立现代企业制度的要求看,必须全面构建决策权、经营权、监督权相对独立的治理结构,达到企业所有者、经营者、监督者及其利益相关者的权利和义务均衡。公司监事会制度是现代公司治理结构中的重要组成部分,是公司职权部门分权制衡、降低代理成本的必然选择。从企业监事会建设的实际出发,应当按照《公司法》关于监事会的相关规定,积极稳妥地探索监事会的委派形式和管理方式,建立更加科学、有效的监事会管理机制。

1. 职工代表的比例

在德国以及移植德国双层制治理模式理念的国家,以及我国,监事会都承载了职工共同决定或者职工参与的政策。为确保职工共同治理或者参与治理的有效性,监事会中的职工代表应当越多越好。因为监事会成员的性质一定程度上影响着监事会功能的发挥。

德国早期的监事会事实上是一个业务执行的最高意思决定机关,不仅拥有对公司业务执行的监督权,而且还拥有对公司管理的重大决策权。为了保护股东利益,该时期内的监事会中也就不会有职工代表了。事实上,伴随着职工共同治理思想的深化,监事会中出现了职工代表,并且其比例也越来越高。1951年5月的《矿冶共同决定法》规定,矿业钢铁企业的监事会按照规模分别由11人、15人和21人的监事组成,其中劳方代表和资方代表各一半,多出的一人一般为资方代表,处于中立的位置,由所有的监事会成员选出;1952年的《企业委员会法》要求拥有500名职工的公司,监事会成员中要有1/3的工人代表。很明显,与一般企业比较,矿业钢铁企业的职工治理政策贯彻得彻底些。到了1976年,为了进一步贯彻职工共同决定的政策,要求在拥有2 000人以上的所有资本企业中推行共同决定法,同时监事会按照规模分别由12人、16人和20人监事组成,其中资方与劳方代表各占一半。

我国也遵循了相同的逻辑。1993年的《公司法》规定,股份公司监事会中应当有职工代表,但没有设定最低比例。2005年的《公司法》则规定了职工代表不得少于监事会成员人数的1/3,该修改被认为是贯彻职工参与经济民主政策的一项重要措施。

在一定意义上讲,提高监事会中职工代表的比例也能够起到提高监事会独立的效果。因为相对于被监督的董事、高级管理人员而言,职工代表的独立性比股东代表的独立性相对来说要高得多。

2. 外部监事的比例

外部监事是日本公司法中的特别规定。所谓外部监事,指该监事除担任监事职务外,与所任职的公司不存在任何影响其独立性判断的因素。一般而言,外部监事的比例越高,监事会越能够独立地进行有效监督。如果要提高监事会的监督实效,不妨选择引进外部监事,并且不断提高外部监事在监事会结构中的比例。

3. 任期

规定监事会的任期,是为了保证监督的连续性和有效性。监事的任期过短,参与监督的积极性不高,而监事会也难以及时发现问题。即使发现问题,也可能无法在任期内解决相关问题。任期过长的,监事可能被公司管理层"俘获",监督的独立性、有效性也会受到影响。

关于监事任期,理论上有两种不同的主张。一则认为,监事任期应短于董事。因监事会负有监督董事会的责任,时间久了,容易产生感情,进而碍于情面,难以完成监督工作。并且,在监事任期应短于董事的情况下,"监事会人员的更替可以实现前后两届监事会对董事会的交叉监督,取得更好的监督效果。"二则主张,监事任期应与董事的任期一致或略长于董事的任期。之所以这样,任期长的监事会有助于对董事进行持续性的监督。

对于监事是否可以连任的规定,一是认为,连选连任容易使监事之间相互结合协调甚至相互勾结。二是认为,监事应该是公司经营活动的专家,长期任职积累的经验和对公司的深刻认识确有助于公司决策的理性、监督的实效性。

对于任期,各国的规定不同。不过,综观各国立法,除了德国以外,大多数公司立法规定的监事任期等于或长于董事的任期。日本《商特法》规定,任期为3年的,可以连选连任。我国监事任期为3年,可以连选连任。

在我国,公司监事会成员原则上由5人组成,其中:外派3人,包括1名监事会主席和

2名专职监事,按企业人员管理;内部职工代表2人,由公司职工代表大会选举产生。

19.3.2 监事会制度机制设计

监事会需要一定的制度机制来确保监事会的监督权能够规范的运行。

1. 建立会议议事规则、明确监事会职责

需要建立合理的会议议事规则,并对监事在实际工作中如何切实履行自身职责进行明确。明确监事在内部控制与财务管理方面的风险评估与改进,董事、经理决策经营的评价与考核,董事、经理任免建议,特殊事项的处理能力等方面,有明确的目标与切实可行的工作内容。从制度上引导监事会把监督的职能向事前、事中延伸,把监督手段向事前监督上发展,把监事会的工作真正落实到位。使监事有章可循,从而更好地开展监督工作。

2. 独立行使检查权

监事会在法定职权范围内独立行使监督检查权,不应受董事、经理的干涉与制约,这就要求为监事会行使监督权提供法律保障、工作保障和经济保障。赋予监事会独立的法律地位,才能使监事会依法独立行使其监督职权,而不受董事会、经理或其他人员的干涉,从而使监事会在公司治理结构中真正发挥分权制衡的调控作用。

3. 建立信息收集制度,确保监事会的知情权

由于监事会并不直接介入公司经营活动,为了保证监事会及时了解公司有关情况,掌握有关信息,正常开展工作,充分发挥其职能和作用,公司应制定有关规章制度以确保监事会的知情权,包括会议制度、企业文件和资料送达制度、企业财务报表制度、监事会咨询回应制度等。公司主要经营、财务、统计报表、重大经营活动的法律文件等资料,在报送董事会的同时,必须报送监事会。公司董事会、经营班子有责任和义务向监事会提供必要和真实的信息,以确保监事会的"知情权"。监事会应定期检查、审阅公司财务报告、会计凭证、账目等相关资料,发现问题应及时调查核实。必要时,可以聘请有法定资格的社会中介机构协助调查。

4. 完善工作报告制度

企业监事会每年应定期不定期的向董事会汇报工作,并按年度提交述职报告。监事会应就履行职责的情况向董事会作书面综合汇报,并对被监督企业的资产经营运作情况和资产保值增值状况做出综合考核评价和建议。要建立重大事项报告制度。企业的重大投资决策、产权转让、重大人事变更以及发现违反法律、法规、规章制度的行为,监事会应及时报告,及时沟通情况,有效维护企业资产权益不受损害。

19.3.3 监事会激励约束机制设计

监事会也需要建立一定的激励约束机制,这对于监事会做好监督工作具有积极的意义。

1. 建立监事责任追究制度

防止监督者滥用监督权力,督促其忠实有效地履行监督职责。强化监事的个人责任。如果监事不履行注意义务与忠实义务,提供虚假监督报告,或明知董事、经理有违法行为而不予检举等,一经发现,应当停止其行使监事职责,甚至将其免职。如果使公司由此受到损害的,应向公司赔偿损失。若监事利用手中权力在公司中为自己谋取私利,或为了私利损害公司利益,不仅要退回全部所得利益,而且还应追究赔偿责任。

监事会工作规则应当与企业制订的工作规则、董事会工作规则、经理办公会议事规则相互衔接。比如,监事会在对董事、总经理、副总经理违反法律、法规或公司章程的职务行为和个人行为提出规劝以至责令改正的同时,应通报董事会;视情况通知纪检、监察部门。对总经理、副总经理、财务负责人的经营业绩进行监督和评价,并向董事会提出聘任、解聘或奖惩的建议。对公司各部门、分公司负责人的业绩进行监督和评价,并向董事会、总经理提出聘任、解聘或奖惩的建议。

2. 建立监事管理奖惩制度

对企业派出的监事,首先对其任职资格进行考核、评定,建立监事任职资格档案。建立监事的诚信体系。强化监事培训,建立和健全监事业绩评估制度,探索出符合的监事任用和评估制度,切实增强监事会的有效性。要把好"入口关",让符合条件的人员进入监事会。对于在职监事也应该通过培训,进行继续教育,不断更新知识。在任期内,要由相关部门组成评估班子,对监事工作进行评估,对监事的工作考评,以其监督企业的运作是否规范化、监督职能是否到位为标准,监事的报酬应与其工作业绩挂钩。应当指出的是,监事会并不是以查出问题的多少来衡量其工作业绩,它应始终坚持实事求是的原则。若企业有问题未检查出来以及企业有业绩而未能得到正确评价,这均是监事会的失职。对监事会的业绩考核应公正、公平地做出符合实际的"事实判断"和"价值判断"。同时,监事会还要有监事会的自我评估和监事本人的自我评估,正确评价自己的工作,以此作为今后的参考。

3. 对监事实施积极的激励机制

要调动监事履行监督职责的积极性,可以考虑对监事实施积极的激励机制。不但给予监事精神方面的奖励,而且还应合理给予监事一定报酬,给予物质奖励,以调动其履行职责的积极性。约束与激励是同一个问题的两个方面,只有两种机制要形成合力,才能更好地发挥作用。在对监事的具体约束内容上,可采取道德约束和经济约束相结合的办法进行。

19.4 经理层的设计

经理层是公司业务的执行机关,是公司日常经营管理活动的组织者。经理层与股东大会、董事会、监事会等机关不同的是,前三者都是会议体机关,而经理层是由经理个人来担任的。经理可以说既是公司业务的执行机关,又是指一个高级管理者的职位。就具体的某一位经理来说,他是董事会聘任的日常企业经营管理负责人,他受雇于董事会,在董事会授权范围内经营企业,行使职权并承担责任。董事与经理之间是典型的委托代理关系,经理对董事会负责。

经理受董事会的委托,承担公司日常经营管理,必须拥有一定的职权,同时也应承担相应的责任。世界各国的《公司法》对经理人员的职权都有一定的规定,一般地说,经理的主要职权有:执行董事会的决议、主持公司的日常业务活动、经董事会授权对外签订合同或者处理业务、任免其他经理人员等。

在公司治理中,职业经理人是特殊的一个群体,他们往往担当重要的职务,其创造性与破坏性、业绩与风险、稳定性与风险性等一系列问题是很多公司所要直面的。因此公司一定要十分重视挑选以及使用职业经理人的各个环节,这样才能规避风险,优秀人才也才能留下来,为公司发挥作用。

1. 选择要求——经理人素质是关键

经理人的聘任是经理层运行的首要环节,也是非常关键的一个环节。根据各国《公司法》的规定,聘任经理是董事会的职权,董事会通过投票,以多数通过的方式决定经理的人选,继而与受聘经理签订聘任合同,从而完成聘任过程。另外,按照我国《公司法》规定,公司副(总)经理和财务负责人的聘任是以经理提名、董事会通过的方式来聘任的。

在聘任过程中,经理素质(如表19.2所示)应当是董事会所要考虑的关键因素,因为经理素质决定了其执行业务水平的高低,从长远来看影响公司的未来业绩。经理素质就是指优秀的经理应当具备的各种条件和素养。董事会对经理层成员素质有比较高的要求。公司经营的专业性和复杂性,使经理人员需要具备品质素质和专业经营管理知识,从国际、国内经济的激烈竞争形势来看,经理人员需要具备五个方面的素质结构:品质素质、专业知识、管理艺术、管理思想和能力素质。

(1) 品质素质。这是经理素质的基础方面,主要包括事业心、道德和工作作风三个方面。经理应该具有对事业的执着追求、强烈的责任心和敬业精神;经理应具有高尚的社会公德和职业道德,必须正确对待环境保护、公共卫生、公共秩序等问题,必须对企业出资者负责、对企业员工负责、对消费者负责、对社会负责;经理还必须具有良好的工作作风,必须尊重科学、重视调查研究、重视民主、能博采众长、知人善任、任人唯贤、用人之长等。

(2) 专业知识。专业知识包括:战略管理、企业文化、品牌管理、营销管理、人力资源管理、财务管理、企业策划、生产管理、计算机操作、行业技术、工作阅历等。

(3) 管理艺术。管理艺术包括领导艺术、修养艺术和求索艺术等。领导艺术指同上级、下级、同级之间的相处艺术,在善于保护自身利益时,不侵犯或少侵犯他人利益;修养艺术指信仰、性格、言谈、组织、心态、礼仪等范畴,主要通过模拟修行法来实现等;求索艺术指素质评价、目标设定、发展规划、选择环境(工作环境、生活环境、学习环境)、交往朋友、求知技巧、体验生活等范畴。

(4) 管理思想。管理思想包括:通过对管理知识的理解、生活阅历的理解、自然规律的理解、社会形态的理解,再结合对客观环境研究形成的辩证管理观和辩证管理手段。

(5) 能力素质。能力素质是经理整体素质中最具实质性的部分,主要包括决策能力、组织能力、控制能力等。

① 决策能力。市场经济是充满风险的,这就要求经理能根据外部经营环境和内部经营实力的变化,执行董事会决议,适时地、正确地作出各种具体的经营决策。一定的决策能力是经理观察能力、判断能力、分析能力及决断能力的综合体现。

② 组织能力。组织能力是经理在一定的内外部环境和条件下,有效组织和配置企业现存的各生产要素,使之服务于企业经营目标的能力。组织能力具体包括组织设计能力、组织分析能力和组织变革能力。

③ 控制能力。控制能力是指经理通过运用各种经济、行政、法律手段来保证企业经营目标如期实现的能力。经理控制能力主要包括差异发现能力和监控能力两个方面。

表 19.2　经理层成员素质要求

素质结构		主　要　内　容
品格素质		事业心、道德和工作作风等
专业知识		战略管理、企业文化、品牌管理、营销管理、人力资源管理、财务管理、企业策划、生产管理、计算机操作、行业技术、工作阅历等
管理艺术	领导艺术	同上级、下级、同级之间相处的艺术,在善于保护自身利益时,不侵犯或少侵犯他人利益
	修养艺术	信仰、性格、言谈、组织、心态、礼仪等范畴,主要通过模拟修行来实现等
	求索艺术	素质评价、目标设定、发展规划、选择环境(工作环境、生活环境、学习环境)、交往朋友、求知技巧、体验生活等范畴
管理思想		通过对管理知识的理解、生活阅历的理解、自然规律的理解、社会形态的理解,再结合对客观环境研究形成的辩证管理观和辩证管理手段
能力素质	决策能力	决策是经理最重要的职能,一定的决策能力是经理观察能力、判断能力、分析能力及决断能力的综合体现
	组织能力	组织能力是有效组织和配置企业现存各生产要素,使之服务于企业经营目标的能力。具体包括组织设计能力、组织分析能力、组织变革能力
	控制能力	控制能力是指经理通过运用各种经济、行政、法律手段来保证企业经营目标如期实现的能力。经理控制能力主要包括差异发现能力和监控能力两个方面

2. 最佳模式——经理人与经理人市场相结合

全面辩证地认识经理人的原则,建立企业"经理人与经理人市场相结合"的选择机制,是克服上述存在问题的最佳选择模式。为保证"经理人和经理人市场相结合"的机制有效贯彻实施,需要相应的配套措施。这些措施包括以下几个方面。

(1) 科学的绩效考评机制。对企业经理人应有一个科学的考核评价体系,否则激励和约束都没有依据。这个考核评价体系要将经营者的业绩与企业的业绩有机联系起来,并必须抓住两个重点:一是建立一套充分量化、操作简易而又富有成效的考评体系。二是建立与公正的评估相对应的考核机制。

（2）客观的职业风险追究机制。经理人通过缴纳一定比例的风险抵押金，作为经理人对其经营后果的风险抵押。风险抵押金只有在经营责任期满或经理人工作变动时经审计终结后返还。如果在经营期间发生资产减值，就要从经理人风险抵押金和基本年薪中抵扣，直到扣完为止。对于经理人，如果经审计发现其经营期间发生资产减值情况，还应追究其法律责任。

3. 探索创新——经理人管理新模式

无论今后经理人由哪个部门管理、管到什么程度，单纯从管理的层面来看，经理人管理应包括从发现选择、考察任用到使用的全过程，而不是仅仅注重某个环节。在改革进一步深化过程中，我们非常有必要建立新的企业经理人管理机制，以解决企业经理人管理制度中存在各种问题。

（1）理清管理层次。理清管理层次包含两方面的内容，一是职位层次，二是幅度层次。在管理职位设计上，取消那些本应由企业自己管理的职位，从实质意义上完善董事会职能，让董事会成为真正的企业法人代表。解决企业委托代理问题必须使董事会真正拥有法人财产权。董事会的任务是代表所有者维护企业的长远利益，监督企业资本运用的安全。因此，董事会和经理人应彻底分开，出资人只管理自己推荐出来的董事会和监事会成员，对其进行考核管理，并决定报酬；而企业的经理层则应由董事会在市场优胜劣汰的竞争中去择优。这样一方面有利于现代企业制度的建立；另一方面也是经理人职业化的必由之路。在管理幅度上，放开企业中层干部管理，也就是说不再管理企业的中层干部职位，赋予企业自身人事权。

（2）构建产权代表和经理人筛选机制。由于企业委托代理特点，代理者的素质和行为直接影响到委托者的利益。因此，无论投资人作为委托人选择自己的产权代表，还是董事会选用经理人，都必须引入市场竞争机制，让符合条件的经营管理专家成为企业产权代表。在现代市场经济条件下，企业经理人已成为一种稀缺资源，应该通过市场来选择和配置。作为代理者的经理人员不仅要有来自同行业企业经理的竞争压力，还应有潜在的经理阶层市场的竞争压力，这是充分发挥经理人经营才能并有效约束经理行为的基本条件。同时，由于公司中的产权代表并非真正的资产所有者，其行使监督权力的行为方式潜在地具有扭曲的可能性。为了确保产权代表行为的合理化、理性化，必须建立一套规范有效的产权代表筛选机制，及时淘汰那些"能力不足"或不关心资产保值增值的产权代表，使产权代表处于一种动态、可被淘汰的状态。

本章小结

在设计公司治理模式时，要以利益制衡为重心，包括股东（大）会与董事会的制衡机制，监事会对董事会的制约，经营阶层内部的分权与制衡，多数股东与少数股东之间的制衡等。另外，还要考虑到出资人对经营者的监督，监事会的功能非常有限，提高董事会运行质量，经营者的选择这些要素。

在董事会设计上，特别需要注重其运行质量，合理分配和设置执行董事和非执行董事及董事会下的各种专门委员会,不断提高其运行质量。在监事会设计上,要加强制度机制建设,确保监督权的规范运行,全面构建决策权、经营权、监督权相对独立的治理结构,达到企业所有者、经营者、监督者及其利益相关者的权利和义务均衡。董事会在招聘和选择经理人时,要综合考虑各方面因素,形成完善的选拔机制。

案例分析

公私孙大午

大午集团,位于河北省徐水县。2008年12月18日,集团举行第三届董事会换届选举。财经媒体、政经刊物的记者,以及公共知识分子,都有到场。原因简单,一路走来,孙大午作为私营企业主与社会公共人物的形象,不断交叉乃至模糊,却依然引人注目。

孙大午并不是因为他的"私企立宪制"才广为人知的。2003年,他因为涉嫌"非法集资"而被判处有期徒刑三年,缓刑四年。牢狱之灾改变了大午集团两件事,第一是因为服刑原因,孙大午不再担任大午集团的董事长,暂时把董事长一职交给20多岁的长子孙萌;第二,这也促使孙大午开始考虑,如何选拔和培养企业接班人,来保证企业的持续发展。他觉得,最好是对此有一个制度保障,随后创立了这一套"私企立宪制"。

"私营企业不姓私,它是一种生产经营形式,是私的积累,公的发展。"从大午温泉城到大午中学的路上,白底红字的灯箱上是孙大午的"格言"。

"立宪"为"私"?

选举开始前,大午中学阶梯教室里,工人们唱厂歌《做一个勤恳实在的大午人》。工人中的大多数是来自周边村庄,脸上常有春种秋收留下的极深的皱纹。正是这样的661位工龄在三年(含)以上的员工,由权力从13位原董事会成员中选出11位成员,以及从14位新候选人中选出4位成员,组成大午集团15人的新一届董事会。

"现在金融危机,一些民工回家了。南来北往的民工们,他们在'用脚投票'。我们现在在这个企业,有机会'用手投票'选领导……"孙大午高调宣称,实行四年的"私企立宪"是"民主选举,民主决策,民主监督"。工人们给了他热烈的掌声。

尽管被贴上"中国企业家的良心"的公众标签,归根到底,孙大午,还是一个私营企业主。中国民营企业家走过的路、吃过的苦、受过的伤,他大都经历,或许更甚。

1985年,妻子刘慧茹承包了村里用大喇叭广播了三个月也无人承包的3000亩"憋闷疙瘩"——一片荒废的果园、一座荒弃的砖窑和数十个坟包地(那时《土地法》还没有出台)。此后,孙大午辞去了信用社的工作,和妻子一起创业。企业由小到大的发展过程中,"投毒,放火,毁机器,毒打,暗杀,绑架都经历了"。

和所有的民营企业一样,贷款很难。大午集团自创了"粮食银行"——公司向农民借余粮。农民要粮食还粮食,不要粮食还钱。2003年5月27日,因"涉嫌非法吸收公众存款",孙大午被徐水公安拘捕,直到11月1日,以"判三缓四"的罪犯身份走出监牢。期间,孙大午待过"单间小号",也曾和死刑犯同室。

孙大午还有很多作为企业家的焦虑。民企传承问题,"唯此为大"。孙大午并不免俗。出狱后,孙大午从紧张、亢奋的"公共"状态,部分回归了一个家族企业创业者的角色。大儿子孙萌已是代理董事长,但并不想干——驾驭不了,太累。自己则被剥夺了当董事长的权利。怎么解决问题,所有权是绕不开的坎。"搞股份制怎么搞?我和我妻子多少股份?两个儿子多少?两个弟弟多少?内侄女多少?元老们多少……"孙大午觉得股份制根本就是一个陷阱,"上亿资产,我拿钱给大家分,最后我还成为坏人。我把钱分给大家,最后还得搞成内讧。"妻子问孙大午能不能想一个办法,企业永远这样下去,不要搞股份制,两个儿子孙萌、孙硕有本事的去创业,没有本事的享福。

孙大午想到了英国的君主立宪制度、隋朝的三省六部制(皇帝的诏书由中书省代起草,门下省审计通过,尚书省执行)、福特的AB股(B股只可以分红,不可以选举。A股是家族内部的,有选举权)……从而设计了大午集团的"私企立宪"制度。

企业里有三会:监事会、董事会、理事会,职能分别是分权、确权、限权。监事会行使监督权,产权归监事会所有;董事会行使决策权;董事会成员,由职工民主选举产生,董事长、总经理由董事会民主选举产生;董事会每年的投资额度不能超过去年的赢利总额加折旧;理事会行使执行权……

"孙硕有点自卑,"父亲说到儿子的时候,声音里总是带着暖意,"私企立宪,有1/3是为他们设计的。他们哥俩(儿子孙萌、孙硕)认可这个制度。"还有1/3,为克服家族企业的弊病,"做到一定的规模后,争功诿过、争资产、争权力。"最后1/3,"大部分私营企业,80%都存在富不过三代的问题。我想探出一条路——让资本说话,也让工人说话。"

"私企立宪"四年,大午集团产值翻了二番多。不过,就在第三届董事会选举结束的第二天早晨,大午温泉餐厅,记者见到了前一天被民主选举进入董事会的饲料公司经理刘金虎,他央求一起吃早饭的客户,跟董事长说说自己的待遇太低了。大午集团内部也有中层认为,照目前集团的状况,优秀的职业经理人,进不来,留不住,而三权分立又在根本上弱化了经营者的激励机制。

孙大午一再强调,他追求的是家族和睦,企业长期稳定发展。他设计的"私企立宪"制度,成功与否,还有待时间检验。

公共企业家

大午温泉城营业两年,领班祁建峰,只见过一次监事长陪县委组织部的官员,那还是一年前的事,"但是,经常见到他陪朋友,哪个大学的教授,他们在那里聊天,有时聊到晚上十二点,一点。"

秦晖、秋风、茅于轼、陈志武……孙大午是企业家中为数不多的敢将这么多公共知识分子称之为朋友的人。而秋风在孙大午入狱时就称他是一个"有公共精神的企业家"。

孙萌,办公桌上摆着妻儿的照片,也摆着2007年夏天和父亲一起看望柳传志时的照片。对于自己童年时处于创业期的父亲,孙萌能想起的东西很少,只记得父亲教导他的是,"一个人富不算富,有本事把整个村庄富起来,把这一带富起来。"

"你安安心心的把你的企业管理好,社会上的问题,有专家学者在研究那些东西",长大后,儿子开始"教导"父亲,"我们不太支持他搞这些东西。"

弟弟二午对"私企立宪"是赞同的。他1992年带着50万元积蓄进入大午公司(1996年改为集团),经大众民主选举位列董事会成员,又经董事们的精英选举,连任董事长。过去他和哥哥也一直争吵,"我一直认为,这么多年,他对这个企业的经营并不是很上心。说他对政治感兴趣吧,不是那么好听。怎么说呢,他对大局很感兴趣吧。那时三农问题什么的,他一直在奔跑……然后(集团)大事小事都要请示他,而他决策非常不及时,甚至影响企业效益。"

"我有两个梦想,第一个梦,我想建一个大午城,一座世外桃源,第二个梦想,安得淳风化淋雨,遍沐人间共和年";"哪怕还能把这个历史的车轮推进一步一寸,我们也得推"。这些孙大午当年在北大演讲时激昂的话语,已经不复耳闻。无论对媒体还是对于其他企业家,现在孙大午侃侃而谈的都只是大午集团的"私企立宪",甚至能够做到三个小时内绝不跑题。但是,偶然间,孙大午还是会不自觉地说出一些深思熟虑的话来——改革是从农村开始的,但是现在城市市场化了,农村还是计划经济。家庭联产承包责任制,交足国家的,留下自己的,不是计划经济?一人一亩三分地,不是耕者有其田,是居者有其田,不是计划经济?限制粮食收购价格,而钢铁煤炭化肥价格随便涨,不是计划经济?他说,市场经济下,土地宜耕则耕,宜种则种,宜商则商,如此方能达到资源配置最大化,土地、资本、劳动力均要流动起来。

孙大午常常需要面对的质疑是,为何热衷于思考社会制度,为什么做不到低调发财?他说,"作为企业家,时时刻刻感受到政府机构、制度法规的束缚。我感觉这不是一个吏治腐败的问题,而是一个制度层面的东西",早在2002年年底,孙大午和朴润生交流时就说,"我现在资产两个亿,名利两个字我都淡化了,没有野心,也没有私心,我在思索怎样多承担一些社会责任,忧国忧民才是企业家,为国为民才是企业家精神。"

孙大午自称是"毛泽东时代成长起来的人",从小受的教育就是共产主义思想,所以就会"以共同富裕为理想"。"我有一种倾向,愿意实现欧洲的那种生活。就是富人可以富,但是他不可以在天堂,穷人可以穷,但是他不可以在地狱。现在我们生活城乡差距太大,贫富差距太大"。

现在,"私企立宪"外,孙大午醉心的另一件事情是考古。徐水釜山研究会有六七十个人,孙大午任会长,"政府拨了二十万元,都花完了,现在经费我们出"。研究会经过考证,确认徐水釜山是炎黄二帝"合符釜山"的釜山。"画龙合符,每一个部落图腾最完美的一块都在合符上得到体现。合符也意味着忠孝文化、家族起源",孙大午,认为自己的考古研究,有文化传承的价值。考古之前,他还修过孔庙。"他现在搞釜山文化,和企业可以说是没有什么关系的,但是,对社会,是有意义的",孙二午认为哥哥在做大事,而他自己在做小事,"保证给工人开工资"。

究竟是企业家,还是梁漱溟、晏阳初一样的乡村改革者?孙大午自己不很在意,"没有想过,那都是别人评的。所有的评论都会随时间烟消云散"。

根据上述案例,你认为这套制度与现存的公司制度相比有哪些创新?

(资料来源:中国企业家,作者:陈建芬,2009年01月)

复习思考题

1. 公司治理结构设计的重心是什么?它主要表现在哪几方面?
2. 董事会设计中,我们应该如何定位执行与非执行董事?
3. 监事会设计中,如何建立、健全激励约束机制?
4. 董事会对经理人的选择一般会考虑哪些方面?

第五篇

公司治理专题

完善的公司治理评价体系可以促进上市公司治理水平的提高，对发展证券市场意义重大，本篇专题对公司治理评价的内容、原则、方法进行了讨论。源于集团公司、商业银行和家族企业等在整个企业构成中的重要地位和他们的特点，本篇还运用公司治理的基本原理对这三类企业的公司治理问题进行了专题探讨，以期增强相关认识和了解。

第20章 公司治理评价

学习目的

通过本章的学习,你应该能够:
1. 熟悉公司治理评价的主要内容与公司治理评价的原则;
2. 把握中国上市公司治理评价指标体系的内容;
3. 明确公司治理评价与公司治理之间的关系。

关键词

公司治理原则　公司治理评价　指标体系

引导案例

招商银行获评中国上市公司治理评价第一名

经济形势复杂多变的情况下,公司治理问题一直都是普遍关注的焦点。目前,中国社会科学院世界经济与政治所公司治理研究中心和全球领先的商业咨询和内部审计专业机构甫瀚咨询共同发布其连续第八年的合作成果——《2012年中国上市公司100强公司治理评价》报告。报告显示,2012年度中国百强上市公司治理的总体水平逐年提升,持续改进颇有成效,金融行业领先地位缩小。但同时,因股权制衡不足所反映的利益冲突是主要问题之一。企业的内控建设步伐仍显迟缓,大多数企业的公司治理原则基本呈缺失状态。

该报告主要从"股东权利""平等对待股东""利益相关者的作用""信息披露和透明度""董事会职责"和"监事会职责"六大评价板块着手,重点分析和考察了中国最大的100家上市公司的治理水平、特征、问题和实现改善的途径。相比较2011年的公司治理综合平均分63.1分,2012年度的评估显示,中国百强上市公司治理的总体平均水平为65.9分,延续了过去几年的逐步提高趋势。

从六大板块各部分的得分来看,除"股东权利"有所下降外,"信息披露和透明度"表现最好,平均分为84.4分;"监事会职责"的得分最低,平均得分为56.2分;而"信息披露和透明度"指标的上升幅度最大,平均分从2011年的77.2提高到2012年的84.4分。

报告显示,2012年度中国百强上市公司治理评价前十强是:苏宁电器股份有限、招商银行股份有限公司、中国远洋控股股份有限公司、中国南车股份有限公司、中国民生银行股份有限公司、兴业银行股份有限公司、中信银行股份有限公司、上海国际港务(集团)有限公司、长沙中联重工科技发展有限公司和万科企业股份有限公司。

值得一提的是,非金融企业——苏宁电器在2012年的治理评价排名中,超越多年保持首位的金融企业,首次摘取桂冠,这体现了处于完全竞争性行业的公司呈现了崛起之势。分析人士指出,此种金融企业治理水平领先于非金融企业的程度的下降,反映出市场竞争于促进上市公司治理方面开始发挥作用,是一个积极的信号。

中国社会科学院世界经济与政治研究所公司治理研究中心主任鲁桐表示,2012年的调查表明,百强上市公司中,致力于改进公司治理的领先企业越来越多,后进企业的公司治理水平也处于持续改进中,特别在股东权利与信息披露和透明度方面表现很不错。另外,从结构层面看,金融企业公司治理评估得分领先程度的下降和竞争性行业公司的崛起,也从另外一个角度反映出百强公司改进治理水平努力的普遍化。

"在中国资本市场持续低迷的现下,企业的治理状况直接关系到企业的经营效率和广大股东的利益,进而关系到一国资本市场的竞争力。今年的报告,我们更加细化了指标,并增加了公司治理的风险提示。"肯瀚咨询董事总经理刘建新接受采访时表示。

刘建新表示,要完善中国上市公司治理,最要紧的是做三件事:一是重树资本市场信心,加大对违规、违法行为的惩治力度,提高违规成本;二是促进上市公司长期激励约束机制的形成;三是公司治理监管应借鉴国际经验实行"服从或解释"规则,促进公司治理自愿标准的形成。

(资料来源:证券日报,侯捷宁,2012年6月29日)

20.1 公司治理评价的内容与原则

公司治理评价是指评级机构通过一套科学、公正的公司治理评价指标体系,对公司治理结构与治理机制的有效性进行评价。公司治理评价等级是衡量公司治理结构与治理机制有效性的一种尺度,它是评级机构对一个公司治理结构与治理机制在一定时期内对以股东和债权人为主的利益相关者进行有效维护的判断。公司治理评价等级不同,所反映的公司治理结构与治理机制的有效程度也不同。在评定过程中,评级机构对每一评级对象的评级标准都要保证一致性。由于评级机构独立于政府和公司任何利益相关者,因而其评级结果具有独立性、客观性和公正性。为保证公司在整个评级结果有效期内的准确性,评级机构要时刻对所评对象的相关事项进行跟踪监控、测评,对所评的等级据实进行调整。

20.1.1 公司治理评价的内容

公司治理评价的内容主要有对股权结构、股东权利、治理结构、信息披露和公司业绩的评价。

1. 股权结构

股权的集中程度、股权结构的透明性是影响公司治理的基础因素。股权结构是确立公司治理结构的基础,股权结构不合理是影响公司治理水平的主要因素。国内外公司治理的实践已经表明,高度分散的股权结构和高度集中的股权结构都不利于建立有效的公司治理结构。大股东的存在不应该对其他股东产生不利影响,小股东应得到保护。管理层与内部股东不应该对其他股东逃避责任。此外,影响公司治理结构的还有股权结构的透明性。公司的股权结构要恰当地公开披露,包括那些名义股东背后的真正股东及交叉持股、管理层控制的持股公司和名义股东。例如控制性股东的背景、交叉持股和间接持股及股权结构信息的披露及透明性问题,因此,公司治理评价还应当关注公司股权结构和控制权结构的透明性以及控制权结构对公司和小股东的影响。股权和控制权结构的不透明使投资者很难准确判断公司的投资价值及投资风险,控股大股东可能回避必要的信息披露和监管,作出不利于其他股东的交易。公司与大股东和管理层之间的合同构成重要的关联交易,它是公司和小股东利益被损害的主要途径。

2. 股东权利

保护股东权利是公司治理的核心,股东权利的评价主要是分析股东权利受保护的程度和领域。股东权利包括控制权和收益权两方面,控制权主要通过在股东大会上投票来实施,收益权主要是分红权。我国《公司法》《证券法》等其他法律、法规对股东权利有全面规定,这些法律对股东权保护达到了一定水平,但在实际操作过程中存在许多问题。股东权利分析的主要内容包括:

(1) 股东(大)会是股东参与公司决策的主要方式,因此,股东应该能自由平等地参加股东大会。

(2) 持有10%投票权的股东应当有权要求召开特别股东(大)会,股东有权在会上向董事会提问并提出议案。

(3) 股东(大)会对重大事务的决策权,比如关联交易、重大投资等,有些公司常常通过对董事会的授权限制了股东(大)会的决策权。

3. 治理结构

公司治理结构是公司的基础性制度架构,既要确保股东权益,又要充分发挥董事和经理人员的主动性、积极性和创造性。要在股东、董事会、监事会和经理人员之间建立起一种有效的制衡关系。治理结构分析的主要内容有:

(1) 董事会的规模和大股东选派董事的比重。

(2) 独立董事的数量与职能。

(3) 董事和高级管理人的薪酬计划。管理层激励是公司治理的重要内容,上市公司要建立有效的高管人员薪酬激励制度,包括薪酬确定程序、薪酬结构与水平、薪酬形式、薪酬与公司业绩的关系、业绩评价制度、董事与经理人持股数量以及其取得股份的方式和途径等。

（4）董事会成员和高级管理人员的选择制度和方式。

（5）监事会的产生方式及监事的能力与水平。监事会中股东监事由股东大会选举产生，职工监事由公司职工民主选举产生。选举的监事应当有能力执行监事的职责，不能把监事当作一种安排人事的闲职。

4. 信息披露

公司的信息披露是上市公司应该履行的法律义务，也是投资者判断公司经营状况和公司价值的主要依据。上市公司如果没有真实、准确、完整、及时地进行信息披露，必然就会在投资者面前失去公信力。这方面主要考察的内容是：公司的财务、治理及其他重要信息应当真实、准确、完整和及时地予以披露；公司与审计单位应保持必要的独立性。该部分分析的主要内容有：

（1）会计准则。

（2）关联交易。

（3）董事及经理人在公司的持股数量及取得的方式和途径，薪酬水平及确定的依据。

（4）信息提供的及时性、准确性和全面性。

（5）审计师的独立性。审计师的聘请应由董事会审计委员会提出，由股东大会批准。审计师应当独立地、不受干扰地提供审计报告，出具的审计意见应当具有客观性。

5. 公司业绩

公司治理的水平最终反映在公司的业绩上，高水平的公司治理必然产生高水平的公司业绩和持续发展能力。主要分析以下内容：

（1）公司是否有明确的战略目标与战略措施。

（2）公司的资产负债结构是否合理，特别是有息负债的比例，既应当保障股东的投资能够获得较高的杠杆收益，又要防止出现过高的风险。

（3）公司的赢利能力。

（4）社会贡献和社会责任。

20.1.2 公司治理评价的原则

在进行公司治理评价时，为确保其能够客观公正进行，必须坚持一定的原则。

第一，客观性原则。上市公司治理评价体系应当尽可能利用有关上市公司的客观资料及信息，最大限度地减少主观人为因素的影响。

第二，中立性原则。评价机构应保持独立性，评价机构一般不能兼作公司的咨询顾问，不受政府及其他权利机构或个人意志的影响。

第三，企业价值原则。构建评价体系的目标是要对公司治理的有效性编制出一个合适的、公允的、可比较的评价指数和方法，其指标的设计应当以企业价值最大化作为基础。

20.2 公司治理评价指标体系

公司治理评价存在很多种指标,一般比较常用的有以下 85 个指标,其中:涉及股权结构的指标有 12 个指标、股东权利的指标有 15 个指标、治理结构的指标有 28 个指标、信息披露的指标有 20 个指标、公司业绩的指标有 10 个指标。

20.2.1 股权结构

常用的反映股权结构指标包括:

(1) 第一大股东是否绝对控股(股权比例超过 50%)。
(2) 第一大股东是否相对控股(股权比例在 50% 以下)。
(3) 第二、第三、第四位的股东的股权比例之和是否超过第一大股东,并能对第一大股东形成有效的制衡作用。
(4) 第一大股东是否为国有股东(包括国有法人股东)。
(5) 第一大股东是否为自然人股东(包括公司董事及高管人员持股)。
(6) 是否有四个以上的股东持股比例达到 10% 或以上。
(7) 是否没有一个股东的持股比例达到 5% 或以上。
(8) 前十大股东之间是否存在交叉持股和间接持股关系。
(9) 前十大股东与上市公司之间是否存在关联交易。
(10) 全部股东是否都是自然人股东。
(11) 流通股的比例是否低于 30%。
(12) 控股股东的股权结构、控制权是否及时披露、透明。

20.2.2 股东权利

常用的反映股东权利指标包括:

(1) 控股股东控股比例在 30% 以上的上市公司章程中是否规定采用累计投票权制度。
(2) 历次参加股东大会的投票权占公司总投票权的比例是否达到 60% 或以上。
(3) 股东(尤其是中小股东)能否方便地获得公司的财务、经营等有关信息。
(4) 控股股东与上市公司是否实现了资产、人员、财务、机构、业务五分开。
(5) 近三年内是否发生过大股东侵害上市公司和中小股东合法权益的事件。
(6) 对公司拥有实际控制权的股东是否利用其控制地位与上市公司发生过有失公允的交易如产品购销、资产转移、垄断采购、控制销售等。
(7) 在增发新股、派发红利以及股权转让时是否能平等对待所有股东。
(8) 大股东在表决自身与上市公司之间的关联交易时是否采取了回避政策。
(9) 近三年是否发生过管理层侵害公司或股东利益的事件。
(10) 交叉持股达 10% 以上的公司之间是否在表决时采取了回避政策。

(11) 控股股东是否从上市公司借款或占用上市公司的资金。
(12) 上市公司是否为控股股东提供担保。
(13) 控股股东及下属公司是否存在与上市公司的同业竞争。
(14) 公司章程是否规定了股东大会的召开和表决程序,包括通知、登记、提案的审议、投票、计票、表决结果的宣布、会议决议的形成、会议记录及其签署、公告等。
(15) 公司章程是否规定了持股比例在10%或以下的中小股东可以提议召开临时股东大会。

20.2.3 治理结构

常用的反映治理结构指标包括:
(1) 公司是否制定了公司治理准则。
(2) 公司是否制定了董事会议事规则。
(3) 董事是否具备合理的专业结构,具备履行职务所必需的知识、技能和素质。
(4) 执行董事在董事会中是否只占少数。
(5) 董事长是否兼任总经理。
(6) 独立董事是否占董事会成员的1/3或以上。
(7) 在董事会中是否设立了主要由独立董事组成的专业委员会。
(8) 在董事选举中是否实行累积投票制度。
(9) 控股股东是否直接任免或干预任免董事长和总经理。
(10) 董事对重大议案的决策能否充分发表不同意见并如实记录。
(11) 公司是否建立了对高级管理人员的业绩评价和选拔制度。
(12) 控股股东的董事在董事会中是否占多数。
(13) 监事会是否发生过拒绝接受新闻媒体采访的事例。
(14) 董事是否因违法、损害公司利益、未勤勉履行其义务等原因而被处罚过。
(15) 近三年内独立董事对董事会的重大决议事项是否发表过意见。
(16) 独立董事是否提议过召开董事会。
(17) 监事会的人员和结构能否确保监事会能够独立有效地行使对董事、经理和其他高级管理人员及公司财务的监督和检查。
(18) 公司是否制定了监事会议事规则。
(19) 监事会能否对董事会和高级管理人员发表保留意见。
(20) 监事会在发现公司重大问题时是否召集过临时股东大会。
(21) 监事会能否要求公司董事、经理及其他高级管理人员、内部及外部审计人员出席监事会会议,回答所关注的问题。
(22) 在监事会中职工选举的监事能否发挥作用。
(23) 近三年是否发生过监督部门的提示与警告。
(24) 近三年内是否发生过上市公司与庄家合谋联合操纵股价的事例。
(25) 近三年是否发生过公司高级管理团队集体辞职(一般占30%或以上)的事例。
(26) 近三年内总经理或董事长的累计更换次数是否超过两次(含两次)。

(27) 公司是否建立了与业绩挂钩的报酬制度。

(28) 公司是否为利益相关者维护自己的权利提供了一定的条件。

20.2.4　信息披露

常用的反映信息披露指标包括：

(1) 是否详细披露了公司治理方面应当披露的信息及相关信息。

(2) 公司大股东尤其是控股股东的变化是否得到了及时详细准确的披露。

(3) 是否披露了独立董事对关联交易的意见。

(4) 定期报告中的财务及其他重要信息披露是否真实、准确。

(5) 定期报告中的财务及其他重要信息披露是否完整。

(6) 定期报告中的财务及其他重要信息披露是否及时。

(7) 定期报告中的财务及其他重要信息披露是否有补充公告,且补充公告是否涉及财务和其他重大错误。

(8) 非定期公告文件中是否发生过虚假记载、误导性陈述或重大遗漏。

(9) 公司是否及时披露了重大关联交易信息。

(10) 公司是否全面执行国家颁布的会计准则。

(11) 三年内担任公司审计的会计师事务所是否发生过违法、违规问题。

(12) 审计单位与上市公司之间是否存在除审计事务外的其他业务关系,如提供咨询等。

(13) 近三年内审计单位是否出具过"有保留意见"的审计报告。

(14) 公司是否设立了网站,并将有关须披露的信息公布在网上。

(15) 公告的电子文本与书面文稿是否一致。

(16) 公司是否及时披露了重大投资项目的收益及风险信息。

(17) 是否及时披露持有公司股份比例较大的股东以及一致行动时可以实际控制公司的股东或实际控制人的详细资料。

(18) 是否及时披露公司股份(控股股东、董事长、董事、高级管理人员等的持股)变动的情况以及其他可能引起股份变动的重要事项。

(19) 是否及时披露控股股东增持、减持或质押公司股份,或上市公司控制权发生转移的信息。

(20) 是否做到除按照强制性规定披露信息外,主动、及时地披露所有可能对股东和其他利益相关者决策产生实质性影响的信息,并保证所有股东有平等的机会获得信息。

20.2.5　公司业绩

常用的反映公司业绩指标包括：

(1) 董事会是否为公司制定了明确的战略目标和战略措施。

(2) 近三年公司的主营业务收入是否持续增长。

(3) 近三年公司每股净资产是否持续增长。

(4) 近三年公司总资产收益率是否稳定增长。
(5) 近三年公司每股收益是否稳定增长。
(6) 公司是否形成了核心业务、增长业务和未来业务组成的业务链来保持公司的持续发展。
(7) 公司的资产负债结构是否合理,特别是有息负债的比例是否有利于发挥财务杠杆作用。
(8) 公司能否认真履行社会责任,按时照章纳税,增加就业,参与社会救助。
(9) 公司是否因违反行业或环境保护标准而被处罚。
(10) 近三年内公司是否发生过因为诚信问题引起的法律纠纷。

为了使分析评价达到定量化,对每一项评价内容提出的评价指标有三种选择:是、不确定和否,并分别赋予分值"1""0.5"和"0",将每项评价内容各指标的得分相加除以每项评价内容的指标个数得该项评价内容的得分。对于各项指标的分析和评价可以采用问卷方式,也可以通过收集公司的文件、数据等方式获得。

20.3 公司治理评价的实施及现实意义

20.3.1 公司治理评价的实施

从国外公司治理评价制度的实施来看,评价机构有两大类:一类是由中介机构进行评价,其优点是市场竞争和信誉机制会促进评级质量的提高,在一定程度上保证评价结果的客观,如标准普尔、戴米诺、里昂等都是公司治理评价中介机构。香港证监会也准备引入这些机构进入香港进行公司治理评级。第二类是由非营利机构来操作,优点是在某些竞争和信誉机制尚不完善的国家环境中由非盈利性机构操作可以提高可信度和客观性,并避免中介机构为赢利而影响评价的公正性。

中国的市场经济发展迅猛,市场已经发挥出配置社会资源的基础性作用,提供各类商业性服务的中介机构发展较快。提升服务的公正性、客观性已经成为中介机构增强市场竞争能力的基本策略和措施,独立的商业性中介机构已经具备了进行公司治理评价的能力。由独立的商业性中介机构进行公司治理评价可以避免政府部门利用公司治理评价扩展权力,形成对公司的干预。公司治理评价在中国还是一个开创性的工作,应当鼓励有条件的中介机构开展公司治理评价工作,以形成适度的竞争,提高公司治理评价的公信力。

1. 开展公司治理评价的方式

开展公司治理评价可以有以下几种方式:
(1) 中介机构自主开展公司治理评价。向股东、投资人、债权人、监督机构、证券交易机构等机构和组织有偿提供公司治理评价的结果。
(2) 上市公司委托进行公司治理评价。上市公司为了得到投资者对公司发行新股、增资扩股、发行债券、债务融资的支持,提高公司的诚信力等目的,委托中介机构进行公司治理评价。

（3）上市公司监管部门和证券交易机构委托进行公司治理评价。上市公司监管部门和证券交易机构为了客观判断上市公司治理情况和水平，委托中介机构对目标公司进行公司治理评价。

（4）股东、投资人、债权人、供应商、经销商等利益相关者为了进行投资决策、贷款决策、交易决策，委托中介机构对目标公司进行公司治理评价。

2. 公司治理评价的程序

在进行公司治理评价时，应遵循一定的程序进行实施。
（1）自主决定或根据委托合同明确公司治理评价项目及评价目的。
（2）组成公司治理评价专家组。
（3）根据目标公司的具体情况确定评价方案。
（4）按照公司治理评价指标体系的要求逐项开展分析评价。
（5）编写公司治理评价报告。
（6）组织有关专家对公司治理评价报告进行评审。
（7）提交正式的公司治理评价报告。

20.3.2 公司治理评价的现实意义

公司治理评价无论对于投资者还是公司本身而言都极为重要。公司治理评价的现实意义有以下几方面。

1. 对公司融资的作用

公司要从外部获得股权和债权融资，需要得到融资方的认同，最基本的是要使得融资方意识到他们的权利能够得到合适的保护。只有在此情况下，融资者才愿意以合适的价格提供资本。公司治理评价就是证明公司对融资者能够提供这种保护的一种"显示信号"，公司治理评价可向投资者提供一个客观、公正的公司治理水平的信息，对于公司治理水平高的公司，投资者会增强愿意以更高的溢价购买公司的股份。

2. 对投资者决策的影响

公司治理评价可以作为投资者对公司进行投资决策时的重要依据。对投资者来说，公司治理评价可以使投资者比较不同公司治理水平的差异，从而了解公司运行的方式、了解内部人（包括经理层和控制性股东）如何对待外部股东特别是少数股东、了解公司如何对待债权人、了解公司财务透明度，从而把握对公司投资可能存在的风险因素。对于战略投资者和机构投资者来说，公司治理评价具有更加重要的作用，因为机构投资者的资产组合中占多数的股票都是流通市值较大的公司，这类公司的治理水平对公司持续、稳定的经营和发展以及股票的市场价值具有特别重要的意义。而机构投资者一般是长期投资，所以更加关注公司的经营稳定性。

3. 对公司价值的影响

公司治理评价的结果会受到公司现有股东、外部投资人、债权人及其他利益相关人的密切关注。公司治理评价高的公司的股东会提高持有公司股权的信心,继续持有或增加持股,外部投资者会选择这样的公司作为投资目标,银行等债权人更愿意为这样的公司持续提供贷款,供应商、经销商更愿意扩大与公司业务,带动公司经营业绩的上升,所有这些因素都会推动公司股票价格和公司价值的上升。而公司治理评价低的公司则会出现相反的结果。

4. 对监管机构和证券交易机构的作用

证券监管机构和证券交易机构需要对公司治理水平作出客观的判断来决定对公司的监管和指导的方针和政策。公司治理评价,为监管机构提供了重要的监管依据。对于监管机构而言,客观、真实地了解和掌握上市公司信息是非常重要的。而公司治理评价一般是由社会中介机构进行的,其评价不会受到权力、利益等因素的影响,评价的结果更具有客观性和公正性。公司治理评价,为监管机构提供了一个统一的、可以量化的客观标准,有利于监管机构采取相应的措施,加强对上市公司的监管和指导。特别是对那些治理评价较低的公司,更应该作为监督管理的重点对象。

5. 有助于企业建立和实施公司治理战略

所谓公司治理战略就是公司在治理结构方面中远期内所要达到的目标和为此采取的相关行动,一个公司之所以需要治理战略是基于对公司治理对公司作用的深刻认识。公司治理战略的目标包括公司准备在近期和远期所要达到的公司治理水平以及为实现这些目标在各个方面所采取的措施。公司治理评价体系,通过对公司治理水平的现状与理想水平的差距的分析,为公司制定和实施战略提供了重要的参照,不仅有总体的目标,还有各个方面的细致内容。公司治理评价同时也是公司自身改进治理水平的需要,通过客观的公司治理评价,不仅使公司自身从总体上把握公司治理的水平,还能够从公司治理评价的分析报告中详细了解影响本公司治理水平的因素及主要问题,从而明确建立公司治理战略。

目前公司治理战略已经成为公司发展战略的重要组成部分。在美国有许多专门为企业设计和实施公司治理战略的专业性咨询公司。企业可以通过公司治理评价认识自身的优势、劣势以及主要问题,为改进公司治理明确方向。

本章小结

公司治理评价是指评级机构通过一套科学、公正的公司治理评价指标体系,对公司治理结构与治理机制的有效性进行评价,衡量公司治理结构与治理机制有效性的一种尺度。其评价的内容一般包括股权结构、股东权利、治理结构、财务透明性和信息披露、公司业绩等。评价时要遵循客观性、中立性和企业价值原则。公司治理评价包括很多指标,一般比较常用的有以下 85 个指标,其中:股权结构 12 个指标、股东权利 15 个指标、治理结构 28 个指标、信息披露 20 个指标、公司业绩 10 个指标。

公司治理评价无论对于投资者还是公司本身而言都极为重要。当投资者评估公司整体状况时,除考虑财务指标之外,治理指标也会被采纳。由于其复杂性,投资者迫切需要一些对其进行评价的方法,以便在一个共同基础上对不同投资组合的风险/收益进行比较。公司治理有利于促进公司提高治理水平,公司治理评价系统对上市公司的治理状况进行全面、系统、及时的跟踪并定期将评价的结果公布。将对公司产生信誉约束,促使上市公司不断改善公司治理状况,最大限度地降低公司治理风险。

一则小故事

谁买汽水?

有一群虫子聚集在草地里一起聚餐联谊,它们一兴奋地聊着天,一边开心地吃着可口美味的食物。不多久,它们就把准备的汽水喝了个精光。

在没有汽水的情况下,大家口渴难耐,所以就商量要推派一个代表跑腿帮大家买汽水,而卖汽水的地方又离这里有一段很长的路程,小虫们认为要解决口干舌燥的急事,一定要找到一位跑得特别快的代表,才能胜任这样的任务。

大伙你一言我一语,环顾四周,挑来选去,最后一致推选蜈蚣为代表,因为它们认为蜈蚣的脚特别多,跑起路来,一定像旋风般的快。蜈蚣在盛情难却的情况下,起身出发为大家买汽水,小虫们放心地继续嬉闹欢笑,一时忘记了口渴。

过了好久,大家东张西望,焦急地想蜈蚣怎么还没回来。情急之下,螳螂自告奋勇跑去了解究竟发生了什么事。它一推开门,才发现蜈蚣还蹲在门口辛苦地穿着鞋子呢!

人不可貌相,海水不可斗量。一般人常常会根据外表来判断一个人的能力或人格,然而,实际上看走眼的几率是相当高的。毕竟,一个人的能力或人品是无法单凭外表来评判的。此外,人们也常常产生先入为主的偏见,以为只要腿长或脚多,就一定跑得快。然而像故事中的蜈蚣一样,虽然脚多,却不见得跑得快。

案例分析

尚德董事会开始审计施正荣关联交易的隐形财富

从 2012 年开始,尚德的新闻几乎没有间断过,尚德一次又一次用它独特的方式吸引着大众的眼球。

这一次,到了尚德生死存亡的时候。前日,记者独家得到消息称尚德电力的核心资产无锡尚德有望保留,但无锡尚德的三家子公司——洛阳尚德、镇江荣德和上海尚德因为未来赢利的可能性不大,有资产重组或破产清算的可能。消息人士称无锡政府最晚于本月 17 日公布资产重组计划。

尚德命运攸关,尚德创始人施正荣的日子也不好过,他需要面对的是董事会对其"隐形财富"彻头彻尾的调查。

关联公司弊病多多

知情人士告诉记者,尚德电力董事会已于上周五(8日)进入内部审计流程,重点审计与施正荣个人相关的关联交易,其中包括亚洲硅业青海有限公司(简称"亚洲硅业")、苏州赛伍应用技术有限公司(简称"苏州赛伍")、镇江丰源新能源科技有限公司(简称"丰源新能源")、江苏绿扬电子仪器集团有限公司(简称"绿扬集团")、上海尚理投资有限公司(简称"尚理投资")、江苏太阳集团有限公司(简称"太阳集团")。先罢免其董事会主席职务,再进行关联交易审查,尚德董事会已痛下决心,预备还投资者一个交代。

该审计将对施正荣十分不利,因为这里面的"猫腻"太多。靠阳光致富的"光伏首富"施正荣,其个人财富的累积过程并不透明。

记者了解到,施正荣担任尚德的董事长兼CEO期间,同亚洲硅业签订了价值15亿美元的长期供应合同,并涉嫌以高价采购该公司的多晶硅产品。

不计成本的采购还发生在其与苏州赛伍和绿扬集团的合作中。有之前在尚德供职的采购人员告诉记者,苏州赛伍生产多种背板,客户基本只有尚德,背板价格高于市场价10%以上。"尚德的背板采购明显落后于其他几大上市公司。"绿扬集团下属扬中通灵电器设备厂,是无锡尚德接线盒的指定生产厂家,同样涉嫌高价采购。

无锡尚德与施正荣的"违规"不限于此,对其关联公司"输血"的尺度令人惊讶。公开资料显示,尚理投资的法人代表为施正荣的妻子张唯。熟悉尚理投资的业内人士透露,2012年初,在尚德资金已经开始紧张的情况下,尚理投资还拆借尚德一亿美元现金。

位于扬中的太阳集团主要经营光伏焊带,之前有媒体爆料称,太阳集团由施正荣的亲戚控股,年供应尚德产品价值超过一亿元人民币。"今年1月,在尚德负债累累的情况下,施正荣还以OCI公司长单硅料中的350吨当做货款支付扬中太阳集团,这在所有供应商当中绝无仅有。"

同样来自于媒体消息,丰源新能源是施正荣亲戚经营的组件代工厂,为尚德代工组件。在尚德订单严重不足、生产不满的情况下,施正荣仍然选择让其代工。而当时,尚德其他的代工厂已完全停歇。

真相渐渐浮出水面,隐藏于阳光之下的灰色利益链条远不止这些。利益输送损害了谁的权益?施正荣不是不知道,尚德的高层也不是不知道,之前有记者了解到的实情是"施正荣个人财富的累积,很多尚德电力的高层都知情,大家睁一只眼闭一只眼罢了。"

"人性之中的善根,在人的自由选择中乃如狂风中之芦苇,罪恶则是充满诱惑的奥秘,似乎在等待人们不惜代价去寻求。"膨胀得太快的无锡尚德和施正荣们在对财富狼吞虎咽之际,也不觉越陷越深。

接还是不接?

接还是不接?这是一个问题。2012年8月份,施正荣卸任尚德电力CEO后,媒体就传出无锡市国联发展(集团)有限公司(简称"无锡国联")欲接手尚德的消息,但一直未得到双方的证实。

资料显示,无锡国联成立于1999年5月8日,是无锡市人民政府出资设立并授予国有资产投资主体资格的国有独资企业集团,注册资本金人民币80亿元。至2011年年底,无锡国联拥有全资控股企业75家,总资产426.3亿元,净资产143.7亿元,2011年实现销售108亿元,实现利润15.5亿元。

2001年1月,无锡尚德成立之际,国联集团出资1 600多万元,对尚德太阳能公司进行风险投资,持有尚德24.259%的股权。2005年,为了便于海外上市,施正荣说服无锡国联集团和其他国有股权一起退出。八年后,无锡国联又面临是否接手无锡尚德的选择。

无锡政府知情人士称,目前,最坏的打算就是无锡国联接手无锡尚德。无锡国联不愿意接这个烂摊子,一年几十亿的营收经不起尚德的折腾。

于2001年成立的尚德,正在度过其第十二个年头。2013年,对尚德、对施正荣仍然是艰难的一年,风口浪尖,前途未卜。近日,在无锡市政府有关尚德解决方案尘埃落定的一刻,尚德也将进入"后施正荣时代"。

根据上述案例,请简要评价尚德集团公司治理状况。

(资料来源:Solarzoom光伏太阳能网,涉江,2013年3月12日)

复习思考题

1. 公司治理评价的原则包括哪些?
2. 公司治理评价的主要内容是什么?
3. 为什么要对公司治理进行评价?
4. 公司治理评价与公司治理两者之间存在怎样的关系?

第21章 企业集团公司治理

学习目的

通过本章的学习,你应该能够:
1. 熟悉企业集团的含义、特征;
2. 掌握企业集团公司治理和管理的关系、目标与作用;
3. 了解我国企业集团公司治理的现状;
4. 掌握企业集团公司治理改善的措施。

关键词

企业集团 集团治理 协同运作

引导案例

难当的集团 CIO

刚到公司,维京集团信息中心 CIO 马华就被 CEO 王辛格叫到办公室,王辛格递给马华一叠纸,还没等马华看个究竟,王辛格竟自顾自地说起来:"什么时候你能让我知道下面公司每个月都在做什么?合同签订的状况?"他抬起头看着马华,"信息中心有什么困难尽管说,但你要尽快给我找到解决办法,让我了解下面在干什么?就这事,马上我要开会,下周有几个分公司的信息中心主任来总部开会,到时大家再一块儿找找原因。"

马华茫然地往回走。维京集团是个大型集团公司,业务众多,下属子公司、分公司也分散在全国各地,在综合协调管理方面存在很大难度和诸多问题。维京集团公司是并购重组后产生的,属于典型的"先有儿子,后有老子"的企业组织模式,子公司基本上是相对独立、各自为政,这也是维京集团的信息化建设举步维艰的主要原因,集团层面的信息化措施往往落实不下去。

上一年,马华在全集团上 CRM 系统,计划通过资源整合,将分公司的业务都统一到新系统中,但由于各个子公司信息系统自成体系,推行 CRM 系统的阻力很大,至今集团也没看到成效。

马华还记得一位老总在总结会上的感慨:"集团公司在管理控制程度上分寸不好把

握。管得深,怕影响子公司的日常运作;管得浅,又恐下面各行其是,使集团公司成为摆设。维京集团的信息化,必须突破这个怪圈。"

"哪里是突破口呢?"马华琢磨着。

如果你是马华,你会怎么做呢?

21.1　企业集团概述

21.1.1　企业集团的含义

企业集团是现代企业的高级组织形式,是以一个或多个实力强大、具有投资中心功能的大型企业为核心,以若干个在资产、资本、技术上有密切联系的企业、单位为外围层,通过产权安排、人事控制、商务协作等纽带所形成的一个稳定的多层次经济组织。

企业集团(enterprise group、corporate group、industrial group 或 business group)作为一种现代社会中典型的经济组织形式,起源于19世纪末20世纪初的欧美工业化国家,其最初形态是垄断财团,但用"企业集团"这一概念表述该经济组织形式则源于第二次世界大战后的日本。企业集团的概念在20世纪50年代的日本产生以后,国内外的学者从不同的角度对企业集团的内涵和外延进行了研究,产生了不同的观点。

关于企业集团的定义,文献中已有较多的表述,《现代日本经济事典》的描述是"企业集团不是企业的简单聚合,而是一种特殊形式的大企业联合形态。"日本《经济辞典》给企业集团下的定义是:"多数企业互相保持独立性,并互相持股,在融资关系、人员派遣、原材料供应、产品销售、制造技术等方面建立紧密关系而协调运作的企业集体。"

我国企业集团的产生与发展与经济体制的改革是紧密联系在一起的。在20世纪80年代之前没有企业集团的概念。从80年代开始,为了打破计划经济"条块分割"的局面,国家制定了一些政策来推动各种经济联合体的形成和发展。80年代中期以后,政府开始以政策、文件的形式对企业集团的定义等作了较为明确的规定,因而我国最早的企业集团的概念是出现在政府的规范性文件中。1987年国家体改委、国家经委《关于组建和发展企业集团的几点意见》把企业集团定义为:企业集团是适应社会主义有计划商品经济和社会化大生产的客观需要而出现的一种具有多层次组织结构的经济组织。随着我国经济体制改革进程的加快,90年代以后,伴随着国有企业的改革,我国组建了一批以产权、技术和要素控制为特征的企业集团,我国对企业集团的认识也进一步深化。

我们一般把企业集团定义为:企业集团是指以资本为主要联结纽带的母子公司为主体,以集团章程为共同行为规范,由母公司、子公司、参股公司及其他成员企业或机构共同组成的具有一定规模的企业法人联合体。企业集团不具有企业法人资格。

21.1.2　企业集团的特征

企业集团作为一个多法人的联合体,是介于市场和公司之间的特殊经济组织,具有与单体公司不同的一些特征,研究企业集团的文献都对企业集团的特征作了归纳总结。

1. 多法人性

企业集团是多个法人企业的联合体,企业集团的母公司、子公司和其他成员企业具有法人资格,为法人企业,依法享有民事权利和承担民事责任。分公司和事业部不具有法人资格,不作为独立的成员单位,而是作为母公司的直属部门存在。也就是说,企业集团不是法律主体,不承担民事责任,不具有民事权利,没有民事行为能力,它既不是自负盈亏的经济实体,也不具备总体法人地位,企业集团只是建立在控、持股基础上的法人集合。

2. 产权联结性

集团企业间以产权联结为主要纽带,以母子公司为主体,当然,集团内企业也有技术、信息、契约等多种联结纽带。通过产权联结这个特征,可以区别由行政隶属关系为联结纽带的行政性公司,由统一计划关系、统一承包关系、联营关系为联结纽带的紧密联合体和由合同、协议关系为联结纽带等形成的松散联合体。

3. 层级组织性

企业集团往往是围绕一个核心企业通过产权关系组织起来的。由于不同成员企业与核心企业在联系纽带方面存在着差异,企业集团便形成多层次性的组织结构。集团内企业之间按资本联结程度不同形成多层次组织结构,包括核心企业(集团公司、母公司或控股公司)、控股层企业(由若干资子公司、控股子公司组成)、参股层企业(关联公司)和协作层企业(通过技术、合同等纽带联结的成员企业)。根据持股关系与比例,企业集团内部可以分为核心层、紧密层、半紧密层和松散层等几个层次。

4. 组织规模性

企业集团是多法人联合体,是企业间的集合,就必须是一个具有相当规模的组织。企业集团的组织规模性体现在两个方面:资本规模和资产规模。这其中又分为集团公司的资本规模、资产规模和企业集团的资本规模、资产规模,后者规模要大于前者规模。此外,从公司数量方面来看,世界上著名企业集团的子公司均在几十家以上,集团内的公司数量也在一定程度上体现了企业集团的组织规模。

企业集团与一般公司相比,其主要特征表现在其复杂性上。一是集团公司内部成员企业相互间联结纽带的复杂性。母子公司存在着资本纽带为主,同时还存在人事纽带、技术纽带、信息纽带、文化纽带、契约纽带、协议纽带等有多种联结纽带;二是公司内成员企业相互关系的复杂性。母公司与子公司都是独立的法人,母公司是整个集团的核心层,其主要职责是集团的战略管理,以及整个集团经营中的组织、协调和服务。作为独立的法人,母公司和子公司在法律地位上是平等的,母子公司间的资金往来形成债务关系,产品买卖形成交换关系,股利分配体现投资关系,但母公司可按其持股额的大小,通过子公司的股东会或在子公司的董事会和高级管理层中安排代表自己利益的董事或管理人员控制子公司;三是协调和控制的复杂性。由于企业集团的多法人性、多层次性,作为核心企业的母公司,为形成和保持集团的整体优势和竞争力,要通过各种手段对各成员企业进行控制和协调;四是组织结构的复杂性。企业集团主要采用 H 型结构、网络型结构,等等。

21.1.3　企业集团公司治理的目标

公司治理是一个由主体和客体、边界和范围、机制和功能、结构和形式等诸多因素构成的体系。作为一个多法人的联合体,我们应关注的是企业集团如何发挥整体的优势,达到单体公司所无法达到的目标。从代理关系上看,单体公司的代理层次是单一的,通常只涉及所有者和经营者之间的代理关系,因而"公司治理的目标是保证股东利益的最大化,防止经营者对所有者的利益背离。"而企业集团内部的代理关系则具有较多的层次性。这种多重的委托代理要求母公司要通过集团的组织体制实现对子公司经理层的监控,以实现集团整体的决策意志,因而企业集团的治理目标与单体公司出现了差别。

企业集团是将若干独立的法人企业纳入到统一管理体制下,打破了在单一企业体制下的利益平衡机制。在企业集团中,母公司居于控制地位,母公司凭借其控制权对子公司进行治理,子公司的行为要体现母公司的决策意志,这既可能对子公司带来利益也可能损害子公司的利益,而子公司的其他利害相关者也同样享有对子公司的治理权,从而需要构建新的利益平衡机制。因此,企业集团公司治理的目标就是在企业集团中建立起合理的平衡机制,这个机制一方面要能够保证母公司对子公司实现有效控制,防止子公司的行为背离母公司的意志;另一方面要能够充分保护子公司的其他利益相关主体的利益,以减少和消除母公司出于自身利益的考虑侵害子公司其他利益相关者的利益,从而达到诸利害相关者的"共赢"。具体地,企业集团公司治理应达到整体利益最大化、实现协同运作、关联交易公平等三大目标。

(1) 整体利益最大化。企业集团最大的优势体现为资源的聚集整合性与管理的协同性以及由此复合而生成的集团整体的竞争优势。作为管理总部的母公司必须能充分发挥主导功能,并通过集团组织章程、发展战略、管理政策、管理制度等的制定,为集团整体及其各阶层成员企业的协调有序运行确立行为规范与准则;集团内的成员企业必须服从集团整体利益最大化目标。

(2) 实现协同运作。企业集团得以产生和存续的基础是企业集团这一安排的协同,如技术协同、财务协同、经营协同等。只有将法律上独立的各公司的利益协调一致、最大限度的减少相互之间的摩擦和冲突,才能使企业集团保持较高的整体运作效率。

(3) 关联交易公平。关联交易在企业集团中是一个广泛存在的经济现象,公平的关联交易会降低交易成本,提高企业竞争力。不公平的关联交易,则会损害其他利益方的合法权益。

21.1.4　企业集团公司治理和管理的关系

在企业集团中,"在一定意义上可以说企业集团的形成、发展,就是由管理向治理转化引致效率提高的过程"。企业集团公司治理与管理的联系体现在战略管理、执行董事、组织结构、企业文化等多个方面。

(1) 战略管理。在战略管理过程中,董事会和监事会充当治理主体的角色,经理层则是战略执行主体,治理结构的各个层次融入整个战略管理的全过程中。战略管理将公司治理与管理活动紧密结合到了一起,充分体现了治理与管理的统一性。即集团公司的治理要通过战略管理确定集团整体的发展方向,并通过一系列手段来监控集团战略的实施,而子公司虽然也有自己的战略,但更多的是执行集团公司的战略,是集团公司战略的执行单位,缺少这一环节,集团公司的战略管理可能落空。相对于母公司治理,子公司治理居于从属地位,子公司的治理在整个集团公司管理中已降低为管理层次,是母公司的治理或战略实施单位。对集团公司来说,母公司对子公司的管理控制通过子公司的治理来实现。

(2) 执行董事。如果把治理看成是董事会的工作,管理则是经理层的事情,那么执行董事则兼具二者的职能。子公司董事会的成员大多是集团公司内部的高级管理人员,属于执行董事。他们既参与治理,又参与管理,并在自己所负责岗位具体执行董事会的决议。因此,执行董事跨越了公司治理和公司管理两个范畴,成为这两者的传导中心。

(3) 组织结构。公司的组织体制体现着公司组织原则和组织结构。作为激励约束机制和企业管理目标实现的载体,公司的组织结构将公司管理目标通过组织架构层层分解,用制度和体制的方式将公司治理与管理连为一体。合理的组织体制将有助于建立和维持集团管理和集团治理之间的和谐关系,将集团企业连为一个有机整体,从而保证集团整体运作效率的提高。

(4) 企业文化。企业文化以无形的纽带将企业集团公司治理中的各利益相关者和集团管理的各个层面、职能联系在一起,使企业集团的运作统一于企业集团价值观的框架下,形成集团整体的经营理念。企业集团公司治理的复杂性就体现在这些不同层次的治理问题相互交错、相互影响上。母子公司管理控制与子公司治理的关系见图21.1。

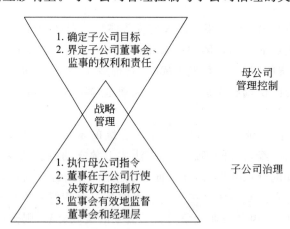

图 21.1 母子公司管理控制与子公司治理的关系

21.2　我国企业集团公司治理的现状

21.2.1　内部治理机制方面

在实践中,我国企业集团公司治理建设已取得重大进展,已建立了各种相应的机构,如股东(大)会、董事会、监事会,引进独立董事制度等,但仍存在诸多问题。在我国,独资集团母公司资产占企业集团总资产比例则达80%以上,而其子公司多数是股份制,从而其股东(大)会制度、董事会产生方式、监事会产生方式等都有一定的特殊性。

1. 股东大会

股东大会建设基本完善,股权结构相对集中、且具有制衡性的上市公司,股东大会作用发挥较好,股东能够通过股东大会参与公司治理;而股权过于集中,公司为控股股东强权控制的公司,股东大会运作不规范,股东大会形同虚设。

2. 董事会

某些企业集团母公司董事会建设正处在初级阶段,许多公司未设置董事会,已建立的也存在职能不到位等现象,董事会不健全,运行不规范。董事会是经营决策机构,董事会向股东大会负责。董事会的义务主要是:制作和保存董事会的议事录,备置公司章程和各种簿册,及时向股东大会报告资本的盈亏情况和在公司资不抵债时向有关机关申请破产等。可见,董事会是公司治理结构的核心一环,负责公司经营决策、业务执行并对外代表公司,对企业集团的健康发展具有决定性作用。然而,在企业集团企业的董事会治理中存在着以下的主要问题:一是董事会结构不够合理;二是董事职责不清,权力制衡和内部分工有待细化;三是董事素质参差不齐,缺乏应有的专业和道德素质;四是没有建立科学合理的评价、考核和激励机制。董事会建设速度较慢,董事会人员结构不够合理,规模普遍偏小,经理层人员和董事会人员高度重叠,董事会几乎不能完成对经理层的道德风险进行有效的控制。

董事会专业委员会设置状况也不理想,董事会次级委员会的设置程度较低,审计委员会成员中独立性差,这将对其监督效率产生极为不利的影响;战略与提名委员会的设置比审计委员会设置的数量更少;薪酬与考核委员会的设置程度也较低,并且薪酬与考核委员会的独立性很低,没有独立董事,这将大大降低薪酬与考核的效率。

3. 监事会

母公司监事会是一个对集团董事、高级管理人员、下属子公司权利行使情况进行监督的机构。虽然它并不直接参与公司的经营管理,但母公司监事会处于公司经营的主要监督地位,是公司合法、正常经营的保障,故而其责任重大。从国内企业集团监事会的运作来看,一般存在如下四个方面的问题:

(1) 监事会的独立性不够强;

(2) 监事缺乏执行相应监督职能的专业技能,如财务、法律、会计等知识;

(3) 监事执行监督职能的积极性不够,并普遍缺乏对其有效的激励机制;

(4) 监事会普遍不具备有效的监督权利,即使发现问题通常也不具有有效的督促整改措施和手段。

监事会的监督制衡作用很难发挥或作用较小的主要原因有二:一是股权结构,由于相当一部分公司是股权结构集中的公司,往往监事会和董事会的主要成员都是其控制股东提名的,一旦因监事会的监督与董事会发生争议,会因控制股东的作用而被调和,从而很难建立一种制衡关系;二是信息的供给受限,信息严重不对称导致监事会无法有效监督。

21.2.2 中小股东权益保护方面

中小股东由于其持股比例低、"理智的冷漠""搭便车"等原因导致其在公司的决策中作用是比较微弱的,而集团公司及其子公司的股权结构非常集中,因此其公司治理问题的核心就由股东与经理人的利益冲突转为了大股东和中小股东利益冲突问题。

对中小股东权益保护是近几年公司治理研究的重要课题。各国对中小股东权益的保护,主要是通过在股东大会上通过强化中小股东对股东大会召集、提议等的影响力,来限制控股股东的权利。我国的《公司法》《证券法》及《中国上市公司治理准则》在保护股东权益、平等对待所有股东方面,都进行了相应的规定。但目前多数上市公司在保护中小股东权益的有效机制方面与"准则"的要求都存在着较大的差距。因此,评价保护中小股东权益的制度是否得到有效的实施,可以衡量在公司是否形成了制约控股股东行为负外部性和保护中小股东及利益相关者的有效机制。

通过对股东最基本的知情权情况和关联交易中是否采用大股东回避制两个问题进行的调查,结果表明,上市公司中小股东基本无法充分获得公司的财务信息和经营信息,基本没有实施关联交易的大股东回避制度,这说明国有上市公司控股股东对中小股东权益的保护不足。

21.2.3 关联企业协同效应方面

企业集团协同创造价值的方式有三种,即业务行为的共享、资源的共享和整体形象的共享。组建企业集团以后,实现协同效应是企业集团整合最基本的目标,是实现集团公司战略目标的基础。企业集团的协同就是通过对集团内部的隐性资产利用的基础上,使单位实体资产创造出更多的价值,这种协同效应的产生不仅存在于企业的多元化及对集团内部企业间的整合过程中,而且在同一战略业务单元内部,也存在业务流程不同环节的协同效应。同一职能部门的不同职能小组之间,两个员工之间均存在协同效应,因此,协同的主体可以是企业集团的战略业务单元,也可以是同一战略业务单元,或者企业中不同的职能部门,或者子公司、分公司或者事业部等单位。这种协同关系处理好了,就能创造出价值。

在企业集团的组建形成之初,多数是采用行政手段在体制内生成,缺乏应有的内聚力和协同能力;在企业集团发展扩张阶段,部分企业集团通过自身资本积累,依据技术、资金和管理等方面的优势,向相关行业、相关产业发展。部分企业集团则通过资产购并、重组,将其他企业兼并过来,壮大自己的规模,这样形成的企业集团没有进行有效的协同整合,缺乏较强的协同能力。还有一些企业集团母公司下属各二级公司之间协同程度低,容易出现为了局部利益进行内部同行业恶性竞争的行为,导致企业内部无序竞争,增加了集团内部的交易成本和竞争内耗,并进而损害企业集团的全局利益。

21.3 企业集团公司治理的完善

21.3.1 母公司公司治理的完善

1. 实现股权多元化

股份制改革是企业集团公司治理改革的必由之路。进行股份制改革,引入战略投资人和实现股权结构多元化是健全企业集团公司治理的重要内容,是解决所有者缺位问题的客观要求。股权多元化被视为公司治理整个制度中的产权基础,它首先决定了股东结构和股东大会,进而决定了整个内部监控机制的构成和运作,从这个意义上说,股权多元化与公司治理中的内部监控机制直接发生作用,并通过内部监控机制对整个企业集团的效率发生作用。股权多元化确立了股东的构成及其决策方式,从而对董事会以及监事会的人选和效率发生直接的影响;进而作用于经理层,最后这些相互的作用和影响将在企业集团的整体经营业绩中得到综合体现。从这个意义上说,公司治理的内部监控机制是否能够有效地发挥作用,股东大会、董事会和监事会是否能够实现相互的制衡,在很大程度上都依赖于股权多元化的合理安排。所以股权多元化的真正内涵应该是:①投资主体的多元化;②投资主体之间的相互制衡;③制衡表现有两个方面:其一是大股东之间的相互制衡,其二是小股东形成"合力",对大股东进行监督和制约。其中,第一方面具有主导意义。一句话,制衡是股权多元化的核心,从公司治理结构看,没有股权的制衡,就没有制衡的法人治理结构。

2. 完善董事会结构,规范董事会运作

董事会在公司治理中起着重要的枢纽作用。一方面它对上承接股东的委托,是所有者的代理人,代表所有者的利益,对公司重大问题进行科学决策;另一方面董事会又是企业经理层的委托者,负责对企业经理层的监督与激励。作为公司的最高决策机构,董事会的职责是负责公司重大事项的决策。要有效地履行这个职能,需要做好两方面的工作:一是恰当选择董事,确定内部董事和外部董事的比例,董事要充分代表股东和其他利益相关者的利益;二是在董事会下设立一些专门委员会,辅助董事会开展活动。

董事会构成除股东派出董事、职工选举职工董事外,董事的选择还要考虑其他的利益相关者的利益。如扩大董事会的规模,增加外部董事的比例;考虑接纳来自债权人的代表;与集团有重大交易活动的其他厂商也可以派出代表进入集团公司的董事会,以强化集团与企业集团的业务稳定性,改善管理、提高效率。另外,还可以聘请有管理经验的专家进入董事会等。

在董事会中引进独立董事,是完善董事会结构建设的重要一环。美国和英国公司的独立董事比例分别达到了68%和33%。我国企业集团母公司董事会独立董事比例过低,应积极引入独立董事。通过独立董事的引入,使董事会成员来源多元化,有助于董事会决策水平的改善,保证对担任董事的经理人员考核、奖惩的客观公平性,减少政府主管部门的干预。

3. 健全董事会专业委员会

设立专业委员会有助于董事会成员合理分工,提高效率。独立董事只有通过专业委员会才能有效发挥作用。集团母公司应至少建立下属三个专门委员会:战略与投资决策委员会、审计委员会和提名、薪酬与考核委员会。

4. 完善监事会

监事会是公司法人治理结构的重要组成部分。监事会监督权的合理安排及有效行使,是防止董事独断专行、保护股东投资权益和公司债权人权益的重要措施。因此,《公司法》规定监事会为公司的必设机关,未设置监事会的集团公司应设置监事会。为使监事及时了解公司有关情况,掌握有关信息,正常开展工作,充分发挥其职能和作用,公司应制定有关规章制度保证监事会的知情权。为提高监事的责任心,要建立、健全对监事的激励和约束机制。

《公司法》规定监事会成员不得少于3人。鉴于集团公司规模较大,监事会组成人数应不少于5人,监事会应当包括股东代表和适当比例的公司职工代表,其中职工代表的比例不得低于1/3,具体比例由公司章程规定。

21.3.2 子公司公司治理的完善

(1) 优化董事会构成,规范董事会运作

子公司董事会是企业集团管理控制子公司的关键。董事会成员来源多元化,有助于改善董事会决策的科学性和独立性。子公司董事会人员构成应包括:母公司高层经理人员、母公司职能管理人员、与子公司有密切业务关系的其他子公司的管理人员、战略联盟的经理层及独立董事等。此外,要制定子公司董事会细则,明确董事责任,完备董事会会议记录,建立与健全董事会决策信息获取制度,使董事会运作程序化、规范化和科学化,为提高子公司董事会的决策水平创造条件。

(2) 建立、健全监事会制度

子公司监事会是母公司对子公司董事会和经理层实施监督的重要机构。子公司应建立、健全监事会制度,其职权与议事规则应根据《公司法》和子公司章程规定实施。母公司委派的子公司监事会成员可主要由母公司财务审计部门专业人员组成,母公司监事会成员可兼任子公司监事。公司应制定有关规章制度以确保外派监事会的知情权。为提高监事的责任心,要建立、健全对监事的激励和约束机制。

(3) 完善对高级经理人员的选聘和考核制度

子公司高级经理人员原则上不应由母公司直接任命,而是由子公司董事会选聘,并对子公司董事会负责。子公司董事会应制定明确的经理人员业绩考核标准,并有权根据经理人员的表现决定是否续聘。母公司对子公司经理层的控制是通过控制子公司董事会实现的,为提高控制有效性,缩短委托代理层次,母公司委派的子公司董事可兼任子公司经理。

(4) 完善母子公司关联交易信息披露和责任追究制度

规范母子公司之间的关联交易和利益转移,必须要借助于公司治理机制的完善。母子公司之间关联交易应通过股东(大)会或董事会批准,并以合约形式予以明确,同时双方均应履行相应的信息披露义务,保证关联交易的公允性和交易行为的透明度。此外,要充分发挥独立董事在关联交易决策和信息披露程序中的职责和作用。对因非公允关联交易造成公司利益损失的,有关人员应承担责任。

企业集团公司治理结构和机制的构建与其他任何改革一样,可以说并没有一个固定模式,都是一个不断探索、不断实践和不断完善的过程。

本章小结

企业集团是现代企业的高级组织形式,是以一个或多个实力强大、具有投资中心功能的大型企业为核心,以若干个在资产、资本、技术上有密切联系的企业、单位为外围层,通过产权安排、人事控制、商务协作等纽带所形成的一个稳定的多层次经济组织。企业集团一般具有多法人性、产权联结性、层级组织性、组织规模性、组织规模性等特点。

在企业集团中,母公司居于控制地位,母公司凭借其控制权对子公司进行治理,子公司的行为要体现母公司的决策意志,这既可能对子公司带来利益也可能损害子公司的利益,而子公司的其他利害相关者也同样享有对子公司的治理权,从而需要构建新的利益平衡机制,在治理过程中需要在企业集团中建立起合理的平衡机制。

我国企业集团公司治理建设已取得重大进展,已建立了各种相应的机构,但仍存在诸多问题,比如母子公司控制机制不完善,中小股东权益保护不足,关联企业缺乏整体协同效应等,所以我们要不断完善企业集团的治理。

案例分析

灿坤集团母子公司管控

一、集团介绍

灿坤集团是一家台资企业,成立于1978年,依靠遍布全球的国际化研究发展团队和管理队伍,现已成为世界知名的产销合一的跨国集团,产品行销世界100多个国家和地区。灿坤集团拥有一流设计研发基地(设立于德国、瑞士、美国、日本、中国台湾、上海、厦门)以及领导时尚的品牌总部(设立于东京),其主力产品电熨斗、煎烤器年产量均列全球第一位,咖啡机年产量位居全球前五。

灿坤集团以追求产品的品质与美感为目标,提供与现代精致生活概念相结合的创新设计,多次获得国内外的设计大奖。设立于日本东京的品牌总部,专注于品牌的规划与管理。产品获得美国UL、日本JQA、加拿大CUL、欧洲CE及中国CCEE等多国认证机构认证,行销欧美、东南亚、日本等90余国和地区,成为享誉全球的小家电专业制造商。

1993年,灿坤成立中国市场总部,经营维修网点遍布上海、北京等29个大、中城市。中国第一家先后在大陆、中国台湾、美国纳斯达克上市的大型跨国集团。

二、公司治理出现的问题

作为一家传统的家族型企业,灿坤在集团公司治理方面走出了一条很好的道路,对国内企业开展集团公司边界治理方面具有借鉴意义。

作为家族企业,灿坤初期的治理模式上存在着家族企业所固有的特性:①企业所有权与股权由家族成员控制,②家族成员掌握主要经营权,③管理决策家长化,④背负家族历史使命,⑤企业员工管理家庭化,⑥银行外部监督薄弱,⑦政府制约。

灿坤在集团公司扩张过程中,在集团公司管控方面遇到了很大的问题,一段时间,公司业绩不断下降。主要问题体现在以下几个方面。

1. 盲目扩张

灿坤过分迷信台湾的经验,盲目扩张,简单的复制工作,没有考虑人力资源等很多方面变化的因素影响,是造成失败的重要原因。

更何况,灿坤在生产和流通都要投精力,两条通道都需要输血,大陆竞争对手,要么是生产厂,要么是流通商,只需要做好主业,灿坤面临本地化、专业化和规模化的对手,竞争本来就激烈,盲目的扩张分散实力导致更加痛苦。

盲目扩张带来的管理层的混乱导致了灿坤业绩的急剧下降,发展一度受阻。

2. 成本控制和价格问题

管理层虽然有在台湾成功的经验,但是不了解大陆的实际市场,需要试水,工作能力并没有大陆当地人才强,而这部分的薪水开支大大高于大陆干部。

在灿坤本地发展时期,其导购和销售人员均为灿坤自己人员,人员数量多,并产生培训费用。在以"手机、数码、家电"为代表的3C的覆盖范围内,灿坤自身产品很少,更多依赖外部采购,竞争对手和上游厂家合作已久,通路熟练,价格和资源上优于灿坤,在消费群体中也有"先入为主"的优势。

3. 管理层水土不服

作为家族企业,灿坤管理层大多来自台湾当地,而在进军大陆的过程中,这种家族企业固有的问题给企业带来了问题,导致企业在同大陆同行竞争过程中处于劣势,推出的计划明显劣于苏宁等本土企业。其会员制的运作模式迄今没有形成很大的吸引力。

此外,灿坤店中的3C产品在其他商场都可以买到,而且价格更有优势!同时,灿坤3C店中的有些产品的品种相比竞争对手更加单一,不能满足消费者选择需求。因此,就目前来说,作为一个会员最终所得的服务并没有得到提升。会员制非但没有加强竞争力,相反还成为桎梏人气的祸首。

结合上述案例,你对灿坤集团的公司治理有何建议?

复习思考题

1. 集团治理与单个企业的治理有何异同?
2. 企业集团有何作用?
3. 我国企业集团公司治理存在哪些问题?
4. 如何改善母公司和子公司的治理水平?

第22章 商业银行公司治理

学习目的

通过本章的学习,你应该能够:
1. 掌握商业银行公司治理的含义、目标及一般原则;
2. 理解和把握商业银行公司治理的主要模式和特点;
3. 了解商业银行公司治理的特殊性;
4. 了解商业银行公司治理的完善措施;
5. 了解国内银行公司治理结构存在的缺陷与完善措施。

关键词

商业银行　银行公司治理　英美模式　德日模式

引导案例

银行治理失败是信贷危机的根源

国际专业会计师组织 ACCA(特许公认会计师公会)会长戴理德就信贷危机的爆发表示:"信贷危机的根源是银行公司治理方面的失败,导致思维过于短浅,对风险视而不见。"

就为期一年的金融危机做了全面研究的 ACCA 政策报告《走出信贷危机》(*Climbing Out of the Credit Crunch*)也同时发布,就公司治理、薪酬与奖励、风险识别与管理、会计与财务报告以及公司监管五个方面进行了检视。报告建议,必须立即对上述领域内的惯例进行变革,力求防患于未然。

报告的主要建议如下:

(1) 必须解决风险管理失败的问题。这些领域的弱点意味着银行的风险管理部门没有足够的影响力、地位或权力。

(2) 需要有清晰而不是严厉的监管。在英国,人们不太明白金融管理局是要取得什么样的结果以及它在多大程度上致力于保护客户的利益。公众必须要知道他们投资了什么和会带来什么样的结果。

（3）管理层缺乏培训，对一些复杂的金融产品欠了解，相应的业务模式的问题亦需要得到解决。

戴理德表示："全球金融行业及所有相关人士，必须从过去一年的经验中吸取深刻教训，必须勇于采取整改措施来让我们走出信贷危机，确保不再重蹈覆辙。"

结合上述内容，谈谈你对银行治理失败是信贷危机的根源的看法。

22.1 商业银行公司治理内容

金融危机的爆发增加了人们对银行业的关注，银行与公司治理的关系也发生了微妙的变化。危机产生的原因的分析和危机过后的恢复调整使人们越来越认识到稳健的银行体系的重要性，而这又与银行的治理机构密切相关，由此银行业自身的治理问题成为关注的热点。

22.1.1 商业银行公司治理的含义

一般企业的公司治理所要协调的主要是股东与经营者的委托代理关系，公司治理机制的设计就是要消除他们之间的信息不对称，并通过行之有效的约束与激励机制，降低代理成本，保护股东及其他相关利害者的利益不受经营者的机会主义行为和道德风险的侵害。与一般意义上的公司相比较，商业银行的委托代理关系更为复杂，这里主要涉及四个方面：存款人和银行、股东和银行、贷款人和银行以及监管者和银行。这四方面都存在着一定程度的信息不对称。银行的公司治理除了要解决一般公司所面临的股东与经营者之间的委托代理关系以外，同时还必须处理好存款人、贷款人和监管者与银行的关系。这就使得商业银行的公司治理机制的设计更为复杂化，难度系数更大。从这个意义上看，银行治理更应该接受广义的公司治理定义。因此，国际上一般对银行公司治理定义是：银行董事会和高级管理层治理商务和业务的方式，涉及银行管理层、董事会、股东和其他利益相关者的一套关系，影响银行制定公司目标（包括对所有者的经济回报）、掌控日常经营、考虑相关者的利益、将公司活动行为与银行安全稳健经营的期望联结起来，并遵循相关法律规章、保护存款人利益等行为和活动。

22.1.2 商业银行公司治理的目标

对于商业银行而言，银行独特的合约性不仅要求银行治理必须照顾到存款人的利益和股东的利益，而且还要考虑到宏观经济稳定和金融体系的安全。因为银行的其他利益相关者的利益比非银行组织的其他利益相关者更加重要，而且金融恐慌的可能性意味着存款人对于银行比客户对一般的公司显然更为重要。再加上银行作为重要的资金融通渠道和金融体系稳定的重要力量，政府对银行的关注程度和参与会更多。这种银行治理的目标定位不仅赋予了其更深刻的内涵和更丰富的内容，更重要的是表明了银行治理对银行风险的内在影响机制和维护金融体系稳定的目标追求。

一般来说,现代商业银行公司治理是通过内部治理和外部治理相互作用来共同实现治理目标的。所谓内部治理是通过银行股东大会、董事会、监事会的机构设置,权责分明,约束制衡以保证股东和其他利益相关主体的权利。这是因为股东是银行的所有者,这决定了银行经营管理必须以追求股东价值最大化为目标,而要最大程度实现股东投资的回报,就要在银行内部建立、健全的组织架构和权力制衡、责任明晰的机制,以切实保护股东权益。同时,由于银行经营不仅仅涉及股东的利益,还与员工、客户、所在社区、政府、监管机构和存款人等利益相关者的利益休戚相关,因此,在治理过程中也就必须考虑利益相关者的利害关系;而外部治理则更多地依赖于银行的控制权市场的间接调节,即以公司股票价格、证券市场的收购机制等形式,促使银行不良经营者面临被股东罢免、被其他银行收购的压力,从而达到治理的目的。

22.1.3 商业银行公司治理的一般原则

公司治理(corporate governance)是现代企业制度中最重要的组织架构,有狭义和广义之分,狭义的公司治理是指公司内部除了员工之外的各主体之间的关系的协调,广义的公司治理则是指公司内外部各利益相关者之间的关系的协调。作为金融企业的商业银行的公司治理,也有狭义和广义之分,前者仅仅指银行的股东、董事、监事和经理层之间关系的协调,后者还包括与利益相关者如员工、借款人、存款人和社会公众等之间关系的协调。

为了规范公司治理及商业银行公司治理,经济合作与发展组织(OECD)和巴塞尔银行监管委员会分别于1999年推出了《OECD公司治理原则》和《加强银行公司治理》的报告。经济合作与发展组织在《OECD公司治理原则》中规定了关于公司治理的五条原则:

① 公司治理框架应保护股东权利;
② 应平等对待所有股东,包括少数股东和外国股东;
③ 应确认公司利益相关者的合法权益,鼓励公司与他们展开积极的合作;
④ 应确保及时、准确地披露所有与公司有关的实质性事项的信息;
⑤ 董事会应确保对公司的战略指导,对管理层进行有效控制,对公司和股东负责。

巴塞尔银行监管委员会在《加强银行公司治理》及《银行系统内部控制系统框架》等文件中强调了一个稳健的银行治理结构应包括以下内容:

① 设立清晰的银行战略目标和价值准则;
② 全行各岗位的权责界定明确并得到实施;
③ 确保董事会成员胜任其职位并能独立工作;
④ 确保董事会对高级管理层以及高级管理层对其下属的有效监督;
⑤ 充分发挥内部与外部审计人员的监控作用;
⑥ 确保薪酬制度与银行的价值理念、经营目标和战略以及管理环境相一致;
⑦ 增强银行治理状况的透明度;
⑧ 持续了解银行的运营框架。

2002年,中国人民银行参照《OECD公司治理原则》和巴塞尔委员会的文件,借鉴了发达国家商业银行公司治理的一些成熟做法和经验,并结合我国股份制商业银行的实际

情况,颁布了《股份制商业银行公司治理指引》,规定了我国商业银行公司治理应遵循的基本原则:

① 完善股东大会、董事会、监事会、高级管理层的议事制度和决策程序;
② 明确股东、董事、监事和高级管理人员的权利、义务;
③ 建立、健全以监事会为核心的监督制度;
④ 建立完善的信息报告和信息披露制度;
⑤ 建立合理的薪酬制度,强化激励约束机制。

由于各国、各地区的实际情况不一样,在建立商业银行公司治理结构的过程中,逐渐形成了目前世界上两种不同的模式。一种是以市场为基础的外部控制为主的治理模式,这种模式主要存在于资本市场发达的美国、英国、加拿大等国家;另一种是以银行为基础的内部控制为主的治理模式,该模式主要存在于资本市场不发达的德国、日本等国家。

22.1.4 商业银行公司治理的特殊性

商业银行又是不同于一般工商企业的特殊企业。其特殊性具体表现于经营对象的差异。工商企业经营的是具有一定使用价值的商品,从事商品生产和流通;而商业银行是以金融资产和金融负债为经营对象,经营的是特殊商品。经营内容包括货币收付、借贷以及各种与货币运动有关的或者与之相联系的金融服务。从社会再生产过程看,商业银行的经营,是工商企业经营的条件。同一般工商企业的区别,使商业银行成为一种特殊的企业——金融企业。

1. 交易与产品的特殊性

银行产品的特殊性主要表现为:第一,与其他企业产品不同,银行产品即贷款的质量好坏不能被马上观察到,风险可能隐藏很长一段时间。第二,银行的产品和收入具有某种意义上的同质性,出售的是货币,收入的也是货币。这种表面的同质性往往会带来银行信息的不确切,掩盖银行内部的问题。这使银行较一般企业更易有隐藏风险,即使贷款出现问题仍可通过放松条件来达到快速改变风险资产构成的目的,如借新还旧,这实际上就是通过后期银行产品的出售为前期的资金流出埋单,尽管只有流出没有流入,但是在信息层面上却很难表现出来。第三,对一般企业来说,产品积压被视为负面信号,而对银行来说,资金的积累很难让人判断是负面信号还是银行管理者对外界风险做出的谨慎反应。

正是由于贷款这样具有个性的产品,导致与一般企业产品的市场化交易不同,银行贷款是非市场化、非标准化"一对一"的交易,根据借款者的信用状况,每个合约的条件如期限、利率水平等均有所不同。正因为如此,在贷款期间,排除资产证券化的情况,贷款合同不能在二级市场上流通,贷款的价格也无法通过竞争性的价格反映出来。

另外,商业银行的其他产品如财务咨询、风险管理等均与一般企业的产品有所不同,其很大程度上依靠人力资源的开发和运用,这也是银行产品的特点之一。

以上几个特点大大增加了银行经营的不透明性,加大了信息不对称的程度。

2. 行业的特殊性

对一般企业来说，银行这个债权人是其外部治理中重要的一环，如日本主银行制。但银行本身缺乏这一环，其存款人与一般企业的债权人不同，缺乏专业知识、技能以及时间精力参与到银行的共同治理机制中。且由于人数众多，易产生"搭便车"心理而不愿意积极参与治理。产品交易的特殊及不透明性则更进一步加剧了信息不对称，当由于某种原因导致大批、未预期的提款时，造成"挤兑"现象，这就是存款人的"集体行动"问题。此时，存款者陷入了经典的"囚徒困境"，当所有存款人都不取款时，则他们的整体状况最优，但由于其不可能协商行动，按照银行"先来者先服务"的惯例，每个人必定争相取款以避免损失，最终导致银行破产。而银行之间的业务具有很强的关联性，个别银行的破产会产生"多米诺效应"，进而导致银行危机并威胁经济稳定。这就是银行业的刚性及脆弱性特征。

3. 经营目标的特殊性

对一般企业来说，其经营目标为公司价值最大化（股东价值最大化），但这并不适用于商业银行，对银行来说，由于存款者为非常重要的利益相关者，片面强调股东价值最大化会导致存款者利益受到侵蚀，此外，由于银行特殊的行业特殊性，在实现公司价值最大化的同时，还应考虑本身安全、宏观经济稳定以及整个金融体系的稳健。

4. 委托代理关系的特殊性

对于一般公司而言，信息不对称主要表现在股东与公司之间，委托代理关系表现在股东与董事会、董事会与经理层之间。公司治理的主要目的是要消除股东与公司之间的信息不对称，强化董事会的功能，对经理层进行监督、激励、约束，以实现决策的科学化。而商业银行在信息不对称方面要复杂的多。这种复杂性主要是监管者和存款人与贷款人的存在而导致的。简单而言，商业银行的信息不对称表现在以下四个方面：即存款人与银行之间、股东与银行之间、贷款人与管理者之间、监管者与银行之间都存在不同程度的信息不对称问题。由此导致商业银行公司治理困难程度加大。除一般公司治理结构所须解决的问题之外，商业银行的公司治理结构还须解决贷款人、存款人、监管者与银行信息不对称问题，以便防范和化解金融风险，实现商业银行的稳健经营。

5. 市场及竞争程度的特殊性

现代的商业银行除了提供通常的存贷款产品外，还提供风险管理、财务咨询等高度人力资本密集的产品，这些产品很难说是充分竞争的。商业银行来自产品市场的约束机制相对于一般的商品较弱。商业银行市场及竞争程度的特殊性，与一般公司赖以生存的产品市场不同，商业银行所在的银行业市场由于多种原因很难达到产品市场的规范和公平竞争的要求，从而弱化了产品市场的公司治理功能，使商业银行外部市场治理机制的作用发挥减弱。

6. 资本结构的特殊性

在这方面,商业银行与一般公司截然不同,商业银行的营运资金大部分来自储户的存款,它所拥有的资本金所占的比重很低(按照《巴塞尔协议》的规定,商业银行资本金充足率为8%即可满足要求)。由于商业银行的资金主要来源于广大的中小散户,他们没有时间、精力和专门的技能来监督商业银行对资金的运用,所以,缺少一个公司治理的银行外部债权的专家式监督是商业银行公司治理结构特殊性的重要方面。就股权资本而言,商业银行与一般性企业存在着显著区别:一是商业银行资本具有很高的财务杠杆功能,它可以以较少的股本投入来经营庞大的货币资产,而股本在商业银行总资产中所占的比例是极低的;二是商业银行是个高风险企业,占比较低的股本在风险承担能力方面是很有限的;三是商业银行股本有特殊用途,既不能用于日常的业务经营,也不可能用于购买流动性物资资产。

22.2 商业银行公司治理的主要模式

良好公司治理结构的形成不仅需要良好的产权基础,还需要人们对于公司治理认识的深化以及各种利益相关者所采取的健全公司治理的措施。从世界范围来看,不同国家商业银行采取不同的治理模式,但是归纳起来,英美模式和德日模式受到普遍认同,也是现今世界上各国商业银行公司治理具有代表性的典型模式。

22.2.1 英美模式

英美模式下的商业银行公司治理是一种单层结构,即由股东大会、董事会和经理层组成。股东大会的作用是选举董事会,审议公司的利润分配方案,对企业的经营管理并无太多的涉及。董事会和经理层分开运作。为了防止董事会和经理人员相互勾结,通常规定董事会中必须有半数的外部独立董事,通过独立董事的公正监督来确保股东的利益。英美模式下,董事会一般只对那些重大事项的决策负责并监督经理阶层,而经理层在经营管理中权力很大,具有一般决策权和执行权。

花旗银行作为世界金融领域的领袖,其治理结构是英美模式的典型代表。花旗银行是世界著名的大银行,其组织结构设置高度专业化,如图22.1所示。

该集团采用矩阵式结构,行政领导为一条线,业务管理为另一条线。董事会有16名董事和1名名誉董事。其中4人来自集团内部,13人来自集团外部。

董事由年度股东大会选举产生,任期一年。董事决定经理的报酬,董事的报酬由董事会决定。董事会通常每季度召开一次例会。集团除董事长外,其余3名执行董事分别兼任子公司的董事长。集团总部机构主要是财务、审计、人事及各委员会的办事机构,人员较为精简。公司董事会制定了一套公司治理准则,主要内容包括:使命、董事会、董事会成员的数量和选聘、董事会委员会、股票期权与董事的交易等。公司治理的使命是要追求最高的伦理行为标准,信守承诺,准确和透明地报告经营结果,与规制公司业务的法律、条例和监管规则保持最大程度的一致。

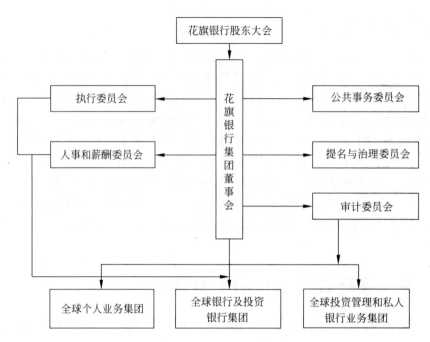

图 22.1 花旗集团组织结构

董事会下设有5个委员会。委员会通常每月召开一次例会。各委员会的职责如下：

① 执行委员会。执行委员会是董事会的常设机构，由公司的执行董事和非董事的高级经理组成，主席是由公司的CEO担任。从性质上讲，它是实际上的公司的控制核心，是董事会职能的一个外延机构，在董事会休会期间代表董事会行使权力。如审议批准各部门和子公司的生产经营方案、审议公司重大投资决策方案以及根据公司酬金计划审议并确定员工报酬，并负责监督公司的公共形象和社会责任等。

② 审计委员会。全部由非执行董事组成，主要是帮助董事会加强对法律和内部审计情况的了解，使董事会的独立成员能把注意力转向财务控制和存在的问题，增进董事会对财务报告和选择性会计原则的了解。

③ 人事和薪酬委员会。主要职责是决定公司董事和经理人员的报酬，并向公众披露。如制定经营者的酬金政策，提出经营者的年度酬金标准，并报董事会审议。负责经营者的股票期权、股票增值权、绩效股及退休金等除基金和红利以外酬金的管理工作。

④ 公共事务委员会。负责监督评议公司的公共事务及社会责任履行情况。

⑤ 提名与治理委员会。向董事会提出有能力担任董事的人选，对现任董事会的构成、结构、成员资格进行考察，以及对董事会业绩进行评价。考察评价现任董事的工作绩效并决定其是否继续留任，负责提出下届董事人选。研究和解决公司治理的有关问题。

董事会的职责是为了股东的利益并且要兼顾其他各种利益相关者的利益而对公司事务提供有效的治理。自1986年首次公开发行股票以来，花旗集团便以普通股方式支付外部董事报酬。自2001年1月1日起，董事可以选择将该项报酬的全部或一部分以期权的形式购买花旗集团的普通股。尽可能地以股票或股票期权的方式给予董事报酬，这是公司治理改善的一个手段。同时，它把管理会计引入绩效评估上，考核和记录每个部门和个人的目标及其完成情况,最终从这两个方面评估各部门和个人的绩效,这样有利于分清部门和个人的工作业绩。

花旗一直把员工当作它取得成功的最关键因素,在处理员工、客户、股东三者之间的关系中,始终把员工放在首位,认为员工是银行最重要的资产,并充分尊重员工的意愿。因此,无论是文化氛围、工作环境、还是机会与福利,花旗都力求做得足够好,并以此吸收和留住全世界最杰出的人才加盟花旗集团。同时,花旗还推出好几种类型的员工持股计划,让员工的利益与公司利益结合得更为紧密,使员工像业主一样思想和行动,从而为集团创造出最佳效益。花旗银行公司治理的特点主要有以下几方面:

① 有比较明确的战略目标和价值准则。如在每年年报的首页宣传公司的经营理念"花旗的特征是刻意追求成长,以取得两位数的平均赢利成长为目标,以全球化为取向但深深根植于业务所在的每一个当地市场""反对官僚作风,员工皆主人""恪守最高的道德标准和操守原则,于日常细微处赢得客户的信任,言出必行"等。

② 董事会内部设立不同的委员会,以协助董事会更好地进行决策。这些委员会一般都是由董事长直接领导。有些委员会实际行使了董事会的大部分决策职能,还有一些委员会是起辅助性作用。

③ 银行董事分为内部董事和外部董事,外部董事所占比重比较大。内部董事在银行中担任重要职务,是银行经营管理的核心成员。外部董事不在银行任职。外部董事一般与银行有着密切联系,但又不从银行领取报酬,能够客观公正地进行有关公司经营的决策和研究。这样的安排有利于加强董事会对经营者的监督和控制。

④ 外部审计制度导入。在花旗银行的公司治理结构中,没有监事会。对经营者的监督除了依靠合理的董事结构安排,独立董事制度外,再就是通过专门的外部审计事务所来进行。每年聘请注册会计师对银行经营状况进行独立审计并发布审计报告,以示公正。政府的审计机构也在每年定期或不定期地对银行经营状况进行审计并对审计事务所的任职资格进行审查。这在很大程度上保证了银行财务状况的真实披露,有助于银行的守法经营。

⑤ 完善的薪酬激励制度。花旗银行的激励机制比较合理,强调董事会及人事和薪酬委员会制订合适的人员酬金标准,以吸引并保留合格的人员,同时建立了"以业绩论工资"的制度。由于拥有相对比较完善的证券市场和银行经理市场,所以对银行经理的报酬支付方式也比较多,如工资、奖金、分红、股票奖励、股票期权等,并尽可能地以股票或股票期权的方式给予董事报酬。此外,实施员工持股和管理层收购制度等。

22.2.2 德日模式

德日模式下的银行公司治理是一种双层董事会的结构,由股东大会、监事会、董事会、经理层组成。监事会一般不参加银行的经营管理,但是有权在任何时候检查公司的账目情况,主要执行对董事会和经理层的监督作用。德日模式下,董事会的权力很大,负责银行的重大决策制定,总经理则负责具体的贯彻执行。德意志银行作为德国最大的商业银行,其治理结构是德日模式典型代表。这是一家效益和信用度非常好的银行,在国际银行业中占据显著地位。

德意志银行公司治理的目标立足于提升和强化现有的及潜在的德意志银行的股东、消费者、雇员和在国内以及国际市场上的一般社会公众的信任度。作为共同治理理念的体现,德意志银行在强调股东权益必须得到保证的同时,认为股东的权益只能在长期消费者得到满足、雇员获得激励以及银行履行了其社会义务的前提下才能实现。如图22.2所示,是德意志银行的组织结构图。

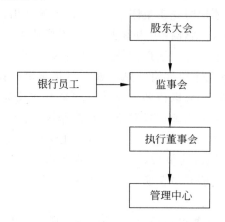

图22.2 德意志银行组织结构图

德意志银行的监事会是公司股东和员工利益的代表机构和决策机构,相当于英美国家的董事会。执行董事会由8名董事组成,负责日常银行的运营管理,向监事会报告和负责,向股东大会和其他利益相关者提供必要的信息,相当于英美国家的经理层。监事会负责监督执行董事会的经营业务,任免执行董事会成员;审核银行的账簿,核对银行资产,并在必要时召集股东大会。执行董事会负责公司的日常运作,向监事会报告和负责。监事会对执行董事会的工作只有监督的权利,可以提出具体的建议,但不能直接干预执行董事会的正常工作,如果执行董事会和监事会之间存在争议,可以由股东大会来裁决。

从以上分析可以得出,德意志银行有着较完善的公司治理结构,其公司治理结构的特点表现为以下几个方面。

(1) 公司治理的目的突出了共同治理的理念,强调银行的经营目标首先是要履行其社会义务,之后才是服务于股东。由于银行对大公司的普遍持股,消除超大银行获取超额利润的动机。另外,德意志银行特别指出,考虑到社会经济生活的全球化,德意志银行尊重联合国条约中的有关全球稳定增长模式下公司治理的一般准则,并履行作为一家全球性企业在公司治理方面肩负的责任。

(2) 银行的双层董事会制度有利于实现对银行管理层的有效约束。德意志银行管理层是由监事会任命的,而监事会是对股东负责的,这样从组织结构上明确了管理层的经营目标。同时监事会是由现任管理层以外的人选组成(确保监事会的独立性),并且往往包括了前任管理者,这就使监事会与现任管理者之间的信息不对称问题减少到最低程度,监事会能够比较充分地了解现任管理者的业务能力,道德状况以及政策的连续性,使其行为和政策偏差不会太大。

(3) 各银行通过相互参股实现不公开联合。如在德意志银行的股东大会上,超过

82%的表决权由各银行拥有,德累斯顿银行超过83%的表决权由各银行拥有,商业银行超过81%的表决权由各银行拥有。

(4) 在风险管理的基础上构建了执行董事会负责的模式。监事会的作用除了对执行董事会提建议以及监督之外,按照国内和国际标准,要确保审计官的独立性。因此,对监事的要求比较高,要求监事要具备非常突出的专业知识、扎实的管理技能、丰富的实践经验和国际业务经验,并且要求有足够的时间来履行自己的职责。

(5) 为避免利益冲突,要求执行董事会成员应该向监事会主席披露在交易过程中的个人利益。为了防止执行董事会成员为了追求个人利益而损害公司利益,同时执行董事会成员不能利用公司的业务机会为个人牟取利益。

(6) 职工参与决定制度。职工通过选派职工代表进入监督董事会参与公司重大经营决策,或者通过谈判在劳资协定中确定职工参与公司决策的方式与范围,来实现公司治理的"共同决定"(codetermination)。职工董事在监督董事会比例都在1/3到1/2以上。职工参与公司决策,在监事会中占有一定的席位,使得企业决策比较公开和民主,再加上员工是银行具体业务的直接操作者,对银行的经营有比较直观的感受和见解,从而有利于股东和员工对经营者的监督,减少失误和腐败,降低代理成本。同时,也有利于调动各方面的积极性,减少摩擦和冲突,保持企业和社会的稳定与持续发展。

表 22.1 英美模式和德日模式商业银行治理结构比较

特 征	英美模式	德日模式
股权结构	很分散,基本没有控股	相对比较集中,有许多法人大股东
控制权转移	可能性大	可能性小
证券市场在银行治理中的作用	股东通过股票市场银行股票变化确定持有情况	较弱
股东监督程度	股权分散,直接监督程度低	股权相对集中,直接控制程度高
董事会的作用	外部董事的存在,董事会对管理层监督作用比较强	董事会有来自股东、员工的代表,对管理层的监督作用较强
银行家市场	内外部银行家市场	内部银行家市场
业绩和收入相关性	非常大	不大
员工的作用	不大	相对有一些
信息披露透明度	高	较高

22.3 商业银行公司治理结构的完善

商业银行与一般工商企业一样,是以赢利为目的的企业。它也具有从事业务经营所需要的自有资本,依法经营,照章纳税,自负盈亏;但又是不同于一般工商企业的特殊企业,其特殊性表现在经营对象的差异。因此,应该根据商业银行的具体特点来对其治理结构进行完善。

22.3.1 产权主体方面

"如果没有人明确地拥有一项有价值的财产,也就没有人会保护它的价值"。商业银行实行股份制改造后,法人和自然人均可以成为银行的股东。相对于法人股东而言,银行员工等自然人股东是直接的利益主体,股东所持股份与产权利益主体之间的关系十分清晰,资本追逐利润的本能在自然人股东身上可以得到最充分的体现。比较好的产权结构应该是国家、社会法人、自然人三者共同持股,即实现产权主体的多元化。通过股份制改造,按照出资多少决定投资者在公司重要决策中的地位,才能保证法人产权的独立和完整,银行和政府之间也不再有行政隶属关系,而是一种资本关系。

商业银行构造多元化的明晰的产权制度最行之有效的方法就是上市。商业银行上市的好处主要有:一是通过建立良好的资本补充机制,改善银行资产负债结构;二是能够按现代企业制度依法合规经营,接受股东及社会的监督;三是可以较好的扩大社会影响力。通过股份制改造,按照出资多少决定投资者在公司重要决策中的地位,才能保证法人产权的独立和完整,银行和政府之间也不再有行政隶属关系,而是一种资本关系。

22.3.2 董事会治理方面

董事会在公司治理结构中处于核心地位,董事会是银行的最高管理机关,行使除法律和公司章程规定属股东大会权限之外的一切管理权力。良好的公司治理结构的实践表明,一个全面而独立的为公司核心功能和流程有效运行负责的董事会能够带来长期效益。建立规范化董事会制度的要点是以提高董事会治理功能和效率为目标,全面强化董事会的职责和董事会成员的责任,明确规定应由董事会决策和负责的公司事项,改革董事会的构成,增加外部董事和专家董事,设立董事会所属的专业委员会,制定科学合理的董事会议事规则和工作流程,建立市场化的董事评价制度和董事会效率评估体系,强化激励机制,从制度上确保董事会职能到位和提高决策管理能力。

1. 董事会任职资质

商业银行的董事必须符合一定的资格条件。根据商业银行的实际情况,要成为商业银行董事会的成员应至少满足以下积极条件:

① 至少 15 年在金融服务行业或相关行业,如法律、会计等专业或政府机关高层任职,或在相关监督机关任职的经验。董事长应具有银行行长的资历。
② 无可置疑的正直品格。
③ 保证参加至少 75% 的董事会会议,至少参加一个委员会,并积极参与审议。
④ 有能力并愿意就关键事项表达独立见解。
⑤ 有能力通过特殊技巧、经验、关系或其他手段为银行的决策增加价值。
⑥ 熟悉我国商业运作的现状,以及地区和国际行业动态。

2. 审计委员会的设立

针对 2001 年美国安然公司财务丑闻及其后接连发生的公司财务丑闻,美国于 2002

年7月30日紧急出台了《萨班斯—奥克斯莱法案》(以下简称《SOX法案》),要求上市公司的董事会必须设立审计委员会。该法案的第301条款明确要求所有的上市公司都必须设立审计委员会;其成员必须全部是独立董事,且至少有一名财务专家,监管财务报告的编撰过程,强调了公司内部的监管。审计委员会的主要职责是:讨论每一年度和季度的财务报表并提出质疑;评估公司对外发布的所有赢利信息和分析性预测;切实讨论公司的风险评估和管理政策;负责公司内部审计机构的建立及运行;负责聘请注册会计师事务所,给事务所支付报酬并监督其工作,受聘的会计师事务所应直接向审计委员会报告;接受并处理本公司会计、内部控制或审计方面的投诉;有权雇用独立的法律顾问、其他咨询顾问和外部审计师。审计委员会的设立从制度上将内部审计师汇集在完善公司治理的聚光灯下,成为审计委员会职能发挥的重要角色。

22.3.3　监事会治理方面

商业银行的监事会若只停留于组织架构的层面之上,实际职能的发挥仍处于真空的状态,对商业银行的长远发展是十分不利的。由此,应加强商业银行监事会运行机制的建设。

1. 建立职责分明、职权明晰的监事会运作机制

商业银行应该赋予监事会召集临时股东大会的权力。当监事会的决议与董事会的意见发生冲突,经协商无法取得一致意见时,监事会应有权要求召集临时股东大会,并将有关决议和意见交临时股东大会审议。

2. 增强监事会的独立性

商业银行应通过制定进一步的法规或监事会指引之类的规章,细化监事会的组成和工作内容等方面的规则,以强化监事会的独立性,保证监视会职权行使的独立性。改进商业银行现行的外部监事制度,试行监事会成员中必须至少有一名与商业银行利益不相关的,未受雇于商业银行的外部监事的制度,并可由外部监事担任商业银行监事会主席。

3. 推行监事任职资格制度

监事应是财会、审计和法律专业人员或熟悉银行运行程序和规章制度的专业人员。监事要有履行其职责所必须的足够的时间和充沛的精力。杜绝荣誉性任职、养老性任职、不善经营管理者易位性任职等现象。通过加强学习、培训和改选,改善商业银行监事会成员的知识结构,提高监督技能。扩大和提升商业银行监事会的成员构成。除了股东代表和职工代表之外,还应加上债权人代表。债权人代表进入商业银行监事会,既可以保护债权人利益,又可以充分发挥商业银行在财务监管方面的专业优势。

22.3.4　信息披露方面

成功的公司治理越来越将开放和透明的信息披露作为实施有效的投资者关系战略和

宣传公司优势的重要方式。根据巴塞尔银行监管委员会1997年和1998年颁布的《加强银行透明度》《信贷风险披露最佳做法》和《巴塞尔新资本协议》等文件,商业银行应披露经营业绩、风险暴露、资本、风险管理战略与主体业务、经营管理与公司治理结构等方面的信息。巴塞尔银行监督委员会明确要求商业银行提高信息披露的质量,从而将商业银行的运作有效的置于市场纪律的约束之下。完善的信息披露制度,能够有效地保证投资者、存款人和银行监管机构及时了解银行的业务和风险状况以及资本准备充足率的变化趋势。

商业银行应根据披露的对象和范围选择披露的方式主要有:

(1) 向社会公众披露,主要通过新闻媒体、新闻发布会、年报方式。

(2) 向国际金融组织和境外机构所在的监督当局披露,主要以年报、报告及规定的表格等方式。

为使银行信息披露规范化、科学化,应尽快建立、健全信息披露的支持系统,包括改革会计和审计制度,实现财务方式法定化;实现披露渠道多样化,扩大披露范围,提高披露效率;同时将银行披露进一步纳入法律、法规体系,加大对违规行为的处罚力度。

22.4 国内商业银行公司治理

22.4.1 国内商业银行公司治理现状

我国商业银行为了应对我国加入WTO和金融全球化带来的日趋加剧的金融风险,在公司治理结构方面做出了很多努力,也取得了一些成绩。从中国股份制商业银行的组建背景来看,它们创建的初衷几乎都是为适应和促进金融改革而进行的,政府试图通过"增量改革"引入商业银行,并在四大国有银行垄断的银行体系中引入竞争机制,以增强银行体系的效率。这就使得市场准入的市场性程度并不高,而且多数的股份制银行的组建都有自己的特殊背景。这也使得中国股份制银行的产权组织形式十分不规范。尽管从形式上看股份制银行产权清晰、多元化,但是国有控股仍然十分严重,对于非上市的股份制银行,情况更严重一些。大股东往往财大气粗,使得股东大会、监事会、董事会无法行使应有的职权,大股东的行为得不到有效制约,侵犯中小股东的利益行为在所难免。

22.4.2 国内商业银行公司治理中存在的问题

商业银行具有调节经济、信用创造、信用中介和支付中介的职能。随着我国经济的快速发展,国内商业银行公司治理水平较之以前有了很大提高,但仍存在如下一些问题。

1. 产权构成单一

一般来说,商业银行目前的产权结构存在三方面的问题。

(1) 产权主体集中。比照国际上几大商业银行的实际情况,他们的产权结构呈现分散化趋势。汇丰银行股权分散在200 000股票持有人手中,分布在100多个国家和地区,最大股东持股不超过10%。德意志银行股票持有人更是高达467 603个,分布在欧洲和美洲的一些国家和地区,最大股东持股比例不超过3%。这些商业银行通过产权结构的逐步多元化,一方面筹集到了资本金,扩大了规模;另一方面稀释了股权,有效分散了风险。除了上述银行外,原来国有化程度较高的发达国家的银行股权也呈现逐渐分散化的趋势。法国、意大利和葡萄牙政府通过出售国有股份给国内外的投资者,降低了商业银行的国有股份,法国里昂信贷银行的国有股份从原来的90%下降到10%左右,意大利的国民劳动银行,国有股份也只占3%。政府持有国有股份的目的也发生了很大变化,不再是作为所有者去控制银行体系,决定银行的人事任免和经营决策,而仅仅是作为投资者获得投资回报,分享银行的经营成果。反观国内银行的产权结构状况,既制约了银行的资本募集能力,又造成了风险的相对集中,是银行进一步发展壮大的瓶颈之一。此外,产权主体集中,势必造成决策团体的决策局限和短视行为的发生,不利于最终发展成为全球性商业银行战略目标的实现。

(2) 国有产权比重过大。国内银行中的国家股平均占到了整个股权结构的30%以上,势必造成银行经营目标的二元性。政府产权代表了政府和公众的公共利益,其目标是社会福利最大化,实现社会的稳定和公平,具有鲜明的社会性功能,而法人和个人产权则代表资本积聚的所有者集团的利益,其目标是实现利润或财富最大化,具有特指性功能。当国有产权占据银行的决定性份额的时候,也就不可避免地将其行政行为以及社会性目标作为指导银行经营方式和经营目标的准绳之一。这样,银行也就失去了为特定利益集团服务的功效,变成了满足社会公共利益的工具,银行资本也就失去了其专用性资源的聚财生财作用,丧失了抵御经营中各种风险的能力。

(3) 产权收益权的排他性造成经济激励和约束机制失灵,行政激励与约束成为经营组织中的主要方式。经济产权所形成的限制来自两个方面:外部的经济规制与内部的经济自律。外部的规制起着一般性限制作用,而内部的自律是银行遵循市场规律获取效益、防范违规行为和道德风险的重要手段。然而,根据本小节中第(2)点的分析,银行无法将经济利益目标摆在唯一首要的位置,内部自律的激励和约束机制就不再以经济奖罚为主要特征,而代之以行政奖罚形式。与这种行政机制相适应,管理组织表现为行政等级和垂直集中领导的结构体系,行内仍普遍存在"官本位"意识。行政级别的高低是决定决策实施与否的主要依据,各项经营规章制度得不到有效贯彻,绝对服从上级的指示和安排助长了经营中的主观个人色彩的蔓延。业务经营也是只要过程不看结果,只要规模不重效益,短期行为严重。

2. 人员角色的定位和甄选缺乏科学性

(1) 委托人角色定位缺失。从国内银行来看,形式上虽然建立了"股东大会－董事会/监事会－经营者"的治理机构,但实际上却缺乏良好的公司治理的基本要素。在银行内部,绝大多数是国有股占控股地位,成立时有着政府背景,银行董事和高级管理人员的人选在很大程度上由政府(或主管部门)决定或受其影响,董事会缺乏保护股东权益的手段和激励,其职权未得到充分的发挥和保障。

(2) 经营者甄选的科学性不强。目前,银行经理层的选拔、任用仍带有浓厚的行政化色彩。高级管理人员的考核、任命比照党政机关管理干部考核办法,分支行经营者也是由上级行来任命,考虑比较多的是资历、年龄、地域等因素,还没有建立起以经营绩效为中心的市场化考核、评价体系,银行管理层缺乏董事会的约束,也缺乏维护股东利益、注重银行长期发展、健全内部控制和完善风险管理的激励机制。银行的经营管理既容易受到政府(或主管部门)的干预,也容易受管理层自身短期行为的驱动。如果上述状况不加改变,那么银行的内部人员控制问题将更加严重,银行的资产流失或者损害股东权益(特别是国家利益)行为将更趋频繁,由此造成的银行风险问题也会更趋恶化。

3. 制衡机制流于形式

国内银行建立起了表面上较为完善的公司治理结构制衡机制,股东大会、董事会、监事会、经营管理层按照相关的文件和规章行使自己的职权,承担相应的责任。然而,在实际工作中出于多种因素综合作用的结果,该行的这些权力部门并未能按照要求运转,股东大会、董事会及专门委员会、监事会既定的年度会议常因各种原因被意外取消,董事会办公室和监事会办公室更是成了两块牌子一批人马的摆设。

本章小结

与一般意义上的公司相比较,商业银行的委托代理关系更为复杂,这里主要涉及了四个方面:存款人和银行、股东和银行、贷款人和银行以及监管者与银行。这四方面都存在着一定程度的信息不对称。银行的公司治理除了要解决一般公司所面临的股东与经营者之间的委托代理关系以外,同时还必须处理好存款人、贷款人和监管者与银行的关系。这就使得商业银行的公司治理机制的设计更为复杂化,难度系数更大。

为了规范公司治理及商业银行公司治理,经济合作与发展组织和巴塞尔银行监管委员会分别于1999年推出了《OECD公司治理原则》和《加强银行公司治理》的报告。商业银行公司治理的特殊性主要体现在银行交易与产品的特殊性、行业特殊性、经营目标的特殊性、委托代理关系的特殊性、市场及竞争程度的特殊性、银行资本结构的特殊性。如何综合考虑上述因素以确定商业银行公司治理的架构,并在此基础上结合不同国家的实际研究和改革经验是非常重要的。

案例分析

金融机构审出"大窟窿",工中建占一半

三大行的一些分支机构,尤其是基层行,风险控制还比较薄弱,表现在一些分支机构的信贷人员和贷款单位有一些关系,因此对贷款审核不严格。在2008年审计署对金融机构的审计中,揭露和查处重大违法违规和经济犯罪线索20件,其中工商银行、中国银行和建设银行这3家国有商业银行就占一半。

从审计署2008年11月到2009年的审计结果来看,4万亿投资到目前为止,还没有重大的违法违规或者重大损失浪费的问题。但其中还是存在着一些需要改进和完善的地方,如在一些经济欠发达或财政收入较差的地区,配套资金还不能及时完全到位;一些农

村的基层项目建设,缺乏统筹规划,存在重复建设问题。

审计监督重点规定要严肃监督和查处这四万亿投资中出现的铺张浪费、重大损失浪费以及其他重大违法违规问题和经济犯罪线索,其中的重点对象是重特大投资项目、重特大资源环境保护项目、重特大民生工程项目、重特大突发性公共事件和涉及民生的财政支出。审计结果将向社会公告。

对此,中央财经大学中国银行业研究中心主任郭田勇向《每日经济新闻》表示,未来贷款增速快、贷款投入建设项目的比例高,银行业为了拉动内需、保增长,信贷投放数额将处于高水平,因此尤其要加强防止不良贷款增加的力度。"在保增长背景下,银行将成为企业的座上宾,这就需要银行加强内部管理和风险控制,防止出现违法违规行为,杜绝人情风。"

建行新闻处高级经理于保月表示,审计署审计银行并发现问题是件好事,自从上市以后,建行的内部管理越来越严格,上市之前,建行每年有十几件案件,但现在每年只有几件,案件数量和涉案金额都在下降。对于审计署审计结果,他表示,这说明建行在取得成绩的同时也存在一些问题,为建行改正问题明确了努力的方向。

工行新闻处处长谢泰峰则不愿就此表态,只是说"以审计署的公告为准,或者以工行的公告为准。"

三大行的那些事儿

2004年6月,审计署审计发现,工行上海外高桥保税区支行向"姚康达"一人发放个人住房贷款7 141万元,这些资金被用于购买128套住房,炒作房地产。

2005年2月,原建行广东省分行芳村支行行长张森森等人,违法放贷人民币3 793余万元,给国家造成1 753余万元损失不能追回。

2005年10月,审计署审计公告指出,工行枣庄市分行违规剥离自办实体不良贷款,造成近亿元损失,立案后被公安部挂牌督办。

2006年9月,通过审查工行海南省分行违规办理信用证造成的呆账坏账,海南省检察院海南分院挖出该行多起商业贿赂大案,共追缴涉案赃款和非法所得人民币2 000余万元。

审计风暴·三大行

据介绍,去年审计署在审计金融机构过程中,揭露和查处重大违法违规和经济犯罪线索20件,涉案金额60亿元左右。并且三大行的案件在前述20件案件中就占到一半。

以往审计工作中出现"屡查屡犯"现象,"说明这个问题不是个案,而是制度性的问题,需要不断推进,改进制度、改进办法、改革体制,直到这类问题得到解决为止。"

从审计结果来看,三大行通过股份制改制,内部机制得到了创新、管理水平有了很大提高、赢利能力有了较大增强、资产质量有了大幅提升、不良资产比率也已大大下降;资本充足率也大大超过法定标准和国际公认的标准。

但同时也显露了三大行存在的问题:三大行的一些分支机构,尤其是基层行,风险控制还比较薄弱,表现在一些分支机构的信贷人员和贷款单位有一些关系,因此对贷款的审核不严格;此外,三大行还存在一些重大的违法违规问题。

"对这三大银行和其他金融机构的审计和调查,不仅不会影响股市,而且还会促进它的健康发展。"

三大行的资产总和占我国银行业总资产近一半份额,因此相对出问题的几率会大一些,未来有必要加强对这三家银行的专项审计。同时,上级银行、银监会也应加大监督力度。

同时,在近几年的商业银行股份制改革和上市的过程中,相关部门对三大行的内部治理和风险控制更严格了,所以也不排除许多原来就长期存在的问题,在这个过程中,由于各种规则制度更加完善、风险控制体系更强而暴露出来。

审计风暴·成果

在总结2008年审计工作时表示,上述20件重大案件经相关部门立案查处后,绝大部分的涉案资金被收回,相关涉案人员有的已被绳之以法,有的案件正在进一步侦破之中。

结合所学知识和上述案例,试分析我国商业银行存在的问题,并提出你认为最切实有效的解决对策。

复习思考题

1. 商业银行公司治理的一般原则是什么?
2. 商业银行公司治理与一般公司治理主要有哪些不同?为什么?
3. 银行公司治理的主要有哪几种模式,请简单介绍。
4. 银行公司治理结构存在哪些缺陷与不足?

第23章 家族企业公司治理

学习目的

通过本章的学习,你应该能够:
1. 掌握家族企业的定义,家族企业的先天优势及内在的缺陷;
2. 理解亲情治理对于家族企业公司治理的正反两方面影响;
3. 熟悉家族企业权威与亲情交织的企业文化;
4. 明确家族企业的发展现状及解决路径。

关键词

家族企业　亲情治理

引导案例

沃尔顿家族如何化解"富二代"诅咒

2010年1月初,世界顶级财经杂志《福布斯》发布了2009年度美国富豪家族榜,拥有沃尔玛企业的沃尔顿家族以900亿美元身家名列榜首。这是沃尔顿家族自1985年首次登上《福布斯》排行榜以来,差不多连续25年榜上有名。《福布斯》称,沃尔顿家族之富,甚至是微软的比尔·盖茨和"股神"巴菲特的财富加起来也难以匹敌。

家族企业因传承问题,大都上演着"富不过三代"的历史定律,一份研究表明,家族企业的平均寿命是24年,只有30%家族企业能延续到第二代,而能够成功地传递至第三代的仅为10%。

沃尔顿家族之所以冲破"富二代"诅咒,首先,来自"与人为善"的企业文化,以及"低调不奢华"的家族生活信仰。老沃尔顿一直到去世,都穿着朴素、生活节俭、乐做善事。企业创始人"富一代"的示范效应,成就了沃尔顿"富二代"低调的生活风格。这些生活信仰,反过来滋润了生生不息的企业文化。

其次,沃尔顿家族重视对家族企业"沃尔玛"公司法人结构的治理,从"绝对家族企业"向"相对家族企业"转变,借助完善的资本市场,家族持股不超过40%,使企业公众化和非人格化,引入职业经理人,严禁家族擅权干政,成功地把一个家族经营型企业,转变为充满活力的现代企业。

再次,沃尔顿家族始终与政治保持着谨慎的距离,从不滥用其影响力,没有"商而优则仕",从而失掉企业家精神。光在美国,沃尔玛的雇员就达100万以上,影响着百万人的就业问题。凭这般庞大的影响力,沃尔顿在政治上成功几乎是唾手可得的事,但至今没有一人穿上了"政客"马甲。沃尔顿"富二代"中,除了一人担任沃尔玛董事长之外,其他人或醉心于慈善业,或投身于动物福利,或白手起家,开办新企业。

最后,沃尔顿家族背后,可以看到亚当·斯密所说过的企业身上要"流淌道德的血液"的影子。前不久沃尔玛的一个供应商被指非法雇用童工,触犯了联邦禁止雇用童工法,沃尔玛严厉作了谴责,并立即终止了供应合同。企业和家族"有道德的成长",这也许是沃尔顿家族化解"富二代"之咒最大的秘密。

(资料来源:中国经营报,作者:和静钧,2010年1月11日)

结合以上内容,谈谈你对家族企业的具体认识。

23.1 家族企业

家族企业可以说是一个古老而"短暂"的企业组织形态。说它古老,是因为它是历史最为悠久的一种企业形态。在私有制条件下,历史上最早的企业均是家族企业。说它"短暂",是因为发展至今,家族企业在生命周期上有着"富不过三代"的延续规律。资料显示,家族企业的平均寿命为24年,恰好与企业创始人的平均工作年限相同;有30%的家族企业可以传到第二代手中,其中有不到2/3的企业能够传到第三代,后者中大约13%的企业能够传到第四代。而中国家族式私营企业的寿命就更短。改革开放后,我国私营经济发展迅速。私营企业大量涌现,成为社会重要经济力量。其中90%以上采取了家族式的企业管理模式。尤其是近年来,随着中国资本市场的发展和企业民营化进程的加速,越来越多的家族企业通过各种方式实现上市融资运作,家族企业的管理与治理效率问题引起社会广泛注意。从这些数据和描述中可以看出,虽然家族企业作为一种古老的企业组织形式广泛存在于世界各地,但一般能持续发展下去的并不多。

23.1.1 家族企业的定义

目前对家族企业的定义还不是十分明确,国内外学者相继提出了各种定义,其中比较有影响力的有以下几种。

哈佛大学的艾尔弗雷德·D.钱德勒(Alfred D. Chandler)认为,家族企业是指企业创始者及其最亲密的合伙人(和家族)一直掌有大部分股权。他们与经理人员维持紧密的私人关系,且保留高层管理者的主要决策权,特别是在人事、财务和资源分配方面。

中国台湾的叶银华[①]认为,具备以下三个条件,就可被认为是家族企业。

(1) 家族持股比率大于临界持股比率。

(2) 家族成员或具二等亲以内之亲属担任董事长或总经理。

(3) 家族成员或具三等亲以内之亲属担任公司董事席位超过公司全部董事席位的一半以上。

另外,哈佛大学的尼·欧唐内利(Leo Donnelly)教授认为满足以下七个条件中的某一个或数个条件即可构成家族企业。

(1) 家族成员与公司的关系会决定他的一生。

(2) 家族成员在公司的职务影响他在家族中的地位。

(3) 家族成员以超乎财务的理由,认为有责任持有这家公司的股票。

(4) 家族成员正式参与公司管理,他的个人行为代表着这家公司的信誉。

(5) 公司与家族的整体价值合二为一。

(6) 现任或前任董事长或总经理的妻子或儿子位居董事。

(7) 家族关系为决定继承经营管理权的关系。

最后是中国台湾的王光国[②]的定义,主要从家族企业的发展阶段与组织形态来理解家族企业。

(1) 第一类形态是只用亲属的"纯粹"意义上的家族企业。

(2) 第二类形态是采用"人治"管理方式的家族企业,由创业者掌管大权,次要管理岗位由其家族成员担当。

(3) 第三类形态是"人治"过渡到"法治"的家族企业,规章制度成为其重要特点。

(4) 第四类形态是"经营权"与"所有权"相分离的现代意义上的家族企业,自己拥有所有权,经营权可交由非家族成员支配。

从上述定义来看,尽管中外学者的各种说法互相之间存在着一些差别,但是基本核心还是一致的,即家族企业是以血缘或亲缘结成的家族力量,以股权或实际控制权方式影响或掌握企业决策的企业形式。简而言之,家族企业由一个家族所有并控制。

23.1.2 家族企业的发展现状

家族企业作为世界上最具普遍意义的企业组织形态,在世界经济中有着举足轻重的地位。在世界各国,无论是发达国家还是发展中国家,家族企业都在顽强地生长和发展着。

据美国家族公司研究所的调查,家族控制企业对美国新增岗位的贡献率达78%。同时在这些家族企业中,不再只是控股严密的私人公司和夫妻店,也存在很大比例的上市公司。据《幸福》杂志统计,在全球500家大型企业中,有175家家族企业。而在美国公开上市的最大型企业中,有42%的企业仍为家族所控制。近几年来虽然美国上市公司股份呈

---

① 叶银华:台湾辅仁大学金融所教授兼所长。

② 王光国:厦门市台属联谊会常务副会长兼秘书长、民革福建省祖国和平统一促进委员会副主任、厦门台湾事务法律咨询服务中心顾问、厦门大学教授、厦门市地震学会副理事长。

分散化趋势,但总体上来说,家族仍然控制着企业较大的股份。

据香港学者郎咸平教授对世界各国公司治理的研究,目前在欧洲各国中,前15大家族控制上市公司的比例均在20%以上。比利时和法国甚至达到36.63%和33.80%,可见,家庭企业在所在国的作用非常明显。

2012年《福布斯》中文版发布"中国现代家族企业调查报告",涵盖了包括沪深两地上市的民营家族企业以及港交所上市的内地民营家族企业。在这2 422家A股上市公司中,1 394家为民营公司,民企中,共有684家为家族企业,占全部民营上市公司数量的比重接近一半,达到49%。国际著名家族企业有沃尔玛、福特、三星、考茨工业、索尼、西门子、松下、家乐福、LG集团等;中国著名家族企业有长江实业、娃哈哈、龙湖地产、东方希望、美的集团、碧桂园和万向集团等。

可以看出,无论是发达国家还是发展中国家,家族企业都在国民经济中发挥着重要作用。特别是在这个经济发展还不平衡,就业压力很大的国家,发展以家族企业为主导的私营经济,对于解决就业压力,提高国民福利水平,都具有极其重要的现实意义。因此,从这个角度出发,对家族企业进行研究是一个非常有意义的话题。

23.1.3 家族企业可持续发展的路径选择

关于家族企业的演变路径和发展趋势,国内外学者进行了饶有兴致的研究,并且提出了不同的看法。概括而言,基本上有如下观点:

(1) 沿着家庭式企业→企业家族化→家族企业化→经理式企业的路径演进的;

(2) 沿着原始企业→家族式企业→公众公司的路径演进的;

(3) 沿着家族企业→合伙制企业→股份制企业的路径演进的;

(4) 以家庭式企业→纯家族式企业→准家族制企业→混合家族制企业→公众公司的路径演进的。

在具体的变迁路径上,看法虽然有所不同,但基本上都认为家族企业的发展是沿着家庭式企业→企业家族化→家族企业化→公众公司这一路径演进的,而且对最终的演进结果,已达成了一个共识,即家族企业最终必然演进为公众公司。

从现实情况来看,全球范围内尤其是西方发达市场经济国家的家族型经营的发展表现出如下趋势:

(1) 所有权和经营者分离。随着企业规模的扩大,企业竞争的加剧,家庭和家族观念的转变,以及经理阶层的兴起,家族型经营难以适应后工业社会的发展而退出历史舞台。那些股份较大的家族只能间接地影响企业的决策,企业的经营权落到管理专家们的手中,企业的两权分离从根本上动摇家族型经营的基础。IBM、福特、壳牌、摩托罗拉等西方的老牌家族企业都因为主动适应这种趋势而得以继续发展。

(2) 泛家族主义管理的盛行。家长式的管理将在家族企业中消失,但企业的家庭主义色彩仍然被保持和发扬。西方提倡带有家庭主义色彩的团队精神,在东方的日本,封建效忠主义和家族恩情主义的家长式管理正在被命运共同体平等主义的经营所取代,员工和经理一样是企业大家族中平等的一员。

(3) 家族企业进一步社会化。家族企业通过向社会发行股票和债券,向内部员工转让股份,向社会公益事业投资,使企业的所有权进一步社会化,企业的社会化在其经营宗旨上表现为更加强调企业的社会责任。

以日本松下电器公司为例,公司的发展过程是创始人松下幸之助个人股权比例不断下降和稀释的过程,从企业之初的100%下降到1950年的43%,1955年的20%,而1975年更猛降到2.9%,使松下企业的发展突破了个人和家族的局限,保证了企业的持续稳定发展。纵观欧美发达国家的家族企业,存活下来并发展壮大的绝大部分都成了公众公司。福特、杜邦、柯达、通用电气、摩托罗拉、迪斯尼,这些成为著名跨国公司的家族企业更是如此。其殊途同归之路就是家族企业发展方向的最好说明,也是对上述结论的有力实证。

家族企业要想在不断变化的市场环境中生存下来并发展壮大,终将演化为公众公司,这并不是由创业者或其继承者的个人意志所决定的。从主观意愿来讲,他们更不愿意成为公众公司,因为他们不想丧失企业的控制权。这种发展的必然是由家族企业生存的客观环境所决定的。在日益开放的经济形态和日趋激烈的市场竞争环境中,家族企业的内在缺陷逐步成为企业扩张的羁绊,制约了企业的生存和发展。适者生存,不适者淘汰,要想生存发展下去,变革自身,顺应环境就成为唯一出路。公众公司则是现代企业制度的典范,家族企业向公众公司过渡能有效完善其治理结构,变家族管理为职业管理,加强制度建设和强化制度效用,有效克服家族企业的人才和文化"瓶颈"两大内在缺陷,适应经济环境的变迁,避免被市场所淘汰而得以延续下去。

23.1.4 家族企业文化

家族企业文化是指在家族企业中以血缘关系为基础,以家的管理模式为特征的企业文化。其特征主要表现为以下几个方面。

1. 权威与亲情交织的"家文化"

家是寄托温情的港湾,是存在着家长的绝对权威和相互宽容的组织,是扶助成长和老有所养的依靠。"家文化"是家长权威和家族亲情关系的文化。这种企业文化表现为独断、权威、事必躬亲,员工主动性差,一切以听从老板指挥为主。

2. 家族利益高于一切的"家族主义"

"家族至上"的群体意识把成员个体完全归属于家族,个人利益服从家族群体利益,追求家族的兴旺、发达和荣耀。这种为了家族的利益,为了光宗耀祖,可以产生强烈的成就动机,促使人们去追求事业的成功。家族主义还表现为家族成员要相亲相爱、相互帮助、相互扶持、同舟共济,创业依靠家长,成功惠及家族。

3. 子承父业的"继承制"

在中国的传统文化中,以父家长为中心,以嫡子继承为基本原则在中国延续了数千年。要维持家族的延续,一脉相传,儿子就要传承父辈的事业,并将之发扬光大以振家风,以提高家族的社会地位。如果大权旁落在外人手中则被认为是"将祖宗的家业败坏在自己的手上"。

4. 血缘关系以外的"低信任度"

家族企业中,血缘关系是信赖的基础,信任只存在血亲关系之中,先天的无血缘关系形成了一种很难逾越的隔阂。信任度的高低依据内部成员之间存在的血缘、亲缘、友缘、学缘、地缘等关系的亲密程度进行取舍。家族企业的领导者(核心圈)由创业者及其继承人组成,重要岗位由血缘、亲缘关系的近亲组成,一般岗位由远亲和朋友组成。

5. 血缘关系下的凝聚力与离心力共存

一方面,家族企业创业初期,由于血缘、亲缘等亲情关系的家族成员一荣俱荣、一损俱损,大家在追求家族利益感召下,可以暂时放弃(甚至牺牲)个人利益,不怕苦、不怕累、不计个人得失,拧成一股绳,共谋企业的发展。另一方面,由于成功后的成果是靠亲情进行分配的机制,不能够满足不同的家族成员的利益欲望,他们为了追求各自的利益就会形成不同的利益群体与核心层进行明暗、软硬对抗,矛盾增多,不断激化,离心力加大,企业发展困难。

6. 建立在家长权威基础上的"独断专行"

一方面,企业领导的独断、权威、事必躬亲,在员工中产生一种惧怕、按老板的指示行事的心理态势;另一方面,由于家族成员掌握着重要的管理位置,家族利益和企业利益高度一致,大家为着共同的目标而努力,所以家族企业容易协调各部门的关系,政令通达,易于控制与管理。

7. 家族利益一致基础上的"高保密度"

家族成员身居要职,掌握着企业的核心秘密,由于家族利益和企业利益高度一致,他们会严守秘密,而使自己的企业在激烈的竞争中立于不败之地。而且家族成员的和睦和信任可以大大降低企业的管理成本。

23.2 家族企业的治理特点

23.2.1 优劣势共存

家族企业在所有企业组织形态中,有其特殊性。这种特殊性在于家族企业的所有权掌握在以血缘、亲缘为纽带的家族成员手中,但并不能由此推断家族企业就是一种低效率的企业形式。相反,作为一种制度安排,其本身的存在就说明了其存在的合理性,而家族企业的顽强生命力更是说明它与其他企业形式相比有其优越的一面。当然,利弊相生,不足之处也是在所难免,这种特殊性也导致了家族企业诸多根本性的内在缺陷。下面就家族企业的先天优势及内在缺陷进行深入分析。

1. 优势

在家族企业中,家族成员所有权与控制权两权合一,家族成员既参与企业经营管理,又参与剩余索取权的分配,所以家族式企业中的家族成员有动力经营好企业,这使得面临逆向选择和道德风险的可能性大大降低。同时家族企业中家族成员之间形成了一个小型的团体,团体内部由于经常在一起沟通交流,使得内部成员的信息不对称性以及成员间的协调成本大为降低。不仅如此,由于血缘关系的维系,家族成员对家族高度的认同感和一体感,使其对家族产生了一种神圣的责任,这使得家族成员为家族企业工作都是"各尽所能,各取所需",不计较自己付出的劳动和获得的报酬是否处于合理的比例关系,从而使企业成员间的交易费用大大降低。

另外,在家族群体内部还有一种选择性刺激制度,即家族成员必须努力为家族的发展而奋斗,如果某个成员出现道德风险和逆向选择,他就可能会被族长开出族籍。在这种压力下家族企业中的家族成员一般都会比较自觉,为家族企业也是为家族的发展而努力工作。在信息不对称状况减弱和选择性刺激制度下,家族企业中的家族成员与企业签订契约的交易费用大大降低,而且由于家族成员具有共同的价值观和伦理观念以及他们之间存在着家族性的默契,所以企业家对员工的监督成本也很低。正是由于交易费用的降低,使得家族企业这种组织形式在一定的环境下能体现出相对其他组织形式的优势,这也是家族企业能普遍存在和顽强成长的主要原因。

2. 缺陷

与这些先天优势相生伴随的是家族企业的特殊性,这也导致了诸多内在缺陷。这些内在缺陷是由家族企业的特殊性所决定的,并依附于这种特殊性而生。当家族企业需要进一步做大做强时,这些缺陷便成为企业发展的禁锢,阻碍企业的可持续发展。下面对家族企业根本性的内在缺陷进行分析。

(1) 人才瓶颈。企业发展都有一个从小到大的过程。家族企业创业初期,企业规模小,其核心成员基本上都是以血缘、亲缘为纽带的家族成员,创业者作为核心拥有天然的家长权威,依靠家长权威的家族式管理即可保证家族企业顺利运转,甚至可以"边吃晚饭边开董事会"。同时,家族企业在发展初期,能够提供的剩余索取权和剩余控制权总量相对较小,也就是企业应得权利供给较少。此种状况下家族企业内部各方为分享利益成果、争取应得权利的矛盾冲突不会太尖锐,强调家长权威、亲情原则的家庭伦理能有效协调家族成员的利益矛盾。这一阶段企业相对稀缺的是货币资本而不是人力资本,对管理的要求也不高。而随着企业的发展,一方面,企业规模的快速扩张导致企业对人力资本数量需求的大幅提高,而家族成员群体供给速度在人口自然增长率的影响下,一般会远远低于企业对人力资本需求的速度;另一方面,由于企业规模的扩张,管理的复杂化,导致企业对高级人力资本需求的增多,而对于家族成员群体而言,高级人力资本要素拥有者要受到人才成长的概率等因素的影响,在家族成员这个小规模群体内,这种人才出产的概率极低,因此从质上看,家族成员群体也很难保证对人力资本的供给。

(2) 缺乏良好的企业文化。企业文化是企业的基本价值观和行为规范,是企业倡导、信奉同时必须付诸实践的价值理念,也是企业永续经营、充满活力的内在源泉。其主要内容是企业的制度安排和战略选择,企业有什么样的制度安排,有什么样的战略选择,就有什么样的企业文化。而在家族企业中,权力往往集中在以创业者为核心的家族成员手中,这种集权的决策体系缺乏有效的监督、反馈和制约机制,不利于决策的科学化、民主化,容易造成决策失误,这是一种制度安排上的缺陷。

同时,在另一重要环节——人才的选拔上,家族企业遵循的往往是特殊主义原则,而不是普遍主义原则。所谓普遍主义原则是指选聘人才一般以能力为主,人事任免遵循制度化的人力资源管理方法。而家族企业多采取以血缘为中心的用人制度,即坚持以血缘关系第一,其次才会考虑能力。对家族成员采取特殊主义原则,而对非家族成员采取普遍主义原则,往往是家族企业的通病。这些行为背离了基本的公平原则,不仅严重挫伤非家族成员的积极性,而且使家族成员丧失提高素质的动力和压力,难以形成有效的激励约束机制。在这种特殊主义原则的指导下,人力资源得不到优化配置,合理的人才结构更是无从谈起。

23.2.2 亲情治理

家族企业可以说绝对是靠亲情来维系的。借助亲情,在最初的艰苦创业中可以保持最高的凝聚力和绝对的信任,大家有钱出钱,有力出力,心往一处想,劲往一处使,强大的合力会使企业在一个陌生的环境中,以最快的速度适应和发展。这方面的例子可谓是比比皆是。尤其是青田、温州等地的侨民,亲属几乎都在这里,大家也有一齐凑钱帮一家,然后再轮流一个个帮的传统,如此,开店、办公司什么的,对于他们来说,并不是什么难事。所以,尽管许多华人的家族企业存在人员素质差,管理不够专业等缺点,但仍有很强的生存能力和竞争能力。

亲情在家族企业创业发展阶段,有着不可低估的积极作用。然而当企业发展到一定规模和阶段以后,用家族性的亲情关系来调整、维系企业的发展,就开始显现出诸多弊端。俗话说:"打江山容易,坐江山难。"创业时,家族企业中的亲情让大家思想一致,共同行动,而等到初步得到"江山"以后,各自的私心也开始显露出来。而此时,亲情也是最脆弱、最不堪一击的。在创业时,可以亲密合作,但初步成功后,却无法共同经营自己打下的"江山"。

有时候,在管理中,家族内的亲情也是很大的障碍。对于家族成员内一些人的缺点,尤其是在企业经营管理上的不合理做法,碍于亲情,他人无法及时指出,使其得到纠正,由此,企业的发展必然深受其害。在这种情况下,企业怎么能得到很好的经营和发展呢?

另外,家族式管理也使得一些华人中较具规模的企业,出现严重的任人唯亲现象。只要是亲戚,都是官,而不管其有没有管理素质,是否会在公司里造成多头管理。在这种情况下,一方面,老板及其亲戚在处理人际关系时按亲疏远近,而非因才适用,因此在公司内产生"自己人"和"外人"的差别,造成"打仗亲兄弟,上阵父子兵"的家族主义氛围。由此,外人为生存,也就趋炎附势,拉帮结派,形成以不同亲戚为首的派系,造成企业内讧。所以家族式管理,要么凝聚力很强,人际关系融洽,要么内部四分五裂,派系纷争。另一方面,由于亲戚都是官,都管事,往往弄得外来工人无所适从,不知应该听谁的好,这样就会造成大多数员工有怨言,同时也耽误企业的发展。

采用家族式的企业管理方式,还会使老板倾向于个人集中管理,他们对于企业事无巨细,事必躬亲。这样一来,那些有关企业长期发展战略的大事,被大大小小的琐事所淹没,企业失去了进一步的发展方向,发展空间极其有限,由此企业也就无法继续发展。一些大型的华人批发仓库曾搞过职业经理式的管理模式,可由于相互的不信任,包括与老板家人间的不信任,最终导致"双输的局面"。一方面,管理措施难以到位,企业难以做大;另一方面,职业经理也一肚子怨气,被迫辞工,另寻出路。

从家族式企业的现状来看,其管理过分重视人情,却忽视制度建设。这种管理模式虽然一开始能使企业内部人际关系融洽,为企业带来和谐的利益,但企业毕竟不是家庭,没有血缘关系的员工与老板及其亲属或亲信之间的利益关系,以及员工之间,老板和其亲属间的关系,在企业发展起来后,将会变得非常复杂,并会妨害到企业的发展。因此,必须要有一个客观公正的标准,用统一的制度和纪律来约束全体成员的行为,才能形成客观公正的管理机制。另外,企业发展到一定的规模后,也必须抛掉传统的家族式管理,引入先进的管理模式,只有这样,家族企业才能持续不断地发展壮大。

23.3 中国家族企业公司治理

23.3.1 中国家族企业公司治理状况

家族企业作为一种经济组织,从理论上讲是市场经济发展的必然产物。从 1949 年到 20 世纪 70 年代末中国一直实行计划经济,在此期间,家族企业在中国几乎销声匿迹,真正开始创立与发展则是 1978 年中国改革开放以后。从家族企业在中国的发展状况来看,可以把它概括为以下两点。

1. 中国家族企业的内部治理

家族企业公司治理模式的内部治理机制是以血缘为纽带的家族成员内的权力分配和制衡为核心的。虽然很多大型私营企业都建立了股东大会、董事会、监事会和总经理办公会等组织和相应制度,逐渐向规范的现代公司靠拢,但家族控制特征仍很突出。家族企业高级管理人员的选拔,依据的标准主要是是否为家族成员或与企业创始者的家族保持紧密的私人关系。从调查情况来看,家族企业的管理人员绝大部分来自于家族内部,而对专业性较强的管理人才、技术人才则通过外聘获得。

首先,由于受到在家族氛围笼罩之下的以血缘为本的儒家文化的影响,家族企业内存在着一种"内外有别"的信任格局,对家族外的优秀管理人员的信任度不自觉地打了折扣。经过千百年的发展和衍变,儒家文化已渗透到中国人的思想、生活行为之中,成为中华文化认同的基础。儒家文化尤其深入家庭,把家庭看作生活的中心,家族也就成为中国人社会经济生活的核心。这种注重家庭的儒家文化的积淀在相当程度上、相当长时间内影响着中国家族企业组织的选择,使中国人自觉或不自觉地把家庭和家族关系引入到企业管理中。以契约维持的家族企业与家族外的职业经理人的关系同以血缘关系维系的家族企业与家族成员的关系有着信任度的差别。家族外那些高素质、颇有才干的管理人员,在家族企业中不会得到使用。而那些管理水平一般的家族成员在企业中却身居要职,他们的贡献与收入常常不成比例,即使在工作投入较少时,他们也能获得较高的绩效评价。另外,家族企业的初始创业者(主要是家族成员),在企业发展到一定规模以后,已不具备足以应付市场环境所需的技术能力和管理能力,而家族企业的核心领导层由于观念的束缚,拒绝较大规模地引进和重用外部优秀人才以适应环境的要求,这阻碍了企业的进一步发展和壮大。

其次,由于中国家族企业经过改革开放以来三十多年的发展,目前正处于从创业者向家族第二代移交的时期。权力交接顺畅与否直接关系到家族企业的经营成败。中国家族企业的权力交接也存在一些不足:一是老一辈不愿放手,虽然许多家族企业的创始人认识到了这一问题的重要性,但部分创业者在心态上仍存在某些问题,或难忘掌权滋味不愿放权,或担心子女不能担此重任而不愿放权,或根本就还没有在权力交接上作长远打算。二是对培养接班人认识不足,致使接班人的驾驭能力不够强。

最后,在短期激励和长期激励的比例方面,经营者的薪酬以基本工资、效益工资、奖金、福利、补贴、职务消费、股票等多种形式来体现。一般说来基本工资、奖金等属于短期激励,都是按月以现金结算,短期激励可以在一定程度上激发经营者的积极性。在我国家族企业中,这种按月发放的现金薪酬在经营者整个收入比例过高,甚至全部。很多家族企业没有推行年薪制、员工持股等长期激励措施,没有使经营者的行为和企业长远发展联系在一起,经营者不能共享企业发展的成果。

2. 中国家族企业的外部治理

外部治理机制主要包括产品市场、经理市场、资本市场及各种中介机构和自律组织从企业外部对家族企业的间接治理。从家族控制角度而言,采用家族治理模式的企业其治理基本不依靠外部市场机制来激励约束经理人员。中国现阶段市场机制的不成熟,使得以市场为基础的企业外部治理机制发育不完全,难以充分发挥市场的优胜劣汰功能。

首先,在现代市场经济条件下,竞争日趋激烈,残酷的市场环境对企业发展提出了很高的要求,而许多家族企业产权单一、筹资范围受限、规模较小,缺乏抗衡外部风险的能力。一些家族企业财务状况、财务成果和实际资金存量等重要财务信息往往不被如实披露,导致外部投资者或债权人对企业披露的财务信息可信度评价较低,往往不愿或不敢向家族企业提供资金,如国有金融机构对家族企业的信任度较低,出于自身利益考虑,不轻易贷给家族企业资金,这在很大程度上制约了家族企业的融资能力,限制了家族企业的发展规模。上述这两种能力的缺失,极大地限制了企业的生存和发展空间,使其难以适应激烈竞争的市场环境。

其次,中国当前经济环境中缺乏社会诚信机制,难以约束职业道德较差的经理人,一些家族式企业在进行企业制度改革时,鼓足勇气聘请了职业经理人来管理企业,但经理人却违背职业道德,携款潜逃、率团背叛等现象时有发生。这些教训告诉家族企业,目前的环境还不允许企业向现代企业制度过渡,用一位企业老总的话来说,就是"忠诚比能力更重要"。

最后,目前中国还未形成健全的职业经理人市场,家族式企业即便要招聘经理人也往往很难通过市场机制实现目的;资本市场对于家族企业也不乐观,如要筹措大量的资金就要设法上市,但目前上市的门槛很高,家族企业难以达到;家族企业进一步发展的法制环境也不乐观,如家族企业若要兼并国有企业或对国有企业实施控股,就要受到一些法律上的限制等。

23.3.2 中国家族企业公司治理问题的解决路径

在中国,家族文化积累之深厚,对中国人心理和行为的影响之大是世界上其他国家所难以比拟的。家族企业的经营权不可能简单地分离出去,分离也不是包治百病的灵丹妙药。但家族治理模式存在着很多弊端,特别是对于已经发展到一定阶段的家族企业来讲,必须进行创新和改革才能使家族企业突破发展瓶颈。对家族企业来说,所有权与经营权是否分离并不重要,重要的是保证家族企业高效率的运行。家族企业在选择企业治理模式时绝不能刻意模仿和盲目照搬,只有很好地适应我国政治、法律、经济、历史、文化等因素的企业治理模式才可能发挥最佳治理效率。因此家族企业公司治理模式优化应从以下几个方面进行。

1. 股权结构优化

企业股权结构的多元化是指在全新的资本概念下企业持股主体的增加。企业的经营者、雇员也可以成为企业的出资人或持股者。企业的出资者包括向企业提供各种服务的所有成员,既包括传统意义上的股东,又包括向企业提供人力资本服务的企业经营者、雇员。

(1) 通过股权稀释实现产权多元化。从变革产权制度来说,企业的产权结构应该是多元的,不应该是一元的。科学而合理的产权结构和层级,将会把企业引向良性发展道路,消除对个人和家族的依赖性,降低企业决策和经营风险,使企业成为公众型企业。可以通过股权稀释的办法,引进非家族股东,通过股权扩散这场"温和的革命",淡化家族经营色彩,这样既可以保证家族的合力,又可以对家族成员形成了约束。

(2) 推行要素股份化、发挥要素效率。在一些已具规模的家族企业中,可以采取生产要素股份化的方式,如技术入股、年功入股、绩效奖励投资入股、经营管理者股权期权入股等多种形式,形成利益共同体。在产权多元化的过程中,也要广泛吸收员工入股。具体做法可以通过完善分配制度,实行按劳分配与按股分红相结合的方式,使管理者、技术人员和职工等分享企业的利润,把个人物质利益和企业的经济效益挂钩。

2. 融资渠道优化

(1) 开创民间融资渠道。民间金融一般具有亲情乡土社会特征,但在民间金融中仅仅依靠相互熟悉的信任机制是远远不够的,制约着民间金融机构在现代市场中的发展。发展民间金融,使民间金融制度合法化,将会带动整个金融体系效率的提高符合我国金融体制改革的需要。完全以市场经济为依托的民间金融将打破金融业原有的垄断格局,开创竞争性的市场环境,这不仅给体制僵化和效率低下的国有金融机构施加了强大的外部压力,以示范效应有力地促进和启动了其向商业化转轨的步伐,而且民间金融的介入可以使整个金融市场体系通过多元化产权形式之间的交易最终实现体制的变迁和效率的提高。

(2) 发挥机构投资者在企业治理中的积极作用。发挥机构投资者在企业治理中的积极作用,首先要逐步消除阻止机构投资者发挥作用的各种制度障碍,建立有利于机构投资者参与企业治理的制度环境。其次家族企业要发展更多的具有长期需求的机构投资者,包括各种养老基金、保险公司、外国机构投资者等。

3. 勇于进行自我革命

企业家作为家族企业制度变迁的主体,既是制度变迁的首要推动者,又是家族制度的改革者和新制度的策划、实施者。企业家的自我革命主要包括突破自我权威、加速知识积累、塑造自我诚信等方面。

(1) 突破自我权威。对亲自创业并长期经营企业的业主来说,权力分享注定是一个痛苦的过程。企业的每一步发展都倾注了企业家大量的精力和心血,要突破家族主义的狭隘观念,树立企业社会化经营思想,把亲手创立的企业交给职业经理人去管理,并和他们共同分享所有权和控制权,这对企业家而言必定是一次激烈的自我否定和自我超越的挑战。但对于家族企业而言,这又是一个必然要经历的过程。只有企业家跳出"个人全能主义"的虚幻假设,承认自己能力的缺陷和不足,承认职业经理人是平等的合作者和生产要素持有者,才能为职业经理人的创造性活动提供一个宽松环境,确保委托—代理机制在家族企业中的持久生命力。

(2) 加速知识积累和更新。知识存量是影响内部治理变迁成本的一个重要因素,企业家是否具备丰富的知识存量是能否设计出合理的内部治理结构的先决条件。企业家在文化知识薄弱的情况下,必须努力加强以委托—代理知识为主的相关知识的积累和更新。尤其在知识经济时代,企业内部治理结构处于不断变动中,企业家必须根据企业自身的特殊情况,在深入了解的基础上实现有所创新。

(3) 塑造自我诚信。企业家的诚信是培养职业经理人职业操守的前提,也是建立高效的企业内部治理结构的基础。当前企业家应当建立规范的财务制度,依法切实履行对社会和员工的承诺。同时企业也应当积极推行职业经理人的职业发展规划,让职业经理人可以有效地预见到自己的职业生涯前景,确信其才能和价值能得到充分发挥。

4. 重视企业文化制度建设

家族企业应扬长补短,在实施有效控制、引入职业化管理的同时,高度重视企业文化制度建设。国外不同模式的家族企业中具有制度性传承的共同特征,重视企业文化建设。这一点对于中国家族企业来说,也是至关重要的。企业文化建设对于家族企业而言,恰好是扬长避短、扬长补短和吸收现代公司制度优点的黏合剂和切入点。几乎所有成功的家族企业,都有着自己曲折辉煌的创业史和奋斗之路,总结创业者经验,发扬创业者精神,并使之成为企业独有的一种文化,进而制度化,这对于企业的成长和发展具有重要的意义。

(1) 要把文化建设与企业的治理结构调整相结合,与企业发展战略、经营管理等各项规章制度建设相结合,不要为文化而文化;

(2) 要从本企业实际出发,处理好家族控制与职业经理人、企业员工的关系,立足于调动全体员工特别是高层员工的积极性;

（3）要立足于建立一个开放系统，既要发挥家文化的长处，更要克服家文化的缺陷，注重以人为本和公平、公正。

本章小结

家族企业作为世界上最具普遍意义的企业组织形态，在世界经济中有着举足轻重的地位。在家族企业是以血缘或亲缘结成的家族力量以股权或实际控制权方式，影响或掌握企业决策的企业形式。家族成员既参与企业经营管理，又参与剩余索取权的分配，所以家族式企业中的家族成员有动力经营好企业，这使得面临逆向选择和道德风险的可能性大大降低，内部成员的信息不对称性以及成员间的协调成本大为降低。家族企业在其他企业组织形态中展现出的特殊性在于家族企业的所有权掌握在以血缘、亲缘为纽带的家族成员手中，但并不能由此推断家族企业就是一种低效率的企业形式。相反，作为一种制度安排，其本身的存在就说明了其存在的合理性，而家族企业的顽强生命力更是说明它与其他企业形式相比有其优越的一面。当然，利弊相生，不足之处也是在所难免，这种特殊性也导致了家族企业诸多根本性的内在缺陷，需要进行一定的优化。然而在对家族企业模式进行优化时应该突破传统的家族管理模式，既保留家族制，又淡化家族制，吸收、借鉴儒家文化和现代企业制度的合理内容，在现代家族观的基础上，实现所有权和经营权在一定程度上的分离，实现产权适度多元化，符合现代市场经济标准要求，建立合适的家族企业的现代企业制度。

一则小故事

野猪的悲剧

虎王已到垂暮之年，将王位让给了它的儿子。众兽前来道贺，他们为表达对新国王的臣服，献上了自己猎取的最丰美的食物。其中，野猪的礼物最为丰富，原因在于在新国王的弟弟很小的时候野猪爸爸曾经将它误伤，这件事情整个森林王国众兽皆知。

新的虎王凭借自己的智慧与胆魄，短短几年将森林治理的山清水秀，鸟语花香，众兽也是膘肥体壮，皮毛丰美。森林里少了杀戮，多了宽容，少了争夺，多了分享。虎王包容与和谐的理念深入兽心。

但是，唯有野猪一家破巢断壁，骨瘦如柴。因为虎王的弟弟讨厌自己头上的象征王威的"王"字上面的那块伤疤，现在看上去更像个"土"字，这正是野猪爸爸当年干的好事。虎王也觉得这给它这个国王丢了不少脸，为此虎王分配给野猪一家的领地是最小的，食物是最少的，而供奉确是最多的。

饥寒交迫中，野猪爸爸终于在悔恨中死去。葬礼上只有身患绝症的老牛前来悼哀，其他动物谁都不愿意和这倒霉的野猪家扯上什么关系，唯恐给自己带来麻烦。

不久，老牛病重死掉了，但大家都认为老牛的死远远没有那么简单。

一群小动物们聚会讨论为什么野猪家和老牛那么可怜，大家七嘴八舌说出来很多版本的理由，但最后大家达成一致意见，那就是不能和野猪家有什么来往。

年复一年,大家似乎再也不会提起野猪。小动物们几乎不知道当年发生过什么,但是它们从出生就知道必须远离野猪。

管理启示:家族企业文化的形成和企业发展的历程息息相关,也和企业创建时的团队成员的价值趋向密切相关。多数家族企业写入《企业文化手册》里的文化理念往往是这个家族正向的价值趋向,但是这不会是整个企业文化的全部,因为家族企业权利配给、资源分配等不合理,企业家族成员们负面的价值趋向形成的负面文化往往更能主导员工的行为和价值观。而家族企业领袖与家族成员的利益是相关的,往往也会漠视或默认这种负面文化的形成和传承。

案例分析

杜邦:200年家族企业的危机管理

美国的家族企业杜邦(DuPont)与美国历史几乎一样长,虽然经历数次危机,但是一直活了下来,算得上美国最古老的大型家族企业,同时也是500强里最长寿的公司。更不可思议的是,虽然历经200多年,杜邦家族仍然掌握着公司的命运,并且发展成一个化学、化工帝国。

杜邦公司在家族式的管理下渡过危机并且不断壮大的经验值得中国的家族企业借鉴。

落寞贵族的复兴

历史上的杜邦家族是法国王室的贵族,1789年在法国大革命期间,为了躲避战祸,老杜邦带着两个儿子伊雷内和维克托逃到美国。

伊雷内是个化学天才,他从小痴迷化学实验,14岁时就写了一篇关于火药制法的文章,并得到父亲的支持进入法国中央火药局,得以追随知名化学家安托万洛朗·拉瓦锡(A. L. Lavoisier,1743.8.26—1794.5.8)学习高级爆炸品制作技术。1802年,伊雷内在美国特拉华州威明顿市的白兰地酒河畔创建了杜邦公司。

杰弗逊总统是老杜邦的老朋友,他给了杜邦公司第一笔政府订单。由于战争的需要,工厂很快站住了脚并发展起来。由于杜邦生产的火药性能比其他火药明显占优,所以深得军方的推崇,生意十分火爆。

到20世纪初,杜邦公司生产的五种炸药占当时全国总产量的64%~74%,其中无烟军用火药则占100%。第一次世界大战中,协约国军队40%的火药来自杜邦公司。在战前的1914年10月,杜邦的3个主要无烟火药工厂总的年生产能力为840万磅。而到了1917年4月,也就是仅仅时隔两年半,产量已经达到4.55亿磅,增长了54倍!员工总数由5 300人增加到8.5万人。第二次世界大战前后杜邦公司还参与了第一颗原子弹和氢弹的制造。

管理方式的变革

早期的杜邦公司的管理带有鲜明的个人英雄主义色彩,这也是绝大多数家族企业在早期具有的共同特征。但是，随着企业的壮大，分权成为必然趋势。

1802年，伊雷内创建杜邦公司时，发股总计18股，杜邦家族占其中12股，占有绝对的支配权。伊雷内于1834年去世后，长子艾尔弗雷德继承事业。家族所有成员都住在位于工厂旁边统一的房子里，所有在杜邦公司工作的家族成员都不领工资，家族财产属于公司，日常所需皆由公司供给。在这一时期，杜邦家族和杜邦公司几乎完全是一体的。

艾尔弗雷德之后，他的弟弟亨利继承了公司的领导权。在杜邦家族的历史上，亨利是个标志性人物，他的影响力甚至超过了他的父亲伊雷内。由于亨利毕业于西点军校，人们都称他为"亨利将军"。亨利虽然不懂炸药技术，但他的管理和经营能力很强。在长达39年的任期内，他建立起了杜邦帝国。

亨利的管理风格被人们称为"凯萨式管理"。公司的所有主要决策和许多细微决策都要由他亲自制定，所有支票都得由他亲自开，所有契约也都得由他签订。他一人决定利润的分配，亲自周游全国，监督公司的好几百家经销商。在每次会议上，总是他发问，别人回答。

单人决策之所以取得了较好的效果，这与"将军"的非凡精力是分不开的。但是，亨利的这种完全依靠个人能力的近乎独裁式的管理却无法继承。亨利将公司带到一个前所未有的高度，但是他的管理方式又几乎将公司毁掉。

亨利将权杖传给了侄子尤金，尤金试图承袭其伯父的作风经营公司，但他不是"亨利将军"，他陷入了公司的错综复杂的矛盾之中。1902年杜邦公司百年华诞之时，尤金突然去世。几个年迈的董事措手不及，无人可以担当杜邦的新领袖。他们觉得最好的办法就是把杜邦公司卖给竞争对手拉夫林·兰德公司。

董事会中唯一的年轻人、伊雷内的曾孙艾尔弗雷德·伊雷内·杜邦大为不满。他与两个堂兄弟决定携手作战，这就是日后人们津津乐道的"杜邦中兴三巨头"。杜邦家族的产业终于没有落入外人之手。杜邦公司历史上第一次重大危机得以安然度过。

三位堂兄弟果断地抛弃了"亨利将军"的管理方式，精心设计了一个集团式经营的管理体制。在美国，杜邦公司是第一家把单人决策改为集团式经营的公司。这种管理方式已经初具现代企业管理制度的雏形。

三兄弟将家族企业的管理制度化，而不是仅仅依靠个人的单打独斗。但是当杜邦公司的许多专利都期满时，一下子出现了很多劲敌，公司第二次面临着重重危机。1962年，家族的第五代掌门人科普兰授命于危难之际，出任董事长兼总经理，他被称为"危机时代的起跑者"。

科普兰带领杜邦公司走出危机的方式充满了家族式战争色彩。他发现集团式经营权力过于集中，没有弹性，不能适应市场变化，于是进行了改革，实行多分部体制，把权力下放。1967年年底，科普兰把总经理一职让给了非杜邦家族的马可，财务委员会议议长也由别人担任，自己专任董事长一职，从而形成了"三头马车式"的体制。1971年，科普兰又让出了董事长的职务。

科普兰也是杜邦家族历史上最重要的人物之一。在他之前，非杜邦家族的人从来不能担任最高管理职务。杜邦家族甚至实行同族通婚，以防家族财产外溢。有人指出，一个杰出的管理者必定是一个高明的授权人，充分授权是管理企业的最佳手段。正是因为科普兰懂得如何做好一个领导者，才使得杜邦家族的企业能越走越远。

时至今日，作为一家上市公司，杜邦公司董事会中的家族成员比例越来越小，但是杜邦家族仍然控制着公司的主要决策。这与杜邦家族一直重视对家族成员的培养是分不开的。家族的所有男性成员都必须从基层工作开始，奋斗五六年后，由几位长辈对其表现做出评估。如果评估的结论不好，他就会被请出公司；如果评价很高，那么就会得到进一步的提升和锻炼。科普兰就是这样培养出来的。

产品与形象的转型

杜邦家族的发迹靠的是火药，发的是战争财，在杜邦公司历史的前120年里确实如此，这成为了这家公司沉重的历史包袱。

在第一次世界大战之后，杜邦公司开始开拓民用化工产品。当时的公司决策层认识到公司要继续发展就要开发新的产品，而更大的市场需求来自于民间而不是军方。

20世纪20年代杜邦公司建立起美国第一个人造丝工厂，以后又控制了赛璐珞生产的75%～100%，垄断了合成氨。而且在30年代后，杜邦公司致力于发展新产品，垄断新的化学产品生产。从30年代到60年代，被杜邦公司首先控制的、有着重要意义的化学工业新产品有：合成橡胶、尿素、乙烯、尼龙、的确良、塑料等，自此以后，杜邦公司成功实现了转型，现在它更多地被认为是一个民用化学化工企业，而不是军火商。20世纪80年代末90年代初又开始转型为科技公司。杜邦公司的中国区总裁王建平将这种转型描述为"结果很成功，但过程很痛苦，尤其是对杜邦这样的大公司"。

另外，在企业社会责任方面，杜邦也在有意识地积极偿还历史负债。20世纪90年代，杜邦公司提出要减少经营活动对环境的破坏，并提出2010年温室气体排放减少65%，能源消耗持平等目标；2003年提前完成了这一目标。杜邦公司被美国《商业周刊》选为"绿色企业"的首位。

结合上述案例，谈谈你对杜邦作为家族企业，能够200年屹立不倒的原因，对中国家族企业的治理有何启示与帮助。

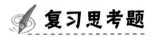

复习思考题

1. 家族企业存在哪些优势和缺陷？
2. 在家族企业中你如何理解"亲情是把双刃剑"？
3. 家族企业的文化具有怎样的特点？
4. 家族企业在中国的发展存在哪些问题？该如何解决？

教师服务

感谢您选用清华大学出版社的教材！为了更好地服务教学，我们为授课教师提供本书的教学辅助资源，以及本学科重点教材信息。请您扫码获取。

▶ 教辅获取

本书教辅资源，授课教师扫码获取

▶ 样书赠送

企业管理类重点教材，教师扫码获取样书

 清华大学出版社

E-mail: tupfuwu@163.com
电话：010-83470332 / 83470142
地址：北京市海淀区双清路学研大厦 B 座 509

网址：http://www.tup.com.cn/
传真：8610-83470107
邮编：100084